本教材第2版曾获首届全国教材建设奖全国优秀教材二等奖

"十二五"职业教育国家规划教材
经全国职业教育教材审定委员会审定

（修订版）

建筑施工企业会计

第 3 版

主　编　单　旭　黄雅平
副主编　王吉凤　张　俭　赵金燕
参　编　邢　芳　边香玉　张　皓
　　　　林　萍　王　宏

机械工业出版社

本书根据第 2 版的使用反馈情况，结合我国财政部和有关立法机构最新颁布实施的一系列会计规范性文件和法律、条例的规定，对内容进行了完善和补充。本书第 3 版在编写上，关注近年来建筑施工企业会计的新变化，改变了传统教材编写模式，通过任务的引领及分析，围绕工作任务完成的需要来选择和组织内容，突出工作任务与知识的联系。在保留编写内容前沿性、编排体例生动性、实务操作丰富性，这些原有特色的前提下，融入了"课程思政"和"营改增"之后的税收筹划等内容，为读者未来的职业发展拓展了专业实践视野，增加了专业实践信息的储备。另外，本书对习题与知识运用加以完善和补充，以利于学生理解建筑施工企业会计在实践中的应用。

本书体例新颖、内容紧凑、难易适度，充分体现了高职高专"实用性"与"技能性"的教育特色。全书共分为 12 个项目、65 个任务，以建筑施工企业财务报表为主线，首先在项目 1 建筑施工企业会计基础知识认知中阐述了建筑施工企业会计的特点、会计对象和会计科目等内容，然后在项目 2~11 中详细介绍了建筑施工企业具体任务会计核算的方法，最后在项目 12 中阐述了财务会计报表的编制方法和内容。

本书既可作为高职高专院校、应用技术学院、继续教育学院的建筑工程管理专业、工程造价与管理专业及相关专业的教材，也可作为从事工程管理人员及会计人员的学习参考用书。

图书在版编目（CIP）数据

建筑施工企业会计 / 单旭，黄雅平主编．—3 版．—北京：机械工业出版社，2021.4（2025.2 重印）

"十二五"职业教育国家规划教材：修订版

ISBN 978-7-111-67793-2

Ⅰ.①建… Ⅱ.①单… ②黄… Ⅲ.①建筑企业-工业会计-高等职业教育-教材 Ⅳ.①F407.967.2

中国版本图书馆 CIP 数据核字（2021）第 049795 号

机械工业出版社（北京市百万庄大街 22 号　邮政编码 100037）
策划编辑：王靖辉　　责任编辑：王靖辉
责任校对：张　力　　封面设计：张　静
责任印制：常天培
固安县铭成印刷有限公司印刷
2025 年 2 月第 3 版第 4 次印刷
184mm×260mm・17.25 印张・426 千字
标准书号：ISBN 978-7-111-67793-2
定价：49.80 元

电话服务　　　　　　　　网络服务
客服电话：010-88361066　　机　工　官　网：www.cmpbook.com
　　　　　010-88379833　　机　工　官　博：weibo.com/cmp1952
　　　　　010-68326294　　金　书　　　网：www.golden-book.com
封底无防伪标均为盗版　　机工教育服务网：www.cmpedu.com

前言

　　教育是国之大计、党之大计，培养什么人、怎样培养人、为谁培养人是教育的根本问题。为了适应高等职业教育与继续教育培养生产、建设、管理、服务等技术应用型人才的目标需求，坚持为党育人、为国育才的原则，探索高等职业教育与继续教育特色教材建设规律，我们编写了《建筑施工企业会计》，其作者主要为教学第一线的"双师型"骨干教师，具有丰富的教学和实践工作经验。本书是第3版，在编写的过程中尽量满足易教易学的目标要求，力争化繁难为浅易，注重应用性和可操作性以及教学理论与实际工作需要相结合，以适合高职学生及成人学生的教学要求。本书侧重实际操作能力的训练，配有思考题、实训练习题，使学生通过练习得到实际操作能力的训练，为学生就业打好基础。

　　本书的特点如下：

　　1. **内容的前沿性，依据国家新颁布法律法规进行修订完善**

　　近年来我国金融市场发生很大变化、会计准则做了较大的修改、税收法规也进行了大幅度的修订。**修订后的教材与时俱进，完善、补充、替换了第2版的部分内容，始终体现税收法规的变化以及会计理论改革的趋势。**

　　2. 编写思路的创新性，打破了传统的根据知识的相关性组织课程内容的教材编写模式

　　现行高职课程教学基本局限于对教材理论内容的线性讲解，停留在教师讲、学生听的层面上，致使大多数学生觉得抽象难以理解，学生的积极性和主动性没有得到发挥，实际操作能力未能得到提高。此次教材修订把教材内容根据实际工作要求分解为对应的12个项目，通过对项目的完成，使学生掌握相应的专业技能，努力培养高技能人才即按照工作的相关性来组织课程内容，而不是根据知识的相关性组织课程内容，**编写出了适应"以项目为主线、教师为主导、学生为主体"的新型教学模式的教材。**

　　3. 编写体例的生动性，突出了基于工作过程的课程开发和设计

　　通过近几年的教学改革、教材使用过程中的教学总结，教材编写团队在教学内容的选取与组织、教学模式等方面积累了大量的最新资料，此次对教材的修订突出了课程设计的整体性，以职业能力培养为重点，与行业企业合作进行基于工作过程的课程开发和设计，突出了教学内容选取的针对性及适用性，从而达到了教学过程与工作过程的结合，做到学生学习过程与行动过程的一体化，体现职业性、实践性和开发性的特色。

　　4. 教材建设的联动性，依托精品课程、在线开放课程，拓展课程服务对象

　　本教材建设是在编写团队多年教学实践的基础上展开的，教材建设与精品课程建设、优秀课程建设、教改项目研究相互促进、相得益彰。**书中增加的微课视频教学资源（详见"微课视频列表"）丰富了网络线上的教学，也拓展了课程的服务对象。**实践证明了教改成效的可行性和有效性，课题研究的实践根基和应用指向，使教材建设更

具推广性。

5. 实务操作的丰富性，覆盖应知应会并探索"课证融合"教材的考核评价内容

国家针对高职院校的成长壮大，学生规模急剧增加，进一步强调要培养学生的实践能力，在巩固学生所学理论知识的基础上，使学生获得实践知识和管理知识，培养学生的实际工作能力，完成实践教学目标的功能。此次修订，丰富了建筑施工企业会计实务操作的内容，既覆盖应知应会的知识点，也探索职业技能等级证书考核评价中职业标准和专业教学标准的要求。

6. 课程思政的引领性，培养政治素养和专业素养兼具的应用型人才

在教材的每个项目中融入"课程思政"的内容，以促进课程与思想政治教育的有机融合，进一步提升教师在授课的同时，对学生进行思想政治教育的意识，使学生在学习专业知识的同时，不断提高思想政治觉悟。这有利于培养专业素养精湛、政治素养过硬的高素质人才。

本书由单旭、黄雅平任主编，王吉凤、张俭、赵金燕任副主编，具体分工如下：项目1、10由张俭编写，项目2由单旭、赵金燕、边香玉编写，项目3由王吉凤编写，项目4由单旭编写，项目5由王吉凤、林萍编写，项目6、7由单旭、赵金燕、边香玉、王宏、张皓、张俭编写，项目8、9由邢芳编写，项目11、12由黄雅平编写。

本书配有电子课件，凡使用本书作为教材的教师可登录机械工业出版社教育服务网www.cmpedu.com下载。咨询邮箱：cmpgaozhi@sina.com。咨询电话：010-88379375。

由于编写人员水平有限，书中难免出现错误及疏漏之处，恳请广大读者提出宝贵意见。

编　者

微课视频列表

序号	二维码	页码	序号	二维码	页码
1	会计基本技能——小写数字的书写	1	8	项目2 习题二解答	60
2	资产	4	9	以公允价值计量且其变动计入当期损益的金融资产	62
3	现金的管理	44	10	以公允价值计量且其变动计入其他综合收益的金融资产	68
4	现金收支的核算	45	11	存货概述	89
5	项目2 习题一（1）~（5）解答	59	12	存货清查	103
6	项目2 习题一（6）~（10）解答	59	13	项目4 习题一解答	109
7	项目2 习题一（11）~（15）解答	60	14	项目4 习题二解答	109

(续)

序号	二维码	页码	序号	二维码	页码
15	项目4 习题三解答	110	24	项目7 习题一解答	158
16	长期股权投资认知	111	25	项目7 习题二解答	158
17	采用成本法核算的长期股权投资	114	26	项目7 习题三解答	158
18	固定资产	126	27	短期借款	160
19	项目6 习题一（1）～（6）解答	144	28	长期借款	175
20	项目6 习题一（7）～（13）解答	144	29	盈余公积	193
21	项目6 习题二解答	145	30	期间费用	218
22	项目6 习题三解答	145	31	资产负债表	248
23	无形资产	149			

目录

前言
微课视频列表

项目1 建筑施工企业会计基础知识认知 ……… 1
- 任务1 会计知识认知 ……………………… 1
- 任务2 会计核算对象认知 ………………… 4
- 任务3 会计核算基础知识认知 …………… 7
- 任务4 会计记账方法认知 ………………… 10
- 任务5 会计凭证与账簿认知 ……………… 19
- 任务6 会计核算的组织程序认知 ………… 36
- 思政拓展 会计名人娄尔行 ……………… 38
- 小结 ………………………………………… 38
- 思考题 ……………………………………… 39
- 实训练习题 ………………………………… 39

项目2 货币资金 …………………………… 42
- 任务1 货币资金的性质、范围及内部控制制度 …………………………………… 42
- 任务2 库存现金的核算 …………………… 44
- 任务3 银行存款的核算 …………………… 49
- 任务4 其他货币资金的核算 ……………… 55
- 思政拓展 长征路上的"扁担银行"
  ——世界最小的银行 …………… 58
- 小结 ………………………………………… 59
- 思考题 ……………………………………… 59
- 实训练习题 ………………………………… 59

项目3 金融资产 …………………………… 61
- 任务1 金融资产认知 ……………………… 61
- 任务2 以公允价值计量且其变动计入当期损益的金融资产 ……………………… 62
- 任务3 债权投资 …………………………… 65
- 任务4 以公允价值计量且其变动计入其他综合收益的金融资产 ………………… 68
- 任务5 应收及预付款项 …………………… 70

- 思政拓展 抗战时期的"窑洞银行"
  ——朱理治的金融创新 ………… 85
- 小结 ………………………………………… 86
- 思考题 ……………………………………… 86
- 实训练习题 ………………………………… 87

项目4 存货 ………………………………… 89
- 任务1 存货认知 …………………………… 89
- 任务2 实际成本法下取得存货的核算 …… 91
- 任务3 实际成本法下发出存货的计价方法及核算 ……………………………… 95
- 任务4 计划成本法下取得与发出存货的核算 ……………………………………… 97
- 任务5 周转材料的核算 …………………… 100
- 任务6 存货清查与期末计价 ……………… 103
- 思政拓展 中国现代会计之父——潘序伦 … 107
- 小结 ………………………………………… 108
- 思考题 ……………………………………… 109
- 实训练习题 ………………………………… 109

项目5 长期股权投资 ……………………… 111
- 任务1 长期股权投资认知 ………………… 111
- 任务2 采用成本法核算的长期股权投资 … 114
- 任务3 采用权益法核算的长期股权投资 … 115
- 任务4 成本法与权益法的转换 …………… 116
- 任务5 长期股权投资减值 ………………… 117
- 任务6 长期股权投资的处置 ……………… 118
- 任务7 长期股权投资的披露内容 ………… 119
- 思政拓展 "红军会计制度创始人"
  ——高捷成 ……………………… 119
- 小结 ………………………………………… 119
- 思考题 ……………………………………… 120
- 实训练习题 ………………………………… 120

项目6 固定资产 …………………………… 122
- 任务1 固定资产认知 ……………………… 122

任务2　固定资产的取得 …………… 126
  任务3　固定资产的折旧 …………… 130
  任务4　固定资产后续支出 ………… 135
  任务5　固定资产处置 ……………… 136
  任务6　固定资产清查 ……………… 138
  任务7　固定资产减值 ……………… 139
  任务8　临时设施的核算 …………… 140
  思政拓展　强化内控　规范管理 …… 142
  小结 …………………………………… 143
  思考题 ………………………………… 143
  实训练习题 …………………………… 143
项目7　无形资产 ……………………… 146
  任务1　无形资产的确认 …………… 146
  任务2　无形资产的计量 …………… 151
  任务3　无形资产的处置和报废 …… 155
  思政拓展　会计人员犯罪真实案例 … 157
  小结 …………………………………… 157
  思考题 ………………………………… 158
  实训练习题 …………………………… 158
项目8　流动负债 ……………………… 159
  任务1　负债认知 …………………… 159
  任务2　流动负债认知 ……………… 159
  任务3　短期借款 …………………… 160
  任务4　应付账款与应付票据 ……… 161
  任务5　应付职工薪酬 ……………… 164
  任务6　应交税费 …………………… 167
  任务7　其他流动负债 ……………… 169
  思政拓展　做正直有良知的财务人
　　　　　——感动中国人物刘姝威 … 171
  小结 …………………………………… 171
  思考题 ………………………………… 172
  实训练习题 …………………………… 172
项目9　非流动负债 …………………… 174
  任务1　非流动负债认知 …………… 174
  任务2　长期借款 …………………… 175
  任务3　应付债券 …………………… 177

  任务4　长期应付款 ………………… 182
  思政拓展　中国会计的凤凰涅槃 …… 183
  小结 …………………………………… 184
  思考题 ………………………………… 185
  实训练习题 …………………………… 185
项目10　所有者权益 ………………… 187
  任务1　所有者权益认知 …………… 187
  任务2　实收资本 …………………… 188
  任务3　资本公积 …………………… 190
  任务4　留存收益 …………………… 192
  思政拓展　会计名人葛家澍 ………… 195
  小结 …………………………………… 195
  思考题 ………………………………… 196
  实训练习题 …………………………… 196
项目11　成本费用、收入和利润 …… 198
  任务1　工程成本 …………………… 198
  任务2　期间费用 …………………… 218
  任务3　收入 ………………………… 221
  任务4　政府补助 …………………… 231
  任务5　所得税 ……………………… 232
  任务6　利润及利润分配 …………… 236
  思政拓展　会计名人杨纪琬 ………… 242
  小结 …………………………………… 242
  思考题 ………………………………… 243
  实训练习题 …………………………… 244
项目12　财务会计报表 ……………… 247
  任务1　财务报表认知 ……………… 247
  任务2　资产负债表 ………………… 248
  任务3　利润表 ……………………… 254
  任务4　现金流量表 ………………… 257
  任务5　财务报表附注 ……………… 264
  思政拓展　会计名人阎达五 ………… 264
  小结 …………………………………… 265
  思考题 ………………………………… 265
  实训练习题 …………………………… 265
参考文献 ……………………………… 267

项目 1

建筑施工企业会计基础知识认知

> **学习目标**
>
> 了解会计的概念、作用、职能等；熟悉会计的要素、会计的核算对象、会计核算的组织程序等；掌握会计的基本等式、会计的核算基础、会计的记账方法、会计的凭证及账簿等。

任务 1　会计知识认知

会计基本技能
——小写数字的书写

一、会计的含义

1. 会计的概念

物质资料的生产是人类社会生存和发展的基础，人们在生产活动时，总是力求以尽可能少的劳动耗费，取得尽可能多的劳动成果。为达到这样的目的，就必须进行管理活动，其中采用一定的方法对生产活动进行记录、计算、分析和比较，就是会计管理活动。随着社会经济的发展和生产过程的日趋复杂，会计管理也就越来越重要。在市场经济条件下，会计管理是一种经济管理活动，是经济管理的重要组成部分。

会计是指以货币为主要计量单位，反映和监督一个单位经济活动的一种经济管理工作。它运用专门的技术方法，从数量方面为人们管理再生产过程提供经济活动的信息，并且其本身也是人们为管理再生产过程而从事的一项管理活动。经济越发展，会计就越重要。

建筑施工企业会计是以货币为主要计量单位，反映和监督建筑施工企业经济活动的一种经济管理工作。当今社会，随着大数据、云计算、移动互联网等技术的应用，会计和这些技术的结合，产生了财务共享、智能机器人、云会计等新兴事务，使得会计工作更加智能化，也为经济发展提供了更多助力。

2. 会计的对象

会计的对象是指会计核算和监督的内容。具体来说，会计的对象是指一定的主体在日常经营活动或业务活动中表现出的资金运动，包括各特定对象的资金投入、资金运用（即资金的循环与周转）和资金退出等过程。

无论企业取得的是自有资金，还是借入资金，都必然表现为各种不同形态的资产，随着一定数量的资金投入企业，就标志着资金运动的开始。随着企业生产经营活动的进行，资金将顺次通过供应过程、施工生产过程、工程结算过程而不断地改变其形态，周而复始地循环和周转。

供应过程是施工生产的准备阶段,企业用货币资金购买施工生产所需的材料物资、固定资产等,这时,货币资金就转化为储备资金或有关资产。

施工生产过程是指从材料投入施工生产到建筑产品完工的过程。在这一过程中,施工人员使用各种施工机械和工具对材料物资进行加工,逐渐形成建筑产品或产成品。在资金形态上,领用材料物资进行施工生产,储备资金转化为生产资金;用货币资金的一部分支付职工工资和其他费用,这部分货币资金直接转化为生产资金;使用施工机械、生产设备等固定资产而计提的折旧费用,也转化为生产资金。当施工生产结束时,生产资金转化为成品资金。

工程结算过程是指将施工生产完成的工程交给建设单位,并取得工程价款的过程。在这一过程中,成品资金又转化为货币资金。如果收回的货币资金数额大于施工生产中耗费的资金数额,企业就实现了利润。这部分利润按规定向国家交纳税金,剩余部分留归企业及向投资者分派。除此之外,还可能因其他因素而使资金退出,如清偿欠款、归还借款、减少投入资金等。

二、会计的职能与作用

1. 会计的职能

会计的职能是指会计在经济管理中所具有的功能,是通过核算与监督这两个基本职能实现的,是通过核算和监督两个基本职能实现的。要始终坚持按法律、法规和国家统一的会计制度的要求进行会计核算,实施会计监督。

(1) 会计核算职能 会计核算贯穿于经济活动的全过程,是会计最基本的职能,指会计以货币为主要计量单位,通过确认、计量、记录、会计报告对特定对象或特定主体的经济活动提供会计信息的功能。会计确认是指交易事项中的一个项目是否应该和应在何时、如何当作一项要素加以记录的过程。会计计量是指用数量(主要是金额)对会计报表要素进行描述,即指入账的会计要素按什么样的金额予以记录和报告。会计记录是指把已确认和计量的会计要素以会计凭证为依据,正式地记录在会计账簿中的过程。会计报告是指在会计确认、计量、记录的基础上,定期向会计信息使用者通报企业的财务状况、经营成果和现金流量情况的过程。

(2) 会计监督职能 会计监督是指会计人员在进行会计核算的同时,对特定对象或特定主体经济业务的合法性、合理性进行审查。合法性审查是指保证各项经济业务符合国家的有关法律法规,遵守财经纪律,执行国家的各项方针政策。合理性审查是指检查各项财务收支是否符合特定对象或特定主体的财务收支计划,是否有利于预算目标的实现,是否有违背内部控制制度要求等现象。

会计核算职能与会计监督职能是相辅相成的。会计核算是会计监督的前提,没有会计核算提供的各种信息,会计监督就缺乏客观的依据;而会计监督又是会计核算质量的保障,只有严格地实行会计监督,才能保证会计核算的数据真实、可靠。

随着生产力发展水平和经营管理水平的日益提高,会计职能也在不断地发展和完善。除上述基本职能外,会计还具有预测、决策、控制及分析等职能。

2. 会计的作用

会计是以货币为主要计量单位,反映和监督一个单位经济活动的经济管理工作。会计工作将定期产生一系列会计报告,来反映一个单位的财务状况、经营成果和现金流量,并对单位的经营活动和财务收支进行监督。

会计是经济语言,通过一系列的确认、计量、记录和报告程序,为政府部门、投资人、债权人等提供有关单位财务状况、经营成果和现金流量的重要信息。对于不同的人,会计信息的作用是不一样的。会计信息是政府部门据以进行经济决策和经济管理的重要依据;会计信息有助于企业股东考核企业管理者经济责任的履行情况;会计信息有助于企业内部管理人员加强经营管理、提高经济效益。

三、会计核算方法

会计核算方法是对会计对象进行连续、系统、完整地核算和监督所应用的方法,是会计的基本方法,主要由以下几种专门方法构成:

(1) 设置会计科目和账户　设置会计科目和账户是对会计对象的具体内容进行分类、核算和监督的一种专门方法。为了对会计对象的具体内容系统地进行核算和经常地监督,就要对它们进行科学的分类。会计科目就是根据会计对象的具体内容,即会计要素进行分类核算的项目。会计科目是在账簿中开设账户的依据。通过账户可以分类、连续记录各项经济业务,为经营管理提供各种不同性质的核算指标。

(2) 复式记账　复式记账是对每笔经济业务都以相等的金额在相互联系的两个或两个以上的账户中进行登记的一种专门方法。在经营过程中,所发生的每笔经济业务,都会引起资金在资产或权益两个方面的变化。采用复式记账可以了解每笔经济业务的来龙去脉及其相互联系。

(3) 填制和审核会计凭证　会计凭证是记录经济业务、明确经济责任的书面证明,是登记账簿的重要依据,是对经济活动进行监督和保证会计记录真实性的一种专门方法。对已经发生的经济业务,都要取得或填制会计凭证,并对其经济业务的真实性和合法性进行审核。只有经过审核无误的会计凭证,才能作为记账的依据,以保证会计资料的准确性。

(4) 登记账簿　登记账簿是连续、系统、全面地记录经济业务的一种专门方法。登记账簿要以审核无误的会计凭证为依据,运用复式记账的方法,将经济业务分门别类地登记在账簿中。通过登记账簿,可以将分散的经济业务分类、序时地在账簿中进行汇集,以便为经济管理提供系统、完整的数据资料。

(5) 成本计算　成本计算是指企业用以归集生产费用,计算产品总成本和单位成本的一种专门方法。企业在生产经营过程中,要考核各项费用支出以寻求降低成本的途径。通过成本计算可以核算和监督生产经营过程中所发生的各项费用是否节约或超支,并据以确定企业盈亏。

(6) 财产清查　财产清查是通过对企业的财产物资的清理盘点来查明财产物资和资金实有数额的一种专门方法。在清查财产中如发现财产物资和资金的实有数与账面数不一致时,应查明原因,通过一定审批手续后,进行必要的处理,并及时调整账簿记录,使账面数额与实际数额保持一致,以保证会计核算指标的正确性和真实性。

(7) 编制会计报表　编制会计报表是定期总括地反映经济活动情况和考核财务计划执行结果的一种专门方法。它主要以账簿记录为依据,按一定的编制要求和编制方法形成一套完整的指标体系。通过编制会计报表,能够更集中和总括地反映各企业的经济活动全貌,为企业单位的经营决策、经济管理提供可靠的信息资料。

任务 2　会计核算对象认知

一、会计要素

会计要素是对会计对象进行的基本分类，是会计核算对象的具体化。会计工作就是围绕着会计要素的确认、计量、记录和报告展开的。因此，明确会计要素的具体内容，既是做好会计核算工作的需要，也是理解财务报表的需要。

企业的资金运动可分为静态运动和动态运动。静态运动是指从某一时点（如月末、年末）去观察企业的资金运动状况，表现为资金占用和资金来源两方面。资金占用的具体表现形式就是企业的各种资产；资金来源分为企业所有者投入资金和债权人投入资金两类。债权人对投入资产的求偿权称为债权人权益，表现为企业的负债；企业所有者对净资产的所有权称为所有者权益。动态运动是指从某一时期（如月份、年度）去观察企业的资金运动状况，也就是各项资产通过一定时期的营运，发生耗费，生产出特定的产品，产品销售后获得货币收入，收支相抵后确认出当期损益，由此形成收入、费用和利润。资产、负债及所有者权益构成资产负债表的基本框架，收入、费用及利润构成利润表的基本框架，因而这六项会计要素，即资产、负债、所有者权益、收入、费用及利润又称为会计报表要素。

1. 资产

资产是指企业过去的交易或者事项形成的、由企业拥有或者控制的、预期会给企业带来经济利益的资源。

资产

（1）资产的主要特征

1）资产是由企业过去的交易或事项形成的。也就是说，资产是过去已经发生的交易或事项产生的结果，是现实资产，而不是预期资产。未来交易或事项可能产生的结果不能作为资产确认。

2）资产是为企业拥有或者控制的资源。由企业拥有或者控制，是指企业享有某项资源的所有权，或者虽然不享有某项资源的所有权，但该资源能被企业所控制，可以按照自己的意愿使用或处置资产。

3）资产能够直接或间接地给企业带来经济利益。经济利益是指直接或间接地流入企业的现金和现金等价物。那些已经没有经济价值、不能给企业带来经济利益的项目，就不能继续确认为企业的资产。

（2）资产按流动性分类　资产按流动性分为流动资产和非流动资产。

1）流动资产。流动资产是指预计在一个正常营业周期中变现、出售或耗用，或者主要为交易目的而持有，或者预计在资产负债表日起一年内变现的资产，以及自资产负债表日起一年内交换其他资产或清偿负债的能力不受限制的现金或现金等价物。流动资产包括库存现金、银行存款、交易性金融资产、应收及预付款项、存货等。

2）非流动资产。非流动资产是指流动资产以外的资产，包括长期股权投资、投资性房地产、长期应收款、固定资产、无形资产等。

2. 负债

负债是指企业由过去的交易或事项形成的、预期会导致经济利益流出企业的现时义务。

(1) 负债的主要特征

1) 负债是企业过去的交易或事项形成的现时义务。现时义务是指企业在现行条件下已承担的义务。未来发生的交易或事项形成的义务,不属于现时义务,不应当确认为负债。

2) 负债的清偿预期会导致经济利益流出企业。负债通常是在未来某一时日通过交付使用资产(包括现金和其他资产)或提供劳务来清偿。

(2) 负债按流动性分类 负债按流动性分为流动负债和非流动负债。

1) 流动负债。流动负债是指预计在一个正常营业周期中清偿,或者主要为交易目的而持有,或者自资产负债表日起一年内到期应予以清偿,或者企业无权自主地将清偿推迟至资产负债表日后一年以上的负债。流动负债包括短期借款、应付票据、应付账款、应付职工薪酬、应交税费、应付利息、其他应付款等。

2) 非流动负债。非流动负债是指流动负债以外的债务,包括长期借款、应付债券等。

3. 所有者权益

所有者权益是指企业资产扣除负债后由所有者享有的剩余权益,其金额为资产减去负债后的余额。公司的所有者权益又称为股东权益。

(1) 所有者权益的主要特征

1) 除非发生减资、清算或分派现金股利,企业不需要偿还所有者权益。

2) 企业清算时,只有在清偿所有的负债后,所有者权益才返还给所有者。

3) 所有者凭借所有者权益能够参与企业利润的分配。

(2) 所有者权益的具体内容

1) 实收资本(或股本)。实收资本是指投资者按照企业章程或合同、协议的约定,实际投入企业的资本。

2) 资本公积。资本公积是指投资者或者他人投入到企业、所有权归于投资者并且金额上超过法定资本部分的资金,包括资本溢价、公允价值变动差额等。

3) 其他综合收益。其他综合收益是指根据企业会计准则规定未在当期损益中确认的各项利得或损失。

4) 盈余公积。盈余公积是指企业从历年实现的利润中提取或留存于企业的内部积累,包括法定盈余公积、任意盈余公积等。

5) 未分配利润。未分配利润是指尚未分配的结存利润,其数额等于期初未分配利润,加上本期实现的净利润,减去提取的各种盈余公积和分出利润后的余额。

4. 收入

收入是指企业在日常活动中形成的、会导致所有者权益增加的、与所有者投入资本无关的经济利益的总流入。收入按经营业务的主次可分为主营业务收入和其他业务收入。

主营业务收入是指企业日常经营活动的主要业务活动所取得的收入,如建筑施工企业的工程价款结算收入等。其他业务收入是指企业除主营业务以外的其他日常业务活动所取得的收入。主营业务收入和其他业务收入合计为营业收入。

5. 费用

费用是指企业在日常活动中形成的、会导致所有者权益减少的、与向所有者分配利润无关的经济利益的总流出。建筑施工企业一定时期的费用通常由施工成本和期间费用两部分构成。施工成本由材料费、人工费、机械使用费、其他直接费和间接费用构成。期间费用包括管理费用、财务费用和销售费用三项。

6. 利润

利润是指企业在一定期间的经营成果。利润包括收入减去费用后的净额、直接计入当期利润的利得和损失等。利润有营业利润、利润总额和净利润。净利润是指利润总额减去所得税费用后的金额。利润总额是指营业利润加上营业外收入、减去营业外支出后的金额。营业利润是营业收入减去营业成本、营业税费、期间费用、资产减值损失，加上公允价值变动净收益、投资净收益后的金额。

二、会计等式

会计的六要素反映了资金运动的静态和动态两个方面，有着紧密的相关性，它们在数量上存在着特定的平衡关系，这种平衡关系用公式来表示，就是我们通常所说的会计等式。会计等式是反映会计要素之间平衡关系的计算公式，是各种会计核算方法的理论基础。

1. 资产＝负债＋所有者权益

这是最基本的会计等式。资产来源于所有者的投入资本和债权人的借入资金及其在生产经营中所产生的效益，分别属于所有者和债权人。归属于所有者的部分形成所有者权益，归属于债权人的部分形成债权人权益（即企业的负债）。

资产和权益（包括所有者权益和债权人权益）实际是企业拥有的经济资源在同一时点上所表现的不同形式。资产表明的是资源在企业存在的形态，而权益则表明了资源取得和形成的渠道。资产来源于权益，资产与权益必然相等。

企业在生产经营过程中，每天都会发生各种各样的经济业务，从而引起各会计要素的增减变动，但是并不影响资产与权益的恒等关系。资产与权益的恒等关系既是复式记账法的理论基础，也是编制资产负债表的依据。

企业在生产过程中发生的成本费用，在尚未从收入中获得补偿前，实际上仍是一种资产的占用形态；在经营过程中取得的收入，在尚未补偿支出之前，实质上是一种新的资金来源。因而前述会计等式可扩充为

$$资产＋成本费用＝负债＋所有者权益＋收入$$

扩充后的会计等式的经济内容和数学上的等量关系，全面地反映了企业资金运动的内容和实际联系。

下面通过分析甲企业1月份发生的几项经济业务，来说明资产与权益的恒等关系。

【例1-1】 1月3日，甲企业收到所有者追加的投资500 000元，款项存入银行。这项经济业务使银行存款增加了500 000元，即等式左边的资产增加了500 000元，同时等式右边的所有者权益也增加500 000元，因此并没有改变等式的平衡关系。

【例1-2】 1月12日，甲企业用银行存款归还所欠乙企业的50 000元货款。这项经济业务使甲企业的银行存款即资产减少了50 000元，同时应付账款即负债也减少了50 000元，也就是说等式两边同时减少50 000元，等式依然成立。

【例1-3】 1月18日，甲企业用银行存款100 000元购买一台生产设备，设备已交付使用。这项经济业务使甲企业的固定资产增加了100 000元，但同时银行存款减少了100 000元，也就是说企业的资产一项增加一项减少，增减金额相同，因此资产的总额不变，会计等

式依然保持平衡。

【例1-4】 1月25日，甲企业由于资金周转困难，向银行借入300 000元用于归还拖欠的货款。这项经济业务使甲企业的应付账款减少了300 000元，同时短期借款增加了300 000元，即企业的负债一项减少一项增加，增减金额相同，负债总额不变，等式依然成立。

在实际工作中，企业每天发生的经济业务要复杂得多，但无论其引起会计要素如何变动，都不会破坏资产与权益的恒等关系。经济业务的发生引起等式两边会计要素变动的方式可以归纳为以下四种类型：

1）经济业务的发生引起等式两边金额同时增加，增加金额相等，变动后等式仍然保持平衡。

2）经济业务的发生引起等式两边金额同时减少，减少金额相等，变动后等式仍然保持平衡。

3）经济业务的发生引起等式左边即资产内部的项目此增彼减，增减的金额相同，变动后资产的总额不变，等式仍然保持平衡。

4）经济业务的发生引起等式右边负债内部项目此增彼减，或所有者权益内部项目此增彼减，或负债与所有者权益项目之间的此增彼减，增减的金额相同，变动后等式右边总额不变，等式仍然保持平衡。

2. 收入 – 费用 = 利润

企业开展经营活动，在一定期间内实现了收入，但同时要付出一定的代价，即费用。一定时期的收入扣除所发生的各项费用后的净额，经过调整后，等于利润，在不考虑调整因素的情况下，收入减去费用等于利润。如果收入大于费用，则产生了利润；如果收入小于费用，则形成亏损。收入、费用和利润之间的上述关系，是编制利润表的基础。

任务3　会计核算基础知识认知

一、会计核算的基本前提

会计核算的基本前提是对会计核算所处的时间、空间环境所作的合理设定。会计核算对象的确定、会计政策的选择、会计数据的收集都要以这一系列的基本前提为依据。会计核算的基本前提包括会计主体、持续经营、会计分期、货币计量。

1. 会计主体

会计主体是指会计核算和监督的特定单位，它规定了会计工作的空间范围。一般说来，凡拥有独立的资金、自主经营、独立核算收支、自负盈亏并编制会计报表的单位就构成了一个会计主体。

会计主体这一基本前提要求会计人员只能核算和监督所在主体的交易或事项。其主要意义在于：一是将特定主体的经济活动与该主体所有者及职工个人的经济活动区别开来；二是将该主体的经济活动与其他单位的经济活动区别开来，从而界定了从事会计工作和提供会计信息的空间范围。

应该注意，会计主体并非法律主体（法人），法人可作为会计主体，但会计主体不一定是法人。例如，由自然人兴办的独资企业不具有法人资格，这类企业的财产和债务在法律上被视为业主的财产和债务，但在会计核算上必须将其作为会计主体以便将企业的经济活动与其所有者个人的经济活动以及其他实体的经济活动区别开来；企业集团由若干具有法人资格的企业组成，各个企业既是独立的会计主体也是法律主体，但为了反映整个集团的财务状况、经营成果及现金流量情况，还应编制该集团的合并会计报表，企业集团是会计主体，但通常不是一个独立的法人。

2. 持续经营

持续经营是指会计主体的经营活动在可预见的将来延续下去，即在可预见的将来，该会计主体不会破产清算，所持有的资产将正常营运，所负债务将正常偿还。企业会计确认、计量和报告必须以持续经营为基础和假定前提。

3. 会计分期

会计分期是指将一个企业持续经营的生产经营活动划分为一个个连续的、长短相同的期间。根据持续经营的基本前提，企业的生产经营活动将持续不断地进行下去，为了及时获得会计信息，充分发挥会计的核算和监督职能，应当合理地划分会计期间。根据《企业会计准则》的规定，会计期间分为年度和中期。比如，我国将1月1日至12月31日作为一个会计年度，这样就界定了会计信息的时间段落，为分期结算账目和编制财务会计报表奠定了基础。中期是指短于一个完整的会计年度的报告期间。

4. 货币计量

货币计量是指会计主体在会计核算过程中采用货币作为计量单位，计量、记录和报告会计主体的生产经营活动。企业经济活动多种多样，财产物资种类繁多，选择合理、实用又简化的计量单位，对于提高会计信息质量具有至关重要的作用。我国是以人民币为记账本位币的。业务收支以外币为主的企业，也可以选择某种外币为记账本位币，但编制的财务会计报告应当折算为人民币反映。

上述会计核算的四项基本前提，具有相互依存、相互补充的关系。会计主体确立了会计核算的空间范围，持续经营与会计分期确立了会计核算的时间长度，而货币计量是会计核算的关键环节。

二、会计信息质量要求

会计信息质量要求是对企业财务报告中所提供的会计信息质量的基本要求，它包括可靠性、相关性、清晰性、可比性、实质重于形式、重要性、谨慎性和及时性等。

1. 可靠性

可靠性要求企业应当以实际发生的交易或事项为依据进行会计确认、计量和报告，如实反映符合确认和计量要求的各项会计要素及其他相关信息，保证会计信息真实可靠、内容完整。具体包括三方面含义：

1）企业应当以实际发生的交易或事项为依据进行会计确认、计量和报告，不能以虚构的交易或事项为依据进行会计确认、计量和报告。

2）企业应当如实反映其所应反映的交易或事项，将符合会计要素定义及其确认条件的资产、负债、所有者权益、收入、费用及利润等如实反映在财务报表中。

3）企业应当在符合重要性和成本效益原则下，保证会计信息的完整性，其中包括编制的报表及其附注内容等应当保持完整，不能随意遗漏或减少应予批露的信息。

2. 相关性

相关性要求会计提供的会计信息应当与财务会计报告使用者的经济决策需要相关，这有助于财务会计报告使用者对企业过去、现在或未来的情况作出评价或者预测。

3. 清晰性

清晰性要求企业提供的会计信息应当清晰明了，便于理解和使用。会计核算要尽量使会计信息通俗易懂、简单明了，这对会计信息使用者来说至关重要。这就要求会计记录准确、清晰，填制会计凭证、登记会计账簿必须做到依据合法、账户对应关系清楚、文字摘要完整等。

4. 可比性

可比性要求企业提供的会计信息应当具有可比性，即：

1）同一企业不同时期发生的相同或者相似的交易或事项，应当采用一致的会计政策，不得随意变更。确需变更的，应当在附注中说明。

2）不同企业发生相同或者相似的交易或事项，应当采用规定的会计政策，确保会计信息口径一致、相互可比。

5. 实质重于形式

实质重于形式要求企业应当按照交易或事项的经济实质进行会计确认、计量和报告，而不应当仅以交易或事项的法律形式为依据。在实际工作中，交易或事项的外在法律形式或人为形式并不总能完全反映其实质内容。所以，会计信息要想反映其所拟反映的交易或事项，就必须根据交易或事项的实质和经济现实，而不能仅仅根据它们的法律形式进行核算和反映。

6. 重要性

重要性要求企业提供的会计信息应当反映与企业财务状况、经营成果和现金流量有关的所有重要交易或事项。企业会计信息的省略或者错报会影响使用者据此作出经济决策的，该信息就具有重要性。重要性的应用需要依赖职业判断，企业应当根据其所处环境和实际情况，从项目的性质和金额大小两方面来判断其重要性。

7. 谨慎性

谨慎性要求企业对交易或事项进行会计确认、计量和报告时应当保持应有的谨慎，不应高估资产或者收益、低估负债或者费用。企业在生产经营过程中可能要遇到各种风险，如材料涨价、应收款项无法收回、固定资产因技术进步而提前报废等。为提高承担风险的能力，就需要对各种可能发生的损失和费用合理进行预计。但是，谨慎性的应用不允许企业设置各种秘密准备。

8. 及时性

及时性要求企业对于已经发生的交易或事项，应当及时进行会计确认、计量和报告，不得提前或者延后。会计信息的价值在于帮助所有者或其他方面作出经济决策，具有时效性。为此，应及时收集、加工处理和传递会计信息，以提高会计信息的时效性。

三、会计计量

会计计量是为了将符合条件的会计要素登记入账并列报于财务报表及其附注时，应当按照规定的会计计量属性进行计量，确定其金额。

1. 会计计量属性及其构成

计量属性是指所计量的某一要素的特性，如桌子的长度、物质的重量等。从会计角度看，计量属性反映的是会计要素金额的确定基础，主要包括历史成本、重置成本、可变现净值、现值和公允价值等。

（1）历史成本　在历史成本计量下，资产按照购置时支付的现金或者现金等价物的金额，或者按照购置资产时所付出的对价的公允价值计量。负债按照因承担现时义务而实际收到的款项或者资产的金额，或者承担现时义务的合同金额，或者按照日常活动中为偿还负债预期需要支付的现金或者现金等价物的金额计量。

（2）重置成本　在重置成本计量下，资产按照现在购买相同或者相似资产所需支付的现金或者现金等价物的金额计量。负债按照现在偿付该项债务所需支付的现金或者现金等价物的金额计量。

（3）可变现净值　在可变现净值计量下，资产按照其正常对外销售所能收到现金或者现金等价物的金额扣减该资产至完工时估计将要发生的成本、估计的销售费用以及相关税费后的金额计量。

（4）现值　在现值计量下，资产按照预计从其持续使用和最终处置中所产生的未来净现金流入量的折现金额计量。负债按照预计期限内需要偿还的未来净现金流出量的折现金额计量。

（5）公允价值　在公允价值计量下，资产和负债按照在公平交易中熟悉情况的交易双方自愿进行资产交换或者债务清偿的金额计量。

2. 会计计量属性选择的标准

企业在对会计要素进行计量时，一般应当采用历史成本。采用重置成本、可变现净值、现值、公允价值计量的，应当保证确定的会计要素金额能够取得并能够可靠计量。

任务 4　会计记账方法认知

一、会计科目和账户

设置会计科目和账户是对会计要素具体内容进行分类核算和监督的一种专门方法。这是因为，会计要素的内容，即需提供的会计信息是复杂多样的，要对各项内容进行系统地反映和监督，就需要对它们进行适当地分类（设置会计科目），并据以开设账户，以取得各种不同性质的会计信息指标。

1. 会计科目

会计科目是对会计要素具体内容进行分类核算的项目，整个会计科目体系也就是会计所应提供的会计信息体系。正确设置和运用会计科目，对于正确、及时、系统地反映企业的经济活动状况，以及为设置账户、编制凭证、登记账簿和编制财务报表，都有着十分重要的作用。

（1）会计科目的设置　企业会计科目的设置，应以合法性、相关性、实用性为原则，全面反映会计要素的内容，满足会计核算的要求，并符合管理的需要。《企业会计准则应用指南》列示的会计科目见表1-1。

表 1-1 会计科目表

序号	科目名称	序号	科目名称	序号	科目名称
	一、资产类	32	累计折旧		三、共同类
1	库存现金	33	固定资产减值准备	63	衍生工具
2	银行存款	34	在建工程	64	套期工具
3	其他货币资金	35	工程物资	65	被套期项目
4	交易性金融资产	36	固定资产清理		四、所有者权益类
5	应收票据	37	无形资产	66	实收资本
6	应收账款	38	累计摊销	67	资本公积
7	预付账款	39	无形资产减值准备	68	盈余公积
8	应收股利	40	商誉	69	本年利润
9	应收利息	41	长期待摊费用	70	利润分配
10	其他应收款	42	递延所得税资产	71	库存股
11	坏账准备	43	待处理财产损溢		五、成本类
12	代理业务资产		二、负债类	72	生产成本
13	材料采购	44	短期借款	73	制造费用
14	在途物资	45	交易性金融负债	74	劳务成本
15	原材料	46	应付票据	75	研发支出
16	材料成本差异	47	应付账款		六、损益类
17	库存商品	48	预收账款	76	主营业务收入
18	发出商品	49	应付职工薪酬	77	其他业务收入
19	商品进销差价	50	应交税费	78	公允价值变动损益
20	委托加工物资	51	应付利息	79	投资收益
21	周转材料	52	应付股利	80	营业外收入
22	存货跌价准备	53	其他应付款	81	主营业务成本
23	持有至到期投资	54	代理业务负债	82	其他业务成本
24	持有至到期投资减值准备	55	预计负债	83	税金及附加
25	可供出售金融资产	56	递延收益	84	销售费用
26	长期股权投资	57	长期借款	85	管理费用
27	长期股权投资减值准备	58	应付债券	86	财务费用
28	投资性房地产	59	长期应付款	87	资产减值损失
29	长期应收款	60	未确认融资费用	88	营业外支出
30	未实现融资收益	61	专项应付款	89	所得税费用
31	固定资产	62	递延所得税负债	90	以前年度损益调整

上述各会计科目之间相互联系、相互补充,构成了一个完整的会计信息系统,通过这个信息系统,就可以为全面反映企业的财务状况、经营成果,从而为各有关方面提供一系列会计核算指标。

(2)会计科目的分类

1)按会计科目所反映的经济内容可分为资产类科目、负债类科目、共同类科目、所有者权益科目、成本类科目和损益类科目。

2)按会计科目所提供核算指标的详简程度,可分为总分类科目和明细分类科目。总分类科目又称为总账科目或一级科目,是对经济活动具体内容进行总括分类、提供总括核算指标的科目。表 1-1 中列示的会计科目就是部分总分类科目。明细分类科目是在总分类科目基础上对会计对象具体内容所作的进一步分类,包括二级科目和明细科目。二级科目是在总分类科目之下,对该科目所反映的经济内容再分类而设置的会计科目;明细科目是在二级科目或直接在总分类科目之下,按其所反映的经济内容的性质而再细分所设置的会计科目。明细分类科目提供详细、具体的会计核算指标。

上述总分类科目和明细分类科目之间,在性质上是从属关系。例如,为了总括反映企业原材料的情况,需要设置"原材料"总分类科目,而为了详细反映各类材料或各种材料的情况,就需要在"原材料"总分类科目下,按材料类别设置二级科目,并按材料品种设置明细科目。

2. 账户

账户是根据会计科目设置的,具有一定格式和结构,用于分类反映会计要素增减变动情况及其结构的载体。账户是按照会计科目设置的,会计科目是相应账户的名称。

(1) 账户的分类　账户按其反映的经济内容不同,可分为资产类账户、负债类账户、共同类账户、所有者权益类账户、成本类账户和损益类账户。

账户按其所提供信息的详细程度及其统驭关系不同分为总分类账户和明细分类账户。总分类账户是指根据总分类科目设置的,用于对会计要素具体内容进行总括分类核算的账户,简称总账账户或总账。

明细分类账户是根据明细分类科目设置的,用来对会计要素具体内容进行明细分类核算的账户,简称明细账。明细分类账户也可再分为二级账户、三级账户等。实际工作中,将总账账户称为一级账户,总账以下的账户称为明细账户。如建筑施工企业的"原材料"账户可分为"主要材料""结构件""机械配件""其他材料"等二级账户,"主要材料"又可分为"钢材""木材""化工材料"等三级账户,"钢材"还可分为"黑色金属材料""有色金属材料"等四级账户,而四级账户还可按规格再细分明细账户。但并非账户设置越细越好,而是要以既满足管理需要,又简化核算为原则。

总分类账户对明细分类账户具有统驭控制作用;明细分类账户对总分类账户具有补充说明作用。总分类账户与其所属明细分类账户在总金额上应当相符。

(2) 账户与会计科目的联系与区别

1) 二者的联系。账户与会计科目都是对会计对象具体内容的科学分类,两者口径一致,性质相同,会计科目是账户的名称,也是设置账户的依据,账户是会计科目的具体运用。没有会计科目,账户便失去了设置的依据;没有账户,会计科目就无法发挥作用。

2) 二者的区别。会计科目仅仅是账户的名称,不存在结构;而账户则具有一定的格式和结构。在实际工作中,对会计科目和账户不加严格区分,而是相互通用。

(3) 账户的基本结构　为了在账户中记录每项经济业务,每个账户既要有明确的经济内容,又要有便于记账的结构。在企业的生产活动过程中,各项经济业务引起的会计要素具体内容的变化,从数量方面看,无非是增加和减少两个方面。所以,要把账户划分为两部分,一部分记录增加数,另一部分记录减少数。通常把账户划分为左、右两方,左方称为借方,右方称为贷方,用于记录经济业务所引起的会计要素具体内容的增加数和减少数。账户的基本结构见表 1-2。

表 1-2　账户的基本结构

借方	账户名称(会计科目)	贷方

账户的左、右两方用于记录经济业务所引起的会计要素具体内容的增加与减少，但究竟哪一方记录增加，哪一方记录减少，这要根据各个账户所反映的经济内容，即它的性质和采用的记账方法的要求来确定。为了反映资产与负债和所有者权益的平衡关系，对资产与负债和所有者权益的增减变动，应在有关账户中作相反方向的记录。

每个账户在一定时期内记录的金额合计数称为本期发生额，增加方金额合计数称为增加方本期发生额，减少方金额合计数称为减少方本期发生额。每个账户的增加方合计数与减少方合计数相抵后的差额称为余额，本期期初余额是上期期末余额，本期期末余额是下期期初余额，其基本关系如下：

期末余额 = 期初余额 + 本期增加发生额 − 本期减少发生额

采用借贷记账法时，账户的结构除了借方和贷方外，还应包括日期、所依据记账凭证编号、经济业务摘要、借贷金额、余额等内容。账户的基本格式见表 1-3。

表 1-3　账户的基本格式

账户名称（会计科目）：

年		凭证		摘　要	借　方	贷　方	余　额
月	日	字	号				

二、复式记账法

1. 复式记账法概述

为了对会计科目进行核算和监督，在按一定的原则设置了会计科目并开设账户后，还要运用一定的方法才能把经济业务在账户中进行连续、系统地登记。记账方法是指根据一定的原理和规则，采用一定的记账符号，在账户中登记经济业务的一种专门方法。记账方法有单式记账法和复式记账法两种，一般采用复式记账法。复式记账法也称为复式记账，是指对发生的每一项经济业务，要求按相等的金额同时记入两个或两个以上相互联系的账户的记账方法。采用这种方法，可以全面地、相互联系地反映一项经济业务所引起的会计要素具体内容的变化情况，可以了解有关账户之间的对应关系和平衡关系，便于检查账户记录的正确性，从而保证会计工作的质量。

因为资产与负债和所有者权益是同一资金的两个方面，负债和所有者权益说明资金从哪里来，资产说明资金用到哪里去了，所以资产与负债和所有者权益在数量上必须相等。复式记账的理论依据是资产与负债和所有者权益的平衡关系，即资产 = 负债 + 所有者权益。

任何一项经济业务的发生，都会引起资金的运动变化，尽管这种变化是错综复杂的，但不外乎以下几种情况：从各种渠道取得资金时，资产与负债或所有者权益同时增加；当资金退出时，资产与负债或所有者权益同时减少；当资金在内部运动时，只能引起资产、负债或所有者权益内部有关项目之间的增减变化。因此，任何经济业务的发生，都不会打破资产与负债和所有者权益之间的平衡关系。

2. 借贷记账法

（1）借贷记账法的概念　借贷记账法是指以"借""贷"为记账符号，以"有借必有贷、借贷必相等"作为记账规则的一种复式记账方法。它产生于13～14世纪资本主义开始萌芽的意大利，15世纪逐步发展成为一种比较完备的复式记账方法。20世纪初由日本传入我国，该方法可以说是会计核算的国际语言。

（2）借贷记账法的特点

1）以"借""贷"为记账符号，这里的"借""贷"已失去其原有的含义，变成了纯粹的记账符号。至于"借"表示增加，还是"贷"表示增加，则取决于账户的性质及结构。

2）以"有借必有贷，借贷必相等"为记账规则。采用借贷记账法，对于每项经济业务，都要在记入账户借方的同时，记入另一个或几个账户的贷方，或者在记入账户贷方的同时，记入另一个或几个账户的借方，而且记入账户借方的金额必须等于记入贷方的金额。

（3）借贷记账法下的账户结构　在借贷记账法下，所有账户的借方和贷方都要按照相反的方向记录，即一方登记增加数，一方登记减少数。但究竟哪一方登记增加数，哪一方登记减少数，完全取决于各账户所要反映的经济内容。一般情况下资产与权益类账户的结构见表1-4。

表1-4　账户的结构

借方	资产类	贷方	借方	权益类（负债及所有者权益）	贷方
期初余额					期初余额
本期增加发生额	本期减少发生额		本期减少发生额		本期增加发生额
本期发生额合计	本期发生额合计		本期发生额合计		本期发生额合计
期末余额					期末余额

上述两类账户期末余额的计算公式如下：

资产类账户期末余额 = 期初余额 + 本期借方发生额 − 本期贷方发生额

权益类（负债及所有者权益）账户期末余额 = 期初余额 + 本期贷方发生额 − 本期借方发生额

成本类账户的结构与资产类账户的结构基本相同。即借方记录成本费用的增加额，贷方记录成本费用的减少额或转销额，期末经转销后一般无余额。在期末如有未完施工，一定有期末借方余额，反映期末未完施工成本，其期末余额的计算公式与资产类账户相同。

损益类账户中的费用类账户的结构与资产类账户的结构基本相同，即借方登记费用的增加额，贷方登记费用的减少额或转销额。由于借方登记费用的增加额一般要通过贷方转出，所以该类账户通常没有期末余额。

损益类账户中的收入类账户的结构与负债和所有者权益类账户相类似，账户的贷方登记收入的增加额，借方登记收入的减少额或转销额，由于贷方登记的收入增加额一般要通过借方转出，所以这类账户通常没有期末余额。

现举例说明如下：

【例1-5】　企业收到投资人30 000元投资，存入银行。此项业务中，一方面使资产类中的"银行存款"增加30 000元，记入该账户借方；另一方面使权益类中的"实收资本"账户增加30 000元，记入该账户贷方，借贷金额相等。

【例1-6】 企业用银行存款5 000元偿还短期借款。此项业务中,一方面使资产类中的"银行存款"减少5 000元,记入该账户贷方;另一方面使权益类中的"短期借款"账户减少5 000元,记入该账户借方,借贷金额相等。

【例1-7】 企业用银行存款8 000元购买材料。此项业务中,一方面使资产类中的"原材料"增加8 000元,记入该账户借方;另一方面使资产类中的"银行存款"账户减少8 000元,记入该账户贷方,借贷金额相等。

【例1-8】 企业从银行借入短期借款6 000元,直接偿还应付账款。此项业务中,一方面使权益类中的"短期借款"增加6 000元,记入该账户贷方;另一方面使权益类中的"应付账款"账户减少6 000元,记入该账户借方,借贷金额相等。

(4)借贷记账法的试算平衡 借贷记账法对每项经济业务以相等的金额在相互对应账户的借方和贷方进行登记,这就保证了每一笔经济业务借、贷双方的平衡。试算平衡是指根据资产与权益的恒等关系以及借贷记账法的记账规则,检查所有账户记录是否正确的过程。可以采用以下两种方法进行试算平衡:

1)发生额试算平衡法。发生额试算平衡法是根据本期所有账户借方发生额合计与贷方发生额合计的恒等关系,检验本期发生额记录是否正确的方法。即

全部账户本期借方发生额合计 = 全部账户本期贷方发生额合计

2)余额试算平衡法。余额试算平衡法是根据本期所有账户借方余额合计与贷方余额合计的恒等关系,检验本期账户记录是否正确的方法。即

全部账户的借方期初余额合计 = 全部账户的贷方期初余额合计

全部账户的借方期末余额合计 = 全部账户的贷方期末余额合计

在实际工作中,对账户进行试算平衡,是通过编制试算平衡表的方法进行的。以某企业及上述业务为例,编制试算平衡表见表1-5。

表1-5 试算平衡表

年 月 (单位:元)

会计科目	期初余额		本期发生额		期末余额	
	借方	贷方	借方	贷方	借方	贷方
库存现金	200				200	
银行存款	30 000		30 000	13 000	47 000	
应收账款	4 000				4 000	
原材料	9 000		8 000		17 000	
固定资产	86 000				86 000	
无形资产	12 000				12 000	
短期借款		7 000	5 000	6 000		8 000
应付账款		6 000	6 000			
长期借款		40 000				40 000
实收资本		80 000		30 000		110 000
资本公积		8 200				8 200
合 计	141 200	141 200	49 000	49 000	166 200	166 200

上述试算平衡表根据有关账户本期发生额和余额填列。它表明所有账户期初借方余额合计 141 200 元与贷方余额合计 141 200 元相等，所有账户本期借方发生额合计 49 000 元与贷方发生额合计 49 000 元相等，所有账户期末借方余额合计 166 200 元与贷方余额合计 166 200元相等。

在编制试算平衡表时，应注意以下几点：

1）必须保证所有账户的余额均已记入试算平衡表。因为会计等式是对六项会计要素整体而言的，缺少任何一个账户的余额，都会造成期初或期末借方余额合计与贷方余额合计不相等。

2）如果试算平衡表借贷不相等，肯定账户记录有错误，应认真查找，直到实现平衡为止。

3）采用试算平衡的方法虽然能够检查账户记录的错误，但不是所有的错误都能检查出来，如有的经济业务漏记，有的经济业务记入账户方向颠倒，有的用错会计科目等。这些错误的结果并不影响账户的平衡关系，也就很难通过试算平衡检查出来，还需定期进行会计检查，以纠正账户记录的错误。

(5) 账户的对应关系和会计分录　账户的对应关系是指在应用借贷记账法对经济业务处理过程中，有关账户之间形成的应借应贷关系，发生对应关系的账户称为对应账户。如

【例 1-7】企业用银行存款 8 000 元购买材料这一经济业务，作借记"原材料"账户、贷记"银行存款"账户的记录，就形成了"原材料"账户的借方同"银行存款"账户的贷方相对应的关系。"原材料"账户成为"银行存款"账户的对应账户。

会计分录是指对每项经济业务按复式记账的要求，标明其应借应贷账户及其金额的一种会计记录，简称分录。按照所涉及账户的多少，分为简单会计分录和复合会计分录。简单会计分录指只涉及一个账户借方和另一个账户贷方的会计分录，即一借一贷的会计分录；复合会计分录指由两个以上（不含两个）对应账户所组成的会计分录，即一借多贷、一贷多借或多借多贷的会计分录。一般来讲，复合会计分录可以分解为若干简单会计分录。编制会计分录时，习惯上先标借方，后标贷方，每一个会计科目占一行，借方与贷方错位表示，以便醒目、清晰。

会计分录的编制可按照以下步骤进行：

1）分析经济业务涉及的是资产（费用、成本）还是权益（收入）。
2）确定涉及到哪些账户，是增加还是减少。
3）确定记入哪个（或哪些）账户的借方、哪个（或哪些）账户的贷方。
4）确定应借应贷账户是否正确，借贷方金额是否相等。

以前述四项经济业务为例，编制会计分录如下：

借：银行存款　　　　　　　　　　　　　　　　　　　　　　　30 000
　　贷：实收资本　　　　　　　　　　　　　　　　　　　　　　　30 000
借：短期借款　　　　　　　　　　　　　　　　　　　　　　　 5 000
　　贷：银行存款　　　　　　　　　　　　　　　　　　　　　　　 5 000
借：原材料　　　　　　　　　　　　　　　　　　　　　　　　 8 000
　　贷：银行存款　　　　　　　　　　　　　　　　　　　　　　　 8 000
借：应付账款　　　　　　　　　　　　　　　　　　　　　　　 6 000

贷：短期借款　　　　　　　　　　　　　　　　　　　　　　　　　6 000

现举例说明复合会计分录的编制。

【例1-9】 仓库发出材料6 000元，其中，4 000元用于工程施工，2 000元用于辅助生产。作会计分录如下：

　　借：工程施工　　　　　　　　　　　　　　　　　　　　　　　　　4 000
　　　　生产成本——辅助生产成本　　　　　　　　　　　　　　　　　2 000
　　　贷：原材料　　　　　　　　　　　　　　　　　　　　　　　　　6 000

【例1-10】 企业购入材料20 000元，已经验收入库，以银行存款支付货款15 000元，其余货款尚未支付。作会计分录如下：

　　借：原材料　　　　　　　　　　　　　　　　　　　　　　　　　　20 000
　　　贷：银行存款　　　　　　　　　　　　　　　　　　　　　　　　15 000
　　　　　应付账款　　　　　　　　　　　　　　　　　　　　　　　　5 000

上述两项复合会计分录，均可分解为简单会计分录，其结果相同。由于复合会计分录更为简单、明了，所以实际工作中一般不作分解。

【例1-9】可以分解为

　　借：工程施工　　　　　　　　　　　　　　　　　　　　　　　　　4 000
　　　贷：原材料　　　　　　　　　　　　　　　　　　　　　　　　　4 000
　　借：生产成本——辅助生产成本　　　　　　　　　　　　　　　　　2 000
　　　贷：原材料　　　　　　　　　　　　　　　　　　　　　　　　　2 000

【例1-10】可以分解为

　　借：原材料　　　　　　　　　　　　　　　　　　　　　　　　　　15 000
　　　贷：银行存款　　　　　　　　　　　　　　　　　　　　　　　　15 000
　　借：原材料　　　　　　　　　　　　　　　　　　　　　　　　　　5 000
　　　贷：应付账款　　　　　　　　　　　　　　　　　　　　　　　　5 000

（6）总分类账户与明细分类账户的平行登记　平行登记是指对所发生的每项经济业务，都要以会计凭证为依据，一方面记入有关总分类账户，另一方面记入有关总分类账户所属明细分类账户的方法。平行登记既可以满足管理上对总括会计信息和详细会计信息的需求，又可以检验账户记录的完整性和正确性。其主要包括以下四个方面：

1）依据相同。对发生的经济业务，都要以相关的会计凭证为依据，既登记有关总分类账户，又登记其所属明细分类账户。

2）方向相同。将经济业务记入总分类账和明细分类账时，记账方向必须相同。即总分类账户记入借方，明细分类账户也记入借方；总分类账户记入贷方，明细分类账户也记入贷方。

3）期间相同。对每项经济业务在记入总分类账户和明细分类账户过程中，可以有先有后，但必须在同一会计期间全部登记入账。

4）金额相等。记入总分类账户的金额，应与记入其所属明细分类账户的金额合计相等。金额相等包含两层含义：①总分类账户本期发生额与其所属明细分类账户本期发生额的合计相等。②总分类账户期末余额与其所属明细分类账户期末余额的合计相等。

现以"应付账款"账户为例，说明总分类账户和明细分类账户的平行登记方法。

【例1-11】 假设某企业2020年4月1日的"应付账款"的账面余额50 000元，其所属明细分类账户：甲单位30 000元，乙单位20 000元。当月发生的经济业务为

① 5日向甲单位购入材料35 000元，款项暂欠，材料已入库。会计分录为

借：原材料　　　　　　　　　　　　　　　　　　　　　35 000
　　贷：应付账款——甲单位　　　　　　　　　　　　　　　　35 000

② 10日以银行存款10 000元，偿还原欠乙单位的购料款。会计分录为

借：应付账款——乙单位　　　　　　　　　　　　　　　10 000
　　贷：银行存款　　　　　　　　　　　　　　　　　　　　　10 000

③ 20日向乙单位购入低值易耗品14 000元，料已入库，货款未付。会计分录为

借：周转材料　　　　　　　　　　　　　　　　　　　　14 000
　　贷：应付账款——乙单位　　　　　　　　　　　　　　　　14 000

根据以上经济业务的会计分录，在"应付账款"总分类账户和所属明细分类账户中进行平行登记，结果见表1-6、表1-7、表1-8。

表1-6　应付账款总分类账户

账户名称：应付账款　　　　　　　　　　　　　　　　　　　　　　　　（单位：元）

2020年		凭证字号	摘　要	借　方	贷　方	余　额
月	日					
4	1		月初余额			50 000
4	5	(1)	向甲单位购入材料一批		35 000	
4	10	(2)	偿还乙单位欠款	10 000		
4	20	(3)	向乙单位购入低值易耗品		14 000	
4	30		本月发生额及月末余额	10 000	49 000	89 000

表1-7　应付账款明细分类账户

账户名称：甲单位　　　　　　　　　　　　　　　　　　　　　　　　　（单位：元）

2020年		凭证字号	摘　要	借　方	贷　方	余　额
月	日					
4	1		月初余额			30 000
4	5	(1)	购入材料货款暂欠		35 000	
4	30		本月发生额及月末余额		35 000	65 000

表1-8　应付账款明细分类账户

账户名称：乙单位　　　　　　　　　　　　　　　　　　　　　　　　　（单位：元）

2020年		凭证字号	摘　要	借　方	贷　方	余　额
月	日					
4	1		月初余额			20 000
4	10	(2)	偿还欠款	10 000		
4	20	(3)	购入低值易耗品		14 000	
4	30		本月发生额及月末余额	10 000	14 000	24 000

根据以上账户记录,可编制"应付账款明细分类账户本期发生额及余额明细表",见表1-9,根据本表,可进行试算平衡。

表1-9 应付账款明细分类账户本期发生额及余额明细表

(单位:元)

明细账户	期初余额		本期发生额		期末余额	
	借方	贷方	借方	贷方	借方	贷方
甲单位		30 000		35 000		65 000
乙单位		20 000	10 000	14 000		24 000
合计		50 000	10 000	49 000		89 000

从上表可以看出,平行登记的结果,存在着以下几个相等关系:

总分类账户期初余额=所属各个明细分类账户期初余额之和

总分类账户借方(或贷方)本期发生额=所属各个明细分类账户借方(或贷方)本期发生额之和

总分类账户期末余额=所属各个明细分类账户期末余额之和

由上述可以看出,总分类账户及其明细分类账户实现了"依据相同、方向相同、期间相同、金额相等"的平行登记要求。

任务 5　会计凭证与账簿认知

一、会计凭证

1. 会计凭证概述

会计凭证是记录经济业务发生和完成情况的书面证明,也是登记账簿的依据。

任何单位在处理任何经济业务时,都必须由执行和完成该项经济业务的有关人员从单位外部取得或自行填制有关凭证,以书面形式记录和证明所发生经济业务的性质、内容、数量、金额等,并在凭证上签名或盖章,以对经济业务的合法性和凭证的真实性、完整性负责。任何会计凭证都必须经过有关人员的严格审核并确认无误后,才能作为记账的依据。合法地取得、正确地填制和审核会计凭证,是会计核算的基本方法之一,也是会计核算工作的起点,在会计核算中具有重要意义。

(1)记录经济业务,提供记账依据　会计凭证是登记账簿的依据,会计凭证所记录有关信息是否真实、可靠、及时,对于能否保证会计信息质量,具有至关重要的影响。

(2)明确经济责任,强化内部控制　任何会计凭证除记录有关经济业务的基本内容外,还必须由有关部门和人员签章,对会计凭证所记录经济业务的真实性、完整性、合法性负责,以防止舞弊行为,强化内部控制。

(3)监督经济活动,控制经济运行　通过会计凭证的审核,可以查明每一项经济业务是否符合国家有关法律、法规、制度规定,是否符合计划、预算进度,是否有违法乱纪、铺张浪费行为等。对于查出的问题,应积极采取措施予以纠正,实现对经济活动的事中控制,从而改善经营管理,提高经济效益。

2. 会计凭证的种类

会计凭证按照编制的程序和用途不同，分为原始凭证和记账凭证两类。

（1）原始凭证　原始凭证是指在经济业务发生或完成时取得或编制的，用以记录或证明经济业务的发生或完成情况的原始凭据。原始凭证是会计核算的原始资料和重要依据。

1）原始凭证的基本内容。由于经济业务的种类和内容不同，经济管理的要求不同，原始凭证的格式和内容也多种多样，但一般应具备以下基本内容：

① 原始凭证名称。

② 填制原始凭证的日期。

③ 接受原始凭证单位名称。

④ 经济业务内容（包括数量、单价、金额等）。

⑤ 填制单位签章。

⑥ 有关人员签章。

⑦ 凭证附件。

实际工作中，根据经营管理和特殊业务的需要，除上述基本内容外，可以增加必要的内容。对于不同单位经常发生的共同性经济业务，有关部门可以制定统一的凭证格式。

2）原始凭证的种类。

① 原始凭证按照来源不同，分为外来原始凭证和自制原始凭证。

外来原始凭证是指在经济业务发生或完成时，从其他单位或个人直接取得的原始凭证，如购买货物取得的增值税专用发票，对外单位支付款项时取得的收据等，见表1-10、表1-11。

表1-10　增值税专用发票

发　票　联　　　　　　　　　　　　　　　　　No

开票日期：　　年　　月　　日

购货单位	名　称		纳税人登记号			
	地址、电话		开户银行及账号			
货物或应税劳务名称	计量单位	数　量	单　价	金　额	税率（%）	税　额
合　计						
价税合计（大写）					¥	
销货单位	名　称		纳税人登记号			
	地址、电话		开户银行及账号			

第二联　发票　购货方记账

收款人：　　　　　　　　　　开票单位（未盖章无效）：

表1-11　收　据　　　　　　　　　　　　　　　　　No

今收到_____

交　来_____

人民币(大写)_____¥_____

收款单位_____收款人_____

（公章）　　　　　　　　　（签章）　　　　　　年　月　日

第二联　收据

自制原始凭证是指由本单位内部经办业务的部门和人员，在执行或完成某项经济业务时填制的、仅供本单位内部使用的原始凭证，如收料单（表1-12）、领料单（表1-13）、限额领料单（表1-14）、产品入库单、产品出库单、借款单、工资发放明细表、折旧计算表等。

表1-12 收 料 单

供货单位：　　　　　　　　　　　　　　　　　　　　凭证编号：
发票号码：　　　　　　　　年　　月　　日　　　　　　收料仓库：

材料编号	材料名称及规格	计量单位	数量		单价	金额	
			应收	实收			第
							联
备注					合计		

收料人：　　　审批人：　　　仓库保管员：　　　记账：

表1-13 领 料 单

领料部门：　　　　　　　　　　　　　　　　　　　　领料编号：
领料用途：　　　　　　　　年　　月　　日　　　　　　发料仓库：

材料编号	材料名称及规格	计量单位	数量		单价	金额	
			请领	实领			第
							联
备注					合计		

发料人：　　　审批人：　　　领料人：　　　记账：

表1-14 限额领料单

领料部门：　　　　　　　　　　　　　　　　　　　　领料编号：
领料用途：　　　　　　　　年　　月　　日　　　　　　发料仓库：

材料类别	材料编号	材料名称及规格	计量单位	领用限额	实际领用	单价	金额	备注

供应部门负责人：　　　　　　计划生产部门负责人：

日期	领用				退料			限额结余
	请领数量	实发数量	发料人签章	领料人签章	退料数量	退料人签章	收料人签章	

② 原始凭证按照填制手续及内容不同，分为一次凭证、累计凭证和汇总凭证。

一次凭证是指一次填制完成、只记录一笔经济业务的原始凭证，如收据、收料单、领料单、借款单、发货票、银行结算凭证等。一次凭证是一次有效的凭证。

累计凭证是指在一定时期内多次记录发生的同类型经济业务的原始凭证。其特点是，在一张凭证内可以连续登记相同性质的经济业务，随时结出累计数及结余数，并按照费用限额进行费用控制，期末按实际发生额记账。累计凭证是多次有效的原始凭证，具有代表性的累计凭证是限额领料单。

汇总凭证是指对一定时期内反映经济业务内容相同的若干张原始凭证，按照一定标准综合填制的原始凭证。汇总凭证合并了同类型经济业务，简化了记账工作量。常用的汇总凭证有发出材料汇总表（表1-15）、工资结算汇总表、差旅费报销单等。

表1-15　发出材料汇总表

年　　月　　日

领料对象		工程施工			生产成本	机械作业	合　计
		101工程	102工程	间接费			
原材料	甲材料						
	乙材料						
	丙材料						
合　计							

③ 原始凭证按照格式不同，分为通用凭证和专用凭证。

通用凭证是指由有关部门统一印制、在一定范围内使用的具有统一格式和使用方法的原始凭证。通用凭证的使用范围，因制作部门不同而异，可以是某一地区、某一行业，也可以是全国通用。如：某省印制的发货票、收据等，在该省通用；由人民银行制作的银行转账结算凭证，在全国通用等。

专用凭证是指由单位自行印制、仅在本单位内部使用的原始凭证，如领料单、差旅费报销单、折旧计算表、工资费用分配表等。

3）原始凭证的填制要求。原始凭证是编制记账凭证的依据，是会计核算最基础的原始资料。要保证会计核算工作的质量，必须从保证原始凭证的质量做起，正确填制原始凭证。原始凭证的填制必须符合下列要求：

① 记录要真实。原始凭证所填列的经济业务内容和数字，必须真实可靠，符合实际情况。

② 内容要完整。原始凭证所要求填列的项目必须逐项填列齐全，不得遗漏和省略。需要注意的是，年、月、日要按照填制原始凭证的实际日期填写；名称要齐全，不能简化；品名或用途要填写正确，不能含糊不清；有关人员的签章必须齐全。

③ 手续要完备。单位自制的原始凭证必须有经办业务的部门和人员签名盖章；对外开出的原始凭证必须加盖本单位公章；从外部取得的原始凭证，必须盖有填制单位的公章。总之，取得的原始凭证必须符合手续完备的要求，以明确经济责任，确保凭证的合法性、真实性。

④ 书写要清楚、规范。原始凭证要按规定填写，文字要简明，字迹要清楚，易于辨认，不得使用未经国家公布的简化汉字。大小写金额必须相符且填写规范，小写金额用阿拉伯数字逐个书写，不得写连笔字，在金额前要填写人民币符号"￥"，人民币符号"￥"与阿拉

伯数字之间不得留有空白,金额数字一律要填写角分,无角分的,写"00"或符号"—",有角无分的,分位写"0",不得用符号"—";大写金额用汉字"壹、贰、叁、肆、伍、陆、柒、捌、玖、拾、佰、仟、万、亿、元、角、分、零、整"等,一律用正楷或行书字书写,大写金额前未印有"人民币"字样的,应加写"人民币"三个字,"人民币"字样和大写金额之间不得留有空白,大写金额到元或角为止的,后面要写"整"或"正"字,有分的,不写"整"或"正"字,如小写金额为"¥1 892.00",大写金额应写成"壹仟捌佰玖拾贰元整"。

⑤ 编号要连续。各种凭证要连续编号,以便查考。如果凭证已预先印定编号,如发票、支票等重要凭证,在写错作废时,应加盖"作废"戳记,妥善保管,不得撕毁。

⑥ 不得涂改、刮擦、挖补。原始凭证有错误的,应当由出具单位重开或更正,更正处应当加盖出具单位印章。原始凭证金额有错误的,应当由出具单位重开,不得在原始凭证上更正。

⑦ 填制要及时。各种原始凭证一定要及时填写,并按规定的程序及时送交会计机构、会计人员进行审核。

4)原始凭证的审核。为了如实反映经济业务的发生和完成情况,充分发挥会计的监督职能,保证会计信息的真实性、可靠性和正确性,会计机构、会计人员必须对原始凭证进行严格审核。具体包括:

① 审核原始凭证的真实性。原始凭证作为会计信息的基本信息源,其真实性对会计信息的质量具有至关重要的影响。其真实性的审核包括凭证日期是否真实、业务内容是否真实、数据是否真实等内容的审查。对外来原始凭证,必须有填制单位公章和填制人员签章;对自制原始凭证,必须有经办部门和经办人员的签名或盖章。此外,对通用原始凭证,还应审核凭证本身的真实性,以防假冒。

② 审核原始凭证的合法性。审核原始凭证所记录的经济业务是否有违反国家法律法规的情况,是否履行了规定的凭证传递和审核程序,是否有贪污腐化等行为。

③ 审核原始凭证的合理性。审核原始凭证所记录的经济业务是否符合企业生产经营活动的需要、是否符合有关的计划和预算等。

④ 审核原始凭证的完整性。审核原始凭证各项基本要素是否齐全,是否有漏项情况,日期是否完整,数字是否清晰,文字是否工整,有关人员签章是否齐全,凭证联次是否正确等。

⑤ 审核原始凭证的正确性。审核原始凭证各项金额的计算及填写是否正确,具体包括:阿拉伯数字分位填写,不得连写;小写金额前要标明"¥"字样,中间不能留有空位;大写金额前要加"人民币"字样,大写金额与小写金额要相符;凭证中有书写错误的应采用正确的方法更正,不能采用涂改、刮擦、挖补等不正确方法。

⑥ 审核原始凭证的及时性。原始凭证的及时性是保证会计信息及时性的基础。为此,要求在经济业务发生或完成时及时填制有关原始凭证,及时进行凭证的传递。审核时应注意审查凭证的填制日期,尤其是支票、银行汇票、银行本票等时效性较强的原始凭证,更应仔细验证其签发日期。

原始凭证的审核是一项十分重要、严肃的工作,经审核的原始凭证应根据不同情况处理:

① 对于完全符合要求的原始凭证，应及时据以编制记账凭证入账；

② 对于真实、合法、合理但内容不够完整、填写有错误的原始凭证，应退回给有关经办人员，由其负责将有关凭证补充完整、更正错误或重开后，再办理正式会计手续；

③ 对于不真实、不合法的原始凭证，会计机构、会计人员有权不予接受，并向单位负责人报告。

(2) 记账凭证　记账凭证是会计人员根据审核无误的原始凭证，按照经济业务的内容加以归类，并据以确定会计分录后所填制的会计凭证，它是登记账簿的直接依据。记账凭证又称为记账凭单，它根据复式记账法的基本原理，确定应借、应贷的会计科目及其金额，将原始凭证中的一般数据转化为会计语言，是介于原始凭证与账簿之间的中间环节，是登记明细分类账户和总分类账户的依据。

1) 记账凭证的基本内容。记账凭证作为登记账簿的依据，因其所反映经济业务的内容不同、各单位规模大小及其对会计核算繁简程度的要求不同，其格式也有所不同。记账凭证应具备以下基本内容或要素：

① 记账凭证的名称，如"收款凭证""付款凭证""转账凭证"。

② 填制记账凭证的日期。

③ 记账凭证的编号。

④ 经济业务的内容摘要。

⑤ 经济业务所涉及的会计科目（包括一级科目、二级或明细科目）及其记账方向。

⑥ 经济业务的金额。

⑦ 记账标记。

⑧ 所附原始凭证张数。

⑨ 会计主管、记账、审核、出纳、制单等有关人员签章。

2) 记账凭证的种类。

① 记账凭证按其所反映的经济内容不同，一般分为收款凭证、付款凭证和转账凭证。

收款凭证是指用于记录现金和银行存款收款业务的会计凭证。收款凭证根据有关现金和银行存款收入业务的原始凭证填制，是登记现金日记账、银行存款日记账以及有关明细账和总账等账簿的依据，也是出纳人员收讫款项的依据，见表1-16。

表1-16　收款凭证

借方科目：		年　月　日		收字第　号	
摘　要	贷方科目		记　账	金　额	附件张
	一级科目	二级或明细科目			
合　计					

会计主管：　　　记账：　　　出纳：　　　审核：　　　制单：

付款凭证是指用于记录现金和银行存款付款业务的会计凭证。付款凭证根据有关现金和银行存款支付业务的原始凭证填制，是登记现金日记账、银行存款日记账以及有关明细账和总账等账簿的依据，也是出纳人员支付款项的依据，见表1-17。

表1-17 付款凭证

贷方科目：　　　　　　　　　　　年　月　日　　　　　　　　　　　付字第　号

摘　要	借方科目		记　账	金　额	
	一级科目	二级或明细科目			附件
					张
合　计					

会计主管：　　　　记账：　　　　出纳：　　　　审核：　　　　制单：

转账凭证是指用于记录不涉及现金和银行存款业务的会计凭证。转账凭证根据有关转账业务的原始凭证填制，是登记有关明细账和总账等账簿的依据，见表1-18。

表1-18 转账凭证

年　月　日　　　　　　　　　　　　　　　　　　　　　　　　收字第　号

摘　要	会计科目		记　账	借方金额	贷方金额	
	一级科目	二级或明细科目				附件
						张
合　计						

会计主管：　　　　记账：　　　　审核：　　　　制单：

收款凭证、付款凭证、转账凭证的划分，有利于区别不同经济业务进行分类管理，有利于经济业务的检查，但工作量较大，主要适用于规模较大、收付款业务较多的单位。对于经济业务较简单、规模较小、收付款业务较少的单位，还可以采用通用记账凭证来记录所有经济业务，记账凭证不再区分收款、付款及转账业务，而将所有经济业务统一编号，在同一格式的凭证中进行记录。通用记账凭证的格式与转账凭证基本相同。

② 记账凭证按照填列方式不同，又可分为复式记账凭证、单式记账凭证和汇总记账凭证。

复式记账凭证是将每一笔经济业务所涉及的全部会计科目及其发生额均在同一张记账凭证中反映的一种凭证。它是实际工作中应用最普遍的记账凭证。上述收款凭证、付款凭证和转账凭证，以及通用记账凭证均为复式记账凭证。复式记账凭证全面反映了经济业务的账户对应关系，有利于检查会计分录的正确性，但不便于会计岗位上的分工记账。

单式记账凭证是指每一张记账凭证只填列经济业务所涉及的一个会计科目及其金额的记账凭证。填列借方科目的称为借项凭证，填列贷方科目的称为贷项凭证。某项经济业务涉及几个会计科目，就编制几张单式记账凭证。单式记账凭证反映内容单一，便于分工记账，便于按会计科目汇总，但一张凭证不能反映每一笔经济业务的全貌，不便于检验会计分录的正确性。

汇总记账凭证是将许多同类记账凭证逐日或定期（3天、5天、10天等）加以汇总后填制的凭证。如将收款凭证、付款凭证或转账凭证按一定的时间间隔分别汇总，编制汇总收款凭证、汇总付款凭证或汇总转账凭证；又如，将一段时间的记账凭证按相同会计科目的借方和贷方分别汇总，编制记账凭证汇总表等。

3）记账凭证的编制。

① 收款凭证的编制。该凭证左上角的"借方科目"按收款的性质填写"现金"或"银行存款"；日期填写的是编制本凭证的日期；右上角填写编制收款凭证的顺序号；"摘要"填写对所记录的经济业务的简要说明；"贷方科目"填写与收入现金或银行存款相对应的会计科目；"记账"是该凭证已登记账簿的标记，防止经济业务重记或漏记；"金额"是该项经济业务的发生额；该凭证右边"附件 张"是指本记账凭证所附原始凭证的张数；最下边分别由有关人员签章，以明确经济责任。

② 付款凭证的编制。付款凭证的编制方法与收款凭证基本相同，只是左上角由"借方科目"换为"贷方科目"，凭证中间的"贷方科目"换为"借方科目"。对于涉及"现金"和"银行存款"之间的经济业务，如将现金存入银行或从银行提取现金，为避免重复记账，一般只编制付款凭证，不编制收款凭证。出纳人员应根据会计人员审核无误的收款凭证和付款凭证办理收付款业务。

③ 转账凭证的编制。该凭证将经济业务中所涉及全部会计科目，按照先借后贷的顺序记入"会计科目"栏中的"一级科目"和"二级或明细科目"，并按应借、应贷方向分别记入"借方金额"或"贷方金额"栏。其他项目的填列与收、付款凭证相同。

④ 通用凭证的编制。该凭证的编制与转账凭证基本相同。所不同的是，在凭证的编号上，采用按照发生经济业务的先后顺序编号的方法。对于一笔经济业务涉及两张以上记账凭证时，可以采取分数编号法。

⑤ 科目汇总表的编制。首先根据分录凭证编制"T"形账户，将本期各会计科目的发生额一一记入有关"T"形账户；然后计算各个账户的本期借方发生额与贷方发生额合计数；最后将此发生额合计数填入科目汇总表中与有关科目相对应的"本期发生额"栏，并将所有会计科目本期借方发生额与贷方发生额进行合计，借贷相等后，一般说明无误，可用以登记总账。

编制记账凭证时应当对记账凭证连续编号，以分清会计事项处理的先后顺序，便于记账凭证与会计账簿核对，确保记账凭证完整无缺。

4）记账凭证的审核。记账凭证是登记账簿的依据，为确保账簿记录的真实性，必须对记账凭证进行审核。审核的主要内容是：

① 内容是否真实。审核记账凭证是否有原始凭证为依据，所附原始凭证的内容与记账凭证的内容是否一致，记账凭证汇总表的内容与其所依据的记账凭证的内容是否一致等。

② 项目是否齐全。审核记账凭证各个项目的填写是否齐全，如日期、凭证编号、摘要、会计科目、金额、所附原始凭证张数及有关人员签章等。

③ 科目是否正确。审核记账凭证的应借、应贷科目是否正确，是否有明确的账户对应关系，所使用的会计科目是否符合国家统一的会计制度的规定等。

④ 金额是否正确。审核记账凭证所记录的金额与原始凭证的有关金额是否一致、计算是否正确，记账凭证汇总表的金额与记账凭证的金额合计是否相等。

⑤ 书写是否正确。审核记账凭证中的记录是否文字工整、数字清晰，是否按规定进行更正等。

⑥ 戳记是否正确。出纳人员在办理收款或付款业务后，应在凭证上加盖"收讫"或"付讫"的戳记，以避免重收重付。

3. 会计凭证的传递与保管

（1）会计凭证的传递　会计凭证的传递是指从会计凭证的取得或填制时起到归档保管为止的全过程。它包括在单位内部各有关部门和人员之间的传递程序和传递时间，以及传递过程中的衔接手续。会计凭证的传递要求能够满足内部控制制度的要求，使传递程序合理有效，同时尽量节约传递时间，减少传递的工作量。

企业生产组织特点、经济业务的内容和管理要求不同，会计凭证的传递程序也有所不同。为此，企业应根据具体情况制定每一种凭证的传递程序和方法。

（2）会计凭证的保管　会计凭证的保管是指会计凭证记账后的整理、装订、归档工作。会计凭证是重要的会计档案和经济资料。本单位以及有关单位、部门可能因为各种需要查阅会计凭证，因此，任何单位在完成经济业务手续和记账之后，必须将会计凭证按规定的立卷归档制度形成会计档案资料，妥善保管，防止丢失，不得任意销毁，以便于日后随时查阅。对会计凭证的保管，其主要要求如下：

1）会计凭证应定期装订成册，防止散失。

2）会计凭证封面应注明单位名称、凭证种类、凭证张数、起止号数、年度、月份、会计主管人员、装订人员等有关事项，会计主管人员和保管人员应在封面上签章。

3）会计凭证应加贴封条，防止抽换凭证。

4）每年装订成册的会计凭证，在年度终了时可暂由单位会计机构保管一年，期满后应移交本单位档案机构统一保管。

5）未设立档案机构的，应当在会计机构内部指定专人保管，出纳人员不得兼管会计档案。

6）严格遵守会计凭证的保管期限要求，期满前不得任意销毁。

二、会计账簿

1. 会计账簿概述

会计账簿简称账簿，是指由一定格式的账页组成，以会计凭证为依据，全面、系统、连续地记录各项经济业务的簿籍。

企业发生的各种经济业务，按照一定的会计科目和复式记账法，记录在会计凭证上。但是，这些记录在会计凭证上的经济业务还是分散的、不系统的。为了把分散在会计凭证中的大量会计资料加以集中反映，也为了对企业的日常管理提供系统的、完整的核算资料，就必须登记账簿。设置和登记账簿，是编制会计报表的基础，是连接会计凭证与会计报表的中间环节，在会计核算中具有重要意义。

1）通过账簿的设置和登记，记载、储存会计信息。将会计凭证所记录的经济业务一一记入有关账簿，可以全面反映会计主体在一定时期内所发生的各项资金运动，储存所需要的各项会计信息。

2）通过账簿的设置和登记，分类、汇总会计信息。账簿由不同的相互关联的账户所构成。通过账簿记录，一方面可以分门别类地反映各项会计信息，提供一定时期内经济活动的详细情况；另一方面可以通过发生额、余额计算，提供各方面所需要的总括会计信息，反映财务状况及经营成果的综合价值指标。

3) 通过账簿的设置和登记，可以检查、校正会计信息，是对会计信息的进一步整理。

4) 通过账簿的设置和登记，编报、输出会计信息。为了反映一定日期的财务状况及一定期间的经营成果，应定期进行结账工作，进行有关账簿之间的核对，计算出本期发生额和余额，据以编制会计报表，向有关方面提供所需要的会计信息。

2. 会计账簿的种类

会计账簿的种类是多种多样的，可以按照不同的标准进行分类。

(1) 按用途分类

1) 序时账簿。序时账簿也称为日记账，它是按照经济业务发生或完成时间的先后顺序，逐日逐笔进行登记的账簿。它可以用来核算和监督某一项或全部经济业务的发生或完成情况。企业设置的序时账有现金日记账和银行存款日记账等。

2) 分类账簿。分类账簿也称为分类账，是对全部经济业务按照会计要素的具体类别而设置的分类账户进行登记的账簿。它可以分为总分类账簿和明细分类账簿两种。总分类账簿（也称为总分类账，简称总账）是按照总分类账户分类登记经济业务。明细分类账簿（也称为明细分类账，简称明细账）是按照明细分类账户分类登记经济业务。

分类账簿和序时账簿的作用不同。序时账簿能提供连续系统的信息，反映企业资金运动的全貌。分类账簿则是按照经营决策的需要而设置的账户，归集并汇总各类信息，反映资金运动的各种状态、形成及其构成，分类账簿在账簿组织中占有特别重要的地位。

3) 备查账簿。备查账簿也称为备查簿，是对某些在序时账簿和分类账簿等主要账簿中都不予登记或登记不够详细的经济业务进行补充登记时使用的账簿，如租入固定资产备查簿、应收账款贴现备查簿等。备查簿并非每个单位都应设置，而是根据每个单位的需要来确定应当设置哪些备查账簿。它的格式可以根据各个单位的实际需要自行设计。

(2) 按账页格式分类

1) 三栏式账簿，即设有借方、贷方和余额三个基本栏目的账簿。各种日记账、总分类账以及资本、债权、债务明细账都可以采用三栏式账簿。

2) 多栏式账簿，即在账簿的两个基本栏目借方和贷方下按需要分设若干专栏的账簿。一般适用于收入、成本、费用的明细核算。如"工程施工""管理费用"等账户都应采用多栏式账簿来反映其具体内容。

3) 数量金额式账簿。这种账簿的借方、贷方和余额三个栏目内，都分设数量、单价和金额三个小栏，借以反映财产物资的实物数量和价值量。如"原材料"明细账就可以采用数量金额式账簿来反映其收、发、存等有关情况。

(3) 按外表形式分类

1) 订本账。订本账是启用之前就已将账页装订在一起，并对账页进行了连续编号的账簿。订本账可以避免账页散失和防止抽换账页，但是它不能准确地为各账户预留账页，预留太多，造成浪费；预留太少，影响连续登记。这种账簿一般适用于总分类账、现金日记账、银行存款日记账。

2) 活页账。活页账是在账簿登记完毕之前并不固定装订在一起，而是装在活页账夹中。当账簿登记完毕之后,才将账页予以装订,加具封面,并给各账页连续编号。使用活页账的优点是灵活方便,可以根据实际需要随时将空白账页加入账簿中,也便于分工记账;缺点是容易散失和被抽换。各种明细分类账一般采用活页账形式。

3) 卡片账。卡片账是将账户所需要格式印刷在硬卡上。卡片账应用灵活,便于分工,数量可多可少,每张卡片正反面都设置一定的格式,用以记录各项指标和内容,可以跨年度使用。但是容易散失、被抽换,因此平时应加强保管,主要适用于固定资产、周转材料等明细分类账。

3. 会计账簿的设置

(1) 会计账簿的设置原则

1) 账簿的设置要能够确保全面、系统地核算各项经济业务,为企业经营管理提供分类的、系统的、完整的会计资料。

2) 账簿的设置要在满足实际需要的前提下,尽可能地节约人力、物力,既不能将账簿设置得过于简单,也不能过于繁琐,要避免重复,但还要突出重点地设账。

3) 账簿的格式要力求简明实用,能够提供经营管理所需要的各项指标。

(2) 账簿的基本内容 各种账簿所记录的经济内容不同,其外表形式和账页格式也多种多样,但是各种主要账簿都要具备以下基本内容:

1) 封面。写明账簿名称和记账单位名称。

2) 扉页。填明账簿启用日期和截止日期、页数、册数;经管账簿人员一览表和签章;账户目录。

3) 账页。账页的内容有:账户的名称(即一级账户、二级账户或明细账户);登记日期栏;凭证种类和号数栏;摘要栏(记录经济业务内容的简要说明);金额栏(记录经济业务的增减变动);总页次和分户页次。

4. 会计账簿的登记与管理

(1) 登记要求 为了保证会计账簿记录的正确性,必须根据审核无误的会计凭证登记会计账簿,并且要符合以下要求:

1) 准确完整。登记会计账簿时,应当将会计凭证日期、编号、业务内容摘要、金额和其他有关资料逐项记入账内,做到数字准确、摘要清楚、登记及时、字迹工整。每一项会计事项,一方面要记入有关总账,另一方面要记入该总账所属明细账。账簿记录中的日期应该填写记账凭证上的日期;以自制原始凭证(如收料单、领料单等)作为记账依据的,账簿记录中的日期应按有关自制凭证上的日期填列。

2) 注明记账符号。账簿登记完毕,应在记账凭证上签名或盖章,并在记账凭证的"过账"栏内注明账簿页数或画"√",表示记账完毕,避免重记或漏记。

3) 书写留空。账簿中书写的文字和数字上面要留有适当的空格,不要写满格,一般应占格距的二分之一。这样,在一旦发生登记错误时,能比较容易地进行更正,同时也方便查账工作。

4) 正常记账使用蓝黑墨水。为了保持账簿记录的持久性,防止涂改,登记账簿必须使用蓝黑墨水或碳素墨水并用钢笔等书写,不得使用圆珠笔(银行的复写账簿除外)或者铅笔书写。

5) 特殊记账使用红墨水。如按照红字冲账的记账凭证,冲销错误记账等。

6）顺序连续登记。记账时，必须按账户页次逐页逐行登记，不得隔页、跳行，如发生隔页、跳行现象，应在空页、空行处用红色墨水划对角线注销，或者注明"此页空白"或"此行空白"字样，并由记账人员和会计机构负责人（会计主管人员）签章。

7）结出余额。凡需要结出余额的账户，结出余额后，应当在"借或贷"栏目内注明"借"或"贷"字样，以示余额的方向；对于没有余额的账户，应在"借或贷"栏内写"平"字，并在"余额"栏用"0"表示。现金日记账和银行存款日记账必须逐日结出余额。

8）过次承前。每一账页登记完毕时，应当结出本页发生额合计及余额，在该账页最末一行"摘要"栏注明"转次页"或"过次页"，并将这一金额记入下一页第一行有关金额栏内，在该行"摘要"栏注明"承前页"，以保持账簿记录的连续性，便于对账和结账。

9）不得刮擦涂改。如发生账簿记录错误，不得刮、擦、挖补或用褪色药水更改字迹，而应采用规定的方法更正。

（2）会计账簿的格式和登记方法。

1）日记账的格式和登记方法。日记账是按照经济业务发生或完成的时间先后顺序逐笔进行登记的账簿。设置日记账的目的就是为了使经济业务的时间顺序清晰地反映在账簿记录中。

现金日记账是用来核算和监督库存现金每天的收入、支出和结存情况的账簿。由出纳人员根据同现金收付有关的记账凭证，按时间顺序逐日逐笔进行登记，即根据现金收款凭证和与现金有关的银行存款付款凭证（从银行提取现金的业务）登记现金收入，根据现金付款凭证登记现金支出；并根据"上日余额＋本日收入－本日支出＝本日余额"的公式，逐日结出现金余额，与库存现金实存数核对，以检查每日现金收付是否有误。现金日记账一般采用三栏式格式的订本账，设"借方""贷方"和"余额"三个基本的金额栏目。在金额栏与摘要栏之间常常插入"对方科目"，以便记账时标明现金收入的来源科目和现金支出的用途科目。现金日记账的格式见表 1-19。

表 1-19　现金日记账

年		凭证号	摘要	对方科目	借方	贷方	借或贷	余额
月	日							

银行存款日记账是用来核算和监督银行存款每日的收入、支出和结余情况的账簿。银行存款日记账应按企业在银行开立的账户和币种分别设置，每个银行账户设置一本日记账。由出纳员根据与银行存款收付业务有关的记账凭证，按时间先后顺序逐日逐笔进行登记。根据银行存款收款凭证和有关的现金付款凭证（库存现金存入银行的业务）登记银行存款借方栏，根据银行存款付款凭证登记其贷方栏，每日结出存款余额。银行存款日记账格式和登记方法与现金日记账相同。

2）总分类账的格式和登记方法。总分类账是按照总分类账户分类登记以提供总括会计信息的账簿。总账中的账页是按总账科目开设的。应用总分类账,可以全面、系统、综合地反映企业所有的经济活动情况和财务收支情况,可以为编制会计报表提供所需要的资料。因此,每一企业都应设置总分类账。总账一般采用三栏式订本账簿,设"借方""贷方"和"余额"三个基本金额栏目,其格式见表1-20。

表1-20 总 分 类 账

年		凭证号	摘要	对方科目	借方金额	贷方金额	借或贷	余 额
月	日							

总分类账的记账依据和登记方法取决于企业采用的账务处理程序,既可以根据记账凭证逐笔登记,也可以根据经过汇总的科目汇总表或汇总记账凭证等登记。

3)明细分类账的格式和登记方法。明细分类账是根据二级账户或明细账户开设账页,分类、连续地登记经济业务以提供明细核算资料的账簿。明细分类账是总分类账的明细记录,它是按照总分类账的核算内容,按照更加详细的分类,反映某一具体类别经济活动的财务收支情况。它对总账起补充说明的作用,它所提供的资料也是编制会计报表的重要依据。

不同类型经济业务的明细分类账,可根据管理需要,依据记账凭证、原始凭证或汇总原始凭证逐日逐笔或定期汇总登记。固定资产、债权、债务等明细账应逐日逐笔登记;原材料等收发明细账及收入、费用明细账可以逐笔登记,也可定期汇总登记。现金、银行存款账户由于已设置了日记账,不必再设明细账,其日记账实质上也是一种明细账。明细账的格式有三栏式、多栏式和数量金额式等多种。

三栏式明细分类账是设有"借方""贷方"和"余额"三个栏目,用以分类核算各项经济业务,提供详细核算资料的账簿,其格式参见三栏式总账格式。三栏式明细账适用于只进行金额核算的账户,如应收账款、应付账款、应交税费等往来结算账户。

多栏式明细分类账将属于同一个总账科目的各个明细科目合并在一张账页上进行登记,即在这种格式账页的借方或贷方金额栏内按照明细项目设若干专栏。这种格式适用于成本费用科目的明细核算。成本费用类科目的明细账,可以只按借方发生额设置专栏,贷方发生额由于每月发生的笔数很少,可以在借方直接用红字冲记。这类明细账也可以在借方设专栏的情况下,贷方设一总的金额栏,再设一余额栏。这两种多栏式明细账的格式见表1-21、表1-22。

表1-21 管理费用明细分类账

年		凭证号数	摘要	借 方							
月	日			工资及福利费	办公费	差旅费	折旧费	修理费	工会经费	…	合计

表 1-22 管理费用明细分类账

年		凭证号	摘要	借方								贷方	余额
月	日			工资及福利费	办公费	差旅费	折旧费	修理费	工会经费	…	合计		

数量金额式明细分类账适用于既要进行金额核算又要进行数量核算的账户，如原材料等存货账户，其借方（收入）、贷方（发出）和余额（结存）都分别设有"数量""单价"和"金额"三个专栏，其格式见表1-23。

表 1-23 原材料明细分类账

类　　别：　　　　　　　　　　　　　　库存商品编号：
品名或规格：　　　　　　　　　　　　　储备定额：
存放地点：　　　　　　　　　　　　　　计量单位：

年		证号	摘要	收入			发出			结存		
月	日			数量	单价	金额	数量	单价	金额	数量	单价	金额

三、对账和结账

1. 对账

为了保证账簿所提供的会计资料正确、真实、可靠，会计人员在登记账簿后，还要定期做好对账工作，做到账证相符、账账相符、账实相符。

（1）账证核对　账簿是根据经过审核之后的会计凭证登记的，但是实际工作中仍然可能发生账证不符的情况。因此，记完账后，要将账簿记录与会计凭证进行核对，核对账簿记录与原始凭证、记账凭证的时间、凭证字号、内容、金额等是否一致，记账方向是否相符，做到账证相符。

会计期末，如果发现账证不符，还有必要重新进行账证核对，但这时的账证核对是通过试算平衡发现记账错误之后再按一定的线索进行的。

（2）账账核对　各个会计账簿是一个有机的整体，既有分工，又有衔接，总的目的就是为了全面、系统、综合地反映企事业单位的经济活动与财务收支情况。各种账簿之间的这种衔接依存关系就是勾稽关系。利用这种关系，可以通过账簿的相互核对发现记账工作是否有误。一旦发现错误，就应立即更正，做到账账相符。账簿之间的核对包括：

1）核对总分类账簿的记录。按照"资产=负债+所有者权益"这一会计等式和"有借必有贷、借贷必相等"的记账规律,总分类账簿各账户的期初余额、本期发生额和期末余额之间存在对应的平衡关系,各账户的期末借方余额合计和贷方余额合计也存在平衡关系。通过这种等式和平衡关系,可以检查总账记录是否正确、完整。这项核对工作通常采用编制"总分类账户本期发生额和余额对照表"(简称"试算平衡表")来完成。"试算平衡表"的格式见表1-24。

表 1-24　总分类账户本期发生额和余额对照表（试算平衡表）

年　月

账户名称	期初余额		本期发生额		期末余额	
	借方	贷方	借方	贷方	借方	贷方
库存现金						
银行存款						
应收账款						
…						
合　计						

2）总分类账簿所属明细分类账簿核对。总分类账各账户的期末余额应与其所属的各明细分类账的期末余额之和核对相符。

3）总分类账簿与序时账簿核对。企业必须设置现金日记账和银行存款日记账,现金日记账必须每天与库存现金核对相符,银行存款日记账也必须定期与银行对账。在此基础上,还应检查现金总账和银行存款总账的期末余额,与现金日记账和银行存款日记账的期末余额是否相符。

4）明细分类账簿之间的核对。例如,会计部门有关实物资产的明细账与财产物资保管部门或使用部门的明细账定期核对,以检查其余额是否相符。核对的方法一般是由财产物资保管部门或使用部门定期编制收发结存汇总表报会计部门核对。

（3）账实核对　账实核对是指各项财产物资、债权债务等账面余额与实有数额之间的核对。账实核对的内容主要有：

1）现金日记账账面余额与库存现金数额是否相符。

2）银行存款日记账账面余额与银行对账单余额是否相符。

3）各项财产物资明细账账面余额与财产物资实有数额是否相符。

4）有关债权债务明细账账面余额与对方单位的账面记录是否相符等。

2. 结账

结账是一项将账簿记录定期结算清楚的账务工作。在一定时期结束时（如月末、季末或年末），为了编制会计报表,需要进行结账。结账内容通常包括两个方面：一是结清各种损益类账户,并据以计算确定本期利润；二是结清各资产、负债和所有者权益账户,分别结出本期发生额合计和余额。

（1）结账的程序

1）将本期发生的经济业务全部登记入账,并保证其正确性。

2）将损益类科目转入"本年利润"科目,结平所有损益类科目。

3）结算出资产、负债和所有者权益科目的本期发生额和余额,并结转下期。

（2）结账的方法

1）对不需按月结计本期发生额的账户，如各项应收应付款明细账和各项财产物资明细账等，每次记账以后，都要随时结出余额，每月最后一笔余额即为月末余额，也就是说，月末余额就是本月最后一笔经济业务记录的同一行内余额。月末结账时，只需要在最后一笔经济业务记录之下通栏划红线，不需要再结计一次余额。

2）现金、银行存款日记账和需要按月结计发生额的收入、费用等明细账，每月结账时，要在最后一笔经济业务记录下面通栏划单红线，结出本月发生额和余额；在摘要栏内注明"本月合计"字样，在下面通栏划单红线。

3）需要结计本年累计发生额的某些明细账户，每月结账时，应在"本月合计"行下结出自年初起至本月末止的累计发生额，登记在本月发生额下面，在摘要栏内注明"本年累计"字样，并在下面通栏划单红线。12月末的"本年累计"就是全年累计发生额，全年累计发生额下通栏划双红线。

4）总账账户平时只需结出月末余额。年终结账时，为了总括地反映全年各项资金运动情况的全貌，核对账目，要将所有总账账户结出全年发生额和年末余额，在摘要栏内注明"本年合计"字样，并在合计数下通栏划双红线。

年度终了结账时，有余额的账户，要将其余额结转下年，并在摘要栏注明"结转下年"字样；在下一会计年度新建有关会计账户的第一行余额栏内填写上年结转的余额，并在摘要栏注明"上年结转"字样。即将有余额的账户的余额直接记入新账余额栏内，不需要编制记账凭证，也不必将余额再记入本年账户的借方或贷方，使本年有余额的账户的余额变为零。因为既然年末是有余额的账户，其余额应当如实地在账户中加以反映，否则容易混淆有余额的账户和没有余额的账户之间的区别。

四、错账查找与更正方法

1. 错账查找方法

在记账过程中，可能发生各种差错，从而产生错账，如重记、漏记、数字颠倒、数字错位、数字记错、科目记错、借贷方向记反等，就会影响会计信息的准确性，会计人员应及时找出差错，并予以更正。错账查找的方法主要有：

（1）差数法　差数法是指按照错账的差数查找错账的方法。例如，在记账过程中只登记了会计分录的借方或贷方，漏记了另一方，从而形成试算平衡中借方合计与贷方合计不等。其表现形式是：借方金额遗漏，会使该金额在贷方超出；贷方金额遗漏，会使该金额在借方超出。对于这样的差错，可由会计人员通过回忆和与相关金额的记账核对来查找。

（2）尾数法　尾数法对于发生的角、分的差错可以只查找小数部分，以提高查错的效率。

（3）除2法　除2法是指以差数除以2来查找错账的方法。当某个借方金额错记入贷方（或相反）时，出现错账的差数表现为错误的2倍，将此差数用2去除，得出的商即是反向的金额。例如，应记入"原材料——甲材料"科目借方的5 000元误记入贷方，则该明细科目的期末余额将小于其总分类科目期末余额10 000元，被2除的商5 000元即为借贷方向反向的金额，应查找有无5 000元的借方金额误记入贷方。

（4）除9法　除9法是指以差数除以9来查找错数的方法。适用于下列三种情况：

1）将数字写小。如将 300 写为 30，正确数字大于错误数字 9 倍。查找的方法是：以差数除以 9 后得出的商即为写错的数字，商乘以 10 即为正确的数字。上例差数 270（即 300 - 30）除以 9，商 30 即为错数，扩大 10 倍后即可得出正确的数字 300。

2）将数字写大。如将 50 写为 500，错误数字大于正确数字 9 倍。查找的方法是：以差数除以 9 后得出的商即为正确的数字，商乘以 10 即为错误的数字。上例差数 450（即 500 - 50）除以 9 后，所得的商 50 为正确数字，50 乘以 10（即 500）为错误数字。

3）邻数颠倒。如将 19 写为 91，将 12 写为 21，将 96 写为 69 等。颠倒的两个数字之差最小为 1，最大为 8。查找的方法是：将差数除以 9，得出的商连续加 11，直到找出颠倒的数字为止。如将 12 写为 21，其差数为 9。查找此错误的方法是，将差数除 9 得 1，连加 11 后可能的结果为 12、23、34、45、56、67、78、89。当发现账簿记录中出现上述数字（本例为 21）时，则有可能正是颠倒的数字。

2. 错账更正方法

（1）划线更正法　划线更正法是在结账前发现账簿记录有文字或数字错误，而记账凭证没有错误，可以采用划线更正法。更正时，可在错误的文字或数字上划一条红线，在红线的上方填写正确的文字或数字，并由记账及相关人员在更正处盖章，以明确责任。但是，应该注意，更正时不得只划销错误数字，应将全部数字划销，并保持原有数字清晰可辨，以便审查。如将 6 275.00 元误记为 6 257.00 元，应在 6 257.00 上划一条红线以示注销，然后在其上方空白处填写正确的数字，而不是只将后两位数字更正为"75"。

（2）红字更正法　红字更正法适用于两种情况：

1）在记账后发现记账凭证中的应借、应贷会计科目有错误，从而引起记账错误。更正的方法是：用红字填写一张与原记账凭证完全相同的记账凭证，以示注销原记账凭证，然后用蓝字填写一张正确的记账凭证，并据以记账。

【例 1-12】　企业支付管理人员工资 6 000 元。会计分录误编为

借：管理费用　　　　　　　　　　　　　　　　　　　　　　　6 000
　　贷：银行存款　　　　　　　　　　　　　　　　　　　　　　　　6 000

更正时用红字编制一张与原记账凭证完全相同的记账凭证，以示注销原记账凭证（以下分录中，□内数字表示红字）：

借：管理费用　　　　　　　　　　　　　　　　　　　　　　　6 000
　　贷：银行存款　　　　　　　　　　　　　　　　　　　　　　　　6 000

然后用蓝字编制一张正确的记账凭证记账，分录为

借：应付职工薪酬　　　　　　　　　　　　　　　　　　　　　6 000
　　贷：银行存款　　　　　　　　　　　　　　　　　　　　　　　　6 000

2）在记账后发现记账凭证和账簿记录中应借、应贷会计科目无误，只是所记金额大于应记金额。更正的方法是：按多记的金额用红字编制一张与原记账凭证应借、应贷科目完全相同的记账凭证，以冲销多记金额，并据以记账。如上例中的金额误记为 60 000 元，所用会计科目正确，则更正的会计分录为

借：应付职工薪酬　　　　　　　　　　　　　　　　　　　　　54 000
　　贷：银行存款　　　　　　　　　　　　　　　　　　　　　　　　54 000

（3）补充登记法　补充登记法又称补充更正法，是在记账后发现记账凭证和账簿记录中应借、应贷会计科目无误，只是所记金额小于应记金额。更正的方法是：按少记的金额用蓝字编制一张与原记账凭证应借、应贷科目完全相同的记账凭证，以补充少记的金额，并据以记账。如上例中的金额误记为 600 元，所用会计科目正确，则更正的会计分录为

借：应付职工薪酬　　　　　　　　　　　　　　　　　　　　　5 400
　　贷：银行存款　　　　　　　　　　　　　　　　　　　　　　　5 400

任务 6　会计核算的组织程序认知

一、会计核算程序概述

会计核算程序也叫账务处理程序或会计核算形式，是指会计凭证、会计账簿、会计报表相结合的方式，包括会计凭证和账簿的种类、格式，会计凭证与账簿之间的联系方法，由原始凭证到编制记账凭证、登记明细分类账和总分类账、编制会计报表的工作程序和方法等。

会计凭证、会计账簿、会计报表之间结合方式不同，就形成了不同的会计核算程序，不同的会计核算程序又有不同的方法、特点和适用范围。常用的会计核算程序主要有记账凭证核算程序、科目汇总表核算程序和汇总记账凭证核算程序。

二、记账凭证核算程序

1. 记账凭证核算程序的特点

记账凭证核算程序是指对发生的经济业务，都要根据原始凭证或汇总原始凭证编制记账凭证，然后根据记账凭证直接登记总分类账的一种会计核算程序。记账凭证核算程序是会计核算工作中最基本的一种会计核算程序。

它的特点是直接根据记账凭证逐笔登记总分类账。在这一程序中，记账凭证可以是通用记账凭证，也可以分设收款凭证、付款凭证和转账凭证，需要设置现金日记账、银行存款日记账、明细分类账和总分类账，其中现金日记账、银行存款日记账和总分类账一般采用三栏式，明细分类账根据需要采用三栏式、多栏式和数量金额式。

记账凭证核算程序的优点是简单明了，易于理解，总分类账可以较详细地反映经济业务的发生情况，缺点是登记总分类账的工作量较大，适用于规模较小、业务量较少的企业。

2. 记账凭证核算程序的步骤

1）根据原始凭证编制汇总原始凭证。
2）根据原始凭证或汇总原始凭证，编制记账凭证。
3）根据收款凭证、付款凭证逐笔登记现金日记账和银行存款日记账。
4）根据原始凭证、汇总原始凭证和记账凭证，登记各种明细分类账。
5）根据记账凭证登记总分类账。
6）期末，现金日记账、银行存款日记账和总分类账之间，明细分类账和总账之间分别进行核对。
7）根据总分类账和明细分类账编制会计报表。

三、科目汇总表核算程序

1. 科目汇总表核算程序的特点

科目汇总表核算程序又称为记账凭证汇总表核算程序,它是根据记账凭证定期编制科目汇总表,再根据科目汇总表登记总分类账的一种核算程序。其特点是编制科目汇总表并据以登记总分类账。其记账凭证、账簿的设置与记账凭证核算程序基本相同。

科目汇总表核算程序的优点是能够减轻登记总账的工作量,而且汇总表编制简单,易学易做,缺点是在记账凭证汇总后,不能明确地反映账户对应关系。这种核算程序适用于经济业务较多的单位。

2. 科目汇总表核算程序的步骤

1)根据原始凭证编制汇总原始凭证。
2)根据原始凭证或汇总原始凭证,编制记账凭证。
3)根据收款凭证、付款凭证逐笔登记现金日记账和银行存款日记账。
4)根据原始凭证、汇总原始凭证和记账凭证,登记各种明细分类账。
5)根据各种记账凭证编制科目汇总表。
6)根据科目汇总表登记总分类账。
7)期末,现金、银行存款日记账和明细分类账的余额同有关总分类账的余额核对相符。
8)期末,根据总分类账和明细分类账编制会计报表。

四、汇总记账凭证核算程序

1. 汇总记账凭证核算程序的特点

汇总记账凭证核算程序是根据原始凭证或汇总原始凭证编制记账凭证,再根据记账凭证编制汇总记账凭证,然后据以登记总分类账的一种核算程序。其特点是定期根据记账凭证分类编制汇总收款凭证、汇总付款凭证和汇总转账凭证,再根据汇总记账凭证登记总分类账。在这一程序中,除设置收款凭证、付款凭证和转账凭证外,还应设置汇总收款凭证、汇总付款凭证和汇总转账凭证,账簿的设置与记账凭证核算程序基本相同。

汇总记账凭证核算程序的优点是减轻了登记总分类账的工作量,由于按照账户对应关系汇总编制记账凭证,便于了解账户之间的对应关系。其缺点是按每一贷方科目编制汇总转账凭证,不利于会计核算的日常分工,并且当转账凭证较多时,编制汇总转账凭证的工作量较大。这种核算程序适用于经济业务较多、规模较大的单位。

2. 汇总记账凭证核算程序的步骤

1)根据原始凭证编制汇总原始凭证。
2)根据原始凭证或汇总原始凭证,编制记账凭证。
3)根据收款凭证、付款凭证逐笔登记现金日记账和银行存款日记账。
4)根据原始凭证、汇总原始凭证和记账凭证,登记各种明细分类账。
5)根据各种记账凭证编制有关汇总记账凭证。
6)根据各种汇总记账凭证登记总分类账。
7)期末,现金、银行存款日记账和明细分类账的余额同有关总分类账的余额核对相符。

8）期末，根据总分类账和明细分类账编制会计报表。

思政拓展　会计名人娄尔行

娄尔行是我国当代最有影响的会计学家之一，是新会计学科体系的主要创始人，为推动我国会计理论的发展做出了重要的贡献，在国内外会计界享有很高的声誉。

1980年，娄尔行教授与美国学者开展中美比较会计研究。1981年，针对当时我国会计专业设置过细、知识面过窄的现状，他提出了"扩大知识面，培养广博而专精的人才"的指导思想，并重新设置会计课程体系。

1984年，娄尔行教授主编《资本主义企业财务会计》，第一次系统全面地向国内会计界介绍了西方会计学中具有代表性的基本理论和实务，对我国会计学的发展产生了重要影响。同年，娄尔行教授主编的《基础会计》，对我国传统会计原理和教材体系做出了重大改革。1987年，他主编《审计学概论》，该书荣列1988年度十大中文畅销书之一。这些教材被众多高等院校采用，并获得财政部、国家教委等部门多项荣誉。

娄尔行教授毕生从事会计学研究工作，著述宏富，见解精深。1987年，他率上海财经大学会计系部分教师与美国学者合作出版了英文版学术著作《中华人民共和国会计与审计》，成为国际会计界了解中国会计的一个窗口。他通过毕生不懈的追求和探索，形成了自己的会计学术思想体系，集中体现在《会计审计理论探索》一书中。

小　　结

会计是以货币为主要计量单位，反映和监督一个单位经济活动的一种经济管理工作。学习和理解会计基础知识，引导学生树立正确的价值观和职业观。

会计的基本职能是核算与监督。会计核算职能是指会计以货币为主要计量单位，通过会计确认、会计计量、会计记录、会计报告对特定对象或特定主体的经济活动提供会计信息的功能。会计监督职能是指会计人员在进行会计核算的同时，对特定对象或特定主体经济业务的合法性、合理性进行审查。

会计核算方法主要由设置会计科目和账户、复式记账、填制和审核会计凭证、登记账簿、成本计算、财产清查、编制会计报表等七项专门方法构成的。

我国的《企业会计准则》将会计要素划分为资产、负债、所有者权益、收入、费用和利润六类。

会计核算的基本前提包括会计主体、持续经营、会计分期、货币计量。

资产和权益是同一资金的两个不同的侧面，是从不同方面观察资金的结果，它们在数额上必然是平衡的。

会计科目是对会计要素具体内容进行分类的项目。

借贷记账法是指以"借"、"贷"为记账符号，以"有借必有贷、借贷必相等"作为记账规则的一种复式记账方法。

会计分录是指对某项经济业务标明其应借应贷账户及其金额的记录。按照所涉及账户的多少，分为简单会计分录和复合会计分录。

日常的业务核算除采用总分类账户核算外，还应采用明细分类账户反映某类资金的详细情况。总分类账户和明细分类账户的平行登记方法是：依据相同，方向相同，期间相同，金额相等。

会计凭证是记录经济业务发生和完成情况的书面证明。会计凭证按照编制的程序和用途不同，分为原始凭证和记账凭证两类。

会计账簿是由一定格式账页组成的，以会计凭证为依据，全面、系统、连续地记录各项经济业务的簿籍。会计账簿按用途的不同可以分为序时账、分类账和备查账；按账页格式可分为两栏账、三栏账、多栏账和数量金额式；按报表形式分为订本账、活页账和卡片账。

会计核算程序是指会计凭证、会计账簿、会计报表相结合的方式。常用的会计核算程序有记账凭证核算程序、科目汇总表核算程序、汇总记账凭证核算程序。

思 考 题

1-1 什么是会计？会计的职能有哪些？
1-2 会计核算方法有哪些？会计要素的具体内容包括什么？
1-3 什么是会计科目？什么是账户？它们之间有什么联系和区别？
1-4 什么是复式记账法？什么是借贷记账法？
1-5 为什么要平行登记？说明平行登记的要点。
1-6 什么是原始凭证？什么是记账凭证？它们应具备哪些基本内容？
1-7 账簿如何分类？怎样对账？怎样结账？如何查找错账？
1-8 什么叫会计核算程序？有几种常用的会计核算程序？
1-9 会计与新技术相结合，产生了哪些智能化的会计工作手段？

实训练习题

习题一

1. 目的
练习资产和权益的分类。

2. 资料
某企业某年 6 月 30 日资产和权益资料如下：

(1)	厂房及其他房屋建筑物	2 230 000
(2)	库存现金	5 100
(3)	向银行借入的短期借款	500 000
(4)	各种工具和办公用具	80 000
(5)	企业在银行的存款	810 000
(6)	为施工生产而储备的材料	435 000
(7)	投资者投入的资本金	5 000 000
(8)	应收建设单位工程款	750 000
(9)	运输用的载重汽车	410 000
(10)	尚在施工中的未完工程	400 000
(11)	预付给职工的备用金	4 900

(12) 应付盛达材料厂材料款　　　　　　　　　　　　　　　102 000
(13) 应付其他债权人款项　　　　　　　　　　　　　　　　398 000
(14) 生产用的机器和设备　　　　　　　　　　　　　　　　875 000

3. 要求

(1) 对以上各项目划分资产和权益，并归入各科目。

(2) 编表试算平衡。

习题二

1. 目的

练习会计分录的编制。

2. 资料

某企业某年 10 月份发生如下经济业务：

(1) 一投资者向企业投资设备一台，价值 2 000 000 元。

(2) 向银行借入短期借款 400 000 元，转存本企业存款户头。

(3) 购买甲材料 100 000 元，已经验收入库，但货款尚未支付。

(4) 向盛达材料厂购入乙材料 250 000 元，材料已经验收入库，但货款尚未支付。

(5) 施工生产领用甲材料 30 000 元，乙材料 150 000 元。

(6) 采购员预借差旅费 8 000 元，以现金支付。

(7) 用银行存款偿还前欠盛达材料厂欠款 250 000 元。

(8) 企业向其他单位投资设备一台，价值 400 000 元。

(9) 用银行存款归还银行短期借款 400 000 元。

(10) 企业管理部门发生办公费用 12 000 元。

3. 要求

根据以上各项经济业务，编制会计分录。

习题三

1. 目的

练习登记总账和明细账，了解有关总账和所属明细账的关系。

2. 资料

某企业某年 8 月末"原材料"总分类账户的余额为 340 000 元。

其中：甲材料　　20t　　　　单价 5 000 元　　　计 100 000 元

乙材料　　200m²　　单价 1 200 元　　　计 240 000 元

又，"应付账款"总分类账户的余额 165 000 元。

其中：本山钢铁厂　　　　　40 000 元

宏大材料厂　　　　　125 000 元

该企业 9 月份发生经济业务如下：

(1) 9 月 2 日，向本山钢铁厂购入甲材料 20t，单价 5 000 元，计 100 000 元，材料已经验收入库，货款尚未支付。

(2) 9 月 7 日，向宏大材料厂购入乙材料 170m²，单价 1 200 元，计 204 000 元，货款以银行存款支付，材料已经入库。

（3）9月10日，向本山钢铁厂购入甲材料50t，单价5 000元，计250 000元，材料已经验收入库，货款尚未支付。

（4）9月14日，用银行存款归还上月应付宏大材料厂货款125 000元。

（5）9月17日，施工领用甲材料10t，单价5 000，计50 000元；乙材料100m^2，单价1 200元，计120 000元。

（6）9月25日，用银行存款归还9月2日购本山钢铁厂货款100 000元。

（7）9月28日，向宏大材料厂购入甲材料15t，单价5 000元；乙材料200m^2，单价1 200元，货款尚未支付，材料已经入库。

（8）9月30日，用银行存款支付9月10日本山钢铁厂材料款250 000元。

3. 要求

（1）根据8月末资料开设有关总账和明细账，并登记期初余额。

（2）根据9月份资料编制会计分录。

（3）根据会计分录对总账和明细账进行平行登记。

（4）月末，结账，并将总账和明细账进行核对。

项目 2

货 币 资 金

 学习目标

了解建筑施工企业货币资金的性质与范围；理解货币资金内部控制制度、库存现金与银行存款管理的主要内容；掌握库存现金收支的核算、备用金的核算、库存现金的清查方法、银行存款收付的核算与核对方法以及其他货币资金的核算方法；了解银行存款转账、结算的种类和程序。

任务 1 货币资金的性质、范围及内部控制制度

一、货币资金的性质与范围

货币资金是指企业所拥有的处于货币形态上的资金。它是企业流动资产的重要组成部分。货币是充当一般等价物的特殊商品，在经济活动中，有关资金的筹集、对外投资、购销货款结算、债权债务清偿、工资发放、费用开支、税金解缴和支付利润等经济业务，都要以货币为媒介，通过货币资金的收付来实现。为了保证生产经营活动的正常进行，企业必须拥有一定数额的货币资金。货币资金主要包括现金、银行存款和其他货币资金。

建筑施工企业的货币资金是企业的生产经营资金在循环周转过程中，停留在货币形态的资金。建筑施工企业由于采购物资、支付工资、结算工程价款或用以偿还债务等经济活动，都会涉及货币资金的收付。货币资金的流动性最强，并且是唯一能够直接转化为其他任何资产形态的流动性资产，也是唯一能够代表企业现实购买力水平的资产。货币资金在企业的生产经营活动中有着不可或缺的作用。由于货币资金具有流动性强、流动量大、普遍可接受性以及易于散失、挪用和被盗等特点，为此，企业应该根据国家的有关法律和规范，结合企业内部货币资金控制规定，建立适合本企业业务特点和管理要求的货币资金内部控制制度，认真做好货币资金的核算工作，加强对货币资金的管理。

二、货币资金的内部控制制度

货币资金的内部控制制度是指单位内部为了保护其货币资金的安全与有效运用，保证货币资金收付的真实和合法，在岗位分工基础上建立起来的相互制约的管理体系。货币资金内部控制主要包括以下几个方面。

1. 货币资金完整性控制

货币资金完整性控制的范围包括各种收入及欠款回收。具体地说，是单位一定会计期间发生的货币资金收支业务是否均已按规定计入有关账户。通过检查销售、采购业务或应收账款、应付账款的收回和归还情况，或余额截止日后入账的收入和支出，查找未入账的货币资金。

2. 货币资金安全性控制

货币资金安全性控制的范围包括现金、银行存款、其他货币资金。由于应收、应付票据的变现能力较强，故也将其纳入货币资金控制范围内。货币资金安全性控制方法一般有以下几种：

（1）账实盘点控制　账实盘点控制是通过定期或不定期对货币资金进行盘点，以确保企业资产安全的一种常见的控制方法。

（2）库存限额控制　库存限额控制是利用核定企业每日货币资金余额，超过库存限额的货币资金送存银行或汇交给某一银行账户，从而降低货币资金安全性控制风险的一种方法。

（3）实物隔离控制　实物隔离控制是采取妥善措施确保除实物保管之外的人员不得接触实物的控制方法。

（4）岗位分离控制　岗位分离控制是将不相容岗位分别安排不同的人员负责，以达到相互牵制、相互监督的作用的一种控制方法。

3. 货币资金合法性控制

货币资金合法性控制针对的是货币资金的收入与支付。合法性控制一般都采用加大监督检查力度的方法：如对于业务量少、单笔金额小的单位，记账凭证可一人复核；对于业务量大、单笔金额大的单位，记账凭证应由两个人复核，即增设复核会计，科长再复核。又如，通过加大内部审计监督力度还可以发现一些不合法的货币资金收付；通过公布举报电话、网站，从公众中取得不合法收付的线索。另外，可以对货币资金的支付实行严格的授权审批制度，重点控制大笔金额货币资金支付。

合法性控制风险一般较大，通常涉及企业决策管理者本人，因此国家会利用政府机关、社会力量对企业进行审计、监督、检查。

4. 货币资金效益性控制

货币资金效益性控制是服从企业财富最大化的财务管理目标，通过运用各种筹资、投资手段，合理、高效地持有和使用货币资金的控制方法。企业可以制定货币资金收支中长期计划，在合理预测一定时期货币资金存量的情况下，通过实施一些推迟货币资金支付的采购政策和加速货币回笼的销售政策，还可以通过收回投资等方法，解决货币支出的缺口，但同时应权衡采取以上措施付出的代价、成本或机会成本，选择一项最优的解决方案；同样，可以通过加快货币资金支付的采购政策（可降低采购成本）、一定的赊销政策（可提高售价或扩大销售量）或参与各种投资，以降低货币资金储量，但同时权衡以上各种措施的政策收益，以及考虑今后中、长期的货币资金状况，选择最优方案，最大限度地发挥其经济效益。要实现以上目的，要求企业在进行筹资、投资决策时，对各种方案进行综合分析，并要求参与分析、决策的人员不得少于三人。

任务 2　库存现金的核算

一、库存现金的管理

1. 现金的使用范围

在流通领域中，现金是唯一能够立即转化成为其他任何类型资产的资产。尽管现金不受任何契约性限制，使用方便，但却不能随企业保留时间的推移而增值；并且由于现金是交换和流通的手段，又可当作财富来储藏，其流动性又最强，因而也最容易被盗窃、挪用或侵占。为了加强现金的管理，国家严格规定了现金使用范围。

根据国务院颁发的《现金管理暂行条例》，企业可以在以下范围内使用现金支付：

1) 职工工资、津贴。
2) 个人劳务报酬。
3) 根据国家规定颁发给个人的科学技术、文化艺术、体育等方面的各种奖金。
4) 各种劳保、福利费用以及国家规定的对个人的其他支出等。
5) 向个人收购农副产品和其他物资的价款。
6) 出差人员必须随身携带的差旅费。
7) 结算起点（1 000 元）以下的零星开支。
8) 中国人民银行确定需要支付现金的其他支出。

企业与其他单位之间的经济往来，除在上述规定的范围内可使用现金外，必须通过开户银行进行转账结算。

2. 库存现金的限额管理

库存现金限额是指为了保证企业日常零星开支的需要，允许企业保留库存现金的最高数额。根据我国现行规定，企业日常零星开支所需库存现金数额，由开户银行根据企业的规模大小、日常现金开支的多少、企业距离银行的远近以及交通是否便利等实际情况来核定。库存现金限额一般为 3~5 天的日常零星开支；边远地区和交通不便地区，限额可以多于 5 天，但最多不得超过 15 天的需要量。库存现金限额一经开户银行核定，企业必须严格遵守。超过限额规定的现金应及时存入银行。在库存现金限额不足以保证日常零星开支时，企业应当及时向开户银行提出申请，经开户银行核定后进行库存限额的调整。

3. 现金收支的日常管理

根据《现金管理暂行条例》及其实施细则的规定，施工企业在办理日常现金收支业务时，应当遵守以下各项规定：

1) 企业收入的现金应于当日送存开户银行；当日送存确有困难的，由开户银行确定送存时间。

2) 企业支付的现金，可以从本单位的库存现金限额中支付或者从开户行提取，不得从本单位的现金收入中直接支付（即坐支现金）。因特殊情况需要坐支现金的，应事先报经开户银行审查批准，由开户银行核定坐支范围和限额。企业必须在现金账上如实反映坐支金额，并按月向银行报送坐支金额和使用情况。

3) 企业向开户银行提取现金时，应如实写明用途，由本单位财会部门负责人签字盖章，并经开户银行审查批准，方可提取现金。

4) 因采购地点不确定、交通不便、生产或市场急需、抢险救灾以及其他特殊情况，办理转账结算不够方便，必须使用现金的，企业应向开户银行提出书面申请，由本单位财会部门负责人签字盖章，经开户银行审查批准后，予以支付现金。

5）企业必须建立和健全现金账目，逐笔记载现金收付，账目要日清月结，做到账款相符。

6）不准用不符合财务制度的凭证（如白条等）顶替库存现金；不准谎报用途套取现金；不准利用本单位银行账户代其他单位和个人存入和支取现金；不准将单位收入的现金以个人名义存入储蓄；不准保留账外公款，即不得"公款私存"，不得设置"小金库"等。银行对于违反上述有关规定的企业，将按违规金额的一定比例予以处罚。

二、库存现金收支的核算

1. 库存现金核算的依据

现金收支的核算

现金的日常收支必须有严格的规章制度来加以约束。一般涉及现金收支业务都要经过业务、出纳、会计和银行等多个部门共同操作，才得以完成。为了加强现金管理，企业应该建立现金管理的责任制，配备专门负责办理现金的收付和保管的会计人员，负责这类会计业务的人员称为出纳人员。出纳人员在办理现金的收付业务时，应以经过审核无误的会计凭证为依据，及时登记有关账簿，以便于及时反映和检查现金的收支结存情况；同时，为企业财务管理和事后分析检查提供依据。

企业每一项现金收支业务都要有合法的原始凭证，作为现金收付款的书面证明和核算的依据。例如：向银行提取现金，应该填制现金支票；用现金借支差旅费，要有经过有关负责人审批同意并由借款人签章的借款单；报销差旅费时，应该由出差人员签章的差旅费报销单、车船费单据；用现金支付零星购料款时，需要有供货单位的有效发票；出售物品、废旧材料取得的现金收入，应有本单位开具的发票；用现金支付职工劳务报酬时，应有经领款人签收的工资结算凭证或领款单；将现金送存银行，应有现金缴款单等。

现金收支的原始凭证，必须经过审核后才能填制记账凭证。为了保证会计记录真实、准确，充分发挥会计监督作用，对反映现金收支业务的原始凭证的审核，企业会计人员一般要从原始凭证的真实性、合法性和原始凭证的准确性、完整性两个方面进行。对于不合法、不真实的原始凭证不予受理；对于记载不准确、不完整的原始凭证应予以退回，要求出具单位予以更正、补充。经过审核后的原始凭证，即可据以编制收款凭证和付款凭证，并办理现金的收付。出纳人员在收付现金以后，还应在原始凭证上加盖"收讫"或"付讫"的戳记，表示款项已经收讫或支付。经过审核无误的记账凭证方可据以记账。

如企业按照经济业务的内容分别填制收款凭证、付款凭证的，其收、付款凭证格式见表2-1、表2-2。

表2-1 收款凭证

借方科目：**库存现金**　　　　　2020年9月1日　　　　　　收字第 1 号

摘　要	应贷科目		金　额										√	附件
	一级科目	明细科目	亿	千	百	十	万	千	百	十	元	角	分	
出售材料	其他业务收入	材料销售						4	0	0	0	0	0	
														壹
合　计								¥ 4	0	0	0	0	0	张

会计主管：　　　记账：　　　出纳：　　　复核：　　　制单：

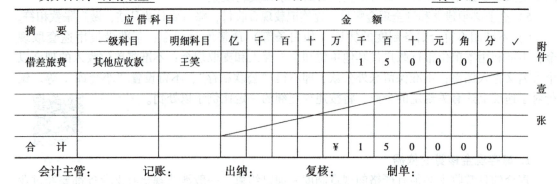

表2-2 付款凭证

对于将现金存入银行或从银行提取现金的这类业务，属于货币资金内部的划转，只要填制一张收款凭证或付款凭证。一般只填制付款凭证，不填制收款凭证，以免重复登账。

2. 现金的序时核算

现金的序时核算是通过序时账簿（也称为日记账）进行的。企业应当设置"库存现金日记账"，由出纳人员根据收付款凭证，按照经济业务发生的先后顺序逐日逐笔登记。每日终了，应当计算当日的现金收入合计、现金支出合计和结存数，并将结余数与实际库存数核对，做到账款相符。

有外币现金的企业，需要分别以货币种类设置"库存现金日记账"进行明细核算。

库存现金日记账的格式见表2-3。

表2-3 库存现金日记账

第1页

2020年		凭证		摘要	对方科目	账页	借方	贷方	结存
月	日	种类	号数						
9	1			月初余额					1 000.00
	1	记	1	提取现金	银行存款	1	300.00		1 300.00
	1	记	2	借差旅费	其他应收款	3		500.00	800.00
	1	记	3	出售废料	其他业务收入	2	400.00		1 200.00
	2	记	4	送存银行	银行存款	1		400.00	800.00
	2	记	5	退回余款	管理费用	1	154.00		954.00
	⋮			⋮			⋮	⋮	⋮
	30			本月合计			⋯	⋯	

3. 现金的总分类核算

现金的总分类核算，即由企业会计人员根据反映现金收付款业务的记账凭证或根据其他会计核算形式所规定的登记总账的依据登记"现金总账"，以提供企业现金增减变动的总括性核算指标所进行的核算。

为了总括反映企业库存现金的收入、支出和结存情况，应该设置"库存现金"总分类账户。该账户的借方记录企业库存现金收入的数额，贷方记录企业库存现金支出的数额，余额在借方，表示企业库存的现金数额。

【例2-1】 公司从银行提取现金300元，备作零星开支。根据现金支票存根所表明的金额，会计分录如下：

　　借：库存现金　　　　　　　　　　　　　　　　　　　　300
　　　　贷：银行存款　　　　　　　　　　　　　　　　　　　　300

【例2-2】 公司办公室王笑出差预借款项1 500元，凭有效的借款单支付现金。会计分录如下：

　　借：其他应收款——王笑　　　　　　　　　　　　　　　1 500
　　　　贷：库存现金　　　　　　　　　　　　　　　　　　　1 500

【例2-3】 公司出售废旧材料，收回现金400元。凭本公司开出的收款收据收取现金，会计分录如下：

　　借：库存现金　　　　　　　　　　　　　　　　　　　　400
　　　　贷：其他业务收入——材料销售收入　　　　　　　　　　400

【例2-4】 将上述收取的400元现金送存银行。根据银行盖章退回的缴款单，会计分录如下：

　　借：银行存款　　　　　　　　　　　　　　　　　　　　400
　　　　贷：库存现金　　　　　　　　　　　　　　　　　　　400

【例2-5】 公司办公室王笑出差回来凭差旅费票据报销差旅费1 346元，退回余款。会计分录如下：

　　借：管理费用——差旅交通费　　　　　　　　　　　　　1 346
　　　　库存现金　　　　　　　　　　　　　　　　　　　　154
　　　　贷：其他应收款——王笑　　　　　　　　　　　　　1 500

三、备用金的核算

1. 备用金的内容及管理要求

建筑施工企业的备用金是建筑施工企业拨付给非独立核算的内部单位或工作人员备作差旅费、零星采购、零星开支等用的款项。备用金应指定专人负责管理，按照规定用途使用，不得转借给他人或挪作他用。预支备作差旅费、零星采购等用的备用金，一般按估计需用数额领取，支用后一次报销，多退少补。前账未清，不得继续预支。对于零星开支用的备用金，可实行定额备用金制度，即由指定的备用金负责人按照规定的数额领取，支用后按规定手续报销，补足原定额。实行定额备用金制度的单位，备用金领用部门支用备用金后，应根据各种费用凭证编制费用明细表，定期向财会部门报销，领回所支用的备用金。对于预支的备用金，拨付时可记入"备用金"（或"其他应收款"）科目的借方；报销和收回余款时记入该科目的贷方。在实行定额备用金制度的单位，除拨付、增加或减少备用金定额时通过"备用金"科目核算外，日常支用报销补足定额时，都必须通过该科目而将支用数直接记入有关成本、费用科目。

2. 备用金的核算

建筑施工企业根据业务情况，需要设置"备用金"账户核算企业财务部门单独拨给企业内部各单位备作差旅费、零星采购或零星开支使用的款项。"备用金"账户的借方，记录企业财务部门拨付给企业内部各单位周转使用的备用金；贷方核算企业向各内部单位收回的备用金；期末余额在借方，反映企业各内部单位占用的备用金。

备用金应该按照规定用途使用，不得转借给他人或挪作他用。支用的备用金必须在规定期限内办理报销手续，交回余额；前账不清，不得继续借用备用金。

【例 2-6】 公司办公室张华根据计划需要购买办公用品，预借现金 500 元。

借：备用金——张华　　　　　　　　　　　　　　　　500
　　贷：库存现金　　　　　　　　　　　　　　　　　　　　500

【例 2-7】 张华凭购物发票和验收单报销购买办公用品的费用 516.50 元，余款现金补付。

借：管理费用——办公费　　　　　　　　　　　　　516.50
　　贷：备用金——张华　　　　　　　　　　　　　　　　500
　　　　库存现金　　　　　　　　　　　　　　　　　　16.50

实行定额备用金的单位，自备用金中支付零星支出，应根据有关的支出凭单，定期编制备用金报销清单；财务部门根据内部各单位提供的备用金报销清单，定期补足备用金，借记"管理费用"等账户，贷记"库存现金"或"银行存款"科目。除了增加或减少拨入的备用金外，使用或报销有关备用金支出时不再通过"备用金"科目核算。

【例 2-8】 公司办公室实行定额备用金制度，根据企业有关规定核定的备用金定额为 2 000元，负责此项工作的张华凭据取得备用金，现金付出。

借：备用金——办公室——张华　　　　　　　　　　2 000
　　贷：库存现金　　　　　　　　　　　　　　　　　　　2 000

【例 2-9】 数日后，张华凭差旅费单据报销差旅费 120 元、购物发票和验收单报销购买办公用品费用 1 326 元，现金付出。

借：管理费用——办公费用　　　　　　　　　　　　1 326
　　管理费用——差旅交通费　　　　　　　　　　　　120
　　贷：库存现金　　　　　　　　　　　　　　　　　　　1 446

【例 2-10】 根据需要收回备用金时的处理：

借：库存现金　　　　　　　　　　　　　　　　　　2 000
　　贷：备用金——办公室——张华　　　　　　　　　　2 000

四、库存现金清查

为了保证企业的现金做到账款相符，应对库存现金进行清查，以确定库存现金的安全、完整。

现金的清查主要是采用实地盘点方法。其内容有：出纳人员的每日清点核对、账款核对和清查小组定期或不定期的清查与核对。现金清查结束后，应根据清查的结果与现金日记账核对的情况填制"库存现金查点报告表"。"库存现金查点报告表"应由清查人员和出纳员共同签章方能生效。

根据《企业会计制度》规定,每日终了结算现金收支、财产清查等发现的有待查明原因的现金短缺或溢余,应通过"待处理财产损溢——待处理流动资产损溢"账户核算。属于现金短缺的,应该按照实际短缺的金额借记"待处理财产损溢——待处理流动资产损溢"账户,贷记"库存现金";属于现金溢余的,按照实际溢余的金额,应借记"库存现金",贷记"待处理财产损溢——待处理流动资产损溢"账户。待查明原因后,对发生现金短缺的处理是:如属于应由责任人赔偿的部分,借记"其他应收款——应收现金短缺款(××责任人)"或"库存现金";属于应由保险公司赔偿的部分,借记"其他应收款——应收保险赔款";属于无法查明的其他原因,根据管理权限,经过批准后,借记"管理费用——现金短缺"。对发生现金溢余的处理是:如属于应支付给有关人员或单位的,贷记"其他应付款——应付现金溢余(××个人或单位)";属于无法查明的其他原因的现金溢余,经过批准后,贷记"营业外收入——现金溢余"。

【例2-11】 公司进行现金盘点,发现短款78元,原因待查。

借:待处理财产损溢——待处理流动资产损溢　　　　　78
　　贷:库存现金　　　　　　　　　　　　　　　　　　78

经查,属于无法查明的原因,经批准后结转。

借:管理费用——现金短缺　　　　　　　　　　　　　78
　　贷:待处理财产损溢——待处理流动资产损溢　　　　78

【例2-12】 公司盘点发现现金库存余额大于账存余额154元,原因待查。

借:库存现金　　　　　　　　　　　　　　　　　　154
　　贷:待处理财产损溢——待处理流动资产损溢　　　154

经查,属于少付职工王晓的款项。

借:待处理财产损溢——待处理流动资产损溢　　　　154
　　贷:其他应付款——应付现金溢余(职工王晓)　　154

任务3　银行存款的核算

一、银行存款的管理

1. 银行转账结算

企业日常的收付结算方式有两种:通过现金收取、支付各种款项的方式,称为现金结算方式;通过银行将款项从付款方账户划拨到收款方账户上的结算方式,称为转账结算方式,也称为非现金结算方式。根据国家关于现金开支范围的规定,企业的一切货币资金收支,除了按规定可以用现金结算方式直接用现金收付外,其余一律通过银行划拨转账的方式办理结算。其目的在于加强企业经济核算,加速资金的周转,维护企业正常的生产经营活动;减少现金的流通,节约人力和物力以及能够有效地利用闲置资金。

2. 银行开户的规定

企业的银行存款是指企业存放在银行及其他金融机构的各种款项。我国银行存款包括人民币存款和外币存款两种。根据国家有关支付结算办法的规定,建筑施工企业要在当地的银行开立账户,企业除按规定留有一定量的现金以备日常开支零用外,其余的货币资金都应存入银行。

建筑施工企业在银行开设的账户分为基本存款账户、一般存款账户、临时存款账户和专用存款账户。基本存款账户是企业办理日常结算和现金收付的账户，企业的工资、奖金等现金的支取，只能通过基本存款账户办理；一般存款账户是企业在基本存款账户以外的银行借款转存账户，企业可通过此账户办理转账结算和现金缴存，但不能办理现金的支取；临时存款账户是企业因临时经营活动需要开立的账户，企业可通过本账户办理转账结算和根据国家现金管理的规定办理现金收付；专用存款账户是企业因特定用途需要开立的账户，如建筑施工企业为代管的房屋共用部分和共用设施设备维修基金而开设的基金专户等。

企业在银行开立银行存款基本账户时，必须填制开户申请书，提供当地工商行政管理机关核发的企业法人执照或营业执照正本等有关证件，送交盖有公司印章的印鉴卡片，经银行审核同意，并凭中国人民银行当地分支机构核发的开户许可证开立账户。企业申请开立一般存款账户、临时存款账户和专用存款账户，应填制开户申请书，提供相关证明材料，送交盖有企业印章的卡片，银行审核同意后开立账户。企业在银行开立账户后，可到开户银行购买各种银行往来使用凭证（送款簿、进账单、现金支票、转账支票等），用以办理银行存款的收付结算业务。

3. 银行结算纪律

企业除了按规定保留现金限额范围内的现金以外，所有的货币资金都必须存入银行，企业与其他单位之间的一切收付款项，都必须通过银行办理转账结算。

企业通过银行办理转账结算时，中国人民银行在《支付结算办法》中规定：单位和个人办理支付结算，不准签发没有资金保证的票据和远期支票，套取银行信用；不准签发、取得和转让没有真实交易和债权债务的票据，套取银行和他人资金；不准无理拒绝付款，任意占用他人资金；不准违反规定开立和使用账户。

二、银行支付结算方式

1. 银行汇票结算方式

（1）银行汇票　银行汇票是汇款人将款项交存当地银行，由银行签发给汇款人办理转账结算或支取现金的票据。银行汇票一律记名，付款期为1个月（不分大月、小月，一律按次月对日计算；到期如遇节假日顺延）；逾期的汇票，兑付银行不予受理，但汇款人可持银行汇票或解讫通知到出票银行办理退款手续。

（2）银行汇票结算的程序　汇款人需要使用银行汇票，必须按照规定填写"银行汇票委托书"一式三联交给出票银行，出票银行受理"银行汇票委托书"并收妥款项后，签发银行汇票。汇款人持银行汇票可向收款单位办理结算。收款单位对银行汇票审核无误后，将结算款项及多余金额分别填写在银行汇票和解讫通知的有关栏内，连同进账单送交开户银行办理转账结算。

银行汇票具有使用方便、票随人到、兑付性强等特点，同城、异地均可使用，单位、个体经济户和个人都可使用银行汇票办理结算业务。

2. 商业汇票结算方式

（1）商业汇票　商业汇票是指收款人或付款人（或承兑申请人）签发，由承兑人承兑，并于到期日向收款人或背书人支付款项的票据。商业汇票适用于企业先收货后收款或者双方约定延期付款的商品交易或债权债务的清偿,同城或异地均可使用。商业汇票必须以真实的商品交易为基础,禁止签发无商品交易的商业汇票。商业汇票一律记名,付款期最长为 6 个月,允许背书转让,承兑人即付款人到期必须无条件付款。

(2) 商业汇票的类别 商业汇票按承兑人不同,分为商业承兑汇票和银行承兑汇票。商业承兑汇票指由银行以外的付款人承兑的商业汇票。商业承兑汇票可由收款人签发,经过付款人承兑,也可由付款人签发并由付款人承兑。银行承兑汇票是指由银行承兑的商业汇票。银行承兑汇票应由在承兑银行开立账户的存款人或承兑申请人签发,并由承兑申请人向开户银行申请,经银行审查同意才能承兑票据。

(3) 商业汇票结算的程序 采用商业承兑汇票结算方式,付款人应于汇票到期前将款项足额存到银行,银行在到期日凭票将款项划转给收款人、被背书人或贴现银行。如到期日付款人账户存款不足支付票款,开户银行不承担付款责任,将汇票退回收款人、被背书人或贴现银行,由其自行处理,并对付款人处以罚款。

采用银行承兑汇票结算方式,承兑申请人应持购销合同向开户银行申请承兑;银行按有关规定审查同意后,与承兑申请人签订承兑协议,在汇票上盖章并按票面金额收取一定的手续费。承兑申请人应于到期前将票款足额交存银行;到期未能存足票款的,承兑银行除凭票向收款人、被背书人或贴现银行无条件支付款项外,还将按承兑协议的规定,对承兑申请人执行扣款,并将未扣回的承兑金额作为逾期贷款,同时收取一定的罚息。

3. 银行本票结算方式

银行本票是申请人将款项交存银行,由银行签发给其凭以办理转账结算或支取现金的票据。单位或个人在同城范围内的商品交易等款项的结算可采用银行本票。

银行本票一律记名,可以背书转让,不予挂失。银行本票的提示付款期限最长不能超过 2 个月。付款期内银行见票即付,逾期兑付银行不予受理,但可办理退款手续。

银行本票分为定额本票和不定额本票。定额本票面额分别为 1 000 元、5 000 元、10 000 元和 50 000 元。

4. 支票结算方式

支票是出票人签发的,委托办理存款业务的银行或其他金融机构在见票时无条件支付确定金额给收款人或持票人的票据,适用于同城或同一票据交换区域内商品交易、劳务供应等款项的结算。支票分为现金支票、转账支票和普通支票。现金支票只能提取现金;转账支票只能用于转账;普通支票既可用于支取现金,也可用于转账。在普通支票左上角划两条平行线的为划线支票,只能用于转账,不得支取现金。转账支票可在票据交换区域内背书转让。

支票一律记名;支票提示付款期为 10 天;企业不得签发空头支票,严格控制空白支票。

支票以银行或其他金融机构作为付款人并且见票即付。已签发的现金支票遗失的,可向银行申请挂失,但挂失前已支取的除外;已签发的转账支票遗失,银行不受理挂失。

5. 汇兑结算方式

汇兑是指汇款人委托银行将款项汇给收款人的一种结算方式。

汇兑分为信汇和电汇两种。信汇是指汇款人委托银行以邮寄方式将款项划转给收款人;电汇则是指汇款人委托银行通过电报方式将款项划转给收款人。后者的汇款速度比前者快速。

汇兑适用于单位和个人在同城或异地之间的清理结算尾款、交易旧欠、自提自运的商品交易以及汇给个人的差旅费或采购资金等的结算。其手续简便，方式灵活，便于汇款人主动付款，收付双方不需要事先订立合同，应用范围广泛。

6. 委托收款结算方式

委托收款是收款人委托银行向付款人收取款项的结算方式。同域、异地均可使用。

委托收款按款项划回方式可分为邮寄划回和电报划回两种，企业可根据需要选择不同方式。

企业办理委托收款，应填制委托收款凭证。付款单位接到银行通知及有关附件，应在规定的付款期（3天）内付款。在付款期内付款人未向银行提出异议，银行视作同意付款，并于付款期满的次日（节假日顺延）将款项主动划转收款人账户。如果付款单位在审查有关单证后，决定部分或全部拒付，应在付款期内出具"拒付理由书"，连同有关单证通过银行转交收款企业，银行不予划转款项且不负责审查拒付理由。

委托收款只适用于已承兑的商业汇票、债券、存单等付款人的债务证明办理款项的结算；手续简便、灵活，便于企业主动、及时收回款项；银行只承担代为收款的义务，不承担审查拒付理由的责任，收付双方在结算中如发生争议，由双方自行处理。

7. 异地托收承付结算方式

异地托收承付是指根据购销合同由收款人发货后委托银行向异地付款人收取款项，由付款人向银行承认付款的一种结算方式。

托收承付结算起点为1万元。按划回方式的不同，托收承付可分为邮寄和电报两种。

使用异地托收承付方式，必须同时符合下述两项规定：其一，使用该结算方式的收款单位和付款单位，必须是国有企业、供销合作社以及经营管理较好，并经开户银行审查同意的城乡集体所有制工业企业；其二，办理结算的款项必须是商品交易以及因商品交易而产生的劳务供应的款项。

代销、寄销、赊销商品的款项，不得办理异地托收承付结算。

收款人必须以持有商品已发运的证件为依据向银行办理托收，填制托收凭证，并将有关单证送交开户银行。开户银行审查无误后，将托收凭证及有关单证交付款人开户银行。付款人开户银行收到托收凭证及有关附件后，通知付款人。付款人在收到有关单据后，应立即审核。付款人的承付期依据验单付款或验货付款两种不同方式而确定。验单付款承付期为3天，验货付款承付期是10天。付款人可在承付期内根据实际情况提出全部或部分拒付理由，并填制"拒付理由书"，经过银行审查同意后，办理全部拒付或部分拒付。

8. 信用卡结算方式

信用卡是指商业银行向个人和单位发行的，凭以向特约单位购物、消费和向银行存取现金，具有消费信用的特制载体卡片。

信用卡按使用对象分为单位卡和个人卡；按信誉等级分为金卡和普通卡。

信用卡的基本规定和主要特点是：凡在中国境内金融机构开立基本存款账户的单位可申领单位卡，单位卡不得用于10万元以上的商品交易、劳务供应款项的结算；持卡人使用信用卡可透支；信用卡仅限于持卡人本人使用，不得出借或出租；信用卡丢失时可挂失，但挂失前被冒用，由持卡人自己负责。

信用卡透支的规定：个人卡根据个人的信用状况核定，透支期限最长为60天；信用卡透支利息，自签单日或银行记账日起15日内按日息万分之五计算；超过15日按日利息万分之十计算；超过30日或透支金额超过规定限额的，按日息万分之十五计算，透支计算不分段，按最后期限或最高透支额的最高利率档次计息。

9. 信用证结算方式

信用证是指开证银行依照申请人的申请开出的，凭符合信用证条款的单据支付的付款承诺。

采用信用证结算方式，付款单位应预先把一定款项专户存入银行，委托银行开出信用证，通知异地收款单位开户银行转知收款单位；收款单位按照合同和信用证规定的条件发货或交货以后，银行代付款单位支付货款。

信用证结算适用于国际、国内企业之间商品交易的结算；只限于转账结算，不得支取现金。信用证的主要特点：开证银行负第一付款责任；它是一项独立的文件，不受购销合同的约束；信用证业务只处理单据，一切都以单据为准，信用证业务实质上是一种单据买卖。

三、银行存款收付的核算

1. 银行存款的总分类核算

建筑施工企业银行存款的总分类核算，是由建筑施工企业会计人员根据反映银行存款收付业务的记账凭证或根据其他会计核算形式所规定的登记总账的依据，登记"银行存款"总账，以提供建筑施工企业银行存款增减变动的总括性指标所进行的核算。

为了总括反映建筑施工企业银行存款的增加、减少和结存情况，应该设置"银行存款"总分类账户。该账户的借方记录企业存入的款项，贷方记录企业提取或支出的款项，余额在借方，表示企业实际存在银行或其他金融机构的款项。

【例 2-13】 大华公司送来拨付工程进度款 200 000 元的转账支票一张，随同填制的进账单一并送存银行。

借：银行存款　　　　　　　　　　　　　　　　　　　200 000
　　贷：预收账款——大华公司　　　　　　　　　　　　　　　　　200 000

【例 2-14】 接到银行收账通知，收到上月出售给力洋公司预制构件的货款 23 000 元。

借：银行存款　　　　　　　　　　　　　　　　　　　　23 000
　　贷：应收账款——力洋公司　　　　　　　　　　　　　　　　　23 000

【例 2-15】 填制现金缴库单，将库存多余的现金 1 200 元，送存银行。

借：银行存款　　　　　　　　　　　　　　　　　　　　 1 200
　　贷：库存现金　　　　　　　　　　　　　　　　　　　　　　　 1 200

【例 2-16】 接到银行收账通知，收到繁华公司拨入本月 AB 号完工工程的结算价款 850 000 元。

借：银行存款　　　　　　　　　　　　　　　　　　　 850 000
　　贷：工程结算——繁华公司　　　　　　　　　　　　　　　　 850 000

【例 2-17】 根据需要并经过审核批准，企业从银行获得为期三年的贷款 500 000 元，存入银行。

借：银行存款　　　　　　　　　　　　　　　　　　　 500 000
　　贷：长期借款　　　　　　　　　　　　　　　　　　　　　　 500 000

【例 2-18】 通过银行转账支付上月购入市钢材公司的钢材款项 120 000 元。

借：应付账款——钢材公司　　　　　　　　　　　　120 000
　　贷：银行存款　　　　　　　　　　　　　　　　　　120 000

【例 2-19】　开出转账支票，预付购买市板材公司的板材价款 80 000 元。

借：预付账款——市板材公司　　　　　　　　　　　80 000
　　贷：银行存款　　　　　　　　　　　　　　　　　　80 000

【例 2-20】　通过银行转账支付企业应交的增值税 60 000 元。

借：应交税费——应交增值税（已交税金）　　　　　60 000
　　贷：银行存款　　　　　　　　　　　　　　　　　　60 000

【例 2-21】　开出现金支票，从银行提取现金 35 000 元，备发工资。

借：库存现金　　　　　　　　　　　　　　　　　　35 000
　　贷：银行存款　　　　　　　　　　　　　　　　　　35 000

【例 2-22】　通过银行转账归还已到期的银行六个月的贷款 100 000 元。

借：短期借款　　　　　　　　　　　　　　　　　　100 000
　　贷：银行存款　　　　　　　　　　　　　　　　　　100 000

【例 2-23】　通过银行转账支付企业的律师咨询费 5 500 元。

借：管理费用——咨询费　　　　　　　　　　　　　5 500
　　贷：银行存款　　　　　　　　　　　　　　　　　　5 500

2. 银行存款的序时核算

银行存款的序时核算由企业出纳人员依据反映银行存款收付业务的会计凭证，按照经济业务发生的时间顺序逐日逐笔登记"银行存款日记账"，以提供企业银行存款增减变动的序时指标所进行的核算。

四、银行存款的核对

1. 银行存款核对方法

建筑施工企业为了保证银行存款的安全、完整，杜绝各种记账错误和不法行为的发生，必须对银行存款定期进行核对。银行存款的核对是采用与开户银行核对账目的方法进行的，即将企业登记的"银行存款日记账"与开户银行送来的对账单逐笔进行核对。通过核对，若发现双方账目不一致时，应查找原因，其因有二：一是双方账目可能发生错账、漏账；二是由于未达账项所致。

2. 未达账项

未达账项是指企业与银行对同一笔收付款业务，由于结算凭证在传递时间上的差异，使得一方先得到结算凭证已经入账，另一方尚未取得结算凭证故而尚未入账的项目。未达账项的情况有以下四种：

1）银行已经收款入账，而企业尚未收款入账。
2）银行已经付款入账，而企业尚未付款入账。
3）企业已经收款入账，而银行尚未收款入账。
4）企业已经付款入账，而银行尚未付款入账。

建筑施工企业在进行银行存款日记账与开户银行对账单核对发生未达账项时，可以通过编制银行存款余额调节表的形式作余额的核对。即根据银行存款日记账与开户银行对账单的记录发生的未达账项填制在"银行存款余额调节表"内,若调节后双方余额一致,则表明记账正确;否则,则需要进一步检查。"银行存款余额调节表"的编制方法举例如下:

（1）资料：2020年9月30日,WD公司"银行存款日记账"的账面余额为1 668 056元；开户银行对账单余额为1 682 500元。经逐笔核对,发现有下列未达账项：

1) 公司收到客户支付购料款23 000元的转账支票,银行尚未入账；
2) 银行已代公司支付到期工程物资款20 056元,公司尚未入账；
3) 企业委托银行收款52 000元,银行已收款入账,公司尚未入账；
4) 公司开出转账支票支付咨询费5 500元,持票人尚未到银行办理转账手续。

（2）根据上述资料编制"银行存款余额调节表"见表2-4。

表2-4 银行存款余额调节表

2020年9月30日　　　　　　　　　　　　　　　　　　（单位：元）

项目	金额	项目	金额
公司银行存款日记账余额	1 668 056	银行对账单余额	1 682 500
加：银行已收,企业未收	52 000	加：企业已收,银行未收	23 000
减：银行已付,企业未付	20 056	减：企业已付,银行未付	5 500
调节后余额	1 700 000	调节后余额	1 700 000

需要说明的是："银行存款余额调节表"只能用来与开户银行对账单余额进行核对,检查其账户记录是否一致,不能据此来更改企业"银行存款日记账"或更改开户银行对账单的记录。对于未达账项的入账只有当结算凭证到达并具有相关的记账凭证后才能进行。

3. 银行存款清查损失的处理

企业需要定期对存放银行或其他金融机构的款项进行检查,以掌握其安全、完整情况或可能出现的损失因素。根据《企业会计制度》的规定,如果有确凿证据表明存放在银行或其他金融机构的款项已经部分不能收回或全部不能收回的,例如,吸收存款的单位已宣告破产,其破产财产不足以清偿的部分,或全部不能清偿的,应当作为当期损失处理,计入"营业外支出"账户。

【例2-24】 经查明公司存在市某金融机构的款项有45 000元,已经不能收回。

借：营业外支出　　　　　　　　　　　　　　　　　　　　　　　45 000
　　贷：银行存款　　　　　　　　　　　　　　　　　　　　　　　45 000

任务4　其他货币资金的核算

一、其他货币资金的特点和内容

1. 其他货币资金的特点

在建筑施工企业中,有些货币资金的存放地点和用途与银行存款不同,例如有的货币资金存放于外地而不在本地,有的货币资金的存放有特定的用途而不能通用。为了区别其与企业的现金和银行存款,在会计核算上将因存放地点和用途不同的货币资金称为"其他货币资金",即其他货币资金是指除了现金、银行存款以外的各种货币资金。

2. 其他货币资金的内容

企业的其他货币资金按其存放地点和用途不同,包括的内容有外埠存款、银行汇票存款、银行本票存款、信用卡存款、信用证保证金存款、存出投资款及在途资金等。

(1) 外埠存款 外埠存款是指建筑施工企业到外地进行临时采购或零星采购时,汇往采购地银行开立采购专户的款项。当建筑施工企业需要到外地采购,在办理外埠存款事项时,首先到当地银行填写汇款委托书,将款项交于当地银行委托其汇往采购地银行开立专户,然后汇入银行对于汇入的采购款项,按汇款单位开设采购专户。采购专户只付不收,款项付完后或将剩余款项汇回本企业的银行存款账户后,此账户便结束。

(2) 银行汇票存款 银行汇票存款是指建筑施工企业为取得银行汇票按规定存入银行的款项。建筑施工企业需要取得银行汇票时,向银行提交"银行汇票委托书"并将款项交存开户银行后,取得银行汇票。

(3) 银行本票存款 银行本票存款是指建筑施工企业为取得银行本票按规定存入银行的款项。建筑施工企业需要取得银行本票时,向银行提交"银行本票委托书"并将款项交存开户银行后,取得银行本票。

(4) 信用卡存款 信用卡存款是指建筑施工企业为取得信用卡按规定存入银行的款项。建筑施工企业需要取得信用卡,办理信用卡事项时,按规定填制信用卡申请表,连同支票和有关资料一并送交发卡银行,取得信用卡。

(5) 信用证保证金存款 信用证保证金存款是指建筑施工企业为取得信用证按规定存入银行的保证金。建筑施工企业根据经营业务的需要,可向银行申请开立信用证并交纳信用证保证金。建筑施工企业向银行申请开立信用证,按规定向银行提交开证申请书、信用证申请人承诺书和购销合同,同时交付信用证保证金。

(6) 存出投资款 存出投资款是指建筑施工企业已经存入证券公司但尚未进行短期投资的现金。

(7) 在途资金 在途资金是指建筑施工企业在与所属单位之间和上下级之间汇解款项业务中,对于已经汇出,月末尚未到达的那部分资金。

二、其他货币资金的核算

为了反映和监督建筑施工企业关于其他货币资金的增减变化和结存情况,根据《企业会计制度》的规定,设置"其他货币资金"总分类账户,核算其他货币资金的各项收支业务。"其他货币资金"账户的借方记录其他货币资金的增加,贷方记录其他货币资金的减少,期末余额在借方,反映企业实际持有的其他货币资金。

同时,按照其他货币资金反映的内容分别设置"外埠存款""银行汇票存款""银行本票存款""信用卡存款""信用证保证金存款""存出投资款"和"在途资金"等明细分类账户,进行明细分类核算。

【例2-25】 东灵建筑公司委托当地开户银行,将50 000元采购款项汇往某市开立采购专户;数日后,采购员交来购料发票,采购货款为43 560元;采购完毕,通过银行接到退回剩余款项的收账通知。

(1) 开立采购专户时,会计分录如下:

借:其他货币资金——外埠存款   50 000

    贷：银行存款　　　　　　　　　　　　　　　　　　　　　　　　　　　　　　　　50 000
　（2）报销采购款项43 560元时，会计分录如下
　　借：材料采购　　　　　　　　　　　　　　　　　　　　　　　　　　　　　　　43 560
　　　　贷：其他货币资金——外埠采购　　　　　　　　　　　　　　　　　　　　　43 560
　（3）收回剩余款项时，会计分录如下
　　借：银行存款　　　　　　　　　　　　　　　　　　　　　　　　　　　　　　　6 440
　　　　贷：其他货币资金——外埠存款　　　　　　　　　　　　　　　　　　　　　6 440

【例2-26】 东灵建筑公司向开户银行申请办理银行汇票，交付款项100 000元，取得银行汇票；持银行汇票办理货物价款的结算，凭购货发票单据及银行汇票第四联报销货款96 324元；通过银行收到银行汇票结算的多余款项划回的收账通知。

　（1）东灵建筑公司取得银行汇票时，会计分录如下
　　借：其他货币资金——银行汇票存款　　　　　　　　　　　　　　　　　　　　100 000
　　　　贷：银行存款　　　　　　　　　　　　　　　　　　　　　　　　　　　　100 000
　（2）凭购货发票及银行汇票第四联报销采购款项96 324元时，会计分录如下
　　借：材料采购　　　　　　　　　　　　　　　　　　　　　　　　　　　　　　96 324
　　　　贷：其他货币资金——银行汇票存款　　　　　　　　　　　　　　　　　　96 324
　（3）收回多余款项时，会计分录如下
　　借：银行存款　　　　　　　　　　　　　　　　　　　　　　　　　　　　　　3 676
　　　　贷：其他货币资金——银行汇票存款　　　　　　　　　　　　　　　　　　3 676

【例2-27】 东灵建筑公司向开户银行申请办理银行本票，交付款项10 000元，取得银行本票；持银行本票购买货物，凭购货发票账单报销货款9 538元；填制进账单将银行本票的剩余款项划回。

　（1）东灵建筑公司取得银行本票时，会计分录如下
　　借：其他货币资金——银行本票存款　　　　　　　　　　　　　　　　　　　　10 000
　　　　贷：银行存款　　　　　　　　　　　　　　　　　　　　　　　　　　　　10 000
　（2）凭购货发票报销采购款项9 538元时，会计分录如下
　　借：材料采购　　　　　　　　　　　　　　　　　　　　　　　　　　　　　　9 538
　　　　贷：其他货币资金——银行本票存款　　　　　　　　　　　　　　　　　　9 538
　（3）填制进账单收回剩余款项时，会计分录如下
　　借：银行存款　　　　　　　　　　　　　　　　　　　　　　　　　　　　　　462
　　　　贷：其他货币资金——银行本票存款　　　　　　　　　　　　　　　　　　462

【例2-28】 东灵建筑公司向开户银行申请办理信用卡，交付款项50 000元，取得信用卡；持信用卡存款支付业务招待费2 750元。

　（1）东灵建筑公司取得信用卡时，会计分录如下
　　借：其他货币资金——信用卡存款　　　　　　　　　　　　　　　　　　　　　50 000
　　　　贷：银行存款　　　　　　　　　　　　　　　　　　　　　　　　　　　　50 000
　（2）凭信用卡付业务招待费时，会计分录如下
　　借：管理费用　　　　　　　　　　　　　　　　　　　　　　　　　　　　　　2 750
　　　　贷：其他货币资金——信用卡存款　　　　　　　　　　　　　　　　　　　2 750

【例2-29】 东灵建筑公司向开户银行申请办理信用证,交付信用证保证金60 000元;持信用证办理货物价款的结算,凭信用证结算凭证和购货发票报销货款57 396元;通过银行收汇信用证余款。

(1) 东灵建筑公司取得信用证时,会计分录如下

借:其他货币资金——信用证保证金存款　　　　　　　　　60 000
　　贷:银行存款　　　　　　　　　　　　　　　　　　　　60 000

(2) 凭信用证结算凭证和购货发票报销货款57 396元时,会计分录如下

借:材料采购　　　　　　　　　　　　　　　　　　　　　57 396
　　贷:其他货币资金——信用证保证金存款　　　　　　　　57 396

(3) 收回信用证余款时,会计分录如下

借:银行存款　　　　　　　　　　　　　　　　　　　　　 2 604
　　贷:其他货币资金——信用证保证金存款　　　　　　　　 2 604

【例2-30】 月末,东灵建筑公司收到下级单位一分公司汇出5 000元的通知;次月初,银行转来收账通知。

(1) 公司收到一分公司汇出款项5 000元的通知时,会计分录如下

借:其他货币资金——在途资金　　　　　　　　　　　　　 5 000
　　贷:内部往来——分公司　　　　　　　　　　　　　　　 5 000

(2) 收到银行收账通知时,会计分录如下

借:银行存款　　　　　　　　　　　　　　　　　　　　　 5 000
　　贷:其他货币资金——在途资金　　　　　　　　　　　　 5 000

【例2-31】 公司准备进行短期投资,签发转账支票一张,向证券公司划出资金500 000元。

借:其他货币资金——存出投资款　　　　　　　　　　　　500 000
　　贷:银行存款　　　　　　　　　　　　　　　　　　　500 000

思政拓展　长征路上的"扁担银行"——世界最小的银行

弘扬以伟大建党精神为源头的中国共产党人精神谱系,用好红色资源,深入开展社会主义核心价值观宣传教育,深化爱国主义、集体主义、社会主义教育,着力培养担当民族复兴大任的时代新人。

在中国工农红军史上有支特殊的扁担编队——中国工农红军中央纵队第十五大队。当年为了实现中央红军战略转移,服务党中央财政需求,保障红军物资供给,百余号人肩挑160多副扁担,里面载有黄金、白银以及大量的珠宝、苏维埃国家银行印制的纸币,还有几台印钞机和铸币机。这就是当时创建的世界上最小的国家银行——扁担银行。毛泽民担任"扁担银行"的政委(毛泽民,1896年4月3日出生于湘潭县韶山冲(今韶山市)。1921年,在哥哥毛泽东的指引下,走出韶山参加革命。)

银行创立之初,经多方筹措,只有20万元初始资金,工作人员只有毛泽民、曹菊如、赖祖烈、莫均涛、钱希均五人。白手起家办银行,不知如何记录银行的往来账目。一次,前线部队缴获的战利品——送到银行的现洋中,银行清点人员发现现洋的包封纸,是国民党税务机关的四联单。毛泽民如获至宝,通过对四联单深入的研究分析,进一步细化规范了银行

金库的管理制度、管理流程，完善了金库资金的收款方、管理方（国家金库）、使用方和支配方的账目记录，从而加强了对银行财务的内控管理，提升了财务制度的严肃性。随着各种制度的建立和完善，中华苏维埃国家银行慢慢正常运转起来。经过不懈努力，他们建立了一套独立的中央银行体系，统一财政，调整金融，加强苏区经济建设，保障红军作战所需。这家不同寻常的"扁担银行"，虽然居无定所，设施简陋，但始终坚守着红色金融机构的信誉之本，为中国革命的最终胜利奠定了基础。

小　　结

货币资金是企业在生产经营活动中存在于货币形态的资产，主要包括库存现金、银行存款和其他货币资金。建立健全货币资金的内部控制制度是关键，其内容主要包括货币资金内部控制的目标及环境与货币资金内部控制的设计等。

库存现金是存放于财会部门，由专职出纳人员保管的货币。库存现金分为总分类核算和明细核算。单位内部可以建立备用金制度。为了保证现金核算的正确无误，现金核算应做到日清日结。

银行存款是存放于银行的货币资金。企业银行存款账户包括基本存款账户、一般存款账户、临时存款账户和专用存款账户。企业应设"银行存款总账"和"银行存款日记账"反映银行存款的收付及结存情况，每日应结出银行存款日记账的收支及余额，月末应与银行对账单核对，对于"未达账项"应编制"银行存款余额调节表"进行检查核对。

企业发生的大量业务是通过银行转账业务完成的，银行转账结算方式主要有银行汇票结算方式、商业汇票结算方式、银行本票结算方式、支票结算方式、汇兑结算方式、委托收款结算方式、异地托收承付结算方式、信用卡结算方式、信用证结算方式九种。

其他货币资金是企业除了现金、银行存款以外的各种货币资金，主要包括外埠存款、银行汇票存款、银行本票存款、信用卡存款、信用证保证金存款、存出投资款和在途资金等。企业通过"其他货币资金"账户，反映和监督其他货币资金的收支和结存情况。

思　考　题

2-1　货币资金内部控制主要包括哪几个方面？
2-2　银行支付结算方式有哪些？各有何特点？
2-3　什么是未达账项？未达账项的情况有哪几种？

实训练习题

习题一

1. 目的
练习现金、银行存款和其他货币资金的核算。
2. 资料
（1）公司从银行提取现金500元，备作零星开支。
（2）公司管理人员李晶出差预借款项800元，凭有效的借款单支付现金。

习题一（1）～（5）解答

（3）公司管理人员李晶出差回来凭差旅费票据报销差旅费752元，退回余款。

（4）公司办公室实行定额备用金制度，根据企业有关规定核定的备用金定额为3 000元，负责此项工作的王丽凭据取得备用金，现金付出。数日后，王丽凭差旅费单据报销差旅费980元、购物发票和验收单报销购买办公用品费用1 586元，现金付出。

习题一（6）~（10）解答

（5）公司盘点发现现金库存余额大于账存余额122元，原因待查。后经查明，属于少付职工刘明新的款项。

（6）荣创公司送来拨付工程进度款300 000元的转账支票一张，随同填制的进账单一并送存银行。

习题一（11）~（15）解答

（7）接到银行收账通知，收到上月出售给其光公司预制构件的货款38 000元。

（8）填制现金缴库单，将库存多余的现金1 100元，送存银行。

（9）接到银行收账通知，收到顿生公司拨入本月003号完工工程的结算价款750 000元。

（10）根据需要并经过审核批准，企业从银行获得为期三年的贷款300 000元，存入银行。

（11）通过银行转账支付上月购入市钢材公司的钢材款项150 000元。

（12）开出转账支票，预付购买市板材公司的板材价款90 000元。

（13）通过银行转账归还已到期的银行六个月的贷款150 000元。

（14）通过银行转账支付企业的律师咨询费6 000元。

（15）紫蓝建筑公司委托当地开户银行，将80 000元采购款项汇往某市开立采购专户；数日后，采购员交来购料发票，采购货款为67 560元；采购完毕，通过银行接到退回剩余款项的收账通知。

3. 要求

根据上述经济业务编制会计分录。

习题二

1. 目的

练习银行存款余额调节表的编制。

习题二解答

2. 资料

2020年12月31日，信阳公司"银行存款日记账"的账面余额为1 325 608元；开户银行对账单余额为1 378 650元。经逐笔核对，发现有下列未达账项：

（1）公司开出转账支票10 550元购买材料，银行尚未入账。

（2）银行已代公司划付本月电费3 508元，公司尚未入账。

（3）企业委托银行收款47 000元，银行已收款入账，公司尚未入账。

（4）公司将现金1 000元送存银行，银行尚未入账。

3. 要求

根据上述资料编制银行存款余额调节表。

项目 3

金 融 资 产

> **学习目标**
>
> 掌握以公允价值计量且其变动计入当期损益的金融资产、债权投资、其他债权投资及其他权益工具投资的确认条件及基本的会计处理；掌握应收账款发生与收回的核算，坏账的核算，应收票据取得、到期及贴现以及预付账款和其他应收款的核算；熟悉金融资产的概念、特点及其分类。

任务 1　金融资产认知

一、金融资产的定义

金融资产主要包括库存现金、应收账款、应收票据、贷款、垫款、其他应收款、应收利息、债权投资、股权投资等。

在理解金融资产定义时，应当注意以下内容：

1) 企业金融资产所获得的经济利益可能是非现金金融资产。例如，应付政府债券赋予持有人收取政府债券而非现金的合同权利，政府债券就是金融资产。

2) 永续债务工具通常赋予持有人一种合同权利，即在无权收回本金的情况下，或是在有权收回本金但其条款使得收回不大可能或在极其遥远的未来情况下，按固定的日期在未来无限期收取利息的权利。例如，企业可能发行一项金融工具，该工具按固定的面值或本金并以固定的利率按年永久支付利息，则该金融工具的持有人拥有一项金融资产。

3) 存货、固定资产、无形资产等都不是金融资产。控制这些有形资产和无形资产能够创造产生现金或另一金融资产流入的机会，但并不会引起收取现金或其他金融资产的现时权利。类似的，预付账款产生的未来经济利益是收取商品或劳务，而不是收取现金或另一金融资产，因此也不属于金融资产。

二、金融资产的分类

企业应当结合自身业务特点和风险管理要求，将取得的金融资产在初始确认时划分为以下四类：

1) 以公允价值计量且其变动计入当期损益的金融资产。
2) 以摊余成本计量的金融资产。

3）以公允值计量且其变动计入其他综合收益的金融资产。

4）指定为以公允值计量且其变动计入其他综合收益的非交易性权益工具投资。

上述分类一经确定，不得随意变更。

任务 2　以公允价值计量且其变动计入当期损益的金融资产

以公允价值计量且其变动计入当期损益的金融资产，可以进一步分为交易性金融资产和直接指定为以公允价值计量且其变动计入当期损益的金融资产。

以公允价值计量且其变动计入当期损益的金融资产

一、交易性金融资产

交易性金融资产，主要是指企业为了近期内出售而持有的金融资产。通常情况下，金融资产满足下列条件之一的，应当划分为交易性金融资产。

1）取得该金融资产的目的，主要是为了近期内出售或回购。换句话说，企业持有交易性金融资产的主要目的，就是为了从其价格或交易商保证金的短期波动中获利。此前，企业作为短期投资核算的股票投资、债券投资、基金投资、权证投资等，通常可以归属于交易性金融资产。

2）属于进行集中管理的可辨认金融工具组合的一部分，且有客观证据表明企业近期采用短期获利方式对该组合进行管理。在组合中的部分组成项目可能持有较长期限的情况下，也可以将该组成项目作为集中管理的可辨认金融工具组合的一部分。

3）除以下情形以外的衍生工具。

①被指定为有效套期工具的衍生工具。衍生工具被指定为套期工具，且套期高度有效时，该衍生工具应当按照《企业会计准则第 24 号——套期保值》进行会计处理。

②属于财务担保合同的衍生工具。财务担保合同是指担保人与债权人约定，在债务人不履行偿债义务时，担保人按照约定履行债务或承担责任的合同。通常情况下，企业在签发财务担保合同时，应当按照公允价值进行初始计量，财务担保合同的后续计量，应当根据《企业会计准则第 13 号——或有事项》确认的金额和根据《企业会计准则第 14 号——收入》对财务担保的初始确认金额进行摊销后的余额两者之间较高者进行计量。但是，如果财务担保合同涉及金融资产转移，或被直接指定为以公允价值计量且其变动计入当期损益，则应按《企业准则第 23 号——金融资产转移》进行会计处理。

③与在活跃市场中没有报价且其公允价值不能可靠计量的权益工具投资挂钩并须通过交付该权益工具结算的衍生工具。在这种情况下，该衍生工具应当采用成本进行后续计量。

公允价值是指在公平交易中，熟悉情况的交易双方自愿进行资产交换或者债务清偿的金额。在公平交易中，交易双方应当是持续经营企业，不打算或不需要进行清算、重大缩减经营规模，或在不利条件下仍进行交易。

二、直接指定为以公允价值计量且其变动计入当期损益的金融资产

直接指定为以公允价值计量且其变动计入当期损益的金融资产，主要是指企业基于风险管理、战略投资需要等所作的指定。企业不能随意将某项金融资产直接指定为以公允价值计

量且其变动计入当期损益的金融资产。只有在满足以下条件之一时，企业才能将某项金融资产直接指定为以公允价值计量且其变动计入当期损益的金融资产：

1）该指定可以消除或明显减少由于该金融资产的计量基础不同导致的相关利得或损失在确认或计量方面不一致的情况。

2）企业风险管理或投资策略的正式书面文件已载明，该金融资产组合等，以公允价值为基础进行管理、评价并向关键管理人员报告。

在活跃市场中没有报价、公允价值不能可靠计量的权益工具投资，不得指定为以公允价值计量且其变动计入当期损益的金融资产。

以上所指活跃市场是指同时具有下列特征的市场：

1）市场内交易的对象具有同质性。
2）可随时找到自愿交易的买方和卖方。
3）市场价格信息是公开的。

三、以公允价值计量且其变动计入当期损益的金融资产的会计处理

以公允价值计量且其变动计入当期损益的金融资产的会计处理，着重于该金融资产与金融市场的紧密结合性，反映该类金融资产相关市场变量变化对其价值的影响，进而对企业财务状况和经营成果的影响。企业应当设置"交易性金融资产""公允价值变动损益""投资收益"等科目。

"交易性金融资产"科目用于核算企业持有的以公允价值计量且其变动计入当期损益的金融资产，包括为交易目的所持有的债券投资、股票投资、基金投资等和直接指定为以公允价值计量且其变动计入当期损益的金融资产。"交易性金融资产"科目的借方登记交易性金融资产的取得成本、资产负债表日其公允价值高于账面余额的差额等；贷方登记资产负债表日其公允价值低于账面余额的差额，以及企业出售交易性金融资产时结转的成本和公允价值变动损益。企业应当按照交易性金融资产的类别和品种，分别设置"成本""公允价值变动"等科目进行明细核算。

"公允价值变动损益"科目用于核算企业交易性金融资产等公允价值变动而形成的应计入当期损益的利得或损失，贷方登记资产负债表日企业持有的交易性金融资产等的公允价值高于账面余额的差额；借方登记资产负债表日企业持有的交易性金融资产等的公允价值低于账面余额的差额。

"投资收益"科目用于核算企业持有交易性金融资产等期间取得的投资收益以及处置交易性金融资产等实现的投资收益或投资损失，贷方登记企业出售交易性金融资产等实现的投资收益；借方登记企业出售交易性金融资产等发生的投资损失。

相关的账务处理如下：

1）企业取得交易性金融资产时，按其公允价值，借记"交易性金融资产——成本"科目，按发生的交易费用，借记"投资收益"科目，按已到付息期但尚未领取的利息或已宣告但尚未发放的现金股利，借记"应收利息"或"应收股利"科目，按实际支付的金额，贷记"银行存款"等科目。

【例3-1】 2020年1月1日，甲公司购入一批债券，作为交易性金融资产进行核算和管理，该笔债券投资在购买日的公允价值为210 000元，另支付相关交易费用4 300元，均以

银行存款支付。假定不考虑其他因素，甲上市公司的会计处理如下：

（1）2020年1月1日，购买债券时

借：交易性金融资产　　　　　　　　　　　　　　　　　210 000
　　贷：银行存款　　　　　　　　　　　　　　　　　　　　　　210 000

（2）支付相关交易费用时

借：投资收益　　　　　　　　　　　　　　　　　　　　4 300
　　贷：银行存款　　　　　　　　　　　　　　　　　　　　　　4 300

在本例中，取得交易性金融资产所发生的相关交易费用4 300元应当在发生时计入投资收益。

2）交易性金融资产持有期间被投资单位宣告发放的现金股利，或在资产负债表日按分期付息、一次还本债券投资的票面利率计算的利息收入，应当确认为应收项目，借记"应收股利"或"应收利息"科目，贷记"投资收益"科目。

【例3-2】 2020年1月8日，甲公司购入乙公司发行的债券，该笔债券于2019年7月1日发行，面值为2 500万元，票面利率为4%，债券利息按年支付。甲公司将其划分为交易性金融资产，支付价款2 600万元（其中包含已宣告发放的债券利息50万元），另支付交易费用30万元。2020年2月5日，甲公司收到该笔债券利息50万元。2021年2月10日，甲公司收到债券利息100万元。甲公司应作如下会计处理：

（1）2020年1月8日，甲公司购入乙公司的债券时

借：交易性金融资产——成本　　　　　　　　　　　　　25 500 000
　　应收利息　　　　　　　　　　　　　　　　　　　　500 000
　　投资收益　　　　　　　　　　　　　　　　　　　　300 000
　　贷：银行存款　　　　　　　　　　　　　　　　　　　　　　26 300 000

（2）2020年2月5日，甲公司收到购买价款中包含的已宣告发放的债券利息时

借：银行存款　　　　　　　　　　　　　　　　　　　　500 000
　　贷：应收利息　　　　　　　　　　　　　　　　　　　　　　500 000

（3）2020年12月31日，确认乙公司的债券利息收入时

借：应收利息　　　　　　　　　　　　　　　　　　　　1 000 000
　　贷：投资收益　　　　　　　　　　　　　　　　　　　　　　1 000 000

（4）2021年2月10日，甲企业收到债券利息时

借：银行存款　　　　　　　　　　　　　　　　　　　　1 000 000
　　贷：应收利息　　　　　　　　　　　　　　　　　　　　　　1 000 000

在本例中，取得交易性金融资产所支付价款中包含了已宣告但尚未发放的债券利息500 000元，应记入"应收利息"科目，不记入"交易性金融资产"科目。

3）资产负债表日，交易性金融资产应当按照公允价值计量，公允价值与账面余额之间的差额计入当期损益。企业应当在资产负债日按照交易性金融资产的公允价值高于其账面余额的差额，借记"交易性金融资产——公允价值变动"科目，贷记"公允价值变动损益"科目；公允价值低于其账面余额的差额做相反的会计分录。

【例3-3】 承【例3-2】假定2020年6月30日，甲公司购买的该笔债券的市价为2 580万元；2020年12月31日，甲公司购买的该笔债券的市价为2 560万元。甲公司应作如下会

计处理：

(1) 2020 年 6 月 30 日，确认该笔债券的公允价值变动损益时

借：交易性金融资产——公允价值变动　　　　　　　　　　　300 000
　　贷：公允价值变动损益　　　　　　　　　　　　　　　　　　　300 000

(2) 2020 年 12 月 31 日，确认该笔债券的公允价值变动损益时

借：公允价值变动损益　　　　　　　　　　　　　　　　　　　20 000
　　贷：交易性金融资产——公允价值变动　　　　　　　　　　　　　20 000

在本例中，2020 年 6 月 30 日，该笔债券的公允价值为 2 580 万元，账面余额为 2 550 万元，公允价值大于账面余额 30 万元，应记入"公允价值变动损益"科目的贷方；2020 年 12 月 31 日，该笔债券的公允价值为 2 560 万元，账面余额为 2 580 万元，公允价值小于账面余额 20 万元，应记入"公允价值变动损益"科目的借方。

4) 出售交易性金融资产时应当将该金融资产出售时的公允价值与其初始入账金额之间的差额确认为投资收益，同时调整公允价值变动损益。

企业应按实际收到的金额，借记"银行存款"等科目，按该金融资产的账面余额，贷记"交易性金融资产——成本"科目，按其差额，贷记或借记"投资收益"科目。同时，将原计入该金融资产的公允价值变动转出，借记或贷记"公允价值变动损益"科目，贷记或借记"投资收益"科目。

【例 3-4】　承【例 3-3】假定 2021 年 1 月 15 日，甲公司出售了所持有的乙公司的债券，售价为 2 565 万元，应作如下会计处理：

借：银行存款　　　　　　　　　　　　　　　　　　　　　　25 650 000
　　贷：交易性金融资产——成本　　　　　　　　　　　　　　　25 500 000
　　　　　　　　　　　　——公允价值变动　　　　　　　　　　　100 000
　　　　投资收益　　　　　　　　　　　　　　　　　　　　　　　50 000

同时，

借：公允价值变动损益　　　　　　　　　　　　　　　　　　　100 000
　　贷：投资收益　　　　　　　　　　　　　　　　　　　　　　　100 000

在本例中，企业出售交易性金融资产时，还应将原计入该金融资产的公允价值变动转出，即出售交易性金融资产时，应按"公允价值变动"明细科目的贷方余额 100 000 元，借记"公允价值变动损益"科目，贷记"投资收益"。

任务 3　债权投资

一、债权投资的概述

债权投资是指到期日固定、回收金额固定或可确定，且企业有明确意图和能力持有至到期的非衍生金融资产。下列非衍生金融资产不应当被划分为债权投资：

1) 初始确认时被指定为以公允价值计量且其变动计入当期损益的非衍生金融资产。
2) 初始确认时被指定为可供出售的非衍生金融资产。
3) 符合贷款和应收款项的定义的非衍生金融资产。

如果企业管理层决定将某项金融资产持有至到期，则在该金融资产未到期前，不能随意地改变其"最初意图"。也就是说，投资者在取得投资时意图就应当是明确的，除非遇到一些企业所不能控制、预期不会重复发生且难以合理预计的独立事件，否则将持有至到期。

1）到期日固定、回收金额固定或可确定，是指与该金融资产相关的合同明确了投资者在确定的期间内获得或应收取现金流量的金额和时间。因此，从投资者的角度看，如果不考虑其他相关条件，在将某项投资划分为持有至到期投资时，可以不考虑可能存在的发行方的重大支付风险，即信用风险。其次，由于要求到期日固定，从而权益工具投资不能归类为持有至到期投资。再次，如果满足其他条件，不能由于某债务工具投资是浮动利率投资而不将其划分为债权投资。

2）有明确意图持有至到期，是指投资者在取得该金融资产时就有明确的意图将其持有至到期，除非遇到一些企业无法控制、预期不会重复发生并且难以合理预计的独立事件，否则将持有至到期。存在下列情况之一的，表明企业没有明确意图将金融资产持有至到期。

① 持有该金融资产的期限不确定。这种情形包括由于金融资产本身没有一个确定的到期时间而引起的持有期限不确定，也包括金融资产本身有确定的到期日，但企业无法确定其持有的时间，如打算在到期日前出售而无法确定出售日期。

② 当出现市场利率变化、流动性需要变化、替代投资机会及投资收益率变化、融资来源和条件变化、外汇风险变化等情况时，将出售该金融资产。由于上述变化随时都有可能发生，如果企业不打算在发生变化时仍然持有该项投资，那么，企业持有该金融资产的期限也就无法确定。但是，无法控制、预期不会重复发生且难以合理预计的独立事项引起的金融资产出售除外。

③ 金融资产的发行方可以按照明显低于其摊余成本的金额清偿。在这种情况下，企业持有金融资产的时间不能由其持有的意图来决定，而是会受到该金融资产发行方的影响，企业能够持有至到期的可能性不大，因为发行方极有可能在到期日之前进行清偿。

④ 其他表明企业没有明确意图将该金融资产持有至到期的情况。

据此，对于发行方可以赎回的债务工具，如发行方行使赎回权，投资者仍可收回其几乎所有初始净投资（含支付的溢价和交易费用），那么投资者可以将此类投资划分为持有至到期投资。但是，对于投资者有权要求发行方赎回的债务工具投资，投资者不能将其划分为持有至到期投资。

3）有能力持有至到期，是指企业有足够的财务资源，并不受外部因素影响将投资持有至到期。

存在下列情况之一的，表明企业没有能力将具有固定期限的金融资产投资持有至到期。

① 没有可利用的财务资源持续地为该金融资产投资提供资金支持，以使该金融资产投资持有至到期。

② 受法律、行政法规的限制，使企业难以将该金融资产投资持有至到期。

③ 其他表明企业没有能力将具有固定期限的金融资产投资持有至到期的情况。

企业应当于每个资产负债表日对持有至到期投资的意图和能力进行评价。发生变化的，应当将其重分类为可供出售金融资产进行处理。

4）到期前处置或重分类对所持有剩余非衍生金融资产的影响。企业将持有至到期投资在到期前处置或重分类，通常表明其违背了将投资持有至到期的最初意图。如果处置或重分类为其他类金融资产的金额相对于该类投资（即企业全部持有至到期投资）在出售或重分类前的总额较大，则企业在处置或重分类后应立即将其剩余的持有至到期投资（即全部持有至到期投资扣除已处置或重分类的部分）重分类为可供出售金融资产，且在本会计年度及以后两个完整的会计年度内不得再将该金融资产划分为债权投资。

需要说明的是，遇到以下情况时可以例外：

① 出售日或重分类日距离该项投资到期日或赎回日较近（如到期前三个月内），且市场利率变化对该项投资的公允价值没有显著影响；

② 根据合同约定的偿付方式，企业已收回几乎所有初始本金；

③ 出售或重分类是由于企业无法控制、预期不会重复发生且难以合理预计的独立事件所引起。此种情况主要包括：

a. 因被投资单位信用状况严重恶化，将持有至到期投资予以出售。

b. 因相关税收法规取消了持有至到期投资的利息税前可抵扣政策，或显著减少了税前可抵扣金额，将持有至到期投资予以出售。

c. 因发生重大企业合并或重大处置，为保持现行利率风险头寸或维持现行信用风险政策，将持有至到期投资予以出售。

d. 因法律、行政法规对允许投资的范围或特定投资品种的投资限额作出重大调整，将持有至到期投资予以出售。

e. 因监管部门要求大幅度提高资产流动性，或大幅度提高持有至到期投资在计算资本充足率时的风险权重，将持有至到期投资予以出售。

二、债权投资的会计处理

债权投资的会计处理着重于该金融资产的持有者打算"持有至到期"，未到期前通常不会出售或重分类。因此，债权投资的会计处理主要应解决该金融资产实际利率的计算、摊余成本的确定、持有期间的收益确认及将其处置时损益的处理。

企业可设置"债权投资"科目用于核算企业债权投资的价值。企业委托银行或其他金融机构向其他单位贷出的款项，也在本科目核算。企业应当按照债权投资的类别和品种，分别按"投资成本""利息调整""应计利息"等科目进行明细核算。

债权投资的相关账务处理如下：

1）企业取得的债权投资，应按该投资的面值，借记"债权投资——成本"科目；按支付的价款中包含的已到付息期但尚未领取的利息，借记"应收利息"科目；按实际支付的金额，贷记"银行存款"等科目；按其差额，借记或贷记"债权投资——利息调整"科目。

2）资产负债表日，债权投资为分期付息、一次还本债券投资的，应按票面利率计算确定的应收未收利息，借记"应收利息"科目；按债权投资摊余成本和实际利率计算确定的利息收入，贷记"投资收益"科目；按其差额，借记或贷记"债权投资——利息调整"。

债权投资为一次还本付息债券投资的，应于资产负债表日按票面利率计算确定的应收未收利息，借记"债权投资——应计利息"；按债权投资摊余成本和实际利率计算确定的利息收入，贷记"投资收益"科目；按其差额，借记或贷记"债权投资——利息调整"。

3）出售债权投资，应按实际收到的金额，借记"银行存款"等科目，按其账面余额，贷记"债权投资——成本、利息调整、应计利息"科目，按其差额，贷记或借记"投资收益"科目。已计提减值准备的，还应同时结转减值准备。

任务 4　以公允价值计量且其变动计入其他综合收益的金融资产

一、以公允价值计量且其变动计入其他综合收益的金融资产概述

以公允价值计量且其变动计入其他综合收益的金融资产的会计处理与以公允价值计量且其变动计入当期损益的金融资产的会计处理有类似之处，如均要求按公允价值进行后续计量。但是，也有一些不同之处。以公允价值计量且其变动计入其他综合收益的金融资产所产生的利得或损失，除减值损失或利得和汇兑损益外，均应当计入其他综合收益，直至该金融资产终止确认或被重分类。但是，采用实际利率法计算的该金融资产的利息应当计入当期损益。终止确认时，之前计入其他综合收益的累计利得或损失应当从其他综合收益中转出，计入当期损益。

以公允价值计量且其变动计入其他综合收益的金融资产

二、以公允价值计量且其变动计入其他综合收益的金融资产的会计处理

1. 以公允价值计量且其变动计入其他综合收益的金融资产的初始计量

1）以公允价值计量且其变动计入其他综合收益的金融资产应当按照该金融资产的公允价值与相关交易费用之和作为初始确认金额。

2）企业取得金融资产所支付的价款中包含的已宣告但尚未发放的债券利息或现金股利，应当单独确认为应收项目。

2. 以公允价值计量且其变动计入其他综合收益的金融资产的后续计量

1）债务工具：公允价值变动形成的利得或损失，应当计入所有者权益（其他综合收益）；在该金融资产终止确认时转出，计入当期损益（投资收益）。

期末公允价值波动时：

① 先由摊余成本与公允价值比对出期末应认定的累计增值或累计减值额。

② 再基于已经确认的累计增值或累计减值额，倒挤出当期应追加的增值额或减值额。

2）权益工具：公允价值变动形成的利得或损失，应当计入所有者权益（其他综合收益），在该金融资产终止确认时转出，计入留存收益。

三、其他债权投资的一般会计处理

（1）购入债券投资时

借：其他债权投资——成本（债券面值）

　　应收利息

　　其他债权投资——利息调整（倒挤差额）

　　贷：银行存款

（2）资产负债表日确认利息收入

1）分期付息、一次还本的债券投资

借：应收利息（票面金额×票面利率）

贷：投资收益（期初摊余成本×实际利率）
　　其他债权投资——利息调整（倒挤差额）
2）到期一次还本付息的债券投资
借：其他债权投资——应计利息（票面金额×票面利率）
贷：投资收益（期初摊余成本×实际利率）
　　其他债权投资——利息调整（倒挤差额）
（3）资产负债表日发生公允价值变动
1）公允价值大于账面余额的
借：其他债权投资——公允价值变动
贷：其他综合收益——其他债权投资公允价值变动
2）公允价值小于账面余额的
借：其他综合收益——其他债权投资公允价值变动
贷：其他债权投资——公允价值变动
（4）出售债券投资时
借：银行存款
　　其他综合收益——其他债权投资公允价值变动
贷：其他债权投资——成本、应计利息
　　其他债权投资——利息调整、公允价值变动
　　投资收益（倒挤差额）

四、其他权益工具投资的一般会计处理

（1）初始计量
借：其他权益工具投资——成本
贷：银行存款
（2）后续计量
借：其他权益工具投资——公允价值变动
贷：其他综合收益——其他权益工具投资公允价值变动
借：应收股利
贷：投资收益
借：银行存款
贷：应收股利
（3）终止确认
借：银行存款
贷：其他权益工具投资——成本
　　其他权益工具投资——公允价值变动
差额：盈余公积
　　　利润分配——未分配利润
（4）其他综合收益转留存收益
借：其他综合收益——其他权益工具投资

贷：盈余公积
　　　　利润分配——未分配利润
其他权益工具投资（可供出售金融资产权益工具）不认定减值损失，此类投资处置的利得或损失归入留存收益。

任务 5　应收及预付款项

应收及预付款项是指企业在日常生产经营过程中发生的各项债权，包括应收和预付款项。应收款项包括应收账款、应收票据和其他应收款等；预付款项则是指企业按照合同规定预付的款项，如预付账款等。

一、应收账款

1. 应收账款概述

（1）应收账款的性质与内容　应收账款是指施工企业由于承建工程应向发包单位收取的工程价款和列入营业收入的其他款项，以及企业因销售产品、材料和提供劳务、作业等，应向购货单位或接受劳务、作业单位收取的款项，包括企业为购货单位或接受劳务、作业单位代垫的包装费和运杂费。

会计上的应收账款有其特定的范围。首先，应收账款是指因销售活动形成的债权，不包括非销售活动形成的债权，如应收职工个人欠款、应收债务人的利息等；其次，应收账款是指流动性质的债权，不包括长期债权，如购买的长期债券等，企业因销售商品、提供劳务等，采用递延方式收取的合同或协议价款、实质上具有融资性质的在"长期应收款"科目核算；再次，应收账款是指本企业应收客户的款项，不包括本企业付出的各类存出保证金，如投标保证金、包装物押金、保函押金。

施工企业按照工程承包合同将已完工程转交给建设单位，或向其他单位销售产品、材料以及提供劳务和作业等，在对方尚未偿付工程价款、产品或材料货款和劳务费用之前，企业就具有向对方单位索取款项的权利，这种权利就是债权，这种债权人向债务人索取尚未偿还的产品销售交款和劳务报酬的权利，在会计上统称为"应收账款"。

（2）应收账款的管理要求　施工企业应根据新会计准则规定，切实加强应收账款的管理与核算工作。对各种应收账款及时进行清算，定期与对方对账核实，根据业务情况严格控制应收账款的限额和收回时间，并采取行之有效的措施，积极组织催收，以避免企业的资金被其他单位长期占用。同时对于长期未收回的应收账款，应查明原因，继续催收；对于经确认无法收回的应收账款，应取得有关方面的证明，并经审查批准后，列作坏账处理。根据企业会计制度的规定，施工企业应当定期或至少于每年年度终了，对应收账款进行全面检查，并合理计提坏账准备金。企业对于不能收回的应收账款应查明原因，追究责任。对确实无法收回的，应按照企业管理权限，经股东大会或董事会，或经理（厂长）会议或类似机构批准作为坏账损失，冲销提取的坏账准备金。

2. 应收账款的入账时间及入账价值

应收账款的入账时间应根据《企业会计准则第 14 号——收入》的规定来进行确定，并应按销售方式不同而进行相应的处理，如在分期收款销售方式下应按合同规定的时间确认应收账款的入账时间；长期建造合同则应按长期建造合同的规定确认应收款项的入账时间。应收账款通常按实际发生额计价入账，计价时还需考虑商业折扣和现金折扣因素。商业折扣是指企业根据市场供需情况，或针对不同的顾客，商品标价上给予的扣除。在涉及商业折扣时，应该按照扣除商业折扣后的实际估价入账。应收账款的入账价值中包含应收的增值税。现金折扣是指企业为鼓励客户提早偿付货款而给予客户在价格上的优惠，也就是"2/10，1/20，N/30"，即企业如果在10天内付款，可享受2%的折扣，在20天内付款，享受1%的折扣，在30天内付款，则不给折扣。

存在现金折扣的情况下，应收账款的入账价值的确认有两种方法：一种是总价法，另一种是净价法。总价法是将未减去现金折扣前的金额作为实际售价，记作应收账款的入账价值。现金折扣只有客户在折扣期内支付货款时，才予以确认。在这种方法下，销售方把给予客户的现金折扣视为融资的理财费用，会计上作为财务费用处理。我国的会计实务中通常采用此方法。

净价法是将扣减现金折扣后的金额作为实际售价，据以确认应收账款的入账价值。这种方法是把客户取得折扣视为正常现象，认为客户一般都会提前付款，而将由于客户超过折扣期限付款而多收入的金额，视为提供信贷获得的收入。

3. 应收账款的核算

（1）应收账款的总分类核算　为了总括地核算和监督应收账款的增减变动和结余情况，施工企业应设置"应收账款"科目，它属于资产类科目，其借方登记企业实际发生的各种应收账款；贷方登记企业已经收回、转销或改用商业汇票结算方式的应收账款；期末借方余额反映企业尚未收回的各种应收账款。企业预收的款项包括工程款、备料款等，应在"预收账款"科目核算，不在本科目核算。不单独设置"预收账款"科目的施工企业，预收账款则应在本科目核算。

现举例说明应收账款的核算方法如下：

企业发生的应收账款，在没有商业折扣的情况下，按应收的全部金额入账。

【例3-5】　企业因承包建设单位甲公司工程，按合同规定开出"工程价款结算单"，向甲公司结算工程进度款850 000元，但款项尚未收到。作会计分录如下：

借：应收账款——应收工程款（甲公司）　　　　　　　　　　　850 000
　　贷：工程结算　　　　　　　　　　　　　　　　　　　　　　850 000

【例3-6】　企业按合同规定从上述应收账款中向甲公司扣还预收的备料款350 000元、预收的工程款200 000元。作会计分录如下：

借：预收账款——预收工程款（甲公司）　　　　　　　　　　　550 000
　　贷：应收账款——应收工程款（甲公司）　　　　　　　　　　550 000

【例3-7】　企业收到开户银行收账通知，甲公司用转账支票付清上项工程进度款300 000元。作会计分录如下：

借：银行存款　　　　　　　　　　　　　　　　　　　　　　　300 000
　　贷：应收账款——应收工程款（甲公司）　　　　　　　　　　300 000

企业发生的应收账款，在有商业折扣的情况下，应按扣除商业折扣后的金额入账。

【例3-8】　企业向乙公司销售结构件一批，按价目表表明的价格计算，金额为20 000元，由于成批销售，销货方给购货方10%的商业折扣，金额为2 000元，销货方应收账款的入账金额为 18 000 元，适用增值税率为 13%。作会计分录如下：

借：应收账款——应收销货款（乙公司）　　　　　　　　　　　　20 340
　　贷：其他业务收入　　　　　　　　　　　　　　　　　　　　18 000
　　　　应交税费——应交增值税——销项税额　　　　　　　　　 2 340

【例 3-9】　施工企业收到乙公司签发并承兑票面额为 20 340 元、期限为三个月的不带息商业承兑汇票一张，用于抵付上项结构件的货款。作会计分录如下：

借：应收票据　　　　　　　　　　　　　　　　　　　　　　　20 340
　　贷：应收账款——应收销货款（乙公司）　　　　　　　　　　 20 340

企业发生的应收账款在有现金折扣的情况下，采用总价法入账，发生的现金折扣作为财务费用处理。

【例 3-10】　企业销售结构件一批 10 000 元，规定的现金折扣条件为 2/10，N/30，适用增值税率为 13%，产品交付并办妥托收手续。作会计分录如下：

借：应收账款——应收销货款　　　　　　　　　　　　　　　　11 300
　　贷：其他业务收入　　　　　　　　　　　　　　　　　　　　10 000
　　　　应交税费——应交增值税——销项税额　　　　　　　　　 1 300

收到货款时，根据购货企业是否得到现金折扣的情况入账。如果上述货款在 10 天内收到，作会计分录如下：

借：银行存款　　　　　　　　　　　　　　　　　　　　　　　11 074
　　财务费用　　　　　　　　　　　　　　　　　　　　　　　　　226
　　贷：应收账款——应收销货款　　　　　　　　　　　　　　　11 300

如果超过了现金折扣的最后期限，则作会计分录如下：

借：银行存款　　　　　　　　　　　　　　　　　　　　　　　11 300
　　贷：应收账款——应收销货款　　　　　　　　　　　　　　　11 300

企业的应收账款在与债务人进行债务重组时，应区别情况进行会计处理。

根据《企业会计准则第 12 号——债务重组》的规定，企业的应收账款在与债务人进行债务重组时，债权人的会计处理：

1）以现金清偿债务的，债权人应当将重组债权的账面余额与收到的现金差额，计入当期损益。债权人已对债权计提减值准备的，应当先将该差额冲减减值准备，减值准备不足冲减的部分，计入当期损益。

2）以非现金资产清偿债务的，债权人应当对接受的非现金资产按其公允价值入账，重组债权的账面余额与受让的非现金资产按其公允价值之间的差额，计入当期损益。

3）将债务转为资本的，债权人应当将享有股份的公允价值确认为对债务人的投资，重组债权的账面余额与重组后债权的账面价值之间的差额，计入当期损益。

4）修改其他债务条件的，债权人应当将修改其他债务条件后的债权的公允价值作为重组后债权的入账价值，重组债权的账面余额与重组后债权的账面价值之间的差额，计入当期损益。修改后的债务条款中涉及或有应收金额的，债权人不应当确认或有应收金额，不得将其计入重组后的债权账面价值。

【例 3-11】　2020 年 2 月 10 日，甲公司销售一批材料给乙公司，不含税价格为 100 000 元，增值税率为 13%。当年 3 月 20 日，乙公司财务发生困难，无法按合同规定偿还债务。

经双方协议，甲公司同意减免乙公司 20 000 元债务，余额用现金立即清偿。甲公司未对债权提取坏账准备。甲公司作会计分录如下：

借：银行存款　　　　　　　　　　　　　　　　　　　　　93 000
　　营业外支出——债务重组损失　　　　　　　　　　　　　20 000
　　贷：应收账款——乙公司　　　　　　　　　　　　　　　　　　113 000

【例 3-12】 2020 年 1 月 1 日，甲公司销售一批材料给乙公司，含税价 105 000 元。2020 年 7 月 1 日，乙公司发生财务困难，无法按合同规定偿还债务。经双方协商，甲公司同意乙公司用产品抵偿该应收账款。该产品市价为 80 000 元，增值税率为 13%，产品成本为 70 000 元。乙公司为转让的材料计提了存货跌价准备 500 元。甲公司为债权计提了坏账准备 500 元。假定不考虑其他税费。甲公司作会计分录如下：

借：应交税费——应交增值税（进项税额）　　　　　　　　10 400
　　坏账准备　　　　　　　　　　　　　　　　　　　　　　500
　　库存商品　　　　　　　　　　　　　　　　　　　　　80 000
　　营业外支出——债务重组损失　　　　　　　　　　　　14 100
　　贷：应收账款——乙公司　　　　　　　　　　　　　　　　　　105 000

【例 3-13】 2020 年 2 月 10 日，甲公司销售一批材料给乙公司（股份有限公司），含税价 103 500。货款尚未收回。8 月 10 日，乙公司与甲公司协商，以其普通股抵偿该应收账款。乙公司用于抵债的普通股为 10 000 股，股票市价为每股 9.6 元。假定印花税税率为 0.4%，不考虑其他税费。甲公司作会计分录如下：

借：长期股权投资　　　　　　　　　　　　　　　　　　　96 384
　　营业外支出——债务重组损失　　　　　　　　　　　　　7 500
　　贷：应收账款　　　　　　　　　　　　　　　　　　　　　　103 500
　　　　银行存款　　　　　　　　　　　　　　　　　　　　　　　384

（2）应收账款的明细分类核算　应收账款能否及时、如数收回，是直接关系到企业资金周转率的重要因素，因此，切实加强应收账款的核算和控制，是企业会计核算的一项重要任务。

为了随时了解对每一个顾客应收账款的发生、收回和结存情况，施工企业应在应收账款科目下设置"应收工程款"和"应收销货款"两个明细科目，并分别按发包单位和购货单位或接受劳务、作业单位设置明细账，进行明细分类核算。

二、坏账损失

1. 坏账损失的确认

企业发生的各种无法收回或收回可能性极小的应收账款，称为坏账。由于发生坏账而产生的损失，称为坏账损失。

企业确认坏账时，应遵循财务会计报告的目标和会计核算的基本原则，具体分析各项应收款项的特征、金额的大小、信用期限、债务人的信誉和当时的经营情况等因素。一般情况下，企业应收款项确认为坏账损失，应符合下列条件之一：

1) 因债务人破产，依照民事诉讼法进行清偿后确实无法追回的应收款项。
2) 因债务人死亡，既无遗产可供清偿，又无义务承担人，确实无法收回应收款项。

3) 因债务人逾期未履行偿债义务,并有足够的证据无法收回或收回的可能性极小的应收款项。

企业应当定期或至少于年度终了对应收账款进行检查,并预计可能产生的坏账损失。对预计可能发生的坏账损失,计提坏账准备。企业计提坏账准备的方法由企业自行确定。企业应当制定坏账准备的政策,明确计提坏账准备的范围、提取方法、账龄的划分和提取比例,按照法律、行政法规的规定报有关各方备案,并备置于企业所在地。坏账准备提取方法一经确定,不得随意变更。如需变更,应当在会计报表附注中予以说明。

在确定坏账准备的计提比例时,企业应当根据以往的经验、债务单位的实际财务情况和现金流量等相关信息予以合理估计。除有确凿证据表明该项应收账款不能收回或收回的可能性不大外(如债务单位已撤销、破产、资不抵债、现金流量严重不足、发生严重的自然灾害等导致停产而在短时间内无法偿付债务等,以及3年以上的应收账款),下列各种情况不能全额提取坏账准备:①当年发生的应收账款;②计划对应收账款进行重组;③与关联方发生的应收账款;④其他已逾期,但无确凿证据表明不能收回的应收款项。

企业的预付账款如有确凿证据表明其不符合预付账款性质,或因供货单位破产、撤销等原因已无望再收到所购货物的,应当将原计入预付账款的金额转入其他应收款,并按规定计提坏账准备;企业持有的未到期应收票据,如有确凿证据证明不能收回或收回的可能性不大时,应将其账面余额转入应收账款,并计提相应的坏账准备。

企业发生的坏账损失,应在取得债务方或法院等有关方面的书面证明,并按规定程序报经批准后,方可入账。必须指出,对已确认为坏账的应收款项,并不意味着企业放弃了追索权,一旦重新收回,应及时入账。

2. 坏账损失的处理方法

会计上对坏账损失的处理一般有两种方法,即直接转销法和备抵法。

(1) 直接转销法 直接转销法又称为一次转销法,是指企业发生损失时,一方面将实际发生的损失数计入当期的管理费用,另一方面直接冲销应收款项。直接转销法的优点是账务处理简单、实用、易于理解;核算结果比较客观、真实,而不是出于估计;企业不需要建立坏账准备金。但其缺点是不符合收入与费用相互配比的会计原则,而且核销手续繁杂,致使企业发生大量陈账、呆账、长年挂账,得不到处理,虚增了利润,也夸大了前期资产负债表上应收账款的可实现价值。

(2) 备抵法 备抵法是根据应收账款的可变现情况,按期估计坏账损失,预先提取一定比例的坏账准备金,并计入管理费用,实际发生坏账时冲减坏账准备金,并转销相应的应收款项。备抵法的优点:一是预计不能收回的应收账款作为坏账损失及时计入费用,避免企业虚增利润;二是在报表上列示应收账款净额,使报表使用者更能了解企业真实的财务情况;三是使应收账款实际占用资金接近实际,消除了虚列的应收账款,有利于加快企业资金周转,提高企业经济效益。但其缺点是计算比较复杂。

备抵法首先按期估计坏账损失。估计坏账损失主要有三种方法,即应收账款余额百分比法、账龄分析法和销货百分比法。

1) 应收账款余额百分比法。应收账款余额百分比法是根据会计期末应收账款的余额的一定百分比估计坏账损失的方法。这种方法是根据期末应收账款的余额,测算除一个综合百分比(即坏账率),根据会计期末应收账款的余额乘以坏账率即为当期应估计的坏账损失。

估计坏账率可以按照以往的数据资料加以确定,也可以根据规定的百分率计算。理论上讲,这一比例应按照坏账占应收账款的概率计算,企业发生的坏账多,比例相应就高些;反之则低些。会计期末,企业应提取的坏账准备大于其账面余额的,按其差额提取;应提取坏账准备小于其账面余额的,按其差额冲回坏账准备。

2)账龄分析法。账龄分析法是根据应收账款入账时间的长短估计坏账损失的方法。账龄是指客户所欠款项时间的长短,但一般说来,应收账款被拖欠的时间越长,发生坏账的可能性就越大。采用这种方法通常的做法是:企业应于期末根据应收账款拖欠时间的长短,将全部应收账款进行分类排列,按拖欠时间的长短划分若干组,编制"应收款项账龄分析及坏账损失估算表",按账龄长短为每组估计一个坏账百分比,然后估计确定可能发生的坏账损失总额。在采用账龄分析法时,各期估计的坏账损失应同账面上原有的坏账准备数额进行比较,并调整"坏账准备"科目的余额,使之与当期估计的坏账损失数额一致。

3)销货百分比法。销货百分比法是指按照赊销金额的一定百分比估计坏账损失的方法。百分比一般是根据以往的经验和有关资料,按赊销金额中估计可能发生的坏账数额除以赊销金额予以确定的。其计算公式如下:

估计坏账损失百分比=估计坏账金额/估计赊销金额×100%

本期估计的坏账损失=本期赊销金额×估计坏账损失百分比

这种方法认为,坏账损失的产生仅与当期因赊销而发生的应收款项有关,与当期的现款销售无关,当期的赊销业务越多,产生坏账损失的可能性越大。

必须指出,实施统一的《企业会计制度》后,在计提坏账准备方面为企业提供了很大的选择空间,但并不意味着企业计提的坏账准备越多,就表明企业的财务状况越稳健,而是应根据历史经验和相关信息,合理地估计应收款项产生坏账损失的可能性,计提坏账准备后的应收款项净额要真实地反映企业的财务状况。因此,企业不得利用会计制度提供的选择空间,过度计提或不计提坏账准备,人为操纵利润,设置秘密准备,否则,就属于滥用谨慎性原则,应作为重大会计差错,按对重大会计差错更正的要求处理。

3. 坏账损失的核算方法

(1) 直接转销法下坏账损失的核算 在直接转销法下,当企业发生坏账损失时,直接将损失金额计入当期损益并同时冲销已确认坏账的应收款项,借记"管理费用"科目,贷记"应收账款""其他应收款"等科目。

【例3-14】企业应收甲公司的购料款30 000元,经核实确实无法收回,确认为坏账损失。作会计分录如下:

借:管理费用　　　　　　　　　　　　　　　　　　　　　　　　　30 000
　　贷:应收账款——应收销货款(甲公司)　　　　　　　　　　　　　30 000

【例3-15】假设经追索,企业以后又收回已确认坏账的甲公司所欠购料款30 000元,并存入银行,作分录如下:

借:应收账款——应收销货款(甲公司)　　　　　　　　　　　　　　30 000
　　贷:管理费用　　　　　　　　　　　　　　　　　　　　　　　　　30 000

同时,根据银行收账通知,作会计分录如下:

借:银行存款　　　　　　　　　　　　　　　　　　　　　　　　　30 000

贷：应收账款——应收销货款（甲公司） 　　　　　　　　　　　30 000

(2) 备抵法下坏账损失的核算　　在备抵法下，为了总括核算坏账准备金的提取及转销情况，为了反映和监督坏账准备的提取、冲销、结转情况，施工企业应设置"坏账准备"科目。该科目是一个资产类科目，同时又是一个备抵调整科目，在资产负债表中作为"应收账款"的减项反映。该科目借方登记企业已发生的坏账损失和冲回已多提的坏账准备，贷方登记企业按规定计提的坏账准备及收回已转销的坏账损失，期末贷方余额反映企业已经提取而尚未转销的坏账准备数额。

在余额百分比法下，施工企业首次计提坏账准备时，应按年末应收款项余额的一定比例提取。提取时，应借记"资产减值损失"科目，贷记"坏账准备"科目。有预收账款的施工企业，应根据应收款项扣除相关预收账款后的年末余额，按规定比例提取坏账准备金。需要指出的是：企业应提取的坏账准备金数额是年末"坏账准备"科目应保留的贷方余额，而"坏账准备"科目的账面余额未必等于这一数额。因此，只有首次计提坏账准备金时，才是按应计提数计提入账的，以后各年计提坏账准备金时，均需根据"坏账准备"科目账面余额，按调整数计提入账，从而使调整后的"坏账准备"科目的贷方余额与当年估计的坏账数额一致。以后各年计提坏账准备金时，可能会出现以下三种情况：

第一种情况：调整前"坏账准备"科目为借方余额，该余额表明本年度实际发生的坏账损失大于上年末估计坏账的差额。这时，应按本年末估计的坏账数额加上调整前"坏账准备"科目的借方余额之和作为本年末计提坏账准备金的数额。

第二种情况：调整前"坏账准备"科目为贷方余额，而且该贷方余额小于本年末估计的坏账数额。此时，只需按其差额作为本年末计提坏账准备金的数额。

第三种情况：调整前"坏账准备"科目为贷方余额，而且该贷方余额大于本年末估计的坏账数额。这时，应按"坏账准备"科目贷方余额大于本年末估计的坏账数额的差额冲减多计提的坏账准备金数额，借记"坏账准备"科目，贷记"资产减值损失"科目。

施工企业确实无法收回的应收账款，按管理权限报经批准后作为坏账，应借记"坏账准备"科目，贷记"应收账款""其他应收款"等科目。对于有预收账款的单位，发生坏账损失时，施工企业应将已收取该单位的预收账款先行结转，借记"预收账款"科目，贷记"应收账款"科目；然后，将应收该单位的款项净额，冲减坏账准备金，借记"坏账准备"科目，贷记"应收账款""其他应收款"等科目。

【例 3-16】　某施工企业于 2016 年末首次计提坏账准备金，企业确定的计提比例方法为余额百分比法，确定的首次计提比例为 1%，当年末应收账款余额为 500 000 元，则应计提的坏账准备金为 5 000（500 000×1%）元。作会计分录如下：

　　借：资产减值损失——计提的坏账准备 　　　　　　　　　　　5 000
　　　　贷：坏账准备 　　　　　　　　　　　　　　　　　　　　　　5 000

【例 3-17】　2017 年 3 月，企业发现有 6 000 元的应收账款无法收回，其中，应收大华公司的购料款 5 000 元，应收华光公司的购料款 1 000 元，按有关规定确认为坏账损失。作会计分录如下：

　　借：坏账准备 　　　　　　　　　　　　　　　　　　　　　　　6 000
　　　　贷：应收账款——应收销货款（大华公司） 　　　　　　　　5 000
　　　　　　应收账款——应收销货款（华光公司） 　　　　　　　　1 000

【例3-18】 2018年末,应收账款余额为700 000元。则"坏账准备"科目应保持的贷方余额为7 000(700 000×1%)元,但在年末计提坏账准备金前"坏账准备"科目有借方余额1 000(5 000-6 000)元,因此还将超支的坏账损失1 000元补提足额,与按年末应收款项余额计提的坏账准备一并提取8 000元。作会计分录如下:

借:资产减值损失——计提的坏账准备　　　　　　　　　　　　　8 000
　　贷:坏账准备　　　　　　　　　　　　　　　　　　　　　　　　8 000

【例3-19】 2019年9月,企业收到开户银行的收账通知,已转销的上年应收华光公司购料款1 000元又收回,款项已存入银行。作会计分录如下:

借:应收账款——应收销货款(华光公司)　　　　　　　　　　　1 000
　　贷:坏账准备　　　　　　　　　　　　　　　　　　　　　　　　1 000
借:银行存款　　　　　　　　　　　　　　　　　　　　　　　　　1 000
　　贷:应收账款——应收销货款(华光公司)　　　　　　　　　　　1 000

【例3-20】 2019年末,应收款项余额为1 000 000元。则"坏账准备"科目应保持的贷方余额为10 000(1 000 000×1%)元,但在年末计提坏账准备前"坏账准备"科目已有贷方余额8 000元(即年初余额7 000元+收回已转销的坏账损失1 000元),因此本年末应按应提数与账面数之间的差额补提坏账准备2 000(10 000-8 000)元。作会计分录如下:

借:资产减值损失——计提的坏账准备　　　　　　　　　　　　　2 000
　　贷:坏账准备　　　　　　　　　　　　　　　　　　　　　　　　2 000

【例3-21】 2020年末,应收款项余额为900 000元。则"坏账准备"科目应保持的贷方余额为9 000(900 000×1%)元,但年末计提坏账准备金前"坏账准备"科目已有贷方余额10 000元,超过了应提取的坏账准备金数额,因此本年末应冲销多提的坏账准备金1 000(10 000-9 000)元。作会计分录如下:

借:坏账准备　　　　　　　　　　　　　　　　　　　　　　　　　1 000
　　贷:资产减值损失——计提的坏账准备　　　　　　　　　　　　　1 000

【例3-22】 某施工企业于2020年末首次计提坏账准备金,企业确定的计提方法为余额百分比法,确定的提取比例为1%,当年末"应收账款"科目的余额为5 600 000元,"其他应收款"科目的余额为400 000元,"预收账款"科目的余额为2 000 000元,年末按应收账款扣除预收账款后的余额计提坏账准备金40 000元[(5 600 000+400 000-2 000 000)元×1%]。作会计分录如下:

借:资产减值损失——计提的坏账准备　　　　　　　　　　　　　40 000
　　贷:坏账准备　　　　　　　　　　　　　　　　　　　　　　　　40 000

【例3-23】 2020年6月,企业应向建设单位甲公司收取的工程价款50 000元,因甲公司破产确实无法收回,按规定确认为坏账。企业曾向甲公司预收工程款30 000元。其账务处理方法如下:

首先将已向甲公司收取的预收账款30 000元予以结转,作会计分录如下:

借:预收账款——预收工程款(甲公司)　　　　　　　　　　　　30 000
　　贷:应收账款——应收工程款(甲公司)　　　　　　　　　　　　30 000

然后将应向甲公司收取的应收账款净额20 000(50 000-30 000)元冲减坏账准备金。作会计分录如下:

借：坏账准备 20 000
　　贷：应收账款——应收工程款（甲公司） 20 000

三、应收票据

1. 应收票据概述

（1）应收票据的概念与种类　商业票据作为商业信用的工具，在市场经济环境中得到广泛应用。商业票据是一种载有一定付款日期、付款地点、付款金额和付款人的无条件支付的流通证券，也是一种可以由持票人自由转让给他人的债权凭证，包括支票、银行汇票、银行本票和商业汇票等。在我国会计实务中，支票、银行汇票和银行本票均为见票即付的票据，不属于应收票据的核算范围。因此，会计上作为应收票据处理的是企业采用商业汇票结算方式销售商品、产品、提供劳务等收到的商业汇票。对于施工企业而言，应收票据是指施工企业因结算工程价款以及对外销售产品、材料等收到的商业汇票，包括商业承兑汇票和银行承兑汇票。

由于商品经济的存在，必然存在商业信用，随着社会主义市场经济的发展，商业信用的规模不断扩大，使用商业汇票进行商品交易的货款结算日益普遍。为了充分发挥商业汇票疏导和管理商业信用的作用，加速资金周转，施工企业必须加强商业汇票的管理和核算。商业汇票按其承兑人不同，可分为商业承兑汇票和银行承兑汇票两种。商业承兑汇票是指由收款人签发，经付款人承兑，或由付款人签发并承兑的商业汇票；银行承兑汇票是指由收款人或承兑申请人签发，由承兑申请人向银行申请承兑，经银行审查后承兑的商业汇票。商业汇票的承兑人负有到期无条件支付票款的责任。按照票据是否带息分类，可以分为带息票据和不带息票据两种。不带息商业汇票是指商业汇票到期时，承兑人只按票面金额（即面值）向收款或被背书人支付款项的票据；带息商业汇票是指商业汇票到期时，承兑人必须按票面金额加上应计利息向收款人或被背书人支付款项的票据。目前，我国采用的主要是不带息商业汇票。此外，票据按是否带有追索权又可分为带追索权的汇票和不带追索权的汇票。

由于目前我国的商业信用尚处于发展阶段，商业汇票结算方式还处于推广阶段，因此商业汇票的使用范围和期限受到一定的限制。按照银行支付结算办法的规定，在银行开立存款户的法人以及其他组织之间，必须具有有真实的交易关系或债权或债务关系，才能使用商业汇票。商业汇票的付款期限由交易双方商定，最长不得超过六个月。

（2）应收票据的计价　应收票据入账价值的确定主要有两种方法，一种是按其票面价值入账，另一种是按票面价值的现值入账。如果考虑货币的时间价值等因素对票据面值的影响，应收票据按其面值的现值入账是比较合理的。但是，由于我国商业汇票的期限较短利息金额相对不大，用现值记账比较繁琐，因此，为了简化核算手续，企业会计制度规定，应收票据一般按其面值计价。

（3）应收票据到期日的确定　应收票据到期日的确定，有按"月数"计算和按"天数"计算两种。

票据期限按"月数"表示时，应以到期月份中与出票日相同的那一天为票据到期日。如3月10日签发的期限为一个月的商业汇票，其到期日为4月10日。月末签发的票据，不论月份大小，以到期月份的月末一天为到期日。如1月31日签发的期限一个月的商业汇票，其到期日为2月28日（闰年为2月29日）；如该票据期限为两个月，则到期日为3月31

日；如三个月到期，则到期日为 4 月 30 日。

票据期限按"天数"表示时，应从出票日起按实际经历的天数计算。出票日和到期日通常只能算其中的一天，即"算头不算尾"或"算尾不算头"。如 4 月 15 日签发的期限为 90 天的商业汇票，其到期日为 7 月 14 日 [90 - (30 - 15) - 31 - 30]。

带息票据的票面利率一般都是以年利率计算表示，若要换成月利率用年利率除以 12，换成天利率则用年利率除以 360。

2. 应收票据的核算

(1) 应收票据取得的核算　企业收到的商业汇票，不论是否带息，都按面值借记"应收票据"账户，同时根据不同业务内容贷记"工程结算"等账户。

【例 3-24】　企业与某建设单位办理工程价款结算，收到承兑的期限为三个月的不带息商业汇票一张，票面金额为 500 000 元。作会计分录如下：

　　借：应收票据　　　　　　　　　　　　　　　　　　　　　　500 000
　　　　贷：工程结算　　　　　　　　　　　　　　　　　　　　　　　　500 000

【例 3-25】　企业与某单位办理工程价款结算，收到红光公司一张票面金额为 35 100 元，利率为 5%，期限为 3 个月的商业汇票。作会计分录如下：

　　借：应收票据　　　　　　　　　　　　　　　　　　　　　　 35 100
　　　　贷：工程结算　　　　　　　　　　　　　　　　　　　　　　　　 35 100

(2) 应收票据到期的核算　企业持有的即将到期的商业汇票，应匡算划款时间，提前委托开户银行收款。一般来说，银行承兑汇票的票款能够及时收妥入账。商业承兑汇票的票款视付款人账户资金是否充足，有两种情况：一是付款人足额支付票款，结清有关债权债务；二是付款人账户资金不足，银行将托收的汇票退回，由双方企业自行处理。

应收票据的到期值是指票据到期时应收取的票款额。对于不带息票据来说，其到期值就是票据面值；对于带息票据来说，其到期值等于面值与应计利息金额之和。计算应收票据到期利息的方法是：

$$应收票据利息 = 应收票据面值 \times 利率 \times 期限$$

上式中的票据面值是指商业汇票票面记载的金额，期限是指票据的有效期限，利率是指票据所规定的利率，一般以年利率表示。

应收票据到期时，应按票据的到期值借记"银行存款"账户，按"应收票据"的账面价值贷记"应收票据"账户。两者如有差额，应贷记"财务费用"账户。

对于跨年度的带息应收票据，一般应在年末计提应收利息，借记"应收票据"账户，贷记"财务费用"账户。

【例 3-26】　承【例 3-24】收到银行收账通知，到期收回票款 500 000 元。作会计分录如下：

　　借：银行存款　　　　　　　　　　　　　　　　　　　　　　500 000
　　　　贷：应收票据　　　　　　　　　　　　　　　　　　　　　　　　500 000

【例 3-27】　承【例 3-25】企业如期收回商业汇票的票款和应计利息。作会计分录如下：

　　　票据到期值 = (35 100 + 35 100 × 5% ÷ 12 × 3) 元 = (35 100 + 438.75) 元
　　　　　　　　= 35 538.75 元

　　借：银行存款　　　　　　　　　　　　　　　　　　　　　　 35 538.75

贷：应收票据　　　　　　　　　　　　　　　　　　　　　　35 100
　　　　　财务费用　　　　　　　　　　　　　　　　　　　　　　　438.75

【例3-28】 承【例3-25】因红光公司资金不足，商业汇票被退回。经双方协商，红光公司同日开出一张新的商业汇票，票面金额35 538.75元，利率5%，期限3个月。作会计分录如下：

　　　借：应收票据　　　　　　　　　　　　　　　　　　　　　35 538.75
　　　　　贷：应收票据　　　　　　　　　　　　　　　　　　　　　35 100
　　　　　　　财务费用　　　　　　　　　　　　　　　　　　　　　438.75

（3）应收票据贴现的核算

1）应收票据贴现净额的计算。企业持有的应收票据在到期前，如果出现资金短缺，可以持未到期的商业汇票向其开户银行申请贴现，以便获得所需要的资金。"应收票据贴现"是指汇票持有人将未到期的票据在背书后送交银行，银行受理后从票据到期值中扣除按银行贴现率计算确定的贴现息，然后将余款付给持票人，作为银行对企业的短期贷款。

票据贴现，实质上是企业融通资金的一种形式，银行要按照一定的利率从票据价值中扣除贴现日起至票据到期日止的贴现利息。背书的应收票据是此项借款的担保品，当票据到期，付款人无力支付票款时，银行有权向贴现企业索要票款。有关计算公式如下：

　　　　　贴现息 = 票据到期值 × 贴现率 × 贴现期
　　　　　贴现净额 = 票据到期值 − 贴现息

带息票据的到期值为票面金额与应计利息之和，不带息票据的到期值即为票据的面值，贴现期是指贴现日至票据到期日的期间，贴现期的计算与票据到期日的计算方法一致，即按贴现日至票据到期日所实际经历的天数计算，但票据贴现日和到期日这两天只算其中的一天，一般是"算头不算尾"。

2）应收票据贴现的账务处理。

① 不带息应收票据的账务处理。

【例3-29】 某施工企业因急需资金，将一张面值为10 000元，3个月期的无息票据提前两个月向银行办理贴现，出票日为9月1日，到期日为12月1日，假设银行贴现利率为9%，该票据的到期值、贴现息和贴现净额计算为：

　　　　　票据到期价值 = 票据面值10 000元
　　　　　贴现息 = 10 000元 × 9% × 2/12 = 150元
　　　　　贴现净额 = 10 000元 − 150元 = 9 850元

根据上述计算结果和收款通知，编制收款凭证，作会计分录如下：

　　　借：银行存款　　　　　　　　　　　　　　　　　　　　　　9 850
　　　　　财务费用　　　　　　　　　　　　　　　　　　　　　　　150
　　　　　贷：应收票据　　　　　　　　　　　　　　　　　　　　　10 000

② 带息应收票据的账务处理。企业将带息票据向银行贴现时，票据到期的本息之和扣除贴现息的余额，就是贴现所得额。如贴现息大于票据到期利息，其差额作为利息支出；如贴现息小于票面到期利息，其差额则作为利息收入。

【例3-30】 某施工企业于2020年8月1日收到天祥公司开出的为期90天的银行承兑汇票，面值为30 000元，票面利率为9%，因急需资金，于10月14日经背书后到银行办理贴

现,银行贴现率为12%。则该票据到期价值、贴现息和贴现净额的计算:

票据到期价值 = 30 000 元 × (1 + 9% × 90/360) = 30 675 元

贴现息 = 30 675 元 × 12% × 30/360 = 306.75 元

(注:此票据到期日为11月13日,贴现期从10月14日起至11月13共计30天)

贴现净额 = 30 675 元 - 306.75 元 = 30 368.25 元

根据上述计算结果编制会计分录如下:

借:银行存款　　　　　　　　　　　　　　　　　　　　　　30 368.25
　　贷:应收票据　　　　　　　　　　　　　　　　　　　　　　30 000
　　　　财务费用　　　　　　　　　　　　　　　　　　　　　　368.25

企业对贴现的应收票据在法律上负有连带清偿的经济责任,即若付款人到期无力支付票据款额,贴现企业须向贴现银行偿还这一债务,即会产生或有负债。因此,企业对贴现的应收票据,应在应收票据备查簿内进行登记,待付款人付清票款后再从备查簿中注销;若付款人到期未能清偿票款,则企业应将代付款人向银行偿付的票款记作向付款人的应收款项;若申请贴现企业银行存款余额也不足支付票款金额,则银行将作为对贴现企业的逾期贷款处理。

在会计实务中,企业应根据贴现应收票据的种类,采用适当的会计处理方法。经银行承兑的商业汇票其履行偿付责任具有很高的可靠性,企业或有负债发生的可能性视同不存在,而且无须在资产负债表附注中对贴现票据加以说明;若企业贴现的是由企业承兑的商业汇票,企业可通过设置"应收票据贴现"账户反映因票据贴现而产生的或有负债,若不设置该账户而采用直接冲转已入账的应收票据的方法,则其未必须在会计报表附注中对贴现的商业承兑汇票面额予以注明。

3. 应收票据的管理

为了具体反映企业应收票据的增减变动情况,加强对应收票据的管理,企业应设置"应收票据登记簿",逐笔登记每一张应收票据的种类、号数、出票日期、票面金额、交易合同及付款人、承兑人、背书人的姓名或单位名称、到期日和利率、贴现日期和贴现率、贴现净额、收款日期、收款金额等资料,并应在到期收回票款后在"应收票据登记簿"中逐笔予以注销。

四、预付及其他应收款

1. 预付账款

(1) 预付账款的内容和管理要求　预付账款是指施工企业按照工程合同规定预付给分包单位的款项,包括预付工程款和备料款,以及按照购货合同规定预付给供应单位的购货款。

施工企业向分包单位和供应单位预付款项,其目的在于促使分包单位按合同规定的工期、质量完成分包工程项目,及时取得供应单位提供的材料物资等,以保证施工生产经营活动的顺利进行。在分包单位尚未完成分包工程和供应单位尚未转移材料物资之前,施工企业预先付出的款项就成为企业的一项债权,即企业有权要求分包单位按期完成分包工程,有权要求供应单位按合同及时发货,以保证施工生产经营活动的顺利进行。

施工企业必须加强预付账款的管理与核算,严格遵守国家的有关结算制度,控制预付账款的范围、比例和期限，及时进行清算，并定期与对方对账核实，以减少资金占用，加速资金周转，提高资金利用效果。企业的预付账款，如有确凿证据表明其不符合预付账款性质，或者因供货单位破产、撤销等原因已无望再收到所购货物的，应将原计入预付账款的金额转入其他应收款，并计提相应的坏账准备。除转入"其他应收款"科目的预付账款以外，其他预付账款不得计提坏账准备。企业进行在建工程预付的工程款，也在本科目核算。

(2) 预付账款的核算方法 为了总括核算和监督预付账款的增减变动和结余情况，施工企业应设置"预付账款"科目。它属于资产类科目。其借方登记企业预付给分包单位的工程款和备料款，拨付分包单位抵作备料款的材料，以及预付给供应单位的购货款；贷方登记企业与分包单位结算已完工程价款时从应付的工程款中扣回的预付工程款和备料款，以及收到所购材料物资的发票账单时结转的预付账款；期末借方余额反映企业尚未扣回的预付工程款和备料款，以及尚未结转的预付购货款。本科目应分别设置"预付分包单位款"和"预付供应单位款"两个明细科目，并分别按分包单位和供应单位名称设置明细账，进行明细核算。

预付账款不多的企业，也可以将预付账款直接计入"应付账款"科目借方，不设本科目。

【例 3-31】 施工企业按合同规定向分包单位甲公司预付备料款 50 000 元，已从银行存款账户支付。根据银行存款付款凭证，作会计分录如下：

借：预付账款——预付分包单位款（甲公司）　　　　　　　50 000
　　贷：银行存款　　　　　　　　　　　　　　　　　　　　50 000

【例 3-32】 企业按合同规定将一批木材拨给分包单位甲公司，抵作预付备料款，其计划成本为 82 000 元，结算价格为 80 000 元，木材已发出，分包工程作为本企业自行完成的工作量。根据材料出库凭证，作会计分录如下：

借：预付账款——预付分包单位款（甲公司）　　　　　　　80 000
　　工程施工　　　　　　　　　　　　　　　　　　　　　　2 000
　　贷：原材料　　　　　　　　　　　　　　　　　　　　　82 000

如果分包工程不作为本企业自行完成的工作量，则应作会计分录如下：

借：预付账款——预付分包单位款（甲公司）　　　　　　　80 000
　　主营业务成本　　　　　　　　　　　　　　　　　　　　2 000
　　贷：原材料　　　　　　　　　　　　　　　　　　　　　82 000

【例 3-33】 月中，企业按合同规定向分包单位甲公司预付分包工程款 30 000 元，以银行存款支付。根据银行付款凭证，作会计分录如下：

借：预付账款——预付分包单位款（甲公司）　　　　　　　30 000
　　贷：银行存款　　　　　　　　　　　　　　　　　　　　30 000

【例 3-34】 月末，企业与分包单位甲公司办理工程价款结算，根据甲公司提出的"工程价款结算单"，本月应付已完工程价款 66 000 元，按合同规定应扣回已预付的工程款 30 000 元，分包工程作为本企业自行完成的工作量。作会计分录如下：

借：工程施工　　　　　　　　　　　　　　　　　　　　　　66 000
　　贷：应付账款——应付工程款（甲公司）　　　　　　　　66 000

如果分包工程不作为企业自行完成的工作量，则应作会计分录如下：
借：主营业务成本　　　　　　　　　　　　　　　　　　　　　66 000
　　贷：应付账款——应付工程款（甲公司）　　　　　　　　　　　　66 000

同时，登记从应付工程款中扣回的预付分包工程款。作会计分录如下：
借：应付账款——应付工程款（甲公司）　　　　　　　　　　　30 000
　　贷：预付账款——预付分包单位款（甲公司）　　　　　　　　　　30 000

【例 3-35】　企业以银行存款支付本月应付给分包单位甲公司的工程余款 36 000 元。根据银行存款付款凭证，作会计分录如下：
借：应付账款——应付工程款（甲公司）　　　　　　　　　　　36 000
　　贷：银行存款　　　　　　　　　　　　　　　　　　　　　　　　36 000

【例 3-36】　企业向长城钢厂订购钢材一批，按合同规定预付给购货款 80 000 元，以银行存款支付。根据付款凭证，作会计分录如下：
借：预付账款——预付供应单位款（长城钢厂）　　　　　　　　80 000
　　贷：银行存款　　　　　　　　　　　　　　　　　　　　　　　　80 000

【例 3-37】　企业收到开户银行转来长城钢厂的发票账单和有关结算凭证，列明钢材的买价为 150 000 元，代垫运杂费为 16 000 元，但钢材尚未运到。根据发票账单所列的应付金额，作会计分录如下：
借：材料采购　　　　　　　　　　　　　　　　　　　　　　166 000
　　贷：应付账款——应付购货款（长城钢厂）　　　　　　　　　　166 000

同时，结转预付的购货款 80 000 元。作会计分录如下：
借：应付账款——应付购货款（长城钢厂）　　　　　　　　　　80 000
　　贷：预付账款——预付供应单位款（长城钢厂）　　　　　　　　　80 000

【例 3-38】　企业签发转账支票一张，向长城钢厂补付购货款 86 000（166 000 - 80 000）元。根据银行存款付款凭证，作会计分录如下：
借：应付账款——应付购货款（长城钢厂）　　　　　　　　　　86 000
　　贷：银行存款　　　　　　　　　　　　　　　　　　　　　　　　86 000

【例 3-39】　企业向乙公司订购混凝土砌块一批，已预付购货款 50 000 元，因乙公司破产，企业已无望再收到所购货物，按规定结转该项预付账款的账面余额。作会计分录如下：
借：其他应收款——预付账款转入　　　　　　　　　　　　　　50 000
　　贷：预付账款——预付供应单位款（乙公司）　　　　　　　　　　50 000

2. 其他应收款

（1）其他应收款的内容和管理要求　　其他应收款是指施工企业除应收票据、应收账款、预付账款、内部往来和备用金等应收款项以外的其他各种应收、暂付款项。施工企业的其他应收款主要包括下列几项内容：

1）应收的各种赔款，包括因职工失职造成一定损失而应向该职工收取的赔款，以及因企业财产等遭受损失而应向供应单位、运输机构、保险公司等收取的赔款。

2）应收的各种罚款。

3）应收出租包装物租金。

4）应收的存出保证金，包括包装物押金、保函押金等。

5）应向职工收取的各种垫付款项，如为职工垫付的房租、水电费、应由职工负担的医药费等。

6）预付账款转入，是指已不符合预付账款性质而按规定转入的预付账款。

7）其他各种应收、暂付款项。

其他应收款是指占用于结算过程中暂时未能服务于企业施工生产经营活动的资金，是企业的一项流动资产，属于企业的短期性债权。为了加速资金周转，保证施工生产经营活动的正常进行，对于各种其他应收款项，企业应定期与对方对账核实，并及时进行清理，不要长期挂账，以免造成账目积压或发生呆账、坏账，影响企业资金的正常周转。

（2）其他应收款的核算方法　为了总括地核算和监督其他应收款的增减变动和结余情况，施工企业应设置"其他应收款"科目，它属于资产类科目。其借方登记企业实际发生的各种其他应收款项；贷方登记企业收回或转销的各种其他应收款项；期末借方余额反映企业尚未收回的各种其他应收款项。本科目应按其他应收款的项目分类，并按不同的债务人设置明细账，进行明细分类核算。

不单独设"备用金"科目的施工企业拨出的备用金，应通过本科目核算。企业拨出用于投资、购买物资的各种款项，不得在本科目核算。

【例 3-40】 企业向大华水泥厂购买水泥一批，以银行存款支付水泥纸袋押金 2 000 元。根据转账支票存根，作会计分录如下：

  借：其他应收款——大华水泥厂　　　　　　　　　　　　　　　2 000
    贷：银行存款　　　　　　　　　　　　　　　　　　　　　　　　2 000

【例 3-41】 企业将收回的水泥袋退回大华水泥厂，并收回水泥纸袋押金 2 000 元。根据银行的收账通知，作会计分录如下：

  借：银行存款　　　　　　　　　　　　　　　　　　　　　　　　2 000
    贷：其他应收款——大华水泥厂　　　　　　　　　　　　　　　　2 000

【例 3-42】 企业库存的材料因火灾毁损，经保险公司确认，企业应向保险公司收取赔款 50 000 元。根据有关索赔凭证，作会计分录如下：

  借：其他应收款——保险公司　　　　　　　　　　　　　　　　　50 000
    贷：待处理财产损溢——待处理流动资产损溢　　　　　　　　　　50 000

【例 3-43】 企业收到保险公司支付的上项赔款 50 000 元，已存入银行。根据银行收账通知，作会计分录如下：

  借：银行存款　　　　　　　　　　　　　　　　　　　　　　　　50 000
    贷：其他应收款——保险公司　　　　　　　　　　　　　　　　　　50 000

【例 3-44】 企业代职工王方垫付应由其个人负担的住院医药费 6 000 元，以银行存款支付。根据转账支票存根，作会计分录如下：

  借：其他应收款——王方　　　　　　　　　　　　　　　　　　　6 000
    贷：银行存款　　　　　　　　　　　　　　　　　　　　　　　　　6 000

【例 3-45】 企业决定从王方工资中按月扣回为其代垫的住院医药费 1 000 元，六个月扣清。按月扣款时，根据工资结算明细表，作会计分录如下：

  借：应付职工薪酬　　　　　　　　　　　　　　　　　　　　　　1 000
    贷：其他应收款——王方　　　　　　　　　　　　　　　　　　　　1 000

【例3-46】 年末,企业的"其他应收款"科目余额为320 000元,企业确定的计提坏账准备的方法为余额百分比法,确定的提取比例为1%,计提前"坏账准备"科目有贷方余额600元,则企业应于年末计提坏账准备金2 600元(320 000元×1%-600元)。作会计分录如下:

借:资产减值损失——计提的坏账准备　　　　　　　　　　　　　2 600
　　贷:坏账准备　　　　　　　　　　　　　　　　　　　　　　　　　　2 600

【例3-47】 次年3月,企业应向乙公司收取的材料短缺款项1 500元,经批准确认为坏账损失。作会计分录如下:

借:坏账准备　　　　　　　　　　　　　　　　　　　　　　　　　　1 500
　　贷:其他应收款——乙公司　　　　　　　　　　　　　　　　　　　　1 500

思政拓展　抗战时期的"窑洞银行"——朱理治的金融创新

深入学习宣传贯彻党的二十大精神要自觉把思想和行动统一到党的二十大精神上来,深化改革、守正创新、踔厉奋发、勇毅前行,从党的二十大报告中汲取奋进力量,培养更多有情怀有担当的大学生,用实际行动把党的二十大精神落到实处。

情怀是立身养德之本,成事者必有其坚定的意志、丰富的知识内涵和无惧艰难的开拓创新精神。

红军二万五千里长征,到达陕北瓦窑堡后,建立了抗战时期最早的革命根据地银行——陕甘宁边区银行,即与红色金融一脉相传的"窑洞银行"。1941年3月,在边区金融陷入了前所未有的困难之际,党中央任命朱理治为陕甘宁边区银行行长。朱理治虽曾考入清华大学经济系,但入学不久便投身革命,此后长期从事党的地方和军队工作,因此担任边区银行行长这样一个重要职务,对于他来说还是极富挑战性的。

朱理治一上任,就以"解决紧迫的财政困难,帮助发展生产事业"为工作中心。一是实行普惠金融创新政策。"窑洞银行"加大了对农业生产、贸易的放款力度,且采取不同地区不同的折实方式,创造性与灵活性兼而有之,帮助农民解决了困难,促进了生产,银行的经营状况也逐步得到了改观。二是开办有奖储蓄。1941年9月,"窑洞银行"推出第一期有奖储蓄,发放50万元储蓄奖券,设立5万元奖金,相对于50元的本钱来说,奖金相当可观。同时着力宣传储蓄意义,积极推进了民众对储蓄奖券的认购热情。1942年1月1日,适逢元旦放假,延安当众举行开奖仪式,随着土制摇奖机的滚动,在众目睽睽之下,头奖号码23083蹦落出来,幸运者为关中地区的一户农民。随即,在热闹的敲锣打鼓声中,"窑洞银行"行长朱理治亲自把奖金送到农民家中。有奖储蓄的面世,不仅克服了边区通货膨胀和发展经济、打破封锁的矛盾,更重要的意义在于提高了民众对银行发行边币的信任度,体现出边区政府、人民军队与老百姓的鱼水之情,收效甚好。三是创新用人之举。为了广招人才,朱理治不惜采取"贷款收买"的办法,与陕北公学、中国女子大学等建立"互惠",由银行为其提供生产资金,作为交换,银行从这些学校中抽调知识分子,加入到边区银行,改变了员工的知识结构,大学生占到员工人数的40%以上,切实加强了边区银行队伍的建设。在朱理治带领下,边区"窑洞银行"逐步构建了独立自主的货币体系,完善了新民主主义国家银行的职能,诸多金融实践成为革命根据地金融史上的创举。

小　　结

资产，其广义的定义是任何具有价值的财产。它可以划分为有形资产和无形资产两种。金融资产是无形资产，其基本的利益或价值是对未来现金流的债权。其主要包括库存现金、应收账款、应收票据、贷款、其他应收款、应收利息、债权投资、股权投资、基金投资等。

企业初始确认金融资产，应当按照公允价值计量。对于以公允价值计量且其变动计入当期损益的金融资产，相关交易费用应当直接计入当期损益；对于其他类别的金融资产，相关交易费用应当计入初始确认金额。交易费用是指可直接归属于购买、发行或处置金融工具新增的外部费用。新增的外部费用是指企业不购买、发行或处置金融工具也就不会发生的费用。交易费用包括支付给代理机构、咨询公司等的手续费和佣金及其他必要支出，不包括债券溢价、折价、融资费用、内部管理成本及其他与交易不直接相关的费用。

交易性金融资产应当按照取得时的公允价值作为初始确认金额。交易性金融资产持有期间对于被投资单位宣告发放的现金股利或企业在资产负债表日分期付息、一次还本债券投资的票面利率计算的利息，应当确认为应收项目，并计入投资收益。资产负债表日交易性金融资产应当按照公允价值计量。出售交易性金融资产时，应当将该金融资产出售时的公允价值与其初始入账金额之间的差额确认为投资收益，同时调整公允价值变动损益。

其他债权投资和其他权益工具投资是指初始确认时即被指定为可供出售的非衍生金融资产，以及除下列各类资产以外的金融资产：①贷款和应收款项；②债权投资；③以公允价值计量且其变动计入当期损益的金融资产。通常情况下，其他债权投资和其他权益工具投资公允价值能够可靠地计量。其他债权投资和其他权益工具投资的会计处理，与以公允价值计量且其变动计入当期损益的金融资产的会计处理有些类似，例如，均要求按公允价值进行后续计量。但是，也有一些不同。例如，其他债权投资和其他权益工具投资取得时发生的交易费用应当计入初始入账金额、可供出售金融资产后续计量时公允价值变动计入所有者权益等。

债权投资的会计处理，着重于该金融资产的持有者打算"持有至到期"，未到期前通常不会出售或重分类。因此，债权投资的会计处理主要应解决该金融资产实际利率的计算、摊余成本的确定、持有期间的收益确认及将其处置时损益的处理。

应收账款核算的关键是应收账款的计价和坏账的核算，从理论上讲，应收账款应按未来可收回账款的现值计价，但会计实务中通常按实际发生额入账。在有现金折扣的情况下，应收账款具体入账方法有总价法和净价法两种；坏账核算方法包括直接转销法和备抵法，重点要掌握的是备抵法。应收票据核算有两个基本问题：一是带息票据和不带息票据核算上的不同，带息票据的到期值是面值加利息，其中的利息收入冲减财务费用；二是票据贴现的核算，具体包括贴现净额的计算、贴现息的处理。预付账款核算的账户设置有两种方法，一是专设"预付账款"账户核算；二是在"应付账款"账户中核算。

思　考　题

3-1　举例说明哪些资产属于金融资产。

3-2　简述交易性金融资产的确认条件。

3-3　简述债权投资的概念及其特征。

3-4　直接指定某项金融资产为以公允价值计量且其变动计入当期损益的金融资产，应符合什么条件？

3-5　企业将某项金融资产划分为债权投资，应满足的条件之一是"有能力持有至到期"。如何理解"有能力持有至到期"？

3-6　在确定坏账准备的计提比例时，哪些情况不能全额计提坏账准备？

3-7　企业采用备抵法进行坏账核算时，估计坏账损失的方法有哪些？

3-8　其他应收款的主要内容有哪些？

实训练习题

习题一

1. 目的

练习金融资产的会计核算。

2. 资料

（1）某公司 2019 年在证券市场买入 A 上市公司的股票，并将其划分为交易性金融资产管理，具体交易价格如下：

1）11 月 25 日以每股 3 元的价格购入 10 万股，支付交易费用 3 000 元。

2）12 月 31 日，该股票的价格为每股 4 元。

3）2020 年 5 月 3 日，收到 A 上市公司发放的股票股利 1 万元。

4）2020 年 6 月 1 日，以每股 4.2 元的价格将所有 A 公司股票出售。

（2）B 公司 2020 年 9 月 1 日从证券市场上购入 C 公司于当年 1 月 1 日发行的一批债券，面值 200 000 元，票面利率为 6%，3 年期，每年 1 月 1 日和 7 月 1 日付息两次。实际支付价款为 208 000 元（C 公司尚欠支付 2020 年上半年的利息），B 公司实际支付的价格中包括已到付息期、但尚未领取的债券利息 6 000 元以及交易费用 1 000 元。

（3）2020 年 3 月 1 日，乙上市公司购入一批股票，作为可供出售金融资产进行核算和管理，实际支付价款 4 800 000 元，另支付相关交易费用 6 600 元，均以银行存款支付。假定不考虑其他因素。

3. 要求

根据以上经济业务作出相关的会计分录。

习题二

1. 目的

练习坏账准备的会计核算。

2. 资料

某施工企业按照应收账款余额的 3% 提取坏账准备。该企业第一年末的应收账款余额为 1 000 000 元；第二年发生坏账 6 000 元，其中甲单位 1 000 元，乙单位 5 000 元，年末应收账款余额为 1 200 000 元；第三年，已冲销的上年乙单位的应收账款 5 000 元又收回，期末应收账款余额为 1 300 000 元。

3. 要求

根据上述资料，计算该企业每年提取的坏账准备，并作出有关会计分录。

习题三

1. 目的

练习应收票据贴现。

2. 资料

某施工企业于 5 月 10 日收到一张面值 100 000 元、期限 90 天、利率 9% 的商业承兑汇票作为应收账款的收回；6 月 9 日，企业持此票据到银行贴现，贴现率为 12%；票据到期后，出票人和该企业均无款支付，银行已通知该企业将贴现票款转作逾期贷款。

3. 要求

（1）计算票据贴现净额。

（2）作出相关会计分录。

项目 4

存 货

> **学习目标**
>
> 掌握各种存货的价格构成、各种计价方法及存货收发的核算；掌握原材料、周转材料等存货的有关账务处理；熟悉存货的期末计价，并了解相关内容。

任务 1 存货认知

存货概述

一、存货的确认及分类

1. 存货的确认

存货是指企业在正常生产经营过程中持有的以备出售的产成品或商品，或者为了出售仍然处在生产过程中的在产品，或者将在生产过程中或提供劳务过程中耗用的材料、物料等。建筑施工企业的存货包括主要材料、其他材料、机械配件、在建工程、在产品、产成品、半成品、结构件等。

存货在同时满足以下两个条件时，才能加以确认：一是与该存货有关的经济利益很可能流入企业；二是该存货的成本能够可靠地计量。

某个项目要确认为存货，首先要符合存货的定义，在此前提下，应当符合上述存货确认的两个条件。

2. 存货的分类

1）库存材料。库存材料是指企业用以建筑安装工程施工而存放在仓库的各种材料，包括主要材料、结构件、机械配件和其他材料等。

① 主要材料是指在施工生产耗用后，构成工程或产品实体的各种材料，如钢材、木材、水泥、砖、瓦、灰、砂、石以及小五金、电器化工等材料。

② 结构件是指经过吊装、拼砌和安装就能构成房屋建筑物实体的各种金属的、钢筋混凝土和木质的结构物和构件，如钢窗、木门、钢筋混凝土预制件等。

③ 机械配件是指施工生产过程中使用的施工机械、生产设备、运输设备等替换、维修用的各种零件和配件，如曲轴、活塞、轴承等。

④ 其他材料是指虽不能构成工程或产品实体，但有助于工程或产品形成或便于施工生产进行的各种材料，如燃料、油料等。

2）周转材料。周转材料是指建筑施工企业在施工生产过程中能够多次使用，并基本保持原有的物质形态，但价值逐渐转移的各种材料，包括包装物、低值易耗品，以及企业（建造承包商）的钢模板、木模板、脚手架等。

3）在途物资。在途物资是指企业从外购进，货款已经支付，但尚在运输途中或虽已到达但尚未验收入库的材料。

4）委托加工中的存货。委托加工中的存货指企业委托外单位加工的各种材料物资。

5）在产品和产成品。在产品指建筑施工企业的附属工业生产和辅助生产部门正在加工尚未完工的产品；产成品指建筑施工企业的附属工业生产和辅助生产部门已加工完成全部生产过程并验收入库的产品。

6）在建工程。在建工程指建筑施工单位为客户施工的在建工程项目。为客户施工的在建工程项目属于建筑施工企业的在产品，有别于建筑施工企业自身建造固定资产而进行的在建工程。

二、存货的计量

存货应当按照成本进行初始计量。存货成本包括采购成本、加工成本和其他成本。

1. 自制存货的计价

自制存货的计价包括自制存货中的采购成本、加工成本及其他成本。

存货的采购成本一般包括购买价款、相关税费、运输费、装卸费、保险费、采购保管费以及其他可归属于存货采购成本的费用。存货的加工成本包括直接人工以及按照一定方法分配的制造费用。存货的其他成本是指除采购成本、加工成本以外的，使存货达到目前场所和状态所发生的其他支出，如为特定客户设计产品所发生的设计费用等。

2. 委托加工存货的计价

以实际耗用的原材料或者半成品，加工费、运输费、装卸费和保险费等费用以及按规定应计入成本的税金，作为实际成本。

3. 接受投资存货的计价

投资者投入的存货应当按照投资合同或协议约定的价值确定，但合同或协议约定价值不公允的除外。

4. 接受捐赠存货的计价

接受捐赠的存货按以下规定确定其实际成本：

1）捐赠方提供了有关凭据（如发票、报关单、有关协议）的，按凭据上标明的金额加上应支付的相关税费，作为实际成本。

2）捐赠方没有提供有关凭据的，按如下顺序确定其实际成本：

① 同类或类似存货存在活跃市场的，按同类或类似存货的市场价格估计的金额，加上应支付的相关税费，作为实际成本。

② 同类或类似存货不存在活跃市场的，按该接受捐赠的存货的预计未来现金流量现值，作为实际成本。

5. 盘盈存货的计价

按照同类或类似存货的市场价格，作为实际成本。

6. 企业提供劳务的计价

企业提供劳务的，所发生的从事劳务提供人员的直接人工和其他直接费用以及可归属的间接费用，计入存货成本。

7. 债务重组所取得的存货

企业接受债务人以非现金资产抵偿债务方式取得的存货，或以应收债权换入的存货，按照应收债权的账面价值减去可抵扣增值税进项税额后的差额，加上应支付的相关税费，作为实际成本。涉及补价的，应区分以下两种情况确定受让存货的实际成本：

（1）收到补价 在收到补价的情况下，按应收债权的账面价值减去可抵扣的增值税进项税额和补价，加上应支付的相关税费，作为实际成本。

（2）支付补价 在支付补价的情况下，按应收债权的账面价值减去可抵扣的增值税进项税额，加上支付的补价和应支付的相关税费，作为实际成本。

8. 以非货币性交易换入存货

以非货币性交易换入的存货，按换出资产的账面价值减去可抵扣的增值税进项税额后的差额，加上应支付的相关税费，作为实际成本。涉及补价的，分以下两种情况确定换入存货的实际成本：

（1）收到补价 收到补价的，按换出资产的账面价值减去可抵扣的增值税进项税额后的差额，加上应确认的收益和应支付的相关税费，减去补价后的余额，作为实际成本。

（2）支付补价 支付补价的，按换出资产的账面价值减去可抵扣的增值税进项税额后的差额，加上应支付的相关税费和补价，作为实际成本。

任务2 实际成本法下取得存货的核算

存货日常核算，可以按实际成本核算，也可以按计划成本核算。存货按实际成本核算，不论是总分类核算，还是明细分类核算，都按实际成本计价。实际成本法一般适用于规模较小、存货品种简单、采购业务不多的企业。

在实际成本法下，取得原材料通过"原材料""在途物资"和"采购保管费"科目核算。

"原材料"账户属于资产类账户，用来核算企业库存的各种原材料的实际成本。该账户借方登记收入原材料的实际成本；贷方登记发出原材料的实际成本；期末余额在借方，表示库存原材料的实际成本。

"在途物资"账户用来核算企业已经付款或已开出承兑商业汇票但尚未到达或尚未验收入库的各种物资的实际成本。借方登记已支付或已开出承兑的商业汇票的各种物资的实际成本；贷方登记已验收入库物资的实际成本；期末余额在借方，表示已经付款或已开出承兑商业汇票但尚未到达或尚未验收入库的在途物资的实际成本。

"采购保管费"是指企业材料物资供应部门及仓库为采购、验收、保管和收发材料物资所发生的各项费用，一般包括采购和保管人员的工资、工资附加费、办公费、差旅交通费、固定资产使用费、劳动保护费、检验试验费（减检验试验收入）、材料整理及零星运费、材料物资盘亏毁损（减盘盈）等。"采购保管费"账户属于资产类账户。本账户借方登记企业发生的各项采购保管费，贷方登记已分配计入材料采购成本的采购保管费。采购保管费账户期末可能有余额，也可能没有余额，这取决于采购保管费如何分配：如果企业每月按实际发生数分配采购保管费，并且当月采购保管费分配给当月购入并已验收入库的材料，记入材料采购成本，该账户月末没有余额；如果把当月采购保管费分配给当月领用材料的部门或工程，记入部门或工程成本，则该账户月末有借方余额，表示库存材料应负担的采购保管费。

如果按计划分配率分配采购保管费，按计划分配率分配采购保管费与实际发生的采购保管费的差额，平时留在本账户内不予结转。月末借方余额反映实际发生数大于计划分配数的差额；月末贷方余额反映实际发生数小于计划分配数的差额。年度终了时，本账户的余额应全部计入材料实际成本，不留余额。

按实际分配率分配即把当月实际发生的采购保管费用以当月购入材料物资的直接采购成本（买价和运杂费的合计）为分配标准，全部分配计入当月购入的各种材料物资的采购成本。其计算公式如下：

$$采购保管费实际分配率 = \frac{本月发生的采购保管费总额}{本月购入材料物资的买价与运杂费之和} \times 100\%$$

本月购入某类材料物资应分配的采购保管费 = 本月购入该类材料物资的买价与运杂费之和 × 本月采购保管费实际分配率

【例4-1】 某建筑施工企业本月购入各类材料物资的买价与运杂费之和为60 000元，其中圆钢50 000元，水泥10 000元。本月共发生采购保管费3 000元。

$$本月采购保管费实际分配率 = \frac{3\ 000}{60\ 000} \times 100\% = 5\%$$

购入圆钢应分配的采购保管费 = 50 000元 × 5% = 2 500元

购入水泥应分配的采购保管费 = 10 000元 × 5% = 500元

按计划分配率分配即为均衡年度内各月材料物资采购成本负担，采购保管费按预先确定的分配率进行分配。其计算公式为：

$$采购保管费计划分配率 = \frac{全年计划采购保管费总额}{全年计划采购材料物资的计划成本} \times 100\%$$

本月购入某类材料物资应分配的采购保管费 = 本月购入该类材料物资的计划成本 × 采购保管费计划分配率

【例4-2】 某建筑施工企业全年计划采购保管费为15万元，全年计划采购材料为300万元，本月水泥的采购成本为20万元，本月购入水泥应分配的采购保管费计算如下：

$$采购保管费计划分配率 = \frac{150\ 000}{3\ 000\ 000} \times 100\% = 5\%$$

本月购入水泥应分配的采购保管费 = 200 000元 × 5% = 10 000元

1. 建筑施工企业外购原材料的核算

由于结算方式和采购地点的不同，材料入库和货款的支付在时间上往往不一致，因而其账务处理也有所不同。

（1）结算凭证到达并同时将材料验收入库　企业在支付货款或开出、承兑商业汇票，材料验收入库后，应根据增值税专用发票账单等结算凭证确定的材料成本，借记"原材料"科目，按增值税额，借记"应交税费——应交增值税（进项税额）"，按照实际支付的款项，贷记"银行存款""其他货币资金"等账户，或根据已承兑的商业汇票贷记"应付票据"账户。

【例4-3】 某建筑施工企业于2020年8月6日向大化钢铁公司购入钢材，取得的增值税专用发票上注明的原材料货款计100 000元，增值税额为13 000元，发票等结算凭证已经收到，材料已验收入库，货款已通过银行转账支付。

借：原材料　　　　　　　　　　　　　　　　　　　　　　　　100 000

　　应交税费——应交增值税（进项税额）　　　　　　　　　　13 000

贷：银行存款　　　　　　　　　　　　　　　　　　　　　　　　　113 000

（2）结算凭证先到，材料后到　发生此类业务时，应根据有关结算凭证、增值税专用发票中记载的已付款的材料价款及增值税额，借记"在途物资"账户，借记"应交税费——应交增值税（进项税额）"根据实际付款金额贷记"银行存款"或"其他货币资金"账户或根据已承兑的商业汇票贷记"应付票据"账户等；如未付款，则贷记"应付账款"账户。待材料验收入库后，再借记"原材料"账户，贷记"在途物资"账户。

【例4-4】　收到银行转来的托收承付结算凭证承付支款通知以及发票，向大华工厂购进水泥，买价200 000元，增值税款26 000元，经审核无误，到期承付。根据有关原始凭证，编制如下会计分录：

借：在途物资——大华工厂　　　　　　　　　　　　　　　　　　200 000
　　应交税费——应交增值税（进项税额）　　　　　　　　　　　　26 000
　　贷：银行存款　　　　　　　　　　　　　　　　　　　　　　　226 000

【例4-5】　收到仓库送来的收料单，大华工厂水泥运到验收入库。根据收料单编制如下会计分录：

借：原材料　　　　　　　　　　　　　　　　　　　　　　　　　200 000
　　贷：在途物资——大华工厂　　　　　　　　　　　　　　　　　200 000

（3）材料先到，结算凭证后到　对于材料已到达并已验收入库，但发票账单等结算凭证未到，货款尚未支付的采购业务，因企业未收到有关结算凭证，无法准确计算入库材料实际成本及销售方代垫的采购费用，应于月末按材料的暂估价值，借记"原材料"账户，贷记"应付账款——暂估应付账款"账户。下月初用红字作同样的记账凭证予以冲回，待结算凭证到达后，借记"原材料"账户，贷记"银行存款"、"其他货币资金"或"应付票据"等账户。

【例4-6】　某公司5月25日从外地购进乙材料，6月26日结算凭证到达，价款10 000元，增值税1 300元，货款以银行存款支付。

5月31日结算凭证未到，按材料价款11 000元估价入账

借：原材料　　　　　　　　　　　　　　　　　　　　　　　　　　11 000
　　贷：应付账款——暂估应付账款　　　　　　　　　　　　　　　　11 000

6月1日将估价入账的材料以红字冲回：

借：原材料　　　　　　　　　　　　　　　　　　　　　　　　　　11 000
　　贷：应付账款——暂估应付账款　　　　　　　　　　　　　　　　11 000

6月26日结算凭证到达，并支付货款时：

借：原材料　　　　　　　　　　　　　　　　　　　　　　　　　　10 000
　　应交税费——应交增值税（进项税额）　　　　　　　　　　　　　1 300
　　贷：银行存款　　　　　　　　　　　　　　　　　　　　　　　　11 300

（4）购料途中发生短缺和毁损　如果是运输途中的合理损耗，应当记入材料采购成本；如果是供货单位责任事故造成的短缺，应视款项是否已经支付而作出相应的账务处理；如果尚未支付货款，应按短缺的数量和发票金额填写拒付理由书，向银行办理拒付手续；如果货款已经支付，并已记入"在途物资"账户的情况下，在材料运达企业验收入库，发生短缺或毁损时，应根据有关的索赔凭证，借记"应付账款"，贷记"在途物资"账户。如果是运输部门的

责任事故造成的短缺或毁损，应根据有关的索赔凭证，借记"其他应收款"，贷记"在途物资"账户。如果是运输途中发生的非常损失和尚待查明原因的途中损耗，查明原因前，借记"待处理财产损溢——待处理流动资产损溢"账户，贷记"原材料"账户。待查明原因经批准后再进行账务处理。查明原因经批准后，如果是因供应单位、运输部门、保险公司和其他过失人负责赔偿的损失，借记"应付账款"、"其他应收款"等账户，贷记"待处理财产损溢——待处理流动资产损溢"账户；如果是因自然灾害等非正常原因造成的损失，应将扣除残料价值和过失人、保险公司赔偿后的净损失，借记"营业外支出——非常损失"账户，贷记"待处理财产损溢——待处理流动资产损溢"账户；如果是其他无法收回的损失，经批准后，借记"管理费用"账户，贷记"待处理财产损溢——待处理流动资产损溢"账户。

(5) 采购保管费的核算　采购保管过程中发生的采购保管费，应在发生时，记入"采购保管费"账户的借方。

【例 4-7】　某建筑施工企业 2020 年 8 月发生采购保管费 6 000 元，其中应付采购保管人员工资 3 000 元，采购保管部门领用材料 1 500 元，支用银行存款 1 500 元。

　　借：采购保管费　　　　　　　　　　　　　　　　　　　　　6 000
　　　　贷：应付职工薪酬　　　　　　　　　　　　　　　　　　　3 000
　　　　　　原材料　　　　　　　　　　　　　　　　　　　　　　1 500
　　　　　　银行存款　　　　　　　　　　　　　　　　　　　　　1 500

2. 建筑施工企业自制原材料的核算

建筑施工企业自制并已验收入库的原材料，以实际成本借记"原材料"科目，贷记"生产成本"科目。

【例 4-8】　甲建筑施工企业本月辅助生产车间自制材料一批，已全部验收入库，实际成本为 16 000 元。账务处理如下：

　　借：原材料　　　　　　　　　　　　　　　　　　　　　　　16 000
　　　　贷：生产成本—辅助成本　　　　　　　　　　　　　　　　16 000

3. 建筑施工企业委托加工物资的核算

建筑施工企业有时会因为施工需要将某种材料委托外单位加工改制成为另一种材料，这种业务称为委托加工物资。

企业发送外单位加工的材料物资的实际成本、发生的加工费用和往返运杂费记入"委托加工物资"账户的借方，加工完成并验收入库的材料物资的实际成本和退回材料物资的实际成本记入该账户的贷方，期末借方余额，反映企业委托外单位加工但尚未加工完成物资的实际成本和发出加工物资的运杂费等。

【例 4-9】　甲建筑施工企业将一批钢材委托外单位加工成钢窗，发出钢材的实际成本为 8 000 元，账务处理如下：

　　借：委托加工物资　　　　　　　　　　　　　　　　　　　　8 000
　　　　贷：原材料　　　　　　　　　　　　　　　　　　　　　　8 000

【例 4-10】　以银行存款支付加工费 1 000 元，增值税 130 元。

　　借：委托加工物资　　　　　　　　　　　　　　　　　　　　1 000
　　　　应交税费——应交增值税（进项税额）　　　　　　　　　　130
　　　　贷：银行存款　　　　　　　　　　　　　　　　　　　　　1 130

【例 4-11】 钢窗加工完毕验收入库。

借：原材料　　　　　　　　　　　　　　　　　　　　　　　　　9 000
　　贷：委托加工物资　　　　　　　　　　　　　　　　　　　　　　9 000

企业购入、自制、委托外单位加工完成并已验收入库的周转材料等，比照原材料核算进行处理。

任务 3　实际成本法下发出存货的计价方法及核算

一、实际成本法下发出存货的计价方法

1. 先进先出法

先进先出法是以先购入的存货先发出这样一种存货货物流动假设为前提，对发出的存货进行计价的一种方法。采用先进先出法，先购入的存货成本在后购入的存货之前转出，据此确定发出存货和期末存货的成本。其具体计算方法见表 4-1、表 4-2。

表 4-1　本月份收料、发料情况

2020 年		摘要	收料				发料	
月	日		数量/t	单价/(元/t)	金额/元	批次	数量/t	批次
8	5		60	2 200	132 000	086		
8	8	略					50	085
8	10						50	085
							30	086
8	20		2 00	2 500	500 000	087		
8	26						60	087

表 4-2　材料明细分类账

材料名称：钢材

2020 年		凭证号数	摘要	收入			发出			结存		
月	日			数量/t	单价/(元/t)	金额/元	数量/t	单价/(元/t)	金额/元	数量/t	单价/(元/t)	金额/元
8	1		结转							100	2 000	200 000
8	5	略	购入	60	2 200	132 000				160	100×2 000 60×2 200	332 000
8	8		发出				50	50×2 000	100 000	110	50×2 000 60×2 200	232 000
8	10		发出				80	50×2 000 30×2 200	166 000	30	30×2 200	66 000
8	20		购入	2 00	2 500	500 000				230	30×2 200 200×2 500	566 000
8	26		发出				60	30×2 200 30×2 500	141 000	170	170×2 500	425 000
8	31		合计	260		632 000	1 90		407 000	170	170×2 500	425 000

甲公司2020年8月1日期初结存钢材100t，单价为2 000元，金额200 000元，购进批次为085。本月份收料、发料情况见表4-1。

在采用先进先出法的情况下，可以随时结转存货发出成本，但这种方法较繁琐；如果存货收发业务较多，且存货单价不稳定时，工作量较大。在物价上涨时，期末存货成本接近于市价，而发出成本偏低，利润偏高。

2. 加权平均法

加权平均法也称为全月一次加权平均法，它是指在月末以月初存货数量和本期各批收入的数量作为权数，一次计算月初结存存货和本月收入存货的加权平均单位成本，从而确定本月发出存货和月末结存存货成本的一种方法。计算公式如下：

$$存货加权平均单价 = \frac{月初结存存货实际成本 + 本月收入存货的实际成本}{月初结存存货数量 + 本期收入存货的数量}$$

$$本月发出存货成本 = 本月发出存货数量 \times 加权平均单价$$

$$期末结存存货成本 = 期末结存存货数量 \times 加权平均单价$$

考虑到计算的加权平均单价不一定是整数，往往要在小数点后四舍五入，为了保持账面数字之间的平衡关系，一般采用倒挤成本法计算发出存货的成本，即：

本月发出存货成本 = 月初结存存货实际成本 + 本月收入存货实际成本 – 期末结存存货成本

其计算方法见表4-3。

表4-3 存货明细账

材料名称：钢材

2020年		凭证号数	摘要	收入			发出			结存		
月	日			数量/t	单价/（元/t）	金额/元	数量/t	单价/（元/t）	金额/元	数量/t	单价/（元/t）	金额/元
8	1	略	期初余额							100	2 000	200 000
8	8		购进	60	2 200	132 000				160		
8	8		发出				50			110		
8	10		发出				80			30		
8	20		购进	200	2 500	500 000				230		
8	26		发出				60			170		
8	31		本月合计	260		632 000	1 90		439 110.9	170	2 311.11	392 889.1

加权平均单价 = (200 000 + 132 000 + 500 000)元 ÷ (100 + 60 + 200)t ≈ 2 311.11 元/t

发出材料成本 = 190t × 2 311.11 元/t = 439 110.9 元

期末结存材料成本 = (200 000 + 132 000 + 500 000 – 439 110.9)元 = 392 889.1 元

采用加权平均法，只需在期末计算一次加权平均单价，比较简单。但是这种方法平时从账上无法提供发出和结存存货的单价及金额，不利于加强对存货的管理。

3. 个别计价法

个别计价法又称为分批计价法，是以某批存货收入的实际单价作为该批存货发出的单价的一种计价方法。采用这种计价方法，存货保管方面应按收入存货批次分别存放，以便正确辨认并计量发出存货的实际成本。在实际工作中，建筑施工企业较少采用这种方法。

二、实际成本法下材料发出的核算

建筑施工企业日常材料发出业务比较频繁，各种领料凭证数量较多，根据领发料凭证随时登记材料明细账，以反映各种材料的发出数和结存数。为简化总分类核算工作，将领发料凭证定期按领用材料的部门和用途归类和汇总，编制"发出材料汇总表"，参见表4-4。

表4-4 发出材料汇总表
2020年6月30日
（单位：元）

用途	主要材料				结构件	机械配件	其他材料	合计
	钢材	水泥	其他	小计				
工程施工	100 000	33 000	45 000	178 000	80 000		12 000	270 000
其中：甲工程	80 000	15 000	25 000	120 000	30 000		8 000	158 000
乙工程	20 000	18 000	20 000	58 000	50 000		4 000	112 000
机械作业						3 000	1 800	4 800
采购保管			1 000	1 000			200	1 200
辅助生产	10 000		500	10 500			2 000	12 500
管理部门			800	800			1 500	2 300
合计	110 000	33 000	47 300	190 300	80 000	3 000	17 500	290 800

【例4-12】 某建筑施工企业2020年6月份各有关部门领用材料见表4-4。财会部门根据"发出材料汇总表"，编制如下会计分录。

借：工程施工——甲工程　　　　　　　　　　　　　158 000
　　　　　　——乙工程　　　　　　　　　　　　　112 000
　　机械作业　　　　　　　　　　　　　　　　　　4 800
　　采购保管费　　　　　　　　　　　　　　　　　1 200
　　生产成本——辅助生产　　　　　　　　　　　　12 500
　　管理费用　　　　　　　　　　　　　　　　　　2 300
　　贷：原材料——主要材料　　　　　　　　　　　190 300
　　　　　　　——结构件　　　　　　　　　　　　80 000
　　　　　　　——机械配件　　　　　　　　　　　3 000
　　　　　　　——其他材料　　　　　　　　　　　17 500

任务4　计划成本法下取得与发出存货的核算

一、计划成本法

计划成本法是指存货的收入、发出和结存均采用计划成本进行日常核算，同时另设有关成本差异账户反映实际成本和计划成本的差额，期末计算发出存货和结存存货应负担的成本差异，将发出存货和结存存货由计划成本调整为实际成本的方法。计划成本法一般适用于存货品种繁多、收发频繁的企业。

二、计划成本法下取得存货的核算

1. 应设置的会计科目

按计划成本计价进行存货的核算，"原材料"科目按计划成本计价反映各种材料的增减变动。为了核算购入材料的实际成本与计划成本以及入库材料的成本差异额，还应设置"材料采购"和"材料成本差异"科目。

"材料采购"科目核算企业采用计划成本进行材料日常核算而购入材料的采购成本。发包单位拨入抵作备料款的材料，也在本科目核算。本科目借方登记购入材料的货款和采购费用分配计入材料物资采购成本的采购保管费，以及发包单位拨入抵作备料款的材料物资的计划成本材料价款，结转入库材料的实际成本小于计划成本的节约差异额；贷方登记结转入库材料的计划成本以及入库材料实际成本大于计划成本的超支差异额；月末，将本科目的超支或节约差异分别转入"材料成本差异"科目的借方或贷方。本科目期末借方余额，反映企业在途材料的采购成本。本科目可按供应单位和材料品种进行明细核算。

"原材料"科目核算企业库存的各种材料，包括原料及主要材料、辅助材料、外购半成品（外购件）、修理用备件（备品备件）、包装材料、燃料等的计划成本。收到来料加工装配业务的原料、零件等，应当设置备查簿进行登记。本科目借方登记从各种来源渠道增加并已验收入库材料物资的计划成本；贷方登记用于各种用途已出库材料物资的计划成本；本科目期末借方余额反映企业库存材料的计划成本。本科目可按材料的保管地点（仓库）、材料的类别、品种和规格进行明细核算。

"材料成本差异"科目核算企业采用计划成本进行日常核算的材料计划成本与实际成本的差额。本科目借方登记验收入库材料的实际成本大于计划成本的超支差异，贷方登记验收入库材料的实际成本小于计划成本的节约差异，以及发出材料应负担的材料成本差异（超支差异用蓝字，节约差异用红字）。本科目期末借方余额反映企业库存材料等的实际成本大于计划成本的差额；贷方余额反映企业库存材料等的实际成本小于计划成本的差额。

"采购保管费"科目的核算与前述相同。但在计划成本计价情况下，企业实际发生的采购保管费，月末应分配记入有关材料的采购成本。

2. 材料购入的核算

建筑施工企业采购材料，发生采购材料的实际成本时，计入"材料采购"账户，材料验收入库时，按入库材料的计划成本，借记"原材料"账户，贷记"材料采购"账户，实际成本与计划成本的差额，转入"材料成本差异"账户。

【例4-13】某建筑施工企业于2020年8月5日向大化钢铁公司购入圆钢100t，每吨3 000元，增值税率13%，以银行存款支付。

借：材料采购——主要材料（钢材）　　　　　　　　　　　300 000
　　应交税费——应交增值税（进项税额）　　　　　　　　 39 000
　　贷：银行存款　　　　　　　　　　　　　　　　　　　　　　339 000

8月10日，仓库转来收料单，100t圆钢已验收入库，其计划单价为每吨2 800元，予以转账。账务处理如下：

借：原材料——原料及主要材料　　　　　　　　　　　　　　280 000
　　贷：材料采购——主要材料（钢材）　　　　　　　　　　　280 000

同时，结转采购A材料成本差异。账务处理如下：

借：材料成本差异　　　　　　　　　　　　　　　　　　　　 20 000
　　贷：材料采购——主要材料（钢材）　　　　　　　　　　　 20 000

3. 自制材料的核算

自制并已验收入库的原材料，按计划成本借记"原材料"账户，贷记"工程施工"账户；同时结转材料成本差异，实际成本大于计划成本的差异，借记"材料成本差异"账户，贷记"工程施工"账户；实际成本小于计划成本的差异，作相反会计分录。

【例4-14】 某建筑施工企业的辅助生产车间本月自制材料一批，已全部验收入库，实际成本20 000元，计划成本19 000元。账务处理如下：

借：原材料——主要材料　　　　　　　　　　　　　　　　　 19 000
　　贷：工程施工——辅助生产成本　　　　　　　　　　　　　 19 000

同时结转材料成本差异，账务处理如下：

借：材料成本差异　　　　　　　　　　　　　　　　　　　　 1 000
　　贷：工程施工——辅助生产成本　　　　　　　　　　　　　 1 000

三、计划成本法下发出存货的核算

企业发出材料时，一律采用计划成本计价，根据不同的用途，借记"工程施工""生产成本""机械作业""管理费用"等账户，贷记"原材料"账户。期末再将发出材料计划成本调整为实际成本。调整公式为：

$$实际成本 = 计划成本 \pm 材料成本差异$$

在期末，根据"原材料"和"材料成本差异"科目的记录，计算出材料成本差异分配率和本期发出材料应承担的成本差异。有关计算公式如下：

$$材料成本差异分配率 = \frac{期初结存材料成本差异 + 本期收入材料成本差异}{期初结存材料计划成本 + 本期收入材料计划成本} \times 100\%$$

上述公式中，材料成本差异如果是节约差异，用负号表示。材料成本差异率可分别主要材料、结构件、机械配件、其他材料、周转材料等计算分类成本差异率。

$$发出材料应负担的材料成本差异 = 本期发出材料计划成本 \times 材料成本差异分配率$$

【例4-15】 根据某月发料凭证汇总表应作账务处理如下：

借：工程施工——甲工程　　　　　　　　　　　　　　　　　500 000
　　　　　　——乙工程　　　　　　　　　　　　　　　　　450 000
　　机械作业　　　　　　　　　　　　　　　　　　　　　　100 000
　　管理费用　　　　　　　　　　　　　　　　　　　　　　 30 000
　　贷：原材料　　　　　　　　　　　　　　　　　　　　　1 080 000

本月材料成本差异率为1%，月末分配材料成本差异额时，应作账务处理如下：

借：工程施工——甲工程　　　　　　　　　　　　　　　　　 5 000
　　　　　　——乙工程　　　　　　　　　　　　　　　　　 4 500

机械作业	1 000
管理费用	300
贷：材料成本差异——原材料	10 800

任务 5 周转材料的核算

一、周转材料的概念及分类

周转材料是指建筑施工企业在施工生产过程中多次周转使用并基本保持原有物质形态而价值逐渐转移的各种材料，包括包装物、低值易耗品以及企业（建造承包商）的钢模板、木模板、挡板、脚手架、其他周转材料等。

包装物是指企业在生产经营活动中为了包装本企业的产品或商品而储备的各种包装容器，如桶、箱、瓶、坛、袋等。

低值易耗品是指使用年限在一年以下或单位价值低于固定资产标准的物品，如一般工具、管理用具、劳动保护产品等。

模板是指浇灌混凝土使用的木模、组合钢模以及配合模板使用的支撑材料、滑模材料、构件等。按固定资产管理的固定钢模和现场固定大型钢模板不包括在内。

挡板是指土方工程使用的挡土板等，包括支撑材料在内。

脚手架是指搭脚手架的竹竿、木杆、竹木跳板、钢管脚手架及其附件等。

其他周转材料指除以上各类外，作为流动资产管理的其他周转材料，如塔吊使用的轻轨、枕木等（不包括属于塔吊的钢轨）。

二、周转材料的摊销方法

由于周转材料在生产过程中能够多次周转使用，价值随同其损耗程度，逐渐转移、摊销计入工程成本或有关费用，实际工作中，周转材料的摊销方法应视周转材料价值的多少、耐磨程度、使用期限长短等具体因素确定。周转材料的摊销方法一般有以下几种，企业可根据自身的具体情况选择使用。

1. 一次摊销法

一次摊销法是指在领用周转材料时，将其全部价值一次计入工程成本或有关费用。这种方法一般适用于易腐、易糟或价值较低、使用期限较短的周转材料，如安全网等。

2. 分期摊销法

分期摊销法是根据周转材料预计的使用期限，确定每期摊销数额。这种方法适用于脚手架、跳板、塔吊轻轨、枕木等周转材料。其计算公式如下：

$$周转材料每月摊销额 = \frac{周转材料原价 \times (1 - 残值占原价的百分比)}{预计使用月数}$$

【例 4-16】 某建筑施工企业本期使用的脚手架的原价为 10 000 元，预计使用 10 个月，报废时预计残值为原价的 5%，则每月的摊销额为：

$$每月摊销额 = \frac{10\ 000 元 \times (1 - 5\%)}{10} 元 = 950 元$$

3. 分次摊销法

分次摊销法是根据周转材料的预计使用次数，确定每次应摊销的数额。这种方法适用于预制钢筋混凝土构件时所使用的定型模板、模板、挡板等周转材料。其计算公式如下：

$$周转材料每次摊销额 = \frac{周转材料原价 \times (1 - 残值占原价的百分比)}{预计使用次数}$$

$$本期摊销额 = 本期使用次数 \times 每次摊销额$$

【例 4-17】 某建筑施工企业本期使用的定型模板的原价为 3 000 元，预计使用 10 次，报废时预计残值为原价的 5%，本期使用 6 次，则本期的摊销额为：

$$周转材料每次摊销额 = \frac{3\,000\ 元 \times (1 - 5\%)}{10}\ 元 = 285\ 元$$

$$本期摊销额 = (6 \times 285)\ 元 = 1\,710\ 元$$

4. 定额摊销法

定额摊销法是根据实际完成的实物工程量和预算规定的周转材料消耗定额，计算本期的摊销额。这种方法一般适用于各种模板等周转材料。其计算公式如下：

$$周转材料本期摊销额 = 本期完成的实物工程量 \times 单位工程量周转材料消耗定额$$

【例 4-18】 某建筑施工企业本期完成混凝土矩形柱 $50\,m^3$，预算定额为每立方米消耗木模板 15 元，则本期的摊销额为：

$$木模板本期的摊销额 = (50 \times 15)\ 元 = 750\ 元$$

在实际工作中，不论采用哪一种摊销方法，平时计算的摊销额都不可能与实际损耗价值完全一致。为了使周转材料的摊销额与实际损耗价值相接近，企业必须在工程竣工或年终时，对在用周转材料进行盘点清理，根据实际损耗情况确定应提摊销额，并调整已提摊销额，以保证工程成本、产品成本和有关费用的正确性。

对周转材料进行盘点清理，根据实际损耗情况确定应提摊销额，并调整已提摊销额主要有以下几种情况：

1）企业清查盘点中发现报废、短缺周转材料，应及时办理报废手续，并办理补提摊销。

$$报废、短缺周转材料应补提摊销额 = 应提摊销额 - 已提摊销额$$

$$应提摊销额 = 报废、短缺周转材料计划成本 - 残料价值$$

$$已提摊销额 = 报废、短缺周转材料计划成本 \times \frac{该类在用周转材料账面已提摊销额}{该类在用周转材料账面计划成本}$$

2）对工程竣工或不再使用而退库的周转材料，应及时办理退库手续，并按新旧程度补提摊销。

$$退回周转材料应补提摊销额 = 应提摊销额 - 已提摊销额$$

$$应提摊销额 = 退回周转材料计划成本 \times (1 - 退回时新旧程度的百分比)$$

$$已提摊销额 = 退回周转材料计划成本 \times \frac{该类在用周转材料账面已提摊销额}{该类在用周转材料账面计划成本}$$

对于转移到其他工程的周转材料，也应及时办理转移手续，并比照上述方法，确定转移时的新旧程度，补提或冲回摊销额。

三、领用周转材料的核算

"周转材料"科目借方登记企业库存、在用周转材料的计划成本或实际成本，贷方登记周转材料的摊销额以及因盘亏、报废、毁损、短缺等原因减少的周转材料价值。本科目期末借方余额，反映企业在库周转材料的计划成本或实际成本以及在用周转材料的摊余价值。

采用一次摊销法的，领用时应按其账面价值，借记"管理费用""生产成本""销售费用""工程施工"等科目，贷记本科目。

采用其他摊销方法的，领用时应按其账面价值，借记"周转材料——在用周转材料"，贷记"周转材料——在库周转材料"；摊销时应按摊销额，借记"管理费用""生产成本""销售费用""工程施工"等科目，贷记本科目。

周转材料采用计划成本进行日常核算的，领用等发出周转材料时，还应同时结转应分摊的成本差异。

【例 4-19】 甲工程本月领用一次摊销的安全网一批，计划成本 50 000 元，材料成本差异率为 1%。

借：工程施工——甲工程　　　　　　　　　　　　　　50 500
　　贷：周转材料——在库周转材料　　　　　　　　　　　　50 000
　　　　材料成本差异　　　　　　　　　　　　　　　　　　　500

【例 4-20】 某项工程本月领用分期摊销的木板一批，原价 20 000 元，采用分期摊销法，预计残值占原价的 5%，预计使用 10 个月。

(1) 领用时

借：周转材料——在用周转材料　　　　　　　　　　20 000
　　贷：周转材料——在库周转材料　　　　　　　　　　　20 000

(2) 计提本月摊销额

$$每月摊销额 = \frac{20\ 000\ 元 \times (1-5\%)}{10} = 1\ 900\ 元$$

借：工程施工　　　　　　　　　　　　　　　　　　1 900
　　贷：周转材料——周转材料摊销　　　　　　　　　　　1 900

四、报废、退库周转材料的核算

采用一次摊销法的，周转材料报废时，应按报废周转材料的残料价值，借记"原材料"等科目，贷记"管理费用""生产成本""销售费用""工程施工"等科目。

采用其他摊销方法的，周转材料报废时应补提摊销额，借记"管理费用""生产成本""销售费用""工程施工"等科目，贷记"周转材料——周转材料摊销"，同时，应按报废周转材料的残料价值，借记"原材料"等科目，贷记"管理费用""生产成本""销售费用""工程施工"等科目；并转销全部已提摊销额，借记本科目（摊销），贷记本科目（在用）。

【例 4-21】 甲工程本月领用全新脚手架 10m³，计划成本 10 000 元，采用分期摊销法，预计残值占计划成本的 10%，预计使用 10 个月。使用 5 个月后，甲工程领用的脚手架 2m³ 退回仓库，其计划成本为 2 000 元，退回时估计成色为 50%。在用脚手架账面已提摊销额4 500 元。

(1) 领用时，根据周转材料领用单

借：周转材料——在用周转材料　　　　　　　　　　　　　　　　　10 000
　　贷：周转材料——在库周转材料　　　　　　　　　　　　　　　　10 000

(2) 每月计提摊销额

$$每月摊销额 = \frac{10\ 000\ 元 \times (1-10\%)}{10} = 900\ 元$$

借：工程施工——甲工程　　　　　　　　　　　　　　　　　　　　　　900
　　贷：周转材料——周转材料摊销　　　　　　　　　　　　　　　　　900

(3) 根据退库周转材料应补提摊销额

$$应提摊销额 = 2\ 000\ 元 \times (1-50\%) = 1\ 000\ 元$$

$$已提摊销额 = 2\ 000\ 元 \times \frac{4\ 500}{10\ 000} = 900\ 元$$

$$应补提摊销额 = 1\ 000\ 元 - 900\ 元 = 100\ 元$$

借：工程施工——甲工程　　　　　　　　　　　　　　　　　　　　　　100
　　贷：周转材料——周转材料摊销（在用）　　　　　　　　　　　　　100

(4) 退回的脚手架验收入库

借：周转材料——在库周转材料　　　　　　　　　　　　　　　　　　2 000
　　贷：周转材料——在用周转材料　　　　　　　　　　　　　　　　2 000

(5) 结转退库脚手架的已提摊销额

借：周转材料——周转材料摊销（在用）　　　　　　　　　　　　　　1 000
　　贷：周转材料——周转材料摊销（在库）　　　　　　　　　　　　1 000

任务6　存货清查与期末计价

存货清查

一、存货清查

1. 存货清查概述

施工企业的存货品种规格多、数量大，收发业务频繁。在收发保管过程中，由于种种原因，如计算误差、自然损耗、管理不善等原因，常常会发生账实不符的现象，因此，对存货进行定期、系统的清查盘点是十分必要的。周转材料清查可采用实地盘点、账实核对的方法。在每次进行清查盘点前，应将已经收发的存货数量全部登记入账，并准备盘点清册，抄列各种存货的编号、名称、规格和存放地点。盘点时，应在盘点清册上逐一登记各种存货的账面结存数量和实存数量，并进行核对。对于账实不符的存货，应查明原因，分清责任，并根据清查结果编制"存货盘存报告单"，作为存货清查的原始凭证。

在进行存货清查盘点时，如果发现存货盘盈或盘亏，应于期末前查明原因，并根据企业的管理权限，报经股东大会或董事会，或经理（厂长）会议或类似机构批准后，在期末结账前处理完毕。

2. 存货清查核算

为了核算企业在清查财产过程中查明的各种财产物资的盘盈、盘亏和毁损情况，施工企业应设置"待处理财产损溢"账户，并在本账户下设置"待处理流动资产损溢"明细账户，用来核算存货的盘盈、盘亏和毁损。其借方登记盘亏和毁损的存货和经批准后转销的存货盘盈数；贷方登记盘盈的存货和经批准后转销的存货盘亏及毁损数。本账户处理前的借方余额，反映企业尚未处理的各种财产的净损失；处理前的贷方余额，反映企业尚未处理的各种财产的净溢余；期末，处理后本账户应无余额。

(1) 存货盘盈　存货盘盈是指存货的实存数超过账面结存数量的差额。存货发生盘盈，应按照同类或类似存货的市场价格作为实际成本及时登记入账，贷记"待处理财产损溢－待处理流动资产损溢"科目；待查明原因，报经批准处理后，冲减当期管理费用。

【例4-22】　大华股份有限公司在存货清查中发现盘盈一批甲材料，市场价格为4 000元。

(1) 发现盘盈

借：原材料　　　　　　　　　　　　　　　　　　　　　　　　4 000
　　贷：待处理财产损溢——待处理流动资产损溢　　　　　　　　　4 000

(2) 报经批准处理

借：待处理财产损溢——待处理流动资产损溢　　　　　　　　　4 000
　　贷：管理费用　　　　　　　　　　　　　　　　　　　　　　　4 000

(2) 存货盘亏　存货盘亏是指存货的实存数量少于账面结存数量的差额。存货发生盘亏，应将其账面成本及时转销，借记"待处理财产损溢——待处理流动资产损溢"科目，贷记"原材料""周转材料""库存商品"等存货科目；盘亏涉及增值税的，还应进行相应处理。待查明原因，报经批准后，根据造成盘亏的原因，分别按以下情况进行会计处理：

1) 属于定额内自然损耗造成的短缺，计入管理费用。

2) 属于收发计量差错和管理不善等原因造成的短缺或损失，将扣除可收回的过失人和保险公司等赔款和残料价值后，其发生的"净损失"计入当期管理费用。

3) 属于自然灾害或意外事故等非常原因造成的毁损，将扣除可收回的过失人和保险公司等赔款和残料价值后，其发生的"净损失"计入营业外支出。

【例4-23】　大华股份有限公司在存货清查中发现盘亏一批乙材料，市场价格为2 000元。

(1) 发现盘亏

借：待处理财产损溢——待处理流动资产损溢　　　　　　　　　2 000
　　贷：原材料　　　　　　　　　　　　　　　　　　　　　　　　2 000

(2) 查明原因，属于收发计量差错，报经批准处理

借：管理费用　　　　　　　　　　　　　　　　　　　　　　　　2 000
　　贷：待处理财产损溢——待处理流动资产损溢　　　　　　　　　2 000

盘盈或盘亏的存货如在期末结账前尚未处理的，应在对外提供财务会计报告时先按上述规定进行处理（即转销"待处理财产损溢"科目余额），并在会计报表附注中作出说明；如果其后批准处理的金额与已处理的金额不一致，应按其差额调整会计报表相关项目的年初数。

二、存货的期末计量

会计期末，为了客观地反映企业期末存货的实际价值，施工企业在编制资产负债表时，应当准确地计量"存货"项目的金额，即要确定期末存货的价值。正确地进行存货的计量，又取决于存货数量的确定是否准确和采用何种期末计价原则。

1. 存货期末计价原则

《企业会计准则第1号——存货》规定，"资产负债表日，存货应当按照成本与可变现净值孰低计量"。"成本与可变现净值孰低"是指对期末存货按照成本与可变现净值两者之中较低者进行计价的方法。存货成本高于其可变现净值的，应当计提存货跌价准备，计入当期损益。

这里所讲的"成本"是指存货的历史成本，即按前面所介绍的以历史成本为基础的发出存货计价方法（如先进先出法等）计算的期末存货的实际成本；如果企业在存货成本的日常核算中采用简化核算方法（如计划成本法），则"成本"为经调整后的实际成本。

"可变现净值"是指在日常活动中，存货的估计售价减去至完工时估计将要发生的成本、估计的销售费用以及相关税费后的金额。

企业应以确凿证据为基础计算确定存货的可变现净值。存货可变现净值的确凿证据是指对确定存货的可变现净值有直接影响的客观证明，如产成品或商品的市场销售价格、与产成品或商品相同或类似商品的市场销售价格、销售方提供的有关资料和生产成本资料等。

"成本与可变现净值孰低"的理论基础主要是使存货符合资产的定义。当存货的可变现净值下跌至成本以下时，表明该存货给企业带来的未来经济利益低于其账面金额，因而应将这部分损失从资产价值中扣除，计入当期损益；否则，当存货的可变现净值低于其成本时，如果仍然以其历史成本计量，就会出现虚计资产的现象。

2. 存货期末计量方法

（1）存货减值迹象的判断　企业每期都应当重新确定存货的可变现净值。企业在定期检查时，如果发现以下情形之一的，表明存货的可变现净值低于成本，应当考虑计提存货跌价准备。

1）该存货的市场价格持续下跌，并且在可预见的未来无回升的希望。

2）企业使用该项原材料生产的产品的成本大于产品的销售价格。

3）企业因产品更新换代，原有库存原材料已不适应新产品的需要，而该原材料的市场价格又低于其账面成本。

4）因企业所提供的商品或劳务过时或消费者偏好改变而使市场的需求发生变化，导致市场价格逐渐下跌。

5）其他足以证明该项存货实质上已经发生减值的情形。

存货存在下列情形之一的，表明存货的可变现净值为零：

1）已霉烂变质的存货。

2）已过期且无转让价值的存货。

3）生产中已不再需要，并且已无使用价值和转让价值的存货。

4）其他足以证明已无使用价值和转让价值的存货。

（2）可变现净值的确定　企业确定存货的可变现净值，应当以取得的确凿证据为基础，并且考虑持有存货的目的、资产负债表日后事项的影响等因素。

不同情况下存货可变现净值的确定：

1）产成品、商品和用于出售的材料等直接用于出售的商品存货，在正常生产经营过程中，应当以该存货的估计售价减去估计的销售费用和相关税费的金额，确定其可变现净值。即：可变现净值＝估计售价－估计的销售费用和相关税费。

2）需要经过加工的材料存货，在正常生产经营过程中，应当以所生产的产成品的估计售价减去至完工估计将要发生的成本、估计的销售费用和相关税费后的金额，确定其可变现净值。即：可变现净值＝估计售价－至完工估计将要发生的成本－估计的销售费用和相关税费。

3）为执行销售合同或者劳务合同而持有的存货，其可变现净值应当以合同价格为基础计算。

企业持有的同一项存货的数量多于销售合同或劳务合同订购数量的，应分别确定其可变现净值，并与其相对应的成本进行比较，分别确定存货跌价准备的计提或转回金额。超出合同部分的存货的可变现净值，应当以一般销售价格为基础计算。

(3) 存货跌价准备的核算

1）存货跌价准备的计取。《企业会计准则第 1 号——存货》规定，"存货跌价准备应当按照单个存货项目计提"，即在一般情况下，企业应当按每个存货项目的成本与可变现净值逐一进行比较，取其低者计量存货，并且将成本高于可变现净值的差额作为计提的存货跌价准备。企业应当根据管理要求及存货的特点，具体规定存货项目的确定标准。比如，将某一型号和规格的材料作为一个存货项目、将某一品牌和规格的商品作为一个存货项目等。但是，在某些情况下，比如，与具有类似目的或最终用途并在同一地区生产和销售的产品系列相关，且难以将其与该产品系列的其他项目区别开来进行估价的存货，《企业会计准则第 1 号——存货》规定可以合并计提存货跌价准备。

另外，对于数量繁多、单价较低的存货，《企业会计准则第 1 号——存货》也规定可以按存货类别计提存货跌价准备，即按存货类别的成本总额与可变现净值总额进行比较，每个存货类别均取较低者确定存货价值。

注意：期末对存货进行计量时，如果同一类存货，其中一部分是有合同价格约定的，另一部分则不存在合同价格，在这种情况下，企业应区分有合同价格约定的和没有合同价格约定的两个部分，分别确定其期末可变现净值，并与其相对应的成本进行比较，从而分别确定是否需计提存货跌价准备，由此计提的存货跌价准备不得相互抵消。

2）第一期期末当可变现净值低于成本时，须在当期确认存货跌价损失，记入"存货跌价准备"账户。

(以后每期) 期末对"存货跌价准备"账户的金额进行调整，使得"存货跌价准备"账户的贷方余额反映期末存货可变现净值低于其成本的差额。成本－存货跌价准备（期末余额）＝账面价值（成本与可变现净值孰低），其对应账户为"资产减值损失——计提的存货跌价准备"账户。

【例 4-24】某企业采用成本与可变现净值孰低对存货进行期末计价。2017 年年末存货的账面成本为 100 000 元，可变现净值为 95 000 元，"存货跌价准备"科目余额为零，应计提的存货跌价准备为 5 000 元。账务处理如下：

（第一期期末）2017年年末：

借：资产减值损失——计提的存货跌价准备　　5 000
　　贷：存货的跌价准备　　　　　　　　　　　　　　5 000

（以后每期）期末：

假设2018年年末存货的种类和数量、账面成本和已计提的存货跌价准备均未发生变化（下同），且存货的可变现净值为90 000元，计算出应计提的存货跌价准备为10 000（100 000－90 000）元。由于前期已计提5 000元，故应补提存货跌价准备5 000元。账务处理如下：

借：资产减值损失——计提的存货跌价准备　　5 000
　　贷：存货跌价准备　　　　　　　　　　　　　　　5 000

假设其他条件不变，2019年年末存货的可变现净值为97 000元，计算出应计提的存货跌价准备3 000（100 000－97 000）元，由于该存货已计提跌价准备为10 000元，因此，应冲减已计提的存货跌价准备7 000（10 000－3 000）元。账务处理如下：

借：存货跌价准备　　　　　　　　　　　　　　7 000
　　贷：资产减值损失——计提的存货跌价准备　　　　7 000

假设其他条件不变，2020年年末存货的可变现净值为101 000元，根据以上材料2009年年末应冲减已计提的存货跌价准备3 000元（"存货跌价准备"科目余额冲减至零为限）。账务处理如下：

借：存货跌价准备　　　　　　　　　　　　　　3 000
　　贷：资产减值损失——计提的存货跌价准备　　　　3 000

3）存货跌价准备的结转。企业计提了存货跌价准备，如果其中有部分存货已经销售，或因债务重组、非货币性资产交换转出，则企业在结转销售成本的同时，应结转对其已计提的存货跌价准备。发出存货结转存货跌价准备时，借记"存货跌价准备"科目，贷记"主营业务成本""其他业务成本""生产成本"等科目。如果存货是按类别计提跌价准备的，应按比例同时结转相应的存货跌价准备。

思政拓展　中国现代会计之父——潘序伦

潘序伦先生（1893—1985年）出生在江苏宜兴县，自幼聪颖好学，成绩名列前茅。12岁前接受私塾教育，后来读宜兴蜀山小学。小学毕业后，考进上海浦东中学，颇得校长黄炎培的赏识。1921年，潘序伦以上海考区第4名的成绩获得南洋兄弟烟草公司奖学金赴美国哈佛大学商业管理学院留学，选学了会计学科，从而奠定了一生从事会计学研究的基础。1923年，潘序伦获得哈佛大学企业管理硕士学位（MBA），随后又用一年时间攻读哥伦比亚大学政治经济学专业，获得了博士学位。

1924年秋，潘序伦先生怀揣着"教育救国"和"实业救国"的愿望学成归国，回到上海，先后在多所大学执教，引进并讲授西方新式会计。他是我国推广应用新式簿记、从事现代会计事业的创始人，被称为中国现代会计之父。

1927年1月，潘序伦先生在上海创办了"潘序伦会计师事务所"，次年将其更名为"立信会计师事务所"，取《论语》中"民无信不立"之意。潘序伦先生创办了事务所、学校、出版社"三位一体"的立信事业，开创了中国会计诚信思想之先河。

潘序伦先生是我国会计界最早倡导诚信思想、大规模开展诚信教育的一代大师。他认为"立信"是做人的重要准则，同时也是会计的基本职业操守，忠于会计事业务必"立信"。他说："立信，乃会计之本。没有信用，也就没有会计。"这是他对会计精神的深刻、准确表达。

潘序伦先生一生最看重"真诚"与"信用"这两个词，他的处世言论均以"信"为核心，即"信以立志，信以守身，信以处世，信以待人，毋忘立信，当必有成"。"诚信是会计之本"这是暨南大学会计系学生上课听得最多的一句话，也是每一位会计新生入学时必须要上的第一堂课。他曾自言："我认为会计师的信誉很要紧，可以说是会计师业务的生命力……有个别会计师以造假账或出具不真实的证明书以迎合某些委托人的要求，来取得业务。我是绝对不接受的，这样，当时看起来似乎是吃亏了，但日子一久，人们认为'立信'是信得过的，是可靠的，反而会引来大批的业务。"几十年来，不管风云变幻，潮起潮落，他始终身体力行、率先垂范，他的光辉一生是用"诚信"铸就而成的。

潘序伦先生一辈子与钱打交道，他所创造的社会财富无以计量。但是，令人钦佩的是，先生的生活极其简朴，穿着也非常朴素，简单的中式服装和布鞋是他的标配。小小的居室只有一床一几一柜，一桌四椅，除外别无他物，唯书成堆。潘序伦先生简约自守，却对发展会计事业，对会计教育慷慨捐助，他曾为资助过自己的南洋烟草公司设立"思源助学基金"；1937年自捐6万元筹备立信会计专科学校；1980年为学校复办捐出一生积蓄，设立潘序伦奖学金；将存书与出书版税全部投入到会计教育中。

潘序伦先生之所以成为大师，不是因为他的财富，也不全是因为他的才华，奠定其大师地位的是他的精神境界、精神格局、精神品质和辉煌事业。虽然潘序伦先生已经离开这个世界，但他仍然是、永远是一代代会计人智慧的源泉、道德的典范、人格的楷模、精神的导师、事业的航标。

小 结

存货是企业日常生产经营过程中持有以备出售或仍然处于生产过程以及在生产或提供劳务过程中将消耗的材料或物料。建筑施工企业的存货包括主要材料、其他材料、机械配件、在建工程、在产品、产成品、半成品、结构件等。存货取得应按照实际成本入账。存货实际成本根据存货不同渠道加以确立。在实际成本法下，取得原材料通过"原材料"、"在途物资"和"采购保管费"科目核算。按照计划成本进行存货核算的企业，对于存货计划成本与实际成本的差额应单独核算，企业领用存货，按照实际成本核算的，应当采用先进先出法、加权平均法、个别计价法等方法确定其实际成本。按计划成本核算的，应按期结转发出材料应负担的成本差异，将发出材料计划成本调整为实际成本。按计划成本计价进行存货的核算，"原材料"科目按计划成本计价反映各种材料的增减变动。为了核算购入材料的实际成本与计划成本以及入库材料的成本差异额，还应设置"材料采购"和"材料成本差异"科目。企业发出材料时，一律采用计划成本计价，根据不同的用途，借记"工程施工""生产成本""机械作业""管理费用"等账户，贷记"原材料"账户。期末再将发出材料计划成本调整为实际成本。

周转材料是施工企业具有特殊用途的存货，在施工生产过程中起劳动资料作用，其价值损耗通过摊销计入有关成本费用。周转材料的摊销方法一般有：一次摊销法、分期摊销法、分次摊销法和定额摊销法，企业可根据自身的具体情况选择使用。

企业应定期对存货进行盘点，每年至少盘点一次，账实不符的应及时调整，并及时查明原因，根据企业管理权限，经批准后分别不同情况作出账务处理。如果由于存货毁损、全部或部分陈旧过时或销售价格低于成本等原因，使存货可变现净值低于成本，应计提存货跌价准备。

思 考 题

4-1 什么是存货？施工企业存货如何分类？
4-2 存货的确认应具备哪些条件？
4-3 什么是存货的可变现净值？确定可变现净值应考虑哪些主要因素？
4-4 什么是存货盘盈和盘亏？如何进行会计处理？

实训练习题

习题一

习题一解答

1. 目的

练习实际成本法下购入材料的核算。

2. 资料

2020年8月5日，光华建筑公司从预制件厂购入预制件一批，根据通知办理提货手续，并验收入库，月末结算凭证仍未到达，按合同价格 59 000 元暂估入账。下月初用红字冲销。2012年9月8日收到该批材料结算凭证，按实际支付买价 50 000 元，运费 1 000 元，以及实际支付的增值税 6 500 元，进行账务处理。

3. 要求

根据以上资料编制相关的会计分录。

习题二

习题二解答

1. 目的

练习按计划成本领用材料的核算。

2. 资料

兴海公司4月初结存原材料的计划成本为 50 000 元。材料成本差异为节约的 3 000 元，4月份购进原材料的实际成本为 247 000 元，计划成本为 230 000 元；本月领用原材料的计划成本为 250 000 元，其中，生产领用 235 000 元，车间一般消耗 12 000 元，管理部门耗用 3 000 元。

3. 要求

(1) 按计划成本领用原材料。
(2) 计算本月材料成本差异率。
(3) 分摊材料成本差异。
(4) 计算月末结存原材料的实际成本。

习题三

1. 目的

练习存货期末计价的核算。

2. 资料

某施工企业采用成本与可变现净值孰低对存货进行期末计价。2017年年末存货的账面成本为100 000元，可变现净值为97 000元，"存货跌价准备"科目余额为零。假设2018年年末存货的种类和数量、账面成本和已计提的存货跌价准备均未发生变化（下同），且存货的可变现净值为90 000元，计算出应计提的存货跌价准备为10 000(100 000 – 90 000) 元。假设其他条件不变，2019年年末存货的可变现净值为97 000元，计算出应计提的存货跌价准备为3 000(100 000 – 97 000) 元。假设其他条件不变，2020年年末存货的可变现净值为102 000元，根据以上材料2020年年末应冲减已计提的存货跌价准备3 000元（以"存货跌价准备"科目余额冲减至零为限）。

3. 要求

根据以下资料编制相关的会计分录。

项目 5

长期股权投资

> **学习目标**
>
> 掌握长期股权投资权益法和成本法的核算；熟悉长期股权投资处置的核算；熟悉长期股权投资的概念、特征及其减值的判断标准；了解长期股权投资披露的内容；了解长期股权投资的分类。

任务 1　长期股权投资认知

长期股权投资认知

一、长期股权投资的概念及范围

长期股权投资是指企业投出的期限在 1 年以上（不含 1 年）的各种权益性质的投资。

本项目所指长期股权投资，是指应当按照《企业会计准则第 2 号—长期股权投资》进行核算的权益性投资，包括：

1）企业持有的能够对被投资单位实施控制的权益性投资，即对子公司投资。"控制"是指有权决定一个企业的财务和经营政策，并能据以从该企业的经营活动中获取利益。

2）企业持有的能够与其他合营方一同对被投资单位实施共同控制的权益性投资，即对合营企业投资。"共同控制"是指按照合同约定对某项经济活动所共有的控制，仅在与该项经济活动相关的重要财务和经营决策需要分享控制权的投资方一致同意时存在。

3）企业持有的能够对被投资单位施加重大影响的权益性投资，即对联营企业投资。"重大影响"是指对一个企业的财务和经营政策有参与决策的权力，但并不能够控制或者与其他方一起共同控制这些政策的制定。

4）企业对被投资单位不具有控制、共同控制或重大影响、在活跃市场上没有报价且公允价值不能可靠计量的权益性投资。

除上述情况以外，企业持有的其他权益性及债权性投资，包括为交易目的持有的投资，以及对被投资单位在重大影响下，且在活跃市场中有报价、公允价值能够可靠计量的权益性投资等，应当按照金融工具确认和计量会计准则相关规定核算。这些内容已在本书交易性金融资产、持有至到期投资、可供出售金融资产各任务中阐述。

二、长期股权投资的核算方法

长期股权投资核算的方法有两种：一是成本法；二是权益法。

1. 成本法的概念及其适用范围

成本法是指投资按成本计价的方法。根据企业会计准则的规定，长期股权投资成本法的核算适用于下列情形：

1）投资企业能够对被投资单位实施控制的长期股权投资，即对子公司投资。投资企业能够对被投资单位实施控制主要有以下几种情况，如：

① 投资企业直接拥有或通过子公司间接拥有被投资单位 50% 以上的表决权资本。表决权资本是指具有投票权的资本。

② 投资企业虽然直接拥有被投资单位 50% 或以下的表决权资本，但具有实质控制权的。投资企业对被投资单位是否具有实质控制权，可以通过以下一种或一种以上情形来判定：

a. 通过与被投资单位其他投资者的协议，投资企业拥有被投资单位 50% 以上表决权资本。例如，永安股份有限公司拥有太平路商场 40% 的表决权资本，民安商场拥有太平路商场 30% 的表决权资本。永安股份有限公司与民安商场达成协议，民安商场在太平路商场的权益由永安股份有限公司代表。本例中，永安股份有限公司实质上拥有太平路商场 70% 的表决权资本，表明永安股份公司实质上控制太平路商场。

b. 根据章程或协议，投资企业有权控制被投资单位的财务和经营政策。例如，投资企业拥有被投资单位 45% 的表决权资本，同时，根据协议，被投资单位的生产经营决策由投资单位控制。

c. 有权任免被投资单位董事会等类似权力机构的多数成员。在这种情况下，虽然投资企业拥有被投资单位 50% 或以下的表决权资本，但是，根据章程、协议等，投资企业有权任免被投资单位董事会的董事，从而达到实质上控制的目的。

d. 在董事会或类似权力机构会议上有半数以上投票权。在这种情况下，虽然投资企业拥有被投资单位 50% 或以下表决权资本，但是能够控制被投资单位董事会等类似权力机构的会议，从而控制其财务和经营政策，使其达到实质上的控制。

投资企业能够对被投资单位实施控制的，被投资单位为其子公司，投资企业应当将子公司纳入合并财务报表的合并范围。投资企业对子公司的长期股权投资，应当采用成本法核算，编制合并财务报表时按照权益法进行调整。

2）投资企业对被投资单位不具有控制共同控制或重大影响，并且在活跃市场中没有报价、公允价值不能可靠计量的长期股权投资。通常，企业对其他单位的投资占该单位有表决权资本总额 20% 以下，或对其他单位的投资虽占该单位有表决权资本总额 20% 以上，但不具有重大影响的，应当采用成本法核算。

投资企业与其他方对被投资单位实施共同控制的，被投资单位为其合营企业。这里所指的共同控制，仅指共同控制实体，不包括共同控制经营、共同控制财产等。其中，共同控制实体是指由两个或多个企业或个人共同投资建立的企业，该被投资企业的财务和经营政策必须由投资双方或若干方共同决定。

投资企业能够对被投资单位施加重大影响的，被投资单位为其联营企业。当投资企业直接拥有被投资单位 20% 或以上至 50% 的表决权资本时，一般认为对被投资单位具有重大影响。此外，虽然投资企业直接拥有被投资单位 20% 以下的表决权资本，但只要符合下列情况之一，也认为其对被投资单位具有重大影响：

① 在被投资单位的董事会或类似的权力机构中派有代表。在这种情况下，由于在被投

资单位的董事会或类似的权利机构中派有代表,并享有相应的实质性的参与决策权,投资企业可以通过该代表参与被投资单位政策的制定,从而对该被投资单位施加重大影响。

② 参与被投资单位的政策制定过程。在这种情况下,由于可以参与被投资单位的政策制定过程,在政策制定过程中可以为其自身利益而提出建议和意见,由此可以对该被投资单位施加重大影响。

③ 向被投资单位派出管理人员。这种情况下,通过投资企业对被投资单位派出管理人员,管理人员有权利并负责被投资单位的财务和经营活动,从而能对被投资单位施加重大影响。

④ 依赖投资企业的技术资料。这种情况下,由于被投资单位的生产经营需要依赖对方的技术或技术资料,从而表明投资企业对被投资单位具有重大影响。

⑤ 其他能足以证明投资企业对被投资单位具有重大影响的情形。

企业在确定能否对被投资单位实施控制或重大影响时,应当考虑投资企业和其他方持有的被投资单位当期可转换公司债券、当期可执行认股权证等潜在表决权因素。

① 投资企业在当前情况下,根据已持有股份及现行可实施潜在表决权转化后的综合持股水平,有能力对另外一个企业的生产经营决策施加重大影响或共同控制的,不应当对长期股权投资采用成本法核算,而应采用权益法核算。

② 在考虑现行被投资单位发行在外可执行潜在表决权的影响时,不应考虑企业管理层对潜在表决权的持有意图及企业在转换潜在表决权时的财务承受能力,但应注重潜在表决权的经济实质。

③ 考虑现行可执行的潜在表决权在转换为实际表决权后能否对被投资单位形成控制或重大影响时,应考虑本企业及其他企业持有的被投资单位潜在表决权的影响。

④ 考虑现行可执行被投资单位潜在表决权的影响仅为确定投资企业对被投资单位的影响能力,而不是用于确定投资企业享有或承担被投资单位净损益的份额,在确定了投资企业对被投资单位的影响能力后,如果投资企业对被投资单位具有共同控制、重大影响的,应按照权益法核算,但在按照权益法确认投资收益或投资损失时,应以现行实际持股比例为基础计算确定,不考虑可执行潜在表决权的影响。

2. 权益法的概念及其适用范围

权益法是指投资以初始投资成本计量后,在投资持有期间根据投资企业享有被投资单位所有者权益份额的变动对投资的账面价值进行调整的方法。

根据企业会计准则的规定,投资企业对被投资单位具有共同控制或重大影响的长期股权投资,应当采用权益法核算。通常情况下,投资企业对被投资单位的投资占该单位有表决权资本总额20%或20%以上,但不超过50%,或虽投资不足20%但具有重大影响的应当采用权益法核算。

为了核算企业长期股权投资,企业应当设置"长期股权投资""投资收益"等科目。

"长期股权投资"科目核算企业持有的采用成本法和权益法核算的长期股权投资,借方登记长期股权投资取得时的成本以及采用权益法核算时按被投资单位实现的净利润计算的应分享的份额,贷方登记收回长期股权投资的价值或采用权益法核算时被投资单位宣告分派现金股利或利润时企业按持股比例计算应享有的份额,及按被投资单位发生的净亏损计算的应分担的份额,期末借方余额,反映企业持有的长期股权投资的价值。

任务 2　采用成本法核算的长期股权投资

1. 长期股权投资初始投资成本的确定

采用成本法核算的
长期股权投资

除企业合并形成的长期股权投资以外，以支付现金取得的长期股权投资，应当按照实际支付的购买价款作为初始投资成本。企业所发生的与取得长期股权投资直接相关的费用、税金及其他必要支出应计入长期股权投资的初始投资成本。

此外，企业取得长期股权投资，实际支付价款或对价中包含的已宣告但尚未发放的现金股利或利润，作为应收项目处理，不构成长期股权投资的成本。

除企业合并形成的长期股权投资以外，以支付现金、非现金资产等其他方式取得的长期股权投资，应按照上述规定确定的长期股权投资初始投资成本，借记"长期股权投资"科目，贷记"银行存款"等科目。如果实际支付的价款中包含有已宣告但尚未发放的现金股利或利润，借记"应收股利"科目，贷记"长期股权投资"科目。

【例 5-1】 甲公司 2020 年 1 月 10 日购买乙公司发行的 20% 的股份，实际支付价款 6 000 万元，另外，企业购买该股票时发生有关税费 150 万元，款项已由银行存款支付。甲公司应作如下会计处理：

借：长期股权投资——乙公司　　　　　　　　　　　　　61 500 000
　　贷：银行存款　　　　　　　　　　　　　　　　　　　　61 500 000

【例 5-2】 如【例 5-1】中甲公司支付价款 6 000 万元，其中包括已宣告发放但尚未支取的现金股利 50 000 元。则账务处理如下：

借：长期股权投资——乙公司　　　　　　　　　　　　　61 450 000
　　应收股利　　　　　　　　　　　　　　　　　　　　　　　50 000
　　贷：银行存款　　　　　　　　　　　　　　　　　　　　61 500 000

2. 长期股权投资持有期间被投资单位宣告发放现金股利或利润

长期股权投资持有期间被投资单位宣告发放现金股利或利润时，投资企业按应享有的部分确认为投资收益，但投资企业确认的投资收益，仅限于所获得的被投资单位在接受投资后产生的累积净利润的分配额，借记"应收股利"科目，贷记"投资收益"科目。属于被投资单位在取得本企业投资前实现净利润的分配额，应作为投资成本的收回，借记"应收股利"科目，贷记"长期股权投资"科目。

【例 5-3】 甲公司于 2019 年 4 月 10 日取得乙公司 5% 股权，成本为 12 000 000 元。2020 年 3 月 6 日，乙公司宣告分派股利，甲公司按持股比例可取得 100 000 元。乙公司于 2020 年 3 月 12 日实际分派利润。甲公司应作如下账务处理：

借：长期股权投资——乙公司　　　　　　　　　　　　　12 000 000
　　贷：银行存款　　　　　　　　　　　　　　　　　　　　12 000 000
借：应收股利　　　　　　　　　　　　　　　　　　　　　　100 000
　　贷：投资收益　　　　　　　　　　　　　　　　　　　　　 100 000
借：银行存款　　　　　　　　　　　　　　　　　　　　　　100 000
　　贷：应收股利　　　　　　　　　　　　　　　　　　　　　 100 000

任务 3　采用权益法核算的长期股权投资

1. 取得长期股权投资

长期股权投资的初始投资成本大于投资时应享有被投资单位可辨认净资产公允价值份额的，该部分差额是投资企业在购入该项投资过程中通过购买作价体现出的与所取得股权份额相对应的商誉，不调整已确认的初始投资成本，而是构成长期股权投资的成本，借记"长期股权投资——成本"科目，贷记"银行存款"等科目。

长期股权投资的初始投资成本小于投资时应享有被投资单位可辨认净资产公允价值份额的，该部分差额可以看作是被投资单位的股东给予投资企业的让步，或是出于其他方面的考虑，被投资单位的原有股东无偿赠与投资企业的价值，因而应确认为当期收益，同时调整长期股权投资的成本，借记"长期股权投资——成本"科目，贷记"银行存款"等科目，按其差额，贷记"营业外收入"科目

【例 5-4】 2020 年 1 月 1 日，甲公司以银行存款 400 万元向乙公司投资，占乙公司有表决权股份的 25%，采用权益法核算。当日，乙公司可辨认净资产公允价值为 1 700 万元。假定不考虑其他因素。甲公司的会计处理如下：

```
借：长期股权投资——成本（乙公司）         4 000 000
    贷：银行存款                                  4 000 000
借：长期股权投资——成本（乙公司）           250 000
    贷：营业外收入                                  250 000
或借：长期股权投资——成本（乙公司）       4 250 000
    贷：银行存款                                  4 000 000
        营业外收入                                    250 000
```

【例 5-5】 如果【例 5-4】中，乙公司当日可辨认净资产公允价值为 1 500 万元。则甲公司会计分录如下：

```
借：长期股权投资——成本（乙公司）         4 000 000
    贷：银行存款                                  4 000 000
```

2. 持有长期股权投资期间被投资单位实现净利润或发生净亏损

根据被投资单位实现的净利润计算应享有的份额，借记"长期股权投资——损益调整"科目，贷记"投资收益"科目。被投资单位发生净亏损作相反的会计分录，但以本科目的账面价值减记至零为限，借记"投资收益"科目，贷记"长期股权投资——损益调整"科目。

被投资单位以后宣告发放现金股利或利润时，企业计算应分得的部分，借记"应收股利"科目，贷记"长期股权投资——损益调整"科目。收到被投资单位宣告发放的股票股利，不进行账务处理，但应在备查簿中登记。

【例 5-6】 2019 年南方股份有限公司实现净利润 10 000 000 元。甲公司按照持股比例确认投资收益 3 000 000 元。2020 年 2 月 15 日，南方股份有限公司已宣告发放现金股利，每 10 股派 3 元，甲公司可分派到 1 500 000 元。2020 年 4 月 15 日，甲公司收到南方股份有限公司分派的现金股利。甲公司应作如下会计处理：

(1) 确认南方股份有限公司实现的投资收益时：
借：长期股权投资——损益调整　　　　　　　　　　　　　　3 000 000
　　贷：投资收益　　　　　　　　　　　　　　　　　　　　　　3 000 000

(2) 南方股份有限公司宣告发放现金股利时：
借：应收股利　　　　　　　　　　　　　　　　　　　　　　　1 500 000
　　贷：长期股权投资——损益调整　　　　　　　　　　　　　　1 500 000

(3) 收到南方股份有限公司宣告发放的现金股利时：
借：银行存款　　　　　　　　　　　　　　　　　　　　　　　1 500 000
　　贷：应收股利　　　　　　　　　　　　　　　　　　　　　　1 500 000

3. 持有长期股权投资期间被投资单位其他综合收益变动的处理

在持股比例不变的情况下，被投资单位其他综合收益发生变动，企业按照持股比例计算归属于本企业的部分，调整长期股权投资的账面价值，借记或贷记"长期股权投资——其他综合收益"科目，贷记或借记"其他综合收益"。

【例5-7】 承【例5-6】2021年南方股份有限公司其他权益工具投资的公允价值增加了4 000 000元。甲公司按照持股比例确认相应的其他综合收益1 200 000元。甲公司应作如下会计处理：

借：长期股权投资——其他综合收益　　　　　　　　　　　　　1 200 000
　　贷：其他综合收益　　　　　　　　　　　　　　　　　　　　1 200 000

任务4　成本法与权益法的转换

1. 权益法转为成本法

根据新企业会计准则的规定，投资企业因减少投资等原因对被投资单位不再具有控制共同控制或重大影响的，并且在活跃市场中没有报价、公允价值不能可靠计量的长期股权投资，应当改按成本法核算，并以权益法下长期股权投资的账面价值作为按照成本法核算的初始投资成本。

【例5-8】 甲公司2019年对乙公司投资，占乙公司注册资本的20%。乙公司的其他股份分别由其他四个企业平均持有。甲公司采用权益法核算对乙公司的投资，至2020年12月31日，甲公司对乙公司投资的账面价值为600万元，其中，投资成本400万元，损益调整200万元。2021年1月5日，乙公司的某一股东A公司收购了甲公司对乙公司投资的50%，款项为350万元。甲公司持有乙公司10%的股份，并失去影响力。为此，甲公司改按成本法核算。甲公司的有关会计处理如下：

(1) 向A公司出售持有的乙公司部分股权
借：银行存款　　　　　　　　　　　　　　　　　　　　　　　3 500 000
　　贷：长期股权投资——乙公司（投资成本）　　　　　　　　　2 000 000
　　　　　　　　　　　　——乙公司（损益调整）　　　　　　　1 000 000
　　　　投资收益　　　　　　　　　　　　　　　　　　　　　　　500 000

(2) 出售部分股权后投资的账面价值为3 000 000元，即为新的投资成本
借：长期股权投资——乙公司　　　　　　　　　　　　　　　　3 000 000

贷：长期股权投资——乙公司（投资成本）　　　　　　　　　2 000 000
　　　　　　——乙公司（损益调整）　　　　　　　　　1 000 000

2. 成本法转为权益法

根据新企业会计准则的规定，因追加投资等原因能够对被投资单位实施共同控制或重大影响但不构成控制的，应当改按权益法核算，并以成本法下长期股权投资的账面价值或按照《企业会计准则第22号——金融工具确认和计量》确定的投资账面价值作为按照权益法核算的初始投资成本。

【例5-9】　甲公司于2019年1月1日以520 000元购入乙公司股票，占乙公司实际发行在外股数的10%，另支付2 000元相关税费等，甲公司采用成本法核算。2019年5月2日，乙公司宣告分派2019年度的股利，每股分派0.1元的现金股利，甲公司可以获得40 000元的现金股利。2020年1月5日，甲公司再以现金1 800 000元购入乙公司实际发行在外股数的25%，另支付9 000元相关税费。至此持股比例达35%，改用权益法核算此项投资。2020年度乙公司实现的净利润为400 000元。甲公司的会计处理如下：

(1) 2019年1月1日投资时
借：长期股权投资——乙公司　　　　　　　　　　　　　　522 000
　　贷：银行存款　　　　　　　　　　　　　　　　　　　　　522 000

(2) 2019年宣告分派股利
借：应收股利　　　　　　　　　　　　　　　　　　　　　　40 000
　　贷：长期股权投资——乙公司　　　　　　　　　　　　　　40 000

(3) 2020年1月5日再次投资时
借：长期股权投资——投资成本　　　　　　　　　　　　　2 291 000
　　贷：长期股权投资——乙公司　　　　　　　　　　　　　482 000
　　　　银行存款　　　　　　　　　　　　　　　　　　　1 809 000

(4) 2020年乙公司实现净利润
借：长期股权投资——损益调整　　　　　　　　　　　　　140 000
　　贷：投资收益　　　　　　　　　　　　　　　　　　　　140 000

任务5　长期股权投资减值

企业持有的长期股权投资，应当定期对其账面价值逐项进行检查，至少于每年年末检查一次。如果由于市价持续下跌或被投资单位经营状况变化等原因导致其可收回金额低于投资的账面价值，应将可收回金额低于长期股权投资账面价值的差额，确认为当期投资损失。可收回金额是指企业资产的出售净价与预期从该资产的持有和投资到期处置中形成的预计未来现金流量的现值两者之中的较高者。其中，出售净价是指资产的出售价格减去所发生的资产处置费用后的余额。

为了核算企业提取的长期股权投资减值准备，企业应设置"长期股权投资减值准备"科目。期末，如果预计可收回金额低于其账面价值的差额，借记"资产减值损失——计提的长期股权投资减值准备"科目，贷记"长期股权投资减值准备"科目。

企业持有的长期股权投资是否计提减值准备，需分下列情况确定：

1) 有市价的长期股权投资,可根据以下迹象判断:市价持续 2 年低于账面价值;该项投资暂停交易 1 年或 1 年以上;被投资单位当年发生严重亏损;被投资单位持续 2 年发生亏损;被投资单位进行清理整顿、清算或出现其他不能持续经营的迹象。

2) 无市价的长期股权投资,可根据以下迹象判断:影响被投资单位经营的政治或法律环境的变化,如税收、贸易等法规的颁布或修订,可能导致被投资单位出现巨额亏损;被投资单位所供应的商品或提供的劳务因产品过时或消费者偏好改变而使市场的需求发生变化,从而导致被投资单位财务状况发生严重恶化;被投资单位所在行业的生产技术等发生重大变化,被投资单位已失去竞争能力,从而导致财务状况发生严重恶化,如进行清理整顿、清算等;有证据表明该项投资实质上已经不能再给企业带来经济利益的其他情形。

【例 5-10】 2020 年 12 月 31 日,甲公司持有乙公司的普通股股票账面价值为 675 000 元,作为长期股权投资并采用权益法进行核算;由于乙公司当年度经营不善,资金周转发生困难,使得其股票市价下跌至 570 000 元,短期内难以恢复;假设甲公司本年度首次对其计提长期股权投资减值准备。

甲公司计提长期股权投资减值准备的会计处理如下:

借:资产减值损失
　　——计提的长期股权投资减值准备　　　　　　　　　　105 000
　　贷:长期股权投资减值准备——乙公司　　　　　　　　　　　105 000

长期股权投资减值损失一经确认,在以后会计期间不得转回。

任务 6　长期股权投资的处置

企业持有长期股权投资的过程中,决定将所持有的对被投资单位的股权全部或部分对外出售时,应相应结转与所售股权相对应的长期股权投资的账面价值,出售所得价款与处置长期股权投资账面价值之间的差额,应确认为处置损益。

采用权益法核算的长期股权投资,原计入资本公积中的金额,在处置时应进行结转,将与所出售股权相对应的部分在处置时自资本公积转入当期损益。

【例 5-11】 甲公司原持有乙公司 40% 的股权,2020 年 12 月 20 日,甲公司决定出售其持有的乙公司股权的 25%,出售时甲公司账面上对乙公司长期股权投资的账面价值构成为:投资成本 1 200 万元,损益调整为 320 万元,其他权益变动为 200 万元,出售时取得价款 480 万元。

甲公司账务处理为:

借:银行存款　　　　　　　　　　　　　　　　　　　　4 800 000
　　贷:长期股权投资　　　　　　　　　　　　　　　　　　4 300 000
　　　　投资收益　　　　　　　　　　　　　　　　　　　　　500 000

同时,还应将原计入资本公积的部分按比例转入当期损益

借:资本公积——其他资本公积　　　　　　　　　　　　　　500 000
　　贷:投资收益　　　　　　　　　　　　　　　　　　　　　500 000

任务7　长期股权投资的披露内容

根据企业会计准则的规定，投资企业应当在附注中披露与长期股权投资有关的下列信息：

1）子公司、合营企业和联营企业清单，包括企业名称、注册地、业务性质、投资企业的持股比例和表决权比例。

2）合营企业和联营企业当期的主要财务信息，包括资产、负债、收入、费用等合计金额。

3）被投资单位向投资企业转移资金的能力受到严格限制的情况。

4）当期及累计未确认的投资损失金额。

5）与对子公司、合营企业及联营企业投资相关的或有负债。

思政拓展 "红军会计制度创始人"——高捷成

作为青年大学生要学习领会党的二十大精神，力争成为有理想、敢担当、能吃苦、肯奋斗的新时代好青年，学习红军长征精神，爱国、敬业、诚信、友善，是做人之根本。唯有高尚的情操，才能成就风采人生。

高捷成，冀南银行（中国人民银行前身之一）首任行长，被称为"红军会计制度创始人""我党金融事业的奠基者"。1928年，一心想走"读书救国"之路的高捷成，考入了厦门大学攻读经济学，曾在上海中南银行谋职，后又弃商从戎，踏上瑞金这片红土地，加入了中国共产党，协助毛泽民草拟经济计划，筹划组建银行，并首创红军会计工作制度。七七卢沟桥事变爆发后，他随刘伯承、邓小平领导的八路军129师挺进太行山，开辟晋冀鲁豫敌后抗日根据地，创建冀南银行，高捷成出任行长兼政委。冀南银行对外号称八路军工作团，为避免暴露目标，身为行长的高捷成总是严以律己，以身作则，从不搞特殊化。冀南银行的物资和设备，大多通过迂回曲折的关系和渠道，从日伪占领下的石家庄、德州等地采购而来，时常要靠人背马驮的方式，日夜兼程，躲避敌军的围追堵截，冀南银行也被称为"马背银行"。

1943年5月，日军又对冀南地区发动了一场大规模的扫荡。当时，高捷成正在银行总部召开会议，获悉情报后立马肩负起"马背银行"的职责，执行隐藏银行物资的预案并安排员工迅速转移。之后他又返回总行部署反扫荡工作，几位同志建议立即撤离，但高捷成坚持要到附近的分行开展救援工作。在一个细雨蒙蒙的下午，一行人赶到河北省内丘县白鹿角村，因汉奸告密，敌人奔袭而来包围了他们借宿的院子。大家全力往山上突围，到达村外时，高捷成发现警卫员没有跟上来，冒着子弹在耳边呼啸的危险，又返回村庄寻找，不幸被敌人的子弹击中，长眠不起，年仅34岁。他以高尚的品质，英勇无畏的革命精神，为我党金融事业的创立做出了卓越的贡献。

小　　结

成本法是指长期股权投资按成本计价的方法。长期股权投资成本法核算适用以下情形：（1）投资企业能够对被投资单位实施控制的长期股权投资，即对子公司投资；（2）投资企业对被投资单位不具有控制、共同控制或重大影响，并且在活跃市场中没有报价、公允价值不能可靠计量的长期股权投资。采用成本法核算长期股权投资的，长期股权投资取得时，应按照初始投资成本计价；长期股权投资持有期间被投资单位发放现金股利或利润时，企业按应享有的部分确认为投资收益；处置长期股权投资时，按实际取得的价款与长期股权投资账面价值的差额确认为投资损益，并应同时结转已计提的长期股权投资减值准备。

权益法是指投资以初始投资成本计量后，在投资持有期间根据投资企业享有被投资单位所有者权益份额的变动对投资的账面价值进行调整的方法。长期股权投资权益法核算适用于投资企业对被投资单位具有共同控制或重大影响的长期股权投资。采用权益法核算长期股权投资的，长期股权投资初始投资成本大于投资时应享有被投资单位可辨认净资产份额的，不调整已确认的初始投资成本。长期股权投资初始投资成本小于投资时应享有被投资单位可辨认净资产份额的部分，计入营业外收入。根据被投资单位实现的净利润计算应享有的份额，确认为投资收益。在持股比例不变的情况下，被投资单位除净损益以外所有者权益的其他变动，企业按持股比例计算应享有的份额，调整资本公积。处置长期股权投资时，按实际取得的价款与长期股权投资账面价值的差额确认为投资损益，并应同时结转已计提的长期股权投资减值准备。同时，还应结转原已记入资本公积的相关金额。

根据新企业会计准则的规定，投资企业因减少投资等原因对被投资单位不再具有共同控制或重大影响的，并且在活跃市场中没有报价、公允价值不能可靠计量的长期股权投资，应当改按成本法核算，并以权益法下长期股权投资的账面价值作为按照成本法核算的初始投资成本。成本法转为权益法。根据新企业会计准则的规定，因追加投资等原因能够对被投资单位实施共同控制或重大影响但不构成控制的，应当改按权益法核算，并以成本法下长期股权投资的账面价值或按照《企业会计准则第22号——金融工具确认和计量》确定的投资账面价值作为按照权益法核算的初始投资成本。

思 考 题

5-1 简述长期股权投资的概念及其范围。
5-2 简述长期股权投资成本法的概念及其适应范围。
5-3 如何判断长期股权投资是否发生减值？

实训练习题

习题一

1. 目的
练习长期股权投资的核算。
2. 资料
（1）星海公司以支付现金的方式取得乙公司5%的股权作为长期股权投资，实际支付的购买价款（包括相关税费）为325万元。股票购买价款中包含星海公司应享有的乙公司已宣告但尚未发放的现金股利40万元。
（2）2019年1月2日，星海公司在公开交易的股票市场上购买了甲股份有限公司60%的股份，价款为4 500 000元，当日甲公司可辨认净资产公允价值总额为10 000 000元。
（3）2020年1月10日，星海公司以211 500元的价款（包括相关税费）取得宇通公司2%的股份作为长期股权投资，采用成本法记账。2020年3月5日，宇通公司宣告分派2020

年度利润。星海公司应享有现金股利 12 000 元。2020 年度宇通公司由于受客观因素的影响,本年发生巨额亏损。该影响预计在短期内难以消除,2020 年 12 月 31 日,星海公司计提减值准备 80 000 元。

3. 要求

编制星海公司有关长期股权投资的会计分录。

习题二

1. 目的

练习长期股权投资的转让及核算方法的转换。

2. 资料

甲公司持有乙公司 20% 的股份,采用权益法核算。截至 2019 年 12 月 31 日,该项股权投资的账面价值为 300 万元,其中,成本 200 万元,损益调整 100 万元(应享有乙公司 2019 年度的收益份额已确认入账)。2020 年 1 月 1 日,甲公司以 160 万元的价格将持有的乙公司股份转让了一半,甲公司对乙公司的持股比例降至 10%,不再具有重大影响,因此,改按成本法核算。2020 年 3 月 20 日乙公司宣告 2019 年度利润分配方案,决议分配现金股利 200 万元,并于 4 月 25 日发放。

3. 要求

根据上述经济业务作相关的会计处理。

项目 6

固定资产

> **学习目标**
>
> 理解固定资产及临时设施的基本概念、特征与分类;掌握固定资产的计价方法以及固定资产折旧的各种计算方法;熟练掌握固定资产增加的核算、固定资产折旧的核算、固定资产清理清查的核算等内容;熟悉影响固定资产折旧的因素;熟悉临时设施的购建、摊销、清理等内容核算;了解固定资产的特征、分类和计价方法。

固定资产是施工企业从事施工生产活动的主要劳动资料。固定资产的价值随着使用磨损程度,逐渐地、部分地转化为受益期间的费用,通过计提折旧的方式计入有关工程成本或期间费用,其核算方法与存货有所不同。固定资产是企业的一项重要资产,其核算的正确与否,不仅会影响到企业资产负债表反映信息的质量,而且还会影响到利润表反映信息的质量。因此,施工企业应加强对固定资产进行核算和管理。

任务 1　固定资产认知

一、固定资产的含义与特征

1. 固定资产的含义

根据企业会计准则的规定,固定资产是指同时具有下列特征的有形资产:①为生产商品、提供劳务、出租或进行经营管理而持有的;②使用寿命超过一个会计年度。未作为固定资产管理的工具、器具等,作为低值易耗品核算。

2. 固定资产的特征

从固定资产的定义可以看出,作为企业的固定资产应具有以下特征:

第一,固定资产属于有形资产。一般情况下,除无形资产、应收账款、应收票据、其他应收款等资产外,资产都具有实物形态,对于固定资产来说,这一特征更为明显。例如,固定资产一般表现为房屋、建筑物、机器、机械、运输工具以及其他与生产、经营有关的设备、器具、工具等。也就是说,固定资产具有实物形态,可以摸得着、看得见。固定资产是有形资产这一特征,将其与无形资产、应收账款、应收票据、其他应收款等资产区别开来。

第二,固定资产是指为生产商品、提供劳务、出租或经营管理而持有的。这是固定资产的基本特征。企业持有固定资产的目的是为了生产商品、提供劳务、出租或经营管理。从而将其与企业持有的存货区别开来。企业持有无形资产的目的也是为了生产商品、提供劳务、出租或经营管理，但无形资产没有实物形态。因此，无形资产不属于固定资产。

第三，固定资产的使用年限超过一年，即固定资产的耐用年限至少超过一年或大于一年的一个生产经营周期，最终要废弃或重置。可以永久使用的土地也属于固定资产的一种，但按照我国的土地政策，土地归国家所有，企业只有使用权。目前大多数企业账面并不反映土地这项固定资产，只有少数企业账面上保留的20世纪50年代已估价入账的土地。目前，按照《企业会计准则》这一资产计入无形资产账户的土地使用权明细科目内，并分期进行摊销。固定资产使用年限超过一年这一特征说明计提折旧的必要性，并表明企业为了获得固定资产并把它投入生产经营活动而发生的支出属于资本性支出，而不是收益性支出。这一特征，将其与流动资产区别开来。

第四，固定资产的单位价值较高。这一特征表明，固定资产与低值易耗品、包装物等存货不同，应区别开来。

施工企业应根据《企业会计准则》规定的固定资产标准，结合本企业的具体情况，制定固定资产目录，作为核算的依据。

二、固定资产的确认条件

某一资产项目，如果要作为固定资产加以确认，首先，需要符合固定资产的定义；其次，还需要符合固定资产的确认条件，即与该固定资产有关的经济利益很可能流入企业，该固定资产的成本能够可靠地计量。

(1) 与该固定资产有关的经济利益很可能流入企业　资产最基本的特征是预期能给企业带来经济利益；如果某一项目预期不能给企业带来经济利益，就不能确认为企业资产。对于固定资产的确认来说，如果某一固定资产预期不能给企业带来经济利益，就不能确认为企业的固定资产。判断固定资产包含的经济利益是否流入企业，主要依据为该固定资产所有权相关的风险和报酬是否转移到了企业。其中，与固定资产所有权相关的风险是指由于经营情况变化造成的相关收益的变动，以及由于资产闲置、技术陈旧等原因造成的损失；与固定资产所有权相关的报酬是指在固定资产使用寿命内直接使用该资产而获得的收入，以及处置该资产所实现的利得等。

通常情况下，取得固定资产所有权是判断与固定资产所有权有关的风险和报酬转移到企业的一个重要标志。凡是所有权已属于企业，无论企业是否收到或拥有该固定资产，均可作为企业的固定资产；反之，如果没有取得所有权，即使存放在企业，也不能作为企业的固定资产。但是，所有权是否转移，不是判断与固定资产所有权相关的风险和报酬是否转移到企业的唯一标志。在有些情况下，某项固定资产的所有权虽然不属于企业，但是，企业能够控制与该项固定资产有关的经济利益流入企业，这就意味着与该固定资产所有权相关的风险和报酬实质上已转移到了企业，在这种情况下，企业应将该项固定资产予以确认。例如，融资租入的固定资产，企业（承租人）虽然不拥有该固定资产的所有权，但企业能够控制与该固定资产有关的经济利益流入企业，与该固定资产所有权相关的风险和报酬实质上已转移到了企业（承租人），因此，满足固定资产确认的第一个条件。

对于施工企业持有的模板、挡板、架料等周转材料，企业应当根据实际情况，分别核算和管理。

（2）该固定资产的成本能够可靠地计量　成本能够可靠地计量是资产确认的一项基本条件。固定资产作为企业资产的重要组成部分，要予以确认，其为取得该固定资产而发生的支出也必须能够可靠地计量。企业在确定固定资产成本时，有时需要根据所获得的最新资料进行合理地估计。如果企业能够合理地估计出固定资产的成本，则视同固定资产的成本能够可靠地计量。例如，对于已达到预定可使用状态的固定资产，在尚未办理竣工决算前，企业需要根据工程预算、工程造价或者工程实际发生的成本等资料，按暂估价值确定固定资产的成本，待办理了竣工决算手续后，再按实际成本调整原来的暂估价值。

如果固定资产的成本能够可靠地计量，并同时满足其他确认条件，就可以加以确认；否则，企业不应加以确认。

对于固定资产进行确认时，还需要注意以下两个问题：

一是固定资产的各组成部分具有不同使用寿命或者以不同方式为企业提供经济利益，适用不同折旧率或折旧方法的，应当分别将各组成部分确认为单项固定资产。

二是与固定资产有关的后续支出，满足固定资产确认条件的，应当计入固定资产成本；不满足固定资产确认条件的，应当在发生时计入当期损益。

三、固定资产的分类

施工企业的固定资产数量大、品种多、规格不一，其性能、用途和使用年限也不相同。为了加强管理，便于组织核算，正确计提折旧，管好用好固定资产，应当对其进行科学合理地分类。根据不同管理要求和标准可以对固定资产进行不同地分类，常见的固定资产的分类方法，主要有以下几种：

1. 按固定资产经济用途分类

按固定资产经济用途分类，可分为生产经营用固定资产和非生产经营用固定资产。

1）生产经营用固定资产是指直接服务于施工企业生产、经营过程的各种固定资产，如生产经营用的房屋、建筑物、机器、设备、器具、工具等。

2）非生产经营用固定资产是指不直接服务于施工企业生产、经营过程的各种固定资产，如职工宿舍、食堂、浴室、理发室等使用的房屋、设备和其他固定资产等。

按照固定资产的经济用途分类，可以归类反映和监督施工企业生产经营用固定资产和非生产经营用固定资产之间，以及生产经营用各类固定资产之间的组成和变化情况，借以考核和分析企业固定资产的利用情况，促使企业合理地配备固定资产，充分发挥其效用。

2. 按固定资产使用情况分类

按固定资产使用情况分类，可分为使用中固定资产、未使用固定资产和不需用固定资产。

1）使用中固定资产是指正在使用中的经营性和非经营性固定资产。由于季节性经营或大修理等原因，暂停止使用的固定资产仍属于企业使用中的固定资产；企业出租（指经营性租赁）给其他单位使用的固定资产和内部替换使用的固定资产也属于使用中的固定资产。

2）未使用固定资产是指已完工或已购建的尚未正式使用的新增固定资产以及因进行改建、扩建等原因暂停使用的固定资产。如企业购建的尚未正式使用的固定资产、经营任务变更停止使用的固定资产以及主要的备用设备等。

3）不需用固定资产是指本企业多余或不适用的固定资产。

按照固定资产使用情况分类，有利于反映施工企业固定资产的使用情况及其比例关系，便于分析固定资产的利用效率，挖掘固定资产的使用潜力，促使企业合理地使用固定资产。

3. 综合分类

按固定资产的经济用途和使用情况等综合分类，可把施工企业的固定资产分为七大类：

1）生产经营用固定资产。

2）非生产经营用固定资产。

3）租出固定资产（企业以经营租赁方式出租给外单位使用的固定资产）。

4）不需用固定资产。

5）未使用固定资产。

6）土地（过去已经估价单独入账的土地）。因征地而支付的补偿费，应计入与土地有关的房屋、建筑物的价值内，不单独作为土地价值入账。企业取得的土地使用权应作为无形资产管理，不作为固定资产管理。

7）融资租入固定资产，指企业以融资租赁方式租入的固定资产，在租赁期内，应同自有固定资产进行管理。

这种分类，有助于反映施工企业固定资产的构成情况、使用情况和所有权状况，促使企业合理使用和配备固定资产，充分挖掘固定资产的潜力，不断提高固定资产的利用率。

施工企业除可以按上述方法进行分类以外，还可以根据自身的经营状况和经营规模，选择适合于本企业的分类方法。但实际工作中，企业大多采用综合分类的方法作为编制固定资产目录，进行固定资产核算的依据。

四、固定资产的核算

为了核算固定资产，企业一般需要设置"固定资产""累计折旧""在建工程""工程物资""固定资产清理"等科目，核算固定资产取得、计提折旧、处置等情况。

"固定资产"科目核算施工企业所有固定资产原价的增减变动及结存情况。其借方登记从不同渠道增加的固定资产的原价；贷方登记因各种原因而减少的固定资产的原价。期末借方余额，反映企业期末固定资产的账面原价。企业应设置"固定资产登记簿"和"固定资产卡片"，按固定资产类别、使用部门和每项固定资产进行明细核算。

"累计折旧"科目属于"固定资产"的调整科目，核算施工企业固定资产因使用而损耗掉的价值。其贷方登记企业按月计提的固定资产折旧；借方登记企业因各种原因减少固定资产而相应转出的账面已提折旧。期末贷方余额，反映企业提取的固定资产折旧累计数。本科目只进行总分类核算，不进行明细分类核算。如果需要查明某项固定资产的已提折旧，可以根据固定资产卡片上所记载的该项固定资产原值、折旧率和实际使用年数等资料进行核算。

"在建工程"科目核算施工企业进行各项固定资产购建工程所发生的实际支出。在建工程包括新建固定资产工程，改、扩建固定资产工程，大修理工程以及购入需要安装设备的安装工程等。其借方登记固定资产的在建工程已经发生的实际支出；贷方登记改、扩建工程发生的变价收入和已完工交付使用工程的实际成本。期末借方余额反映尚未达到预定可使用状态的在建工程的成本。本科目应设置"建筑工程""安装工程""在安装设备""技术改造工程""大修理工程""其他支出"等明细科目进行核算。

"工程物资"科目核算施工企业为在建工程而准备的各种物资的实际成本。其借方登记企业购入工程物资的实际成本，贷方登记领用工程物资的成本，期末借方余额，反映企业为在建工程准备的各种物资的成本。本科目应设置"专用材料""专用设备""预付大型设备款""为生产准备的工具及器具"等明细账户进行核算。

"固定资产清理"科目核算施工企业因出售、报废和毁损等原因转出的固定资产价值及其在清理过程中所发生的清理费用和清理收入等。其借方登记因各种原因转入清理的固定资产账面价值，清理过程中应支付的相关税费及其他费用，贷方登记固定资产清理完成的处理，企业以固定资产清偿债务、以固定资产换入其他资产的，也应通过本科目核算。本科目期末借方余额，反映企业尚未清理完毕固定资产清理净损失。贷方余额反映企业尚未清理完毕固定资产清理净收益。本科目应按被清理的固定资产项目设置明细账，进行明细核算。

此外，企业固定资产、在建工程、工程物资发生减值的，还应当设置"固定资产减值准备""在建工程减值准备""工程物资减值准备"等科目进行核算。

任务 2　固定资产的取得

固定资产

一、固定资产的初始计量

固定资产的初始计量是指确定固定资产的初始投资成本。固定资产应当按照成本进行初始计量。固定资产成本是指企业购建某项固定资产达到预定可使用状态前所发生的一切合理、必要的支出。这些支出既包括直接发生的价款、运杂费、包装费和安装成本等，也包括间接发生的其他一些费用，如应承担的借款利息、外币借款折算差额以及应分摊的其他间接费用。对于特定行业的特定固定资产，确定其成本时，还应当考虑预计弃置费用因素，如核电站核废料的处置等。

由于固定资产的取得方式不同，其价值构成的具体内容也有所不同。

二、取得固定资产的渠道

施工企业取得固定资产的渠道有以下几个方面：
1) 企业购入的固定资产。
2) 企业自行建造完工的固定资产。
3) 投资者投入的固定资产。
4) 租入的固定资产。
5) 对原有固定资产进行改建、扩建形成的固定资产。
6) 债务重组取得的固定资产。
7) 非货币性资产交换方式换入的固定资产。
8) 接受捐赠的固定资产。
9) 盘盈的固定资产。

三、取得固定资产的核算

1. 购入固定资产的核算

施工企业购入固定资产的成本，包括购买价款、相关税费，使固定资产达到预定可使用状态前所发生的可归属于该项资产的运输费、装卸费、安装费和专业人员服务费等。购买固定资产的价款超过正常信用条件延期支付,实质上具有融资性质的,固定资产的成本以购买价款的现值为基础确定。外购固定资产分为不需要安装的固定资产和需要安装的固定资产两类。

(1) 购入不需要安装的固定资产　这种情况是指企业购入的固定资产不需要安装就可以直接交付使用。企业应按购入固定资产时实际支付的买价、运输费、装卸费,专业人员服务费和其他相关税费等,借记"固定资产"科目,贷记"银行存款"等科目。

【例 6-1】　某施工企业购入一台不需要安装就可投入使用的运输车辆,取得的增值税普通发票上注明的设备价款为 800 000 元,增值税进项税额为 104 000 元,发生的运杂费为 5 000 元,以银行存款转账支付。假定不考虑其他相关税费。账务处理如下:

借:固定资产——生产用固定资产——××车辆　　　　　　909 000
　　贷:银行存款　　　　　　　　　　　　　　　　　　　　　909 000

(2) 购入需要安装的固定资产　这种情况是指企业购入的固定资产需要经过安装才能交付使用。企业购入固定资产时实际支付的买价、运输费、装卸费,专业人员服务费和其他相关税费等均应先通过"在建工程"科目核算,待安装完毕达到预定可使用状态时,再由"在建工程"科目转入"固定资产"科目。

【例 6-2】　某施工企业购入一台需要安装的生产用机器设备,取得的增值税普通发票上,注明的设备价款为 260 000 元,增值税税额为 33 800 元,支付的运输费为 3 000 元,款项已通过银行支付;安装设备时领用原材料钢材一批,账面余额为 28 314 元,未计提存货跌价准备;应付安装工人工资为 4 800 元。假定不考虑其他相关税费。账务处理如下:

(1) 支付设备价款、增值税、运输费合计为 296 800 元

借:在建工程——在安装设备　　　　　　　　　　　　　296 800
　　贷:银行存款　　　　　　　　　　　　　　　　　　　　　296 800

(2) 安装中领用原材料,支付安装工人工资合计为 33 114 元

借:在建工程——××在安装设备　　　　　　　　　　　　33 114
　　贷:原材料——主要材料——××钢材　　　　　　　　　　28 314
　　　　应付职工薪酬——工资　　　　　　　　　　　　　　　4 800

(3) 设备安装完毕达到预定可使用状态

借:固定资产——生产用固定资产——××生产设备　　　329 914
　　贷:在建工程——××在安装设备　　　　　　　　　　　　329 914

企业基于产品价格等因素的考虑,可能以一笔款项购入多项没有单独标价的固定资产。如果这些资产均符合固定资产的定义,并满足固定资产的确认条件,则应将各项固定资产单独确认为固定资产,并按各项固定资产公允价值的比例对总成本进行分配,分别确定各项固定资产的成本。

2. 建造固定资产

自行建造的固定资产,按建造该项资产达到预定可使用状态前所发生的必要支出,作为固定资产的成本。

施工企业自行建造的固定资产,可以采用自营方式,也可以采用出包方式,不同的方式有不同的会计核算方法。

(1) 自营方式建造固定资产　自营工程是指企业自行组织工程物资采购、自行组织施

工人员施工的建筑工程和安装工程。施工企业通过自营方式建造的固定资产，按建造该项资产达到预定可使用状态前所发生的必要支出，借记"在建工程"科目，贷记"银行存款""原材料""应付职工薪酬"等科目。工程达到预定可使用状态后，按其成本，借记"固定资产"科目，贷记"在建工程"科目。

【例6-3】某施工企业准备建造一幢生产用厂房，为此购入工程物资一批，价款为250 000元，取得的增值税普通发票税额为32 500元，款项以银行存款支付。建造中领用工程物资272 500元（含增值税税额）；应付施工人员工资为65 800元；一年后，厂房完工交付使用。假定不考虑其他相关税费。账务处理如下：

(1) 购入为工程准备的物资
借：工程物资　　　　　　　　　　　　　　　　　　　　　　282 500
　　贷：银行存款　　　　　　　　　　　　　　　　　　　　　　282 500

(2) 工程领用物资
借：在建工程——建筑工程　　　　　　　　　　　　　　　　272 500
　　贷：工程物资　　　　　　　　　　　　　　　　　　　　　　272 500

(3) 结转应付施工人员工资
借：在建工程——建筑工程　　　　　　　　　　　　　　　　 65 800
　　贷：应付职工薪酬——工资　　　　　　　　　　　　　　　　 65 800

(4) 厂房完工交付使用，结转实际建造成本
借：固定资产——生产用固定资产——××厂房　　　　　　　338 300
　　贷：在建工程——建筑工程　　　　　　　　　　　　　　　　338 300

(2) 出包方式建造固定资产　出包方式建造固定资产是指企业通过招标等方式将工程项目发包给建造承包商，由建造承包商组织施工的建筑工程和安装工程。采用出包方式建造固定资产时，需与承包单位签订承包合同，并按合同规定预付料款和部分工程款，由承包单位组织施工，企业将与承包单位结算的工程价款作为工程成本，通过"在建工程"科目核算。企业按合理估计的发包工程进度和合同规定向建造承包商结算的进度款，借记"在建工程"科目，贷记"银行存款"等科目；工程达到预定可使用状态交付使用时，按其成本，借记"固定资产"科目，贷记"在建工程"科目。

【例6-4】某施工企业将一幢生产用厂房发包给甲公司承建，按合理估计的发包工程进度和合同规定向甲公司结算进度款500 000元，以银行存款转账支付；工程完工决算，收到承包单位的有关工程结算单据，补付工程款172 000元，以银行存款转账支付；厂房现已达到预定可使用状态。该企业应作如下会计处理：

(1) 按合理估计的发包工程进度和合同规定向甲公司结算进度款时
借：在建工程——××厂房　　　　　　　　　　　　　　　　500 000
　　贷：银行存款　　　　　　　　　　　　　　　　　　　　　　500 000

(2) 补付工程款时
借：在建工程——××厂房　　　　　　　　　　　　　　　　172 000
　　贷：银行存款　　　　　　　　　　　　　　　　　　　　　　172 000

(3) 厂房达到预定可使用状态，结转其实际成本时
借：固定资产——生产用固定资产——××厂房　　　　　　　672 000

贷：在建工程——××厂房　　　　　　　　　　　　　　　　　　672 000

3. 投资者投入固定资产

施工企业接受投资者投入的固定资产，在办理了固定资产移交手续之后，按投资合同或协议约定的价值作为固定资产的入账价值，借记"固定资产"科目；按投资各方确认的价值在其注册资本中所占的份额，确认为实收资本或股本，贷记"实收资本"或"股本"科目；按投资各方确认的价值与确认为实收资本或股本的差额，确认为资本公积，贷记"资本公积——资本溢价（股本溢价）"科目；按应支付的相关税费，确认为银行存款或应交税费，贷记"银行存款""应交税费"等科目。

【例6-5】 A建筑公司注册资本为100 000元，其与B建筑公司联营，A建筑公司接受B建筑公司以一台生产用施工机械设备进行投资。此台设备的原价为56 000元，已计提折旧16 620元，双方经协商确认的价值为44 380元，占甲公司注册资本的30%。假定不考虑其他相关税费。账务处理如下：

　　借：固定资产——生产用固定资产——××施工机械　　　　44 380
　　　　贷：实收资本——B公司　　　　　　　　　　　　　　　30 000
　　　　　　资本公积——股本溢价　　　　　　　　　　　　　14 380

4. 接受捐赠固定资产

接受捐赠的固定资产，捐赠方提供了有关凭据的，按凭据上标明的金额加上应支付的相关税费，作为入账价值；捐赠方没有提供有关凭据的，按以下顺序确定其入账价值：同类或类似固定资产存在活跃市场的，按同类或类似固定资产的市场价格估计的金额，加上应支付的相关税费，作为入账价值；同类或类似固定资产不存在活跃市场的，按该接受捐赠固定资产的预计未来现金流量现值，加上应付的相关税费，作为入账价值。

具体来说，企业接受捐赠固定资产应按会计规定确定的入账价值，借记"固定资产"科目；按税法规定确定的入账价值与适用的所得税税率的乘积，贷记"递延所得税负债"科目；按二者的差额，贷记"营业外收入"科目。

【例6-6】 甲施工企业（以下简称甲）接受乙单位捐赠的一台八成新生产用运输车辆，乙单位提供了购买车辆的有关发票等凭证，据此确定该车辆原价为86 800（含增值税税额）。甲为使车辆达到预定可使用状态所发生的安装费用为2 500元，全部以银行存款支付。假定甲适用的所得税税率为25%；按照税法规定确定该车辆的入账价值为69 440元；不考虑其他相关税费。账务处理如下：

　　借：固定资产——生产用固定资产——××车辆　　　　　　89 300
　　　　贷：递延所得税负债　　　　　　　　　　　　　　　　　17 360
　　　　　　银行存款　　　　　　　　　　　　　　　　　　　　 2 500
　　　　　　营业外收入——捐赠所得　　　　　　　　　　　　　69 440

5. 改建、扩建增加固定资产的核算

施工企业的固定资产改建、扩建工程，应按照固定资产的原价加上改建、扩建发生的支出减去改建、扩建过程中发生的固定资产变价收入后的余额作为改建、扩建后的固定资产价值入账。

为了区分在用和未用固定资产的界限，便于计提折旧，在改建、扩建之前，应将使用中的固定资产转入未使用固定资产。

在会计核算上，对改建、扩建过程中所发生的有关经济业务，先通过"在建工程"科目核算，待改建、扩建工程完工后，再将新增加的固定资产价值自"在建工程"科目转入"固定资产"科目。

【例 6-7】 某施工企业改建职工浴池一幢，其账面价值 400 000 元，已提折旧 100 000 元，拆除残料作价 5 000 元。改建过程中共支出 300 000 元，改建、扩建完工后，交付使用。账务处理如下：

(1) 改、扩建时由非生产用转入未使用固定资产

借：固定资产——未使用固定资产　　　　　　　　　　400 000
　　贷：固定资产——非生产用固定资产—职工浴池　　　　　400 000

(2) 拆除旧料作价 5 000 元入库

借：原材料　　　　　　　　　　　　　　　　　　　　5 000
　　贷：在建工程——建筑工程　　　　　　　　　　　　　　5 000

(3) 以银行存款支付改、扩建工程支出 300 000 元

借：在建工程——建筑工程　　　　　　　　　　　　　300 000
　　贷：银行存款　　　　　　　　　　　　　　　　　　　300 000

(4) 改、扩建完工交付使用，结转改、扩建实际成本

借：固定资产——未使用固定资产　　　　　　　　　　295 000
　　贷：在建工程——建筑工程　　　　　　　　　　　　　　295 000

(5) 浴池投入使用时，将未使用固定资产转非生产用

借：固定资产——非生产用固定资产—职工浴池　　　　695 000
　　贷：固定资产——未使用固定资产　　　　　　　　　　　695 000

6. 盘盈固定资产

盘盈固定资产的核算内容详见本项目的任务 6。

固定资产的入账价值中，还应包括企业为取得固定资产而交纳的契税、耕地占用税、车辆购置税等相关税费。如涉及借款，还应考虑相关的借款费用资本化金额、外币借款折算差额等。

任务 3　固定资产的折旧

一、固定资产折旧概述

1. 固定资产折旧的有关概念

固定资产的折旧是指在固定资产使用寿命内，按照确定的方法对应计折旧额进行系统分摊。

应计折旧额是指应当计提折旧的固定资产的原价扣除其预计净残值后的金额。已计提减值准备的固定资产，还应当扣除已计提的固定资产减值准备累计金额。

使用寿命是指企业使用固定资产的预计期间，或者该固定资产所能生产产品或提供劳务的数量。

预计净残值是指假定固定资产预计使用寿命已满并处于使用寿命终了时的预期状态，企

业目前从该资产处置中获得的扣除预计处置费用后的金额。

企业应当在固定资产的使用寿命内，按照确定的方法对应计折旧额进行系统分摊，根据固定资产的性质和使用情况，合理确定固定资产的使用寿命和预计净残值。固定资产的使用寿命、预计净残值一经确定，不得随意变更，但是，符合《企业会计准则第4号——固定资产》第十九条规定的除外。上述事项在报经股东大会或董事会、经理（厂长）会议或类似机构批准后，作为计提折旧的依据，并按照法律、行政法规等的规定报送有关各方备案。

2. 固定资产折旧的范围

除以下情况外，企业应对所有固定资产计提折旧：

1) 已提足折旧仍继续使用的固定资产。

2) 按照规定单位估价作为固定资产入账的土地。

其中，提足折旧是指已经提足该项固定资产的应计折旧额。

在确定计提折旧的范围时，还应注意以下几点：

1) 企业应按月计提固定资产折旧。当月增加的固定资产，当月不计提折旧，从下月起计提折旧；当月减少的固定资产，当月仍计提折旧，从下月起停止计提折旧。

2) 提前报废的固定资产，不补提折旧，其净损失计入营业外支出；固定资产提足折旧后，不论能否继续使用，均不再提取折旧。

3) 对于已达到预定可使用状态但尚未办理竣工决算的固定资产，应当按照估计价值确定其成本，并计提折旧；待办理竣工决算后，再按照实际成本调整原来的暂估价值，但不需要调整原已计提的折旧额。

4) 以融资租赁方式租入的固定资产和以经营租赁方式租出的固定资产，应当计提折旧；以融资租赁方式租出的固定资产和以经营租赁方式租入的固定资产，不应当计提折旧。

企业至少应当于每年年度终了，对固定资产的使用寿命、预计净残值和折旧方法进行复核。使用寿命预计数与原先估计数有差异的，应当调整固定资产使用寿命。预计净残值预计数与原先估计数有差异的，应当调整预计净残值。与固定资产有关的经济利益预期实现方式有重大改变的，应当改变固定资产折旧方法。固定资产的使用寿命、预计净残值和折旧方法的改变应当作为会计估计变更。

3. 影响固定资产折旧的因素

影响固定资产折旧的因素主要有以下几个方面：

1) 计提固定资产折旧的基数。计提固定资产折旧的基数一般为固定资产原始成本，也就是固定资产原价。

2) 固定资产预计净残值。预计净残值是指假定固定资产预计使用寿命已满并处于使用寿命终了时的预期状态，企业目前从该项资产处置中获得的扣除预计处置费用后的金额。固定资产净残值是固定资产使用期满时的回收额，在计提折旧时，应从固定资产原价中扣除。

3) 固定资产减值准备。它是指固定资产已计提的固定资产减值准备累计金额。

4) 固定资产使用寿命。使用寿命是指企业使用固定资产的预计期间，或者该固定资产所能生产产品或提供劳务的数量。企业确定固定资产的使用寿命时，应当考虑下列因素：

① 该项资产的预计生产能力或实物产量。

② 该项资产的预计有形损耗，如设备使用中发生磨损、房屋建筑物受到自然侵蚀等。

③ 该项资产的预计无形损耗，如因新技术的出现而使现有的资产技术水平相对陈旧、市场需求变化使产品过时等。

④ 法律或类似规定对该项资产使用的限制。

具体到某一固定资产的预计使用寿命，企业应在考虑上述因素的基础上，结合不同固定资产的性质、损耗方式、所处环境等因素作出判断。在相同环境条件下，对于同样的固定资产的预计使用寿命应具有相同的预期。

5) 固定资产的折旧方法。它是指将应提折旧总额在固定资产各使用期间进行分配时采用的具体计算方法。

总之，企业应当根据固定资产的性质和使用情况，合理地确定固定资产的使用寿命和预计净残值，并根据科技发展、环境及其他因素，选择合理的固定资产折旧方法，按照管理权限，经股东大会或董事会，或经理（厂长）会议或类似机构批准，作为计提折旧的依据。同时，按照法律、行政法规的规定报送有关各方备案，并备置于企业所在地，以供投资者等有关各方查阅。企业已确定并对外报送，或备置于企业所在地的有关固定资产预计使用年限和预计净残值、折旧方法等，一经确定不得随意变更，如需变更，仍然应按上述程序，经批准后报送各方备案，并在附注中予以说明。

二、固定资产折旧方法

施工企业应根据与固定资产有关的经济利益的预期实现方式，合理选择固定资产折旧方法。可选用的折旧方法，一般包括年限平均法和工作量法。对技术进步较快或使用寿命受到工作环境影响较大的施工机械和运输设备，可以采用双倍余额递减法或年数总和法计提折旧。

1. 年限平均法

年限平均法是指将固定资产的可折旧金额均衡地分摊于固定资产使用年限内的一种方法，采用这种方法计算的每期折旧额都是相等的。它主要适用于固定资产各期的负荷程度基本相同，各期应分摊的折旧费也基本相同的情况。计算公式如下：

$$固定资产年折旧率 = \frac{固定资产原值 - 预计净残值}{固定资产原值 \times 固定资产预计使用年限} \times 100\%$$

$$= \frac{1 - 预计净残值率}{固定资产预计使用年限} \times 100\%$$

固定资产月折旧率 = 固定资产年折旧率 / 12

固定资产月折旧额 = 固定资产原值 × 固定资产月折旧率

【例 6-8】 企业有一厂房原价为 500 000 元，预计使用年限为 20 年，预计净残值率为 2%，该厂房的折旧率和折旧额计算如下：

年折旧率 = [(1 - 2%)/20] × 100% = 4.9%

月折旧率 = 4.9%/12 = 0.41%

月折旧额 = 500 000 元 × 0.41% = 2 050 元

上述折旧率是按个别固定资产单独计算的，称为个别折旧率，即某项固定资产在一定期间的折旧额与该项固定资产原价的比率。此外,还有分类折旧率和综合折旧率。分类折旧率是指按照固定资产的类别,分类预计平均净残值率和平均使用年限计算确定的平均折旧率;综合折旧率是指按照企业全部固定资产来预计净残值率和平均使用年限计算确定的平均折旧率。采用个别折旧率计算折旧,准确性高,但计算工作量大;采用综合折旧率计算折旧,虽然简化了计算工作,但准确性差。因此,企业一般采用分类折旧率计算折旧。

2. 工作量法

工作量法是根据固定资产的实际工作量计提固定资产折旧的一种方法。它和年限平均法同属于直线法。其基本计算公式如下:

单位工作量折旧额 = (固定资产原值 − 预计净残值)/预计总工作量

= [固定资产原值 × (1 − 预计净残值率)]/预计总工作量

某项固定资产月折旧额 = 单位工作量折旧额 × 该项固定资产当月实际完成的工作量

由于固定资产完成的工作量可以用多种方法表示,因此,工作量法也有很多种,施工企业常用的有行驶里程法和工作小时法两种方法。

(1) 行驶里程法

单位行驶里程折旧额 = (固定资产原值 − 预计净残值)/预计总行驶里程

= 固定资产原值(1 − 预计净残值率)/预计总行驶里程

(2) 工作小时法

单位工作小时折旧额 = (固定资产原值 − 预计净残值)/预计总工作小时

= (固定资产原值 × (1 − 预计净残值率)/预计总工作小时

【例 6-9】 某施工企业的一辆货运卡车账面原值 800 000 元,预计总行驶里程为 1 000 000km,预计净残值率为 4%,本月行驶 50 000km,该辆汽车的月折旧额计算如下:

单位里程折旧额 = 800 000 元 × (1 − 4%)/1 000 000km = 0.768 元/km

本月折旧额 = 50 000km × 0.768 元/km = 38 400 元

3. 加速折旧法

加速折旧法也称为快速折旧法或递减折旧法,其特点是在固定资产有效使用年限前期多提折旧,后期则少提折旧,从而相对加快折旧的速度,以使固定资产成本在有效使用年限中加快得到补偿。

加速折旧的计提方法有多种,常用的有双倍余额递减法和年数总和法两种。

(1) 双倍余额递减法 双倍余额递减法是在不考虑固定资产残值的情况下,根据每期期初固定资产账面余额和双倍的直线法折旧率计算固定资产折旧的一种方法。计算公式为:

年折旧率 = 2/预计的使用寿命(年) × 100%

月折旧率 = 年折旧率/12

月折旧额 = 每月月初固定资产账面净值 × 月折旧率

由于双倍余额递减法不考虑固定资产的预计净残值,因此,在应用这种方法时必须注意不能使固定资产的账面折余价值降低到它的预计净残值以下,即实行双倍余额递减法计提折旧的固定资产,一般应在固定资产使用寿命到期前两年内,将固定资产账面净值扣除预计净残值后的净值平均摊销。

【例 6-10】 某企业一项固定资产的原价为 10 000 元,预计使用年限为 5 年,预计净残值 200 元。按双倍余额递减法计算折旧,每年的折旧额计算如下:

双倍直线折旧率 = 2/5 × 100% = 40%
第一年应提的折旧额 = 10 000 元 × 40% = 4 000 元
第二年应提的折旧额 = (10 000 - 4 000) 元 × 40% = 2 400 元
第三年应提的折旧额 = (10 000 - 4 000 - 2 400) 元 × 40% = 1 440 元
从第四年起改按平均年限法(直线法)计提折旧。
第四年、第五年的年折旧额 = (10 000 - 4 000 - 2 400 - 1 440 - 200) 元/2 = 980 元

(2) 年数总和法 年数总和法又称为合计年限法,是将固定资产的原值减去净残值后的净额乘以一个逐年递减的分数计算每年的折旧额,这个分数的分子代表固定资产尚可使用年数,分母代表使用年数的逐年数字总和,计算公式如下:

年折旧率 = (尚可使用年限/预计使用寿命的年数总和) × 100%

或者

年折旧率 = (预计使用寿命 - 已使用年限)/[预计使用寿命 × (预计使用寿命 + 1)/2]

月折旧率 = 年折旧率/12

月折旧额 = (固定资产原值 - 预计净残值) × 月折旧率

【例 6-11】 某项固定资产的原值为 50 000 元,预计使用年限为 5 年,预计净残值为 2 000 元。采用年数总和法计算的各年折旧额见表 6-1。

表 6-1

年 份	可使用年限/年	原值 - 净残值/元	变动折旧率	年折旧额/元	累计折旧/元
第 1 年	5	48 000	5/15	16 000	16 000
第 2 年	4	48 000	4/15	12 800	28 800
第 3 年	3	48 000	3/15	9 600	38 400
第 4 年	2	48 000	2/15	6 400	44 800
第 5 年	1	48 000	1/15	3 200	48 000

采用加速折旧法后,在固定资产使用的早期多提折旧,后期少提折旧,其递减的速度逐年加快。加快折旧速度,目的是使固定资产在估计耐用年限内加快得到补偿。施工企业可以根据具体情况选用折旧方法,折旧方法一经确定,不得随意调整。

三、固定资产折旧的核算

固定资产应当按月计提折旧,计提的折旧应当计入"累计折旧"科目,并根据用途计入相关资产的成本或者当期损益。施工企业自行建造固定资产过程中使用的固定资产,其计提的折旧应计入在建工程成本;施工企业项目部所使用的固定资产,其计提的折旧额应计入工程施工;管理部门所使用的固定资产,其计提的折旧额应计入管理费用;经营租出的固定资产,其应提的折旧额应计入其他业务成本。企业计提固定资产折旧时,借记"工程施工""管理费用"等科目,贷记"累计折旧"科目。

【例 6-12】 某施工企业采用年限平均法对固定资产计提折旧。2020 年 1 月份根据"固定资产折旧计算表",确定的各项目部及厂部管理部门应分配的折旧额为:一项目部 1 500 000 元,二项目部 2 400 000 元,三项目部 3 000 000 元,厂管理部门 600 000 元。该企业应作如下会计处理:

```
借：工程施工——一项目部                    1 500 000
          ——二项目部                    2 400 000
          ——三项目部                    3 000 000
    管理费用                              600 000
    贷：累计折旧                                    7 500 000
```

任务 4 固定资产后续支出

固定资产后续支出是指固定资产在使用过程中发生的更新改造支出、修理费用等。企业的固定资产投入使用后，由于各个组成部分耐用程度不同或者使用的条件不同，因而往往发生固定资产的局部损坏。为了保持固定资产的正常运转和使用，充分发挥其使用效能，就必须对其进行必要的后续支出。

1. 费用化的后续支出

一般情况下，固定资产投入使用之后，由于固定资产磨损、各组成部分耐用程度不同，可能导致固定资产的局部损坏，为了维护固定资产的正常运转和使用，充分发挥其性能，企业将对固定资产进行必要的维护。发生固定资产维护支出只是确保固定资产的正常工作状况，没有满足固定资产的确认条件。因此，应在发生时计入管理费用或销售费用，不得采用预提或待摊方式处理。

【例 6-13】 某施工企业对现有一台管理用设备进行修理，修理过程中发生应支付维修人员的工资为 38 000 元，不考虑其他相关税费。账务处理如下：

```
借：管理费用——修理费                        38 000
    贷：应付职工薪酬——工资                          38 000
```

2. 资本化的后续支出

与固定资产有关的后续支出，如果使可能流入企业的经济利益超过了原先的估计，比如，延长了固定资产的使用寿命，或使产品的质量实质性提高；或使产品成本实质性降低，则应当计入固定资产账面价值，其增计后金额不应超过该固定资产的可收回金额。

在对固定资产发生可资本化的后续支出时，企业应将该固定资产原价、已计提的累计折旧和减值准备转销，将固定资产的账面价值转入在建工程。固定资产发生的可资本化的后续支出，通过"在建工程"科目核算。在固定资产发生的后续支出完工并达到预定可使用状态时，应在后续支出资本化后的固定资产账面价值不超过其可收回金额的范围内，从"在建工程"科目转入固定资产科目；后续支出资本化后的固定资产账面价值超过其可收回金额的差额，计入当期营业外支出。

在具体实务中，对于固定资产发生的下列各项后续支出，通常的处理方法如下：

1）固定资产修理费用应当直接计入当期费用。

2）固定资产改良支出应当计入固定资产账面价值，其增计后的金额不应超过该固定资产的可收回金额。

3）如果不能区分是固定资产修理还是固定资产改良，或固定资产修理和固定资产改良结合在一起，则企业应按上述原则进行判断，其发生的后续支出，分别计入固定资产价值或计入当期费用。

4) 固定资产装修费用符合上述原则可予资本化的，应当在"固定资产"科目下单设"固定资产装修"明细科目核算，并在两次装修期间与固定资产尚可使用年限两者中较短的期间内，采用合理的方法单独计提折旧。下次装修时，该项固定资产相关的"固定资产装修"明细科目的余额减去相关折旧后的差额，一次全部计入当期营业外支出。

5) 融资租赁方式租入的固定资产发生的固定资产后续支出比照上述原则处理。发生的固定资产装修费用符合上述原则可予资本化的，应在两次装修期间、剩余租赁期与固定资产尚可使用年限三者中较短的期间内，采用合理的方法单独计提折旧。

6) 经营租赁方式租入的固定资产发生的改良支出，应通过"长期待摊费用"科目核算，并在剩余租赁期与租赁资产尚可使用年限两者中较短的期间内，采用合理的方法进行摊销。

任务 5 固定资产处置

施工企业在生产经营过程中，可能将不适用或不需用的固定资产对外出售转让，或因磨损、技术进步等原因对固定资产进行报废，或因遭受自然灾害或非常事故而对毁损的固定资产进行处理。对于上述事项在进行会计核算时，应按规定程序办理有关手续，结转固定资产的账面价值，计算有关的清理收入、清理费用及残料价值等。

固定资产处置包括固定资产的出售、报废、毁损、对外投资、非货币性资产交换等。处置固定资产应通过"固定资产清理"科目核算。具体包括：

1. 出售固定资产

企业将多余、闲置不用的固定资产出售给其他单位时，首先应注销被出售固定资产的原值和已提折旧额，即按固定资产净值，借记"固定资产清理"科目；按已计提的累计折旧额，借记"累计折旧"科目；按已计提的减值准备，借记"固定资产减值准备"科目；按固定资产原价，贷记"固定资产"科目。其次，应按双方协定的价格，借记"银行存款"科目，贷记"固定资产清理"科目。再次，按计算应交的增值税，借记"固定资产清理"科目，贷记"应交税费"科目。最后，结转固定资产清理后的净收益和损失。出售固定资产所获得的净收益，作为营业外收入，借记"固定资产清理"科目，贷记"资产处置损益"科目；出售固定资产发生的净损失则转为营业外支出，借记"资产处置损益流动资产损失"科目，贷记"固定资产清理"科目。

【例 6-14】 某施工企业出售不需用的挖掘机一台，账面价值 140 000 元，已提折旧 80 000 元，双方协商作价 50 000 元，账款已通过银行存款户收讫，出售时发生清理费用 1 500 元，以银行存款支付，该项固定资产已提取减值准备 2 000 元。账务处理如下：

(1) 冲转固定资产原值和已提折旧，作如下分录

借：固定资产清理 58 000
　　累计折旧 80 000
　　固定资产减值准备 2 000
　　贷：固定资产——不需用固定资产——挖掘机 140 000

(2) 支付发生的固定资产清理费用，作如下分录

借：固定资产清理 1 500

贷：银行存款　　　　　　　　　　　　　　　　　　　　　　　　1 500
（3）将出售固定资产取得价款入账，作如下分录
　　借：银行存款　　　　　　　　　　　　　　　　　　　　　　　　50 000
　　　贷：固定资产清理　　　　　　　　　　　　　　　　　　　　　50 000
（4）结转固定资产出售的净损失，作如下分录
　　借：资产处置损益　　　　　　　　　　　　　　　　　　　　　　9 500
　　　贷：固定资产清理　　　　　　　　　　　　　　　　　　　　　9 500

2. 固定资产报废、毁损

固定资产由于使用磨损或遭受非正常损失而丧失生产能力以及过时、陈旧，继续使用经济上不合算等原因，不能或不宜继续使用时，要及时办理报废手续，进行清理。

（1）注销报废固定资产的原值和已提折旧额　按固定资产净值，借记"固定资产清理"科目；按已提折旧额，借记"累计折旧"科目；按固定资产原值，贷记"固定资产"科目。

（2）结转残料价值和变价收入　按收回的残料价值和变价收入，借记"银行存款""原材料"等科目，贷记"固定资产清理"科目。

（3）支付清理费用　按发生的清理费用以及应交税费，借记"固定资产清理"科目，贷记"银行存款"科目。

（4）保险赔偿的处理　企业计算或收到应由保险公司或过失人赔偿的损失时，应冲减清理支出，借记"其他应收款""银行存款"等科目，贷记"固定资产清理"科目。

（5）清理净损益的处理　固定资产清理后的损益，如果不属于筹建期间的，直接计入当期损益。

【例6-15】某施工企业有一台生产用设备，因使用期满经批准报废，该设备原价为186 400元，累计已提折旧177 080元，已提减值准备为2 300元。在清理过程中，以银行存款支付清理费用4 000元，残料变价收入为5 400元，支付的相关增值税为702元。账务处理如下：

（1）固定资产转入清理，作如下分录
　　借：固定资产清理　　　　　　　　　　　　　　　　　　　　　　7 020
　　　　累计折旧　　　　　　　　　　　　　　　　　　　　　　　　177 080
　　　　固定资产减值准备　　　　　　　　　　　　　　　　　　　　2 300
　　　贷：固定资产——生产用固定资产——××设备　　　　　　　　186 400
（2）发生清理费用和相关税费，作如下分录
　　借：固定资产清理　　　　　　　　　　　　　　　　　　　　　　4 702
　　　贷：银行存款　　　　　　　　　　　　　　　　　　　　　　　4 000
　　　　　应交税费——应交增值税（销项税额）　　　　　　　　　　702
（3）收到变价收入，作如下分录
　　借：银行存款　　　　　　　　　　　　　　　　　　　　　　　　5 400
　　　贷：固定资产清理　　　　　　　　　　　　　　　　　　　　　5 400
（4）结转固定资产净损益，作如下分录
　　借：营业外支出——处置非流动资产损失　　　　　　　　　　　　6 322
　　　贷：固定资产清理　　　　　　　　　　　　　　　　　　　　　6 322

3. 无偿调出的固定资产

企业按照有关规定报经有关部门批准无偿调出的固定资产，调出固定资产的账面价值以及清理固定资产所发生的费用，仍然通过"固定资产清理"科目核算，清理所发生的净损失冲减资本公积。企业应按调出固定资产账面价值，借记"固定资产清理"科目；按已计提的累计折旧，借记"累计折旧"科目；按已计提的减值准备，借记"固定资产减值准备"科目；按固定资产原价，贷记"固定资产"科目；发生的清理费用，借记"固定资产清理"科目，贷记"银行存款"科目、"应付职工薪酬"科目；调出固定资产发生的净损失，借记"资本公积——无偿调出固定资产"科目；贷记"固定资产清理"科目。

4. 投资转出固定资产

企业向其他单位投资转出的固定资产，已不再服务于本企业的施工生产活动，属于长期投资范畴。

任务6　固定资产清查

为了保证企业固定资产的安全完整，充分挖掘企业现有固定资产的生产潜力，施工企业应定期或不定期地对固定资产进行清查，至少每年应清查一次。一般在年终决算以前组织专人盘点，以保证年终决算的正确性。

在清查前，会计人员和固定资产管理人员应将各自负责的有关固定资产的账簿记录核对准确。固定资产的清查方法是实地盘点，即依靠固定资产使用、保管部门的人员把固定资产卡片与固定资产实物进行核对。在清查过程中，如果发现有盘盈或盘亏的固定资产，应查明原因，填制固定资产盘盈、盘亏报告表和写出书面报告，报经批准后，在期末结账前处理完毕。如盘盈、盘亏或毁损的固定资产，在期末结账前尚未经批准的，在对外提供财务会计报告时视作已批准进行会计处理，并在会计报表附近中作出说明；如果其后批准处理的金额与已处理的金额不一致，应按其差额调整会计报表相关项目的年初数。

1. 固定资产盘盈

企业在财产清查中盘盈的固定资产，作为前期差错处理。企业在财产清查中盘盈的固定资产，在按管理权限报经批准处理前应先通过"以前年度损益调整"科目进行核算。盘盈的固定资产，应按以下规定确定其入账价值：如果同类或类似固定资产存在活跃市场的，按同类或类似固定资产的市场价格，减去按该项固定资产的新旧程度估计的价值损耗后的余额，作为入账价值；如果同类或类似固定资产不存在活跃市场的，按该项固定资产的预计未来现金流量的现值作为入账价值。企业应按上述规定确定的入账价值，借记"固定资产"科目，贷记"以前年度损益调整"科目。

[例6-16] 甲施工企业在财产清查中，发现有一台生产用机器设备未入账，按同类或类似商品市场价格，减去按该项资产的新旧程度估计的价值损耗后的余额为30 000元（假定与其计税基础不存在差异）。根据《企业会计准则第28号——会计政策、会计估计变更和差错更正》规定，该盘盈固定资产作为前期差错进行处理。假定甲施工企业适用的所得税税率为25%，按净利润的10%计提法定盈余公积。甲施工企业作如下会计处理：

（1）盘盈固定资产时

借：固定资产——生产用固定资产——××设备　　　　　　　　　30 000

贷：以前年度损益调整　　　　　　　　　　　　　　　　　　　　　30 000
　(2) 确定应交纳的所得税时
　　借：以前年度损益调整　　　　　　　　　　　　　　　　　　　　　　7 500
　　　贷：应交税费——应交所得税　　　　　　　　　　　　　　　　　　7 500
　(3) 结转为留存收益时
　　借：以前年度损益调整　　　　　　　　　　　　　　　　　　　　　　22 500
　　　贷：盈余公积——法定盈余公积　　　　　　　　　　　　　　　　　2 250
　　　　利润分配——未分配利润　　　　　　　　　　　　　　　　　　　20 250

2. 固定资产盘亏

　　企业在固定资产清查中盘亏的固定资产，应及时办理固定资产注销手续，在按规定程序批准之前，应将固定资产卡片从原来的归类中抽出，单独保管。在尚未处理前，应通过"待处理财产损溢——待处理非流动资产损溢"科目进行核算。处理时再转入有关科目。具体来说，企业在固定资产清查中盘亏的固定资产，应按盘亏固定资产账面价值，借记"待处理财产损溢——待处理非流动资产损溢"科目；按已计提的累计折旧，借记"累计折旧"科目；按已计提的固定资产减值准备，借记"固定资产减值准备"科目；按固定资产的原价，贷记"固定资产"科目。盘亏的固定资产按管理权限报经批准后处理时，按可收回的保险赔偿或过失人赔偿，借记"其他应收款"科目；按应计入营业外支出的金额，借记"营业外支出——盘亏损失"科目，贷记"待处理财产损溢——待处理非流动资产损溢"科目。

【例 6-17】 某施工企业在固定资产清查过程中，发现盘亏生产用设备一台，其账面原价为 30 000 元，已提折旧为 5 400 元，经批准，该盘亏固定资产作为营业外支出入账，账务处理如下：

　(1) 盘亏固定资产时
　　借：待处理财产损溢——待处理非流动资产损溢　　　　　　　　　　24 600
　　　　累计折旧　　　　　　　　　　　　　　　　　　　　　　　　　5 400
　　　贷：固定资产——生产用固定资产——××设备　　　　　　　　　30 000
　(2) 报经批准转销时
　　借：营业外支出——盘亏损失　　　　　　　　　　　　　　　　　　24 600
　　　贷：待处理财产损溢——待处理非流动资产损溢　　　　　　　　　24 600

任务 7　固定资产减值

　　固定资产在资产负债表日存在可能发生减值的迹象时，其可收回金额低于账面价值的，企业应当将该固定资产的账面价值减记至可收回金额，减记的金额确认为减值损失，计入当期损益，同时计提相应的资产减值准备，借记"资产减值损失——计提的固定资产减值准备"科目，贷记"固定资产减值准备"科目。固定资产减值损失一经确认，在以后会计期间不得转回。

【例 6-18】 2020 年 12 月 31 日，甲公司的某生产线存在可能发生减值的迹象。经计算，该机器的可收回金额合计为 1 230 000 元，账面价值为 1 400 000 元，以前年度未对该生产线计提过减值准备。

由于该生产线的可收回金额为1 230 000元，账面价值为1 400 000元，可收回金额低于账面价值，应按两者之间的差额170 000（1 400 000－1 230 000）元计提固定资产减值准备。甲公司应作如下会计处理：

借：资产减值损失——计提的固定资产减值准备　　　　170 000
　　贷：固定资产减值准备　　　　　　　　　　　　　　　　170 000

任务8　临时设施的核算

施工企业的临时设施是为了保证施工和管理的正常进行而建造的各种临时性生产、生活设施。施工队伍进入新的建筑工地时，为了保证施工的顺利进行，必须搭建一些临时设施。但在工程完工以后，这些临时设施就失去了它原来的作用，必须拆除或作其他处理。

一、临时设施的内容

临时设施是指施工企业为保证施工和管理的正常进行而建造的各种简易设施，包括现场办公室、作业棚、库房、机具棚、临时铁路专用线、临时道路、围墙、临时给水、排水、供电、供热设施，临时预制构件及加工材料场所，临时厕所、休息室、化灰池、茶炉、蓄水池、沥青锅炉，临时性简易周转房以及临时性的职工宿舍、食堂、浴池、医务室等设施。

二、临时设施的分类

建筑工地搭建的临时设施，通常可分为大型临时设施和小型临时设施两类。例如：施工人员的临时宿舍、机具棚、材料室、化灰池、储水池，以及施工单位或附属企业在现场的临时办公室等；施工过程中应用的临时给水、排水、供电、供热和管道（不包括设备）；临时铁路专用线、轻便铁道；现场施工和警卫安全用的小型临时设施；保管器材用的小型临时设施，如简易料棚、工具储藏室等；行政管理用的小型临时设施，如工地收发室等。

三、临时设施核算的账户设置

为了核算临时设施的搭建及其摊销情况，施工企业应设置"临时设施"账户、"临时设施摊销"账户和"临时设施清理"账户。

1. "临时设施"账户

本账户核算施工企业为保证施工和管理的正常进行而购建的各种临时设施的实际成本。其借方登记企业购置或搭建各种临时设施的实际成本；贷方登记企业出售、拆除、报废的不需用或不能继续使用的临时设施的实际成本。本账户按临时设施种类和使用部门设置明细账，进行明细核算。本账户期末借方余额，反映施工企业期末临时设施的账面原价。

2. "临时设施摊销"账户

本账户核算施工企业各种临时设施的累计摊销额。其贷方登记企业按月计提摊入工程成本的临时设施摊销额；借方登记企业出售、拆除、报废、毁损和盘亏临时设施的已提摊额。本账户只进行总分类核算，不进行明细分类核算。需要查明某项临时设施的累计摊销额，可以根据临时设施卡片上记载的该项临时设施的原价、摊销率和实际使用年限等资料进行计算。本账户期末贷方余额，反映施工企业临时设施累计摊销额。

3. "临时设施清理"账户

本账户核算施工企业因出售、拆除、报废和毁损等原因转入清理的临时设施价值及其在清理过程中所发生的清理费用和清理收入等。其借方登记企业出售、拆除、报废、毁损或不能继续使用的临时设施的账面价值以及发生的清理费用；贷方登记取得的变价收入和收回残料价值；临时设施清理后，如为借方余额，为清理净损失，如为贷方余额，为清理净收益。清理后的余额应转入"营业外收入"或"营业外支出"账户。本账户应按被清理的临时设施名称设置明细账，进行明细核算。本账户期末余额，反映尚未清理完毕临时设施的价值以及清理净收入（清理收入减去清理费用）。

四、临时设施的核算

1. 临时设施购建的核算

企业对于用银行存款购入的临时设施，应按购入时的实际支出，借记"临时设施"账户，贷记"银行存款"账户。对于通过建筑安装活动建造完成的临时设施，在搭建过程中发生的各种支出，先通过"在建工程"账户核算，即发生费用时，借记"在建工程"账户，贷记"原材料""应付职工薪酬"等账户；搭建完工交付使用时，按建造期间发生的实际成本，借记"临时设施"账户，贷记"在建工程"账户。

【例6-19】 某施工企业以银行存款120 000元购入旧房一幢，作为施工管理临时办公室，账务处理如下：

借：临时设施——临时办公室　　　　　　　　　　　　　　120 000
　　贷：银行存款　　　　　　　　　　　　　　　　　　　　　　120 000

【例6-20】 某施工企业搭建一临时库房，领用材料8 000元，发生人工费用2 000元，以银行存款支付其他费用1 840元，本月材料成本差异率为2%，搭建完工后随即交付使用。账务处理如下：

(1) 搭建发生各项支出时，作如下分录

借：在建工程——临时库房工程　　　　　　　　　　　　　12 000
　　贷：原材料　　　　　　　　　　　　　　　　　　　　　　　8 000
　　　　应付职工薪酬　　　　　　　　　　　　　　　　　　　　2 000
　　　　材料成本差异　　　　　　　　　　　　　　　　　　　　　160
　　　　银行存款　　　　　　　　　　　　　　　　　　　　　　1 840

(2) 完工交付使用时，作如下分录

借：临时设施——临时库房　　　　　　　　　　　　　　　12 000
　　贷：在建工程——临时库房工程　　　　　　　　　　　　　12 000

2. 临时设施摊销的核算

企业各种临时设施，应根据其服务年限和服务对象，合理地确定摊销期限，将其价值分期摊入工程成本。企业按月计算的临时设施摊销额，借记"工程施工"等有关账户，贷记"临时设施摊销"账户。

【例6-21】 某施工企业按规定计算本月临时设施摊销额500元,作如下分录:

借:工程施工——××工程——其他直接费　　　　　　　500
　　贷:临时设施摊销　　　　　　　　　　　　　　　　　　　500

3. 临时设施清理的核算

企业出售、拆除、报废的临时设施应转入清理,转入清理的临时设施,按临时设施账面净值,借记"临时设施清理"账户;按已计提摊销额,借记"临时设施摊销"账户;按其账面原值,贷记"临时设施"账户。出售、拆除过程发生的变价收入和残料价值,借记"银行存款""原材料"等账户,贷记"临时设施清理"账户;若发生净收益,借记"临时设施清理"账户,贷记"营业外收入——处理临时设施净收益";若发生净损失,则借记"营业外支出——处理临时设施净损失"账户,贷记"临时设施清理"账户。

【例6-22】 由于承包工程竣工将临时设施拆除,某库房原价12 000元,已提摊销额10 000元,在拆除过程中支出费用500元,残料作价800元入库。账务处理如下:

(1) 将拆除的临时设施库房转入清理时,作如下分录

借:临时设施清理　　　　　　　　　　　　　　　　　　　2 000
　　临时设施摊销——临时库房　　　　　　　　　　　　　10 000
　　贷:临时设施——临时库房　　　　　　　　　　　　　　12 000

(2) 发生清理费用时,作如下分录

借:临时设施清理　　　　　　　　　　　　　　　　　　　　500
　　贷:银行存款　　　　　　　　　　　　　　　　　　　　　500

(3) 残料回收时,作如下分录

借:原材料　　　　　　　　　　　　　　　　　　　　　　　800
　　贷:临时设施清理　　　　　　　　　　　　　　　　　　　800

(4) 结转清理后的净损失时,作如下分录

借:营业外支出——处理临时设施净损失　　　　　　　　1 700
　　贷:临时设施清理　　　　　　　　　　　　　　　　　　1 700

思政拓展　强化内控　规范管理

审计人员在对某公司进行审计时,发现该公司2020年1月18日购入一台全自动洗衣机,做固定资产入账。经了解该公司的经营业务与洗衣机没有任何关系,为此审计人员调阅固定资产卡片,发现有记录但无使用部门,进一步调查发现没有实物,询问部分员工,员工表示从未见过该洗衣机,后向经手人询问,经手人被迫承认,是经理拿发票让其报销,而洗衣机则是经理自己使用。

分析上面的案例,可知:该公司虚开发票,虚构内容。经理指使、胁迫经办人员虚开发票,占用企业资金,将这部分现金据为己有,以此达到贪污现金的目的。

建议该公司经常进行实物资产盘点,建立对货币资金业务的监督检查制度,严格授权审批制度,使工作人员对自己的业务处理行为和结果负责,以加强工作的责任心。要建立好对货币资金的监督检查机构,明确检查人员的职责和权限,抓好各项制度的落实工作。

小　　结

固定资产和临时设施是施工企业生产经营的主要劳动资料，是施工企业会计核算的一项重要内容。固定资产使用期限长，应加强实物管理和价值核算。

固定资产是指同时具有下列特征的有形资产：(1) 为生产商品，提供劳务，出租或进行经营管理而特有的；(2) 使用寿命超过一个会计年度。

本项目的主要内容包括：

(1) 固定资产的确认。某一资产项目要作为固定资产加以确认，首先，需要符合固定资产的定义；其次，还需要符合固定资产的确认条件，即与该固定资产有关的经济利益很可能流入企业，该固定资产的成本能够可靠地计量。

(2) 固定资产的初始计量。企业取得的固定资产应按其成本入账，即购建固定资产预定可使用状态前所发生的一切合理、必要的支出，包括直接发生的以及间接发生的。

(3) 固定资产的折旧。施工企业应当根据与固定资产有关的经济利益的预期实现方式，合理选择年限平均法、工作量法、双倍余额递减法、年数总和法等折旧方法。固定资产应当按月计提折旧，计提的折旧应当根据用途计入相关资产的成本或者当期损益。企业应定期复核固定资产的使用寿命、预计净残值和折旧方法，如有变更，应作为会计估计变更处理。

(4) 固定资产的后续支出。与固定资产有关的后续支出，满足固定资产确认条件的，应当资本化计入固定资产成本，否则应当在发生时计入当期损益。

(5) 处置固定资产应通过"固定资产清理"科目核算。企业在财产清查中盘盈的固定资产，作为前期差错处理。盘亏的固定资产，通过"待处理财产损溢"科目核算。

(6) 临时设施的核算。临时设施是施工企业生产中特有的一类资产，临时设施的核算包括购建、摊销、清理等内容，应重点注意临时设施核算与固定资产的不同点，以正确理解和把握临时设施的核算方法。

思　考　题

6-1　简述固定资产的含义与特征。
6-2　施工企业固定资产有哪些常见的分类方法？
6-3　什么是折旧？计提固定资产折旧有哪些基本方法？
6-4　固定资产有哪些增加的途径？
6-5　固定资产报废、毁损怎样进行会计核算？
6-6　计提折旧的范围及影响折旧的因素有哪些？
6-7　什么是临时设施？临时设施包括哪些内容？

实训练习题

习题一

1. 目的

练习固定资产核算的基本方法和技能。

2. 资料

某建筑施工企业发生下列有关固定资产的经济业务：

（1）购入一台需要安装的设备，增值税普通发票金额合计234 000元，发生的运杂费2 500元，款项已用银行存款支付。在设备的安装过程中，领用工程物资8 136元，同时应负担工资费用1 600元。设备安装完毕交付使用。

习题一（1）~
（6）解答

（2）接受甲单位投资转入不需安装设备一台，甲单位记录的该固定资产的账面原价为350 000元，已提折旧80 000元。双方确认的评估价300 000元，设备已交付使用。

（3）对一台在用的固定资产旧设备进行技术改造，该设备的原价为150 000元。在技术改造中领用工程物资材料价值14 040元，另用银行存款支付费用3 500元，负担工资费用1 120元；工程中回收可以作为辅助材料使用的残料2 000元。工程完工交付使用。

（4）企业购入全新机动翻斗车2辆，增值税普通发票金额合计149 760元，运杂费3 000元，款项已用银行存款支付，翻斗车已交付使用。

（5）企业购入需要安装的全新生产设备1台，增值税普通发票金额合计70 200元，发生包装费和运杂费1 500元，均以银行存款支付。购入后委托外单位进行安装，以银行存款支付安装费用2 000元，设备现已安装完毕，交付使用。

（6）企业某月对生产用设备进行更新改造，发生了更新改造支出50 000元。经过这次改造，提高了固定资产的性能。该设备已交付使用。

（7）企业出售一栋闲置办公楼。该房屋原始价值为150 000元，已提折旧50 000元，取得价款120 000元，发生清理费用2 000元。

习题一（7）~
（13）解答

（8）企业自建办公楼一幢，建造中领用专项工程物资560 000元。以银行存款支付施工机械租赁费14 000元，应付施工人员工资40 000元，为工程借款而发生的利息30 000元。一年后，自建办公楼完工交付使用。

（9）企业建造办公楼一幢，工程发包给其他施工单位施工，合同造价1 600 000元，按规定由本企业预付40%的工程款，其余款项待工程完工交付时结清。

（10）企业盘点时发现盘亏搅拌机一台，账面原值45 000元，已提折旧40 000元，按规定程序报经批准后入账。

（11）某施工企业在施工现场搭建一幢临时工人宿舍，发生的实际搭建成本为66 400元，其中：领用材料的计划成本为12 000元，应负担的材料成本差异率为2%，应付搭建人员的工资为30 000元，以银行存款支付其他费用为22 000元，搭建完工后随即交付使用。

（12）施工企业按规定，计算临时宿舍的本月摊销额为2 100元。

（13）临时宿舍由于承包工程已竣工，不需再用，将其拆除，其账面累计已摊销额为53 120元，支付拆除人员工资3 000元，收回残料2 000元，已验收入库，清理工作结束。

3. 要求

根据上述经济业务编制会计分录。

习题二

1. 目的
掌握固定资产折旧的基本计算方法和技能。

2. 资料
某施工企业购入设备一台，原价 100 000 元，该设备预计使用 8 年，预计净残值率为 4%。

3. 要求
（1）按年限平均法计算固定资产的年、月折旧率和折旧额。
（2）按双倍余额递减法计算固定资产的每年折旧率和折旧额。
（3）按年数总和法计算固定资产的每年折旧率和折旧额。

习题二解答

习题三

1. 目的
练习固定资产折旧的工作量法。

2. 资料
企业有载重汽车 1 辆，其账面价值为 100 000 元，预计净残值率为 5%，规定的总行驶里程为 200 000km，某月，该载重汽车实际行驶了 800km。

3. 要求
按工作量法计算载重汽车单位里程折旧额和本月应提折旧额。

习题三解答

项目 7

无 形 资 产

了解无形资产的概念、特征及分类;理解无形资产的确认、研究与开发支出;掌握无形资产初始计量、后续计量及其处置和报废的核算。

任务 1 无形资产的确认

一、无形资产概述

1. 无形资产的概念及特征

无形资产是指企业拥有或者控制的没有实物形态的可辨认非货币性资产。2006 年颁布的《企业会计准则第 6 号——无形资产》不再区分可辨认无形资产和不可辨认无形资产,把商誉排除在无形资产之外。

无形资产一般具有以下特征:

1) 不具有实物形态。无形资产不具有物质实体,看不见,摸不着,不是人们直接可以触摸到的,是隐形存在的资产。

2) 用于生产商品或提供劳务、出租给他人或为了行政管理而拥有的资产。

3) 可以在一个以上会计期间为企业提供经济效益。因此,无形资产被界定为长期资产而不是流动资产,使用年限超过一年。

4) 所提供的未来经济效益具有很大的不确定性。有些无形资产的受益期难以确定,随着市场竞争、新技术发明而被替代。

无形资产并不是仅仅从实物形态上与有形资产相对立的一类资产,而是具有某些相同特征的资产。拥有这些资产的企业,在市场竞争中处于特殊的有利地位,使企业得到额外的经济利益。

2. 无形资产的内容

无形资产一般包括专利权、非专利技术、商标权、著作权、土地使用权、特许经营权等。

(1) 专利权 专利权是指国家专利主管机关依法授予发明创造专利申请人对其发明创造在法定期限内所享有的专有权利,包括发明专利权、实用新型专利权和外观设计专利权。

专利权可以由发明人申请获得，也可以向拥有专利权的人购买获得。专利权这类无形资产具有如下特征：

1）专利权具有独占性。国家赋予专利权持有者独家使用或控制某项发明的特殊权利。企事业利用他人专利必须事先征得专利所有者同意，并向该项专利所有者支付一定使用费用。

2）专利权具有期限性。专利权包括发明专利权、实用新型专利权和外观设计专利权。我国专利法规定，发明专利的有效期为15年，实用新型和外观设计专利的有效期为5年，期满之前专利发明人有申请延长有效期的权利，但延长期最长不得超过3年。

3）专利权具有收益性。专利权给企业带来的收益主要来自三个方面：通过专利技术的使用降低生产经营成本；运用发明专利使产品具有先进性、独特性、新颖性，可以大大提高产品的竞争力和市场占有率；通过出售专利技术获取转让收入，或通过签订专利技术特许使用合同获得收入。但专利权的收益具有潜在性、间接性、不确定性等特点。有的专利可能没有经济价值或具有很少的经济收益，有的专利还在法律有效期内就被经济价值更高的新的专利取代。因此，企业不是把所有获取专利权所支付的成本都予以资本化，作为无形资产确认。

（2）非专利技术　非专利技术是指企业在生产经营中已经采用的、未经公开的、在国内外享有法律保护的各种实用、先进、新颖的生产技术、经验和技巧。非专利技术是保密的、不公开的。它既包括技术领域，也包括经营领域。

非专利技术一般具有以下特点：

1）经济性。企业在生产经营过程中使用非专利技术，能够提高企业的经营能力和生产水平，使企业获得较高的经济效益。

2）机密性。非专利技术是企业在长期的生产经营实践中掌握的、不愿公开的方法、特长和经验，一旦公开就会失去其价值，因此，企业一般是采取保密手段控制、占有和垄断专有技术，即非专利技术拥有者必须通过自我保密方式来维持其独占性。由于非专利技术未经公开也未申请专利权，不受法律保护，也没有法律规定的期限，但事实上具有专利权的效用，只要企业能够保密下去，就可以长期享有其经济利益，一旦泄密则任何人都可以使用，也就不称其为非专利技术了。

3）动态性。非专利技术是企业或技术人员经过长期的经验积累而形成的，而且是在生产经营实践中不断发展的。

（3）商标权　商标权是指经国家工商行政管理部门商标局批准注册，申请人专门在自己生产的产品或经销的商品上使用特定的名称、图案、标记的权利。商标一经注册登记，就获得了法律上的保证，他人未经商标所有人许可不得在同种商品或类似商品上再使用同样的商标，否则就属于侵权，应当承担法律责任和经济责任。我国商标法规定，商标权的有效期为10年，期满前可以申请续展注册，经批准后可以继续享有商标的专用权。

商标权内容包括两个方面，即独占使用权和禁止使用权。独占使用权是指商标注册人享有在商标注册范围内独家使用其商标的权利。禁止使用权是指商标注册人享有禁止他人对注册商标独占使用权进行侵犯的权利，这种权利是商标权具有排他性的法律表现。根据商标法规定，商标使用权在受让人保证使用该注册商标产品质量前提下，可以进行转让。

（4）著作权　著作权又称为版权，是指国家版权部门依法授予著作者或文艺作品创作者以及出版商在一定年限内发表、制作、出版和发行其作品的专有权利。享有著作权的作品

主要包括:

1) 文学作品,如书籍、期刊或期刊的投稿、图画和广告、广播稿、讲稿等。

2) 工艺美术作品,如地图、蓝图、模型、雕塑、绘画、建筑图、工程图、印刷和照相制品等。

3) 影视作品,如电影、电视、戏曲及其他视听作品等。

4) 音乐舞蹈作品,如歌舞和伴奏抒情诗歌、哑剧等。

著作权包括两方面的权利,即精神权利(人身权利)和经济权利(财产权利)。前者是指作品署名、发表作品、确认作者身份、保护作品的完整性、修改已经发表的作品等项权利,包括发表权、署名权、修改权和保护作品完整权;后者是指以出版、表演、广播、展览、录制唱片、摄制影片等方式使用作品以及因授权他人使用作品而获得经济利益的权利,包括使用权和获得报酬权。

(5) 土地使用权 土地使用权是指国家准许某一企业或单位在一定期间内对国有土地享有开发、利用、经营的权利。《中华人民共和国土地管理法》明确规定,我国实行土地的社会主义公有制,即全民所有制和劳动群众集体所有制。城市的土地都属于国家所有,农村和城市郊区的土地,除由法律规定属于国家所有的以外,属于集体所有。任何单位和个人不得侵占、买卖或者以其他形式非法转让土地。国有土地可以依法确定给全民所有制单位或集体所有制单位使用,国有土地和集体所有的土地可以依法确定给个人使用。国有土地和集体所有的土地的使用权可以依法转让。任何企业、单位或个人,只能拥有土地的使用权,没有所有权。土地使用权的经济价值主要在于有助于企业长期发展获利能力。

企业取得土地使用权的情况有所不同,有的取得土地使用权时没有任何代价,如企业所拥有的并未入账的土地使用权,对于这样的土地使用权企业不能作为无形资产入账核算。有的取得土地使用权时企业花费了一定的代价,在这种情况下,企业应将取得时所发生的全部支出资本化,作为无形资产进行核算和管理。这又有两种情况:一种情况是企业根据《中华人民共和国城镇国有土地使用权出让和转让暂行条例》的规定向政府土地管理部门申请土地使用权支付的土地出让金,应将其资本化,作为无形资产入账;另一种情况是企业原先通过行政划拨方式获得的土地使用权,未入账核算,以后在将土地使用权有偿转让、出租、抵押、作价入股和投资时,应将按规定补交的土地出让金予以资本化,作为无形资产入账核算。

(6) 特许经营权 特许经营权又称为特许权、专营权,是指企业通过支付费用,被准许在一定区域内,以一定的形式生产经营某种特定商品或劳务的专利权。它可以由政府机构授予,也可以由其他企业、单位或个人授予。前一种类型通常由政府机构授权,准许企业在一定区域内享有经营某种业务的特权如公交运输、邮电通信、电力、煤气、自来水等专营权、烟草专卖权等;后一种类型通常是由其他企业、单位或个人授权,准许企业有限期或无限期地使用其商标权、专利权、非专利技术、商号等,以生产和销售某种产品或劳务的特有权利,如连锁分店使用总店的名称等。特许经营权的价值在于它具有一定程度的垄断性,从而可以给企业带来高额收益。受让企业获得的特许经营权,如果无需支付费用的,可以不入账;如果按合同规定由受让方定期支付给出让方一定数额的报酬,可在支付时作为费用直接计入当期损益;如为一次性支付费用的,则应将取得该项特许经营权所发生的全部费用予以资本化作为无形资产。

3. 无形资产的分类

企业的无形资产可以按照不同的标准进行分类。其分类方法主要有以下几种：

（1）按有无期限划分　按有无期限可以将无形资产分为有限期无形资产和无限期无形资产。有限期无形资产是指法律明确规定了有效期限的无形资产，如专利权、商标权、著作权、土地使用权等。这种无形资产，在法律的有效期限内受法律保护，因此，它们的取得成本必须在其有效期限内摊销。无限期无形资产是指法律没有明确规定有效期限的无形资产，如非专利技术。这种无形资产企业可以无限期地使用，直到其经济价值自行消失为止。

（2）按取得来源划分　按取得来源不同可以将无形资产分为外来无形资产和自创无形资产。外来无形资产是指政府给予企业的某种特权，企业从外单位购入的无形资产，企业接受其他单位投资转入的无形资产，企业接受捐赠的无形资产，企业通过债务重组取得的无形资产以及通过非货币性交易换入的无形资产等。自创无形资产是指企业自行开发、研制的无形资产，如企业自行开发、研制并按法律程序申请取得的专利权、商标权等。

二、无形资产的确认、研究与开发支出

无形资产

1. 无形资产的确认

某个项目要确认为无形资产，应符合无形资产的定义，并同时满足下列条件：

1）与该无形资产有关的经济利益很可能流入企业。作为无形资产确认的项目，必须具备其所产生的经济利益可能流入企业这一条件。通常情况下，无形资产产生的未来经济利益可能包括在销售商品、提供劳务的销售收入中，或者企业使用该项无形资产而减少或节约了成本，或者体现在获得的其他利益中。例如，施工企业在生产工序中使用了某种知识产权，使其降低了未来施工成本。

会计实务中，要确定无形资产所创造的经济利益是否可能流入企业需要实施职业判断。在实施这种判断时，需要对无形资产在预计使用寿命内可能存在的各种经济因素作出合理估计，并且应当有确凿的证据支持。例如，企业是否有足够的人力资源、高素质的管理队伍、相关的硬件设备等来配合无形资产为企业创造经济利益。同时，更为重要的是关注一些外在的影响，例如，是否存在与无形资产相关的新技术、新产品冲击，或据其生产的产品是否存在市场等。

2）该无形资产的成本能够可靠地计量。成本能够可靠地计量是确认资产的一项基本条件，对于无形资产而言，这个条件相对更为重要。例如，企业自创商誉以及内部生产的品牌、报刊名等，因其成本无法可靠计量，因此不作为无形资产确认。

2. 无形资产的研究与开发支出

（1）研究与开发阶段的区分　对于企业自行进行的研究开发项目，应当区分研究阶段与开发阶段分别进行核算。

1）研究阶段。研究是指为获取并理解新的科学或技术知识而进行的独创性有计划调查。研究阶段是探索性的，是为了进一步的开发活动进行资料及相关方面的准备，已进行的研究活动将来是否会转入开发、开发后是否会形成无形资产等均具有较大的不确定性。在这一阶段不会形成阶段性成果。因此，研究阶段的有关支出，在发生时应当费用化计入当期损益。

2）开发阶段。开发是指在进行商业性生产或使用前，将研究成果或其他知识应用于某

项计划或设计，以生产出新的或具有实质性改进的材料、装置、产品等。相对于研究阶段而言，开发阶段应当是已完成研究阶段的工作，在很大程度上具备了形成一项新产品或新技术的基本条件。此时，如果企业能够证明开发支出符合无形资产的定义及相关确认条件，则可将其确认为无形资产。

（2）开发阶段相关支出资本化的条件　在开发阶段，可将有关支出资本化计入无形资产的成本，但必须同时满足以下条件：

1）完成该无形资产以其能够使用或出售在技术上具有可行性。企业在判断无形资产的开发在技术上是否具有可行性，应当以目前阶段的成果为基础，并提供相关证据和材料，证明企业进行开发所必需的技术条件等已经具备，不存在技术上的障碍或其他不确定性。

2）具有完成该无形资产并使用或出售的意图。企业研发项目形成成果以后，是对外出售，还是使用并从使用中获得经济利益，应当由企业管理层的意图而定。企业管理层应当能够说明其开发无形资产的目的，并具有完成该无形资产开发并使其能够使用或出售的可能性。

3）无形资产产生经济利益的方式，包括能够证明运用该无形资产生产的产品存在市场或无形资产自身存在市场，无形资产将在内部使用的，应当证明其有用性。

很可能为企业带来未来经济利益是确认一项无形资产最基本的条件。就其能够为企业带来未来经济利益的方式来讲，如果有关的无形资产在形成以后，主要用于生产新产品，企业应当对运用该无形资产生产的产品的市场情况进行可靠预计，应当能够证明所生产的产品存在市场，并能够带来经济利益的流入；如果有关的无形资产开发以后主要是用于对外销售的，则企业应当能够证明市场上存在对该类无形资产的需求，其开发以后在外在的市场可以出售并能够带来经济利益的流入；如果无形资产开发以后，不是用于生产产品，也不是用于对外销售，而是在企业内部使用的，则应当能够证明其对企业的有用性。

4）有足够的技术、财务和其他资源支持，以完成该无形资产的开发，并有能力使用或出售该无形资产。这一条件主要包括：为完成该项无形资产的开发具有技术上的可靠性；财务和其他资源支持；能够证明企业可以取得无形资产开发所必需的技术、财务和其他资源，以及获得这些资源的相关计划。

5）归属于该无形资产开发阶段的支出能够可靠地计量。企业对于开发活动所发生的支出应当单独核算，例如，直接发生的开发人员工资、材料费以及相关设备折旧费等。在企业同时从事多项开发活动的情况下，所发生的支出同时用于支持多项开发活动的，应按照合理的标准在各项开发活动之间进行分配；无法合理分配的，应予以费用化计入当前损益，不计入开发活动的成本。

无法区分研究阶段和开发阶段的支出，应当在发生时作为管理费用，全部计入当期损益。

（3）内部开发无形资产成本的计量　内部研发形成的无形资产的成本，由可直接归属于该资产的创造、生产并使该资产能够以管理层预定的方式运作的所有必要支出组成。可直接归属成本包括，开发无形资产时耗费的材料、劳务成本、注册费、在开发该无形资产过程中使用的其他专利权的摊销，以及按照借款费用的处理原则可以资本化的利息支出。在开发无形资产过程中发生的，除了上述直接归属于无形资产开发活动之外的其他管理费用等间接费用，无形资产达到预定用途前发生的可辨认的无效或初始运作损失，为运作该无形资产发生的培训支出等不构成无形资产的开发成本。

需要说明的是,内部开发无形资产的成本仅包括在满足资本化条件之时至无形资产达到预定用途前发生的支出总和,对于同一项无形资产在开发过程中达到资本化条件之前已经费用化计入当期损益的支出不再进行调整。

(4) 内部研究开发费用的会计处理　企业自行开发无形资产发生的研发支出,无论是否满足资本化条件,均应先在"研发支出"科目中归集,期末,对于不符合条件的研发支出,转入当期管理费用;符合资本化条件但尚未完成的开发费用,继续保留在"研发支出"科目中,待开发项目完成达到预期用途形成无形资产时,再将其发生的实际成本转入无形资产。

外购或以其他方式取得的、正在研发过程应予资本化的项目,先计入"研发支出"科目,其后发生的成本比较上述原则进行处理。

[例7-1]　2020年1月1日,某施工企业董事会批准研发某项新型技术,该企业董事会认为,研发该项目具有可靠的技术和财务等资源的支持,并且一旦研发成功将降低该企业的施工成本。该企业在研发过程中发生主要材料甲材料费用600 000元、人工工资费用300 000元、使用其他无形资产的摊销费用50 000元,其他费用200 000元用银行存款支付,总计1 150 000元,其中,符合资本化条件的支出为500 000元。2020年12月31日,该项新型技术已经达到预定用途。该企业的账务处理如下:

(1) 发生研发支出

借:研发支出——费用支出　　　　　　　　　　　　　　　　　　650 000
　　　　　　——资本化支出　　　　　　　　　　　　　　　　　500 000
　　贷:原材料——主要材料——甲材料　　　　　　　　　　　　600 000
　　　　应付职工薪酬——工资　　　　　　　　　　　　　　　　300 000
　　　　银行存款　　　　　　　　　　　　　　　　　　　　　　200 000
　　　　累计摊销——无形资产摊销　　　　　　　　　　　　　　 50 000

(2) 2020年12月31日,该项新型技术已经达到预定用途

借:管理费用　　　　　　　　　　　　　　　　　　　　　　　　650 000
　　无形资产　　　　　　　　　　　　　　　　　　　　　　　　500 000
　　贷:研发支出——费用化支出　　　　　　　　　　　　　　　650 000
　　　　研发支出——资本化支出　　　　　　　　　　　　　　　500 000

任务2　无形资产的计量

一、无形资产的初始计量

施工企业取得的无形资产应当按照成本进行初始计量。对于不同来源的无形资产,其成本构成也不尽相同。

1) 外购无形资产的成本包括购买价款、相关税费以及直接归属于使该项资产达到预定用途所发生的其他支出。其中,直接归属于使该项无形资产达到预定用途所发生的其他支出,是指使无形资产达到预定用途所发生的专业服务费用、测试无形资产是否正常发挥作用的费用等。购买无形资产的价款超过正常信用条件延期支付,实质上具有融资性质的,无形

资产的成本以购买价款的现值为基础确定。实际支付的价款与购买价款的现值之间的差额，除按照《企业会计准则第 17 号——借款费用》应予资本化的以外，应当在信用期间内采用实际利率法进行摊销计入当期损益。

2) 自行开发的无形资产，其成本包括自满足无形资产确认条件后至达到预定用途前所发生的支出总额，但是对于以前期间已经费用化的支出不再调整。

3) 投资者投入无形资产的成本，应当按照投资合同或协议约定的价值确定，但合同或协议约定价值不公允的除外。

4) 非货币性资产交换、债务重组、政府补助和企业合并取得的无形资产的成本，应当分别按照《企业会计准则第 7 号——非货币性资产交换》《企业会计准则第 12 号——债务重组》《企业会计准则第 16 号——政府补助》和《企业会计准则第 20 号——企业合并》确定。

以下主要对外购方式取得的无形资产的成本确定予以说明。

【例 7-2】 2020 年 1 月 1 日，甲施工企业支付价款 5 250 000 元从乙公司购入一项专利权，款项已通过银行转账支付。如果使用了该项专利权，甲企业预计其生产能力将比原先提高 20%，销售利润率将增长 15%。假设不涉及其他相关税费。

甲企业的账务处理如下：
借：无形资产——专利权　　　　　　　　　　　　　　　　　　　　5 250 000
　　贷：银行存款　　　　　　　　　　　　　　　　　　　　　　　　　　　5 250 000

企业取得的土地使用权，通常应当按照取得时所支付的价款及相关税费确认为无形资产。土地使用权用于自行开发建造厂房等地上建筑时，土地使用权的账面价值不与地上建筑物合并计算其成本，而仍作为无形资产进行核算。但是，如果房地产开发企业取得的土地使用权用于建造对外出售的房屋建筑物的，其相关的土地使用权的价值应当计入所建造的房屋建筑物成本。

企业外购房屋建筑物所支付的价款中包括土地使用权以及建筑物的价值的，则应当对实际支付的价款按照合理的方法（例如，公允价值相对比例）在土地使用权和地上建筑物之间进行合理分配的，应当全部作为固定资产，按照固定资产确认和计量的原则进行处理。

企业改变土地使用权的用途，停止自用土地使用权而用于赚取租金或资本增值时，应将其账面价值转为投资性房地产。

【例 7-3】 2020 年 1 月 1 日，甲施工企业购入一块土地使用权，以银行存款支付 90 000 000 元，并在该土地上自行建造厂房等工程，发生工程物资甲材料支出 100 000 000 元，工资费用 50 000 000 元，其他相关费用 100 000 000 元等。该工程已经完工并达到使用状态。假定土地使用权的使用年限为 50 年，该厂房的使用年限为 25 年，两者都没有净残值，都采用直线法进行摊销和折旧。为了简化核算，不考虑其他相关税费。

甲企业的账务处理如下：

(1) 支付转让价款
借：无形资产——土地使用权　　　　　　　　　　　　　　　　　90 000 000
　　贷：银行存款　　　　　　　　　　　　　　　　　　　　　　　　　　90 000 000

(2) 在土地上自行建造厂房
借：在建工程——厂房工程　　　　　　　　　　　　　　　　　　250 000 000

贷：工程物资——甲材料		100 000 000
应付职工薪酬——工资		50 000 000
银行存款		100 000 000

（3）厂房达到预定可使用状态

借：固定资产——生产用固定资产——厂房		250 000 000
贷：在建工程——厂房工程		250 000 000

（4）每年分期摊销土地使用权和计提折旧

借：管理费用——无形资产摊销		1 800 000
管理费用——折旧费用		10 000 000
贷：累计摊销——无形资产摊销		1 800 000
累计折旧		10 000 000

二、无形资产的后续计量

1. 无形资产后续计量的原则

（1）估计无形资产的使用寿命　企业应当于取得无形资产时分析判断其使用寿命。无形资产的使用寿命如为有限的，应当估计该使用寿命的年限或构成使用寿命的产量等类似计量单位数量；无法预见无形资产为企业带来经济利益期限的，应当视为使用寿命不确定的无形资产。

估计无形资产使用寿命应考虑的因素主要包括：

1）运用该资产生产的产品通常的寿命周期、可获得的类似资产使用寿命的信息。

2）技术、工艺等方面的现阶段情况及对未来发展趋势的估计。

3）以该资产生产的产品或提供服务的市场需求情况。

4）现在或潜在的竞争者预期将采取的行动。

5）为维持该资产带来经济利益能力的预期维护支出，以及企业预计支付有关支出的能力。

6）对资产控制期限的相关法律规定或类似限制，如特许使用期、租赁期等。

7）与企业持有其他资产使用寿命的关联性等。

例如，企业以支付土地出让金的方式取得一块土地50年的使用权，如果企业准备持续持有，在50年期间内没有计划出售，则该土地使用权预期为企业带来经济利益的期限为50年。

某些无形资产的取得源自于合同性权利或其他法定权利，其使用寿命不应超过合同性权利或其他法定权利规定的期限。但如果企业使用资产预期使用的期限来确定其使用寿命。例如，企业取得的某项实用新型专利权，法律规定的保护期限为10年，企业预计运用该项实用新型专利权所生产的产品在未来6年内会为企业带来经济利益，则该项实用新型专利权的预计使用寿命为6年。

如果合同性权利或其他法定权利能够在到期时因续约等延续，则仅当有证据表明企业续约不需要付出大额成本时，续约期才能够包括在使用寿命估计当中。下列情况下，一般说明企业无须付出大额成本即可延续合同性权利或其他法定权利：①有证据表明合同性权利或其他法定权利将被重新延续，如果在延续之前需要三方统一，则还需有第三方将会同意的证据；②有证据表明为获得重新延续所必需的所有条件将被满足，以及企业为延续持有无形资产所付出成本相对于预期从重新延续中流入企业的未来经济利益相比具有重要性，则从本质上来看是企业获得一项新的无形资产。

没有明确的合同或法律规定无形资产的使用寿命的，企业应当综合各方面情况，例如企业经过努力，聘请相关专家进行论证、与同行业情况进行比较以及参考企业的历史经验等，来确定无形资产为企业带来经济利益的期限。如果经过努力，仍确实无法合理确定无形资产为企业带来的经济利益的期限的，才能将其作为使用寿命不确定的无形资产。例如，企业取得了一项在过去几年中市场份额领先的畅销产品的商标。该商标按照法律规定还有 5 年的使用寿命，但是在保护期届满时，企业可每 10 年以较低的手续费申请延期，同时有证据表明企业有能力申请延期。此外，有关的调查表明，根据产品生命周期，市场竞争等方面综合判断，该商标将在不确定的期间为企业带来现金流量。综合各方面情况，该商标可视为使用寿命不确定的无形资产。又如，企业通过公开拍卖取得一项出租车经营许可权，按照所在地的规定，以现有出租车运营许可权为限，不再授予新的营运许可权，而且在旧的出租车报废以后，有关的运营许可权可用于新的出租车。企业估计在有限的未来，将持续经营出租车行业。对于该运营许可权，由于其能为企业带来未来经济利益的期限从目前情况来看，无法可靠地估计，因而应将其视为使用寿命不确定的无形资产。

(2) 无形资产使用寿命的复核　企业至少应当于每年年度终了，对无形资产的使用寿命及摊销方法进行复核，如果有证据表明寿命有限的无形资产，应改变其摊销年限及摊销方法，并按照会计估计变更进行处理。例如，企业使用的某项专利权，原预计使用寿命为 10 年，使用至第 2 年年末时，该企业计划再使用 2 年即不再使用，为此，在第 2 年年末，企业应当变更该项无形资产的使用寿命，并作为会计估计变更进行处理。又如，某项无形资产计提了减值准备，这可能表明企业原来估计的摊销期限需要作出变更。

对于使用寿命不确定的无形资产，如果有证据表明其使用寿命有限的无形资产的处理原则进行处理。

2. 使用寿命有限的无形资产

使用寿命有限的无形资产，应在其预计的使用寿命内采用系统合理的方法对应摊销金额进行摊销。应摊销金额是指无形资产的成本扣除残值后的金额。已计提减值准备的无形资产，还应扣除计提的无形资产减值准备累计金额。使用寿命有限的无形资产，其残值应当视为零。

(1) 摊销期和摊销方法　无形资产的摊销期自其可供使用（即其达到预定用途）时起至终止确认时止。在无形资产的使用寿命内系统地分摊其应摊销金额，存在多种方法。这些方法包括直线法、生产总量法等。企业选择的无形资产摊销方法，应当能够反映与该无形资产有关的经济利益的预期实现方式，并一致地运用于不同会计期间；无法可靠确定其预期实现方式的，应当采用直线法进行摊销。

无形资产的摊销金额一般应当计入当期损益，但如果某项无形资产是专门用于生产某种产品或者其他资产，其所包含的经济利益是通过转入到所生产的产品或其他资产中实现的，则无形资产的摊销金额应当计入相关资产的成本。例如，某项专门用于生产过程中的无形资产，其摊销额应构成所生产产品成本的一部分，计入该产品的制造费用。

(2) 残值的确定　无形资产的残值一般为零，但下列情况除外：

1)有第三方承诺在无形资产使用寿命结束时购买该无形资产。

2)可以根据活跃市场得到预计残值信息,并且该市场在无形资产使用寿命结束时可能存在。

无形资产的残值意味着在其经济寿命结束之前,其企业预计将会处置该无形资产,并且从该处置中获得利益。估计无形资产的残值应以资产处置时可收回金额为基础,此时的可收回金额是指在预计出售日,出售一项使用寿命已满且处于类似使用情况下,同类无形资产预计的处置价格(扣除相关税费)。残值确定以后,在持有无形资产的期间内,至少应于每年年末进行复核,预计其残值与原估计金额不同的,应按照会计估计变更进行处理。如果无形资产的残值重新估计以后高于其账面价值的,则无形资产不再摊销,直至残值降至低于账面价值时再恢复摊销。

(3)使用寿命有限的无形资产摊销的会计处理 使用寿命有限的无形资产应当在使用寿命内,采用合理的摊销方法进行摊销。摊销时,应当考虑该项无形资产服务的对象,并以此为基础将其摊销价值计入相关资产的成本或者当期损益。

【例7-4】 甲施工企业从外单位购入某项专利权的成本为6 000 000元,估计使用寿命为8年,该项专利用于施工生产;同时,购入一项商标权,实际成本为8 000 000元,估计使用寿命为10年。假定这两项无形资产的净残值均为零。购买价款均以银行存款支付。

题中,专利权估计使用寿命8年,是有限期的无形资产,且该无形资产用于施工生产,因此应当将其摊销金额计入相关工程产品的施工成本。甲企业外购的商标权估计使用寿命10年,也是有限期的无形资产,而商标权的摊销金额直接计入当期管理费用。

甲企业的账务处理如下:

取得无形资产时:

借:无形资产——专利权	6 000 000
——商标权	8 000 000
贷:银行存款	14 000 000

按年摊销

借:工程施工——××工程——专利权摊销	750 000
管理费用——商标权摊销	800 000
贷:累计摊销——无形资产摊销	1 550 000

3. 寿命不确定的无形资产

根据可获得的相关信息判断,如果无法合理估计某项无形资产的使用寿命的,应将其作为使用寿命不确定的无形资产进行核算。对于使用寿命不确定的无形资产,在持有期间内不需要摊销,但应当在每个会计期间进行减值测试。其减值测试的方法按照判断资产减值的原则进行处理,如经减值测试表明已发生减值,则需要计提相应的减值准备,其相关账务处理为:借记"资产减值损失"科目,贷记"无形资产减值准备"科目。

任务3 无形资产的处置和报废

1. 无形资产出租

企业让渡无形资产使用权形成的租金收入和发生的相关费用,分别确认为其他业务收入和其他业务成本。

【例 7-5】 某施工企业将某种新型建筑材料的专利使用权转让给光明建材厂,转让合同规定,受让方应于每月末按销售该建筑材料的数量支付专利使用费。本月份,企业按合同规定派出技术人员为光明工厂解决技术问题,共发生各种费用 1 500 元,以银行存款支付。月末,该企业收到光明工厂支付的专利使用费 8 000 元,已存入银行(假设不考虑相关税费)。

支付有关费用时,作会计分录如下:

借:其他业务成本　　　　　　　　　　　　　　　　　　　1 500
　　贷:银行存款　　　　　　　　　　　　　　　　　　　　　1 500

收到专利使用费时,作会计分录如下:

借:银行存款　　　　　　　　　　　　　　　　　　　　　　8 000
　　贷:其他业务收入　　　　　　　　　　　　　　　　　　　8 000

2. 无形资产出售

企业出售某项无形资产,表明企业放弃该无形资产的所有权,应将所取得的价款与该无形资产账面价值的差额计入当期损益。但是,值得注意的是,企业出售无形资产确认其利得的时点,应按照收入确认中的相关原则进行确定。

企业出售无形资产,应当将取得的价款与该无形资产账面价值(成本减去累计摊销和计提的减值准备)的差额,确认为处置非流动资产的利得或损失,计入当期营业外收支。

【例 7-6】 甲施工企业所拥有的某项商标权的成本为 5 000 000 元,已摊销金额为 3 000 000 元,已计提的减值准备为 500 000 元。该企业于当期出售该商标权的所有权,取得出售收入 2 000 000 元,应交纳的增值税等相关税费为 120 000 元。

甲企业的账务处理为:

借:银行存款　　　　　　　　　　　　　　　　　　　　2 000 000
　　累计摊销——无形资产摊销　　　　　　　　　　　　　3 000 000
　　无形资产减值准备　　　　　　　　　　　　　　　　　　500 000
　　贷:无形资产　　　　　　　　　　　　　　　　　　　　5 000 000
　　　　应交税费——应交增值税(销项税额)　　　　　　　　120 000
　　　　营业外收入——处置非流动资产利得　　　　　　　　　380 000

3. 无形资产报废

如果无形资产预期不能为企业带来经济利益,例如,该无形资产已被其他技术所替代,则应将其报废并予以转销,其账面价值转作当期损益。转销时,应按已计提的累计摊销金额,借记"累计摊销"科目;按其账面余额,贷记"无形资产"科目;按其差额,借记"营业外支出"科目。已计提减值准备的,还应同时结转减值准备。

【例 7-7】 2020 年 12 月 31 日,甲施工企业某项专利权的账面余额为 6 000 000 元。该专利权的摊销期限为 10 年,采用直线法进行摊销,已摊销 5 年。该专利权的残值为零,已累计计提减值准备 1 600 000 元。假定以该专利权生产的产品没有市场,预期不能再为企业带来经济利益。

假定不考虑其他因素,甲企业的账务处理如下:

借:累计摊销——无形资产摊销　　　　　　　　　　　　3 000 000
　　无形资产减值准备　　　　　　　　　　　　　　　　　1 600 000

  营业外支出——处置非流动资产支出   1 400 000
   贷：无形资产——专利权   6 000 000

思政拓展　会计人员犯罪真实案例

  会计人员不仅要遵守会计职业道德，不弄虚作假，公私分明、不贪不占、遵纪守法、清正廉洁；更要熟悉国家法律、法规，执行统一的国家会计制度。

  近些年，有一些会计人员存在侥幸心理，通过种种手段进行财务犯罪，这无疑给所有的会计人员敲响了警钟。

案例一：

  张某，1992年生，是某事业局的会计兼出纳。工作不到一年，她就利用职务之便实施贪腐行为，贪污了40余万元民生领域资金，全部用来赌博。最终张某因贪污罪被判刑一年零六个月，并处罚金人民币10万元。

案列二：

  王某是某公司会计，2015年接触到网络直播，并逐渐沉迷于看网络直播。为了打赏女主播，他共挪用公款930万元。最终王某因犯职务侵占罪被判刑七年，并处没收财产20万元，退还所有侵占的公司款项。

案例三：

  某水泥厂会计危某通过做二套账簿方法，涉嫌逃税金额共计93万余元。危某最终因犯逃税罪被判处有期徒刑三年，缓刑五年，并处罚金人民币3万元。

  会计人员一定要坚守住底线。根据《中华人民共和国会计法》第四十条规定：

  因有提供虚假财务会计报告、做假账、隐匿或者故意销毁会计凭证、会计账簿、财务会计报告，贪污、挪用公款，职务侵占等与会计职务有关的违法行为被依法追究刑事责任的人员，不得取得或者重新取得会计从业资格证书。

  除前款规定的人员外，因违法违纪行为被吊销会计从业资格证书的人员，自被吊销会计从业资格证书之日起五年内，不得重新取得会计从业资格证书。

小　结

  无形资产是没有具体形态，但供企业长期使用并为企业带来经济利益的经济资源，包括专利权、非专利技术、商标权、土地使用权等。无形资产的主要特征表现为无实物形态和收益的不确定性。无形资产的计价与核算，因取得方式的不同而不同；无形资产摊销与固定资产折旧相似。对于无形资产转让业务应根据两种转让方式采用相应的核算方法。

  无形资产应当按照成本进行初始计量。无形资产的成本，按取得无形资产并使之达到预定用途而发生的全部支出确定。内部研究是指为获取并理解新的科学技术知识而进行的独创性的有计划调查；开发是指在进行商业性生产或使用前，将研究成果或其他知识应用于某项计划或设计，以生产出新的或具有实质性改进的材料、装置、产品等。无形资产的后续计量以及无形资产的处置和报废。无形资产的后续计量主要涉及无形资产的摊销和无形资产期末价值的确定；无形资产的处置和报废，主要是指无形资产出售和无形资产无法为企业带来经济利益应终止确认等情形。

思 考 题

7-1 什么是无形资产？它具有哪些特征？
7-2 无形资产确认的条件有哪些？
7-3 无形资产的价值一般采用什么方法摊销？

实训练习题

习题一

1. 目的

练习无形资产购入的核算。

习题一解答

2. 资料

东方施工企业从甲公司购入一项专利权，价格是 5 000 000 元，另支付相关税费 300 000 元，款项已通过银行支付。如果使用该专利能使企业生产能力和销售利润率大幅度提高，假设不涉及其他相关税费。

3. 要求

根据上述资料进行相应的会计处理。

习题二

1. 目的

练习无形资产减值与摊销的核算。

习题二解答

2. 资料

某施工企业 2016 年 1 月 1 日以银行存款 6 000 000 元购入一项专利权。该项无形资产的预计使用年限 10 年，2019 年末预计无形资产可收回金额 2 000 000 元。该企业 2017 年 1 月内部研发成功并可供使用非专利技术的无形资产账面价值 3 000 000 元，无法预见这一非专利技术为企业带来经济利益期限，2019 年末预计其可收回金额为 2 600 000 元，预计该非专利技术可以继续使用 4 年，该企业按年摊销无形资产，计算 2019 年计提准备和 2020 年摊销额。

3. 要求

根据上述资料进行相应的会计处理。

习题三

1. 目的

练习无形资产购入与摊销的核算。

习题三解答

2. 资料

某施工企业从外单位购入一项专利权，成本为 5 000 000 元，估计寿命为 10 年，该专利用于施工生产，假定该无形资产的残值为零，购买价款通过银行支付。

3. 要求

编制购入和摊销该无形资产的会计分录。

项目 8

流 动 负 债

> **学习目标**
>
> 理解流动负债的概念；了解流动负债与非流动负债的划分；掌握短期借款、应付票据、应付账款、应付职工薪酬及应交税费等的账务处理。只有用普遍联系的、全面系统的、发展变化的观点观察事物，才能把握事物发展规律。

任务 1　负债认知

负债是指由于过去的交易或事项引起的企业承担的现有义务，这种义务需要企业将来以转移资产或提供劳务加以清偿。我国的《企业会计制度》中对负债的定义为："过去的交易、事项形成的现时义务，履行该义务预期会导致经济利益流出企业。"

其具有以下特点：

第一，负债是现实存在的、由过去经济业务所产生的经济责任和义务，具有法律上的约束力，债务人必须按照一定的方式在指定日期清偿。

第二，负债必须能以货币确认或合理地予以计量，并以债权人能接受的方式以转移一定资产的形式进行清偿。

第三，负债必须有确切的或合理估计的债权人及到期日。

负债按其流动性（即偿还期限是否超过 1 年）分为流动负债和非流动负债。

任务 2　流动负债认知

1. 流动负债的概念

流动负债是指预计在一个正常营业周期中清偿、或者主要为交易目的而持有、或者自资产负债表日起一年内（含一年）到期予以清偿、或者企业无权自主地清偿推迟至资产负债表日后一年以上的负债。流动负债主要包括短期借款、应付票据、应付账款、预收账款、应付职工薪酬、应交税费、应付利息、应付股利、其他应付款等。

负债满足下列条件之一的，应当归类为流动负债：①预计在一个正常营业周期中清偿。②主要为交易目的而持有。③自结算日起 1 年内到期应予以清偿。④企业无权自主将其推迟至结算日后 1 年以上。流动负债以外的负债应当归类为非流动负债。

2. 流动负债的确认和计价

企业确认一项流动负债，并在资产负债表上反映其未来应付金额，通常就是在这些负债相关的业务或经营活动发生时，与相关项目一同确认。

从理论上说，负债的计价应以未来偿付债务所需的现金流出量的现值为基础，按未来应付金额的贴现值来计量。我国现行制度规定各项流动负债应按实际发生额入账。

任务3 短期借款

短期借款

一、短期借款概述

短期借款是指建筑施工企业向银行或其他金融机构等借入的期限在1年以下（含1年）的各种借款。短期借款的主要用途通常是为了满足企业正常的施工生产经营的需要。

二、短期借款的核算

企业无论借入款项的来源如何，均需要向债权人按期偿还借款的本金及利息。在会计核算上，企业要及时如实地反映短期借款的借入、利息的发生和本息的偿还情况。

1. 短期借款利息的处理

短期借款一般按单利计息，即只对本金计算利息。在实际工作中，银行一般于每季度末收取短期借款利息，为此，企业的短期借款利息一般采用月末预提、按季支付的方式进行核算。短期借款利息属于筹资费用，应计入"财务费用"科目。

企业月末按照计算确定的预提短期借款利息费用，借记"财务费用"科目，贷记"应付利息"科目；实际支付利息时，根据已预提部分的利息，借记"应付利息"科目，贷记"银行存款"科目；根据本期应计利息，借记"财务费用"科目；根据应付利息总额，贷记"银行存款"科目。

2. 短期借款的核算

企业应通过"短期借款"科目，反映和监督建筑施工企业短期借款的取得和偿还情况。该科目属于负债类科目，贷方登记企业取得短期借款的本金，借方登记归还的短期借款本金，余额在贷方，表示尚未偿还的短期借款。本科目可按借款种类、贷款人和币种进行明细核算。

建筑施工企业从银行或其他金融机构取得短期借款时，借记"银行存款"科目，贷记"短期借款"科目；到期偿还本金时，借记"短期借款"科目，贷记"银行存款"科目。

【例8-1】 某建筑施工企业于2020年1月1日向银行借入一笔期限为6个月的短期借款，金额为120 000元，年利率为8%。根据借款协议，该项借款到期一次偿还本金；利息按月预提，按季支付。企业的有关会计处理如下：

(1) 2020年1月1日借入短期借款时

借：银行存款　　　　　　　　　　　　　　　　　　　　　　120 000
　　贷：短期借款　　　　　　　　　　　　　　　　　　　　　120 000

(2) 1月末，计提本月应计利息时

本月应计提利息 = 120 000元 × 8% ÷ 12 = 800元

借：财务费用——利息支出　　　　　　　　　　　　　　　　　800
　　贷：应付利息　　　　　　　　　　　　　　　　　　　　　800

2月末计提利息时，会计处理同1月末。

(3) 3月末支付第一季度的借款利息时

借：财务费用——利息支出　　　　　　　　　　　800
　　应付利息　　　　　　　　　　　　　　　　1 600
　　贷：银行存款　　　　　　　　　　　　　　　　　2 400

本例中，企业已计提1、2月份的利息为1 600元，应借记"应付利息"科目，3月份应计提的利息为800元，应借记"财务费用"科目；季度末实际应支付利息总额为2 400元，贷记"银行存款"科目。

第二季度的会计处理同上。

(4) 2020年7月1日偿还短期借款本金时

借：短期借款　　　　　　　　　　　　　　　120 000
　　贷：银行存款　　　　　　　　　　　　　　　　120 000

任务4　应付账款与应付票据

一、应付账款

1. 应付账款概述

应付账款是指建筑施工企业因购买材料、商品或接受劳务供应等经营活动应支付的款项，以及因分包工程应付给分包单位的工程价款。

应付账款入账时间的确认，应在与所购买物资所有权相关的主要风险和报酬已经转移，或者所购买的劳务已经接受时确认。企业在物资和发票账单同时到达的情况下，一般在所购物资验收入库后，再根据发票账单登记入账，确认应付账款；在所购物资已经验收入库，但是发票账仍未到达的情况下，在会计期末，需要将所购物资和相关的应付账款暂估入账，待下月初作相反分录予以冲回。

2. 应付账款的入账价值

应付账款一般按到期应付金额入账。如果购入资产时带有商业折扣，应付账款应按扣除商业折扣后的金额入账；如果购入资产时带有现金折扣，其入账价值应按总价法和净价法两种方法确定。

(1) 总价法是指应付账款按发票账单记载的全部金额入账。企业如能按期付款，享有的现金折扣，冲减"财务费用"。

(2) 净价法是指应付账款按发票账单记载的全部金额扣除折扣后的净值入账。如果企业在折扣期内未支付货款而丧失了折扣，丧失的折扣记入"财务费用"。我国现行制度规定按总价法核算。

应付分包单位的工程款，应在办理完已完工程价款结算时，根据分包单位编制的"工程价款结算单"所列金额入账。

3. 应付账款的核算

企业应通过"应付账款"科目，核算建筑施工企业应付账款的发生、偿还、转销等情况。该科目属于负债类科目，贷方登记企业购买材料、商品和接受劳务或分包工程等发生的应付未付的账款，借方登记偿还的应付账款或开出商业汇票抵付应付账款的款项，或已冲销的无法支付的应付账款，余额一般在贷方，表示企业尚未支付的应付账款余额。本科目设置"应付购货款"和"应付工程款"两个科目，并按供应单位和分包单位设置明细科目进行明细核算。

企业购买材料，但尚未支付款项时，根据有关凭证，借记"材料采购""应交税费——应交增值税（进项税额）"等科目，按应付款项，贷记"应付账款"科目；企业接受供应单位提供劳务而发生的应付账款，应根据供应单位的发票账单，借记"工程施工"等有关成本费用科目，贷记"应付账款"科目；企业与分包单位结算已完工程款时，根据应付的已完工程价款，借记"工程施工"科目，贷记"应付账款"科目；企业支付应付款时，借记"应付账款"科目，贷记"银行存款"科目。

应付账款一般按到期应付金额入账。如果应付账款附有现金折扣的，应按照扣除现金折扣前的应付账款总额入账。因在折扣期限内付款而获得的现金折扣，应在偿付应付账款时冲减财务费用。

【例 8-2】 某建筑施工企业 2020 年 1 月 5 日购入钢材一批，增值税专用发票上列明，该批钢材的价款为 100 000 元，增值税为 13 000 元。按照购货协议的规定，现金折扣的条件为 3/10（10 天之内付清款项，将获得 5% 的折扣）。企业的有关会计处理如下：

（1）购入钢材时

借：材料采购 100 000
　　应交税费——应交增值税（进项税额） 13 000
　　贷：应付账款——应付购货款 113 000

本例中，某施工企业对销货方的应付账款附有现金折扣，应按照扣除现金折扣前的应付款总额 113 000 元记入"应付账款"科目。

（2）如果企业第 9 天付款，其会计处理为

获得的现金折扣 = 113 000 元 × 5% = 5 650 元
实际支付的货款 = 113 000 元 − 5 650 元 = 107 350 元

借：应付账款——应付购货款 113 000
　　贷：银行存款 107 350
　　　　财务费用 5 650

（3）如果企业 10 天后付款，其会计处理为

借：应付账款——应付购货款 113 000
　　贷：银行存款 113 000

【例 8-3】 某建筑施工企业月末与分包单位结算已完工程款 200 000 元，增值税为 18 000 元，月初已预付工程款 150 000 元，余款以银行存款支付。企业有关会计处理如下：

（1）月初预付工程款时

借：预付账款 150 000
　　贷：银行存款 150 000

（2）与分包单位结算已完工程款时

借：工程施工 200 000
　　应交税费——应交增值税（进项税额） 18 000

项目8 流动负债

　　　贷：应付账款——应付工程款　　　　　　　　　　　　　　218 000
　(3) 支付工程余款同时冲减预付款时
　　借：应付账款——应付工程款　　　　　　　218 000
　　　贷：预付账款　　　　　　　　　　　　　　　　　　　　　150 000
　　　　　银行存款　　　　　　　　　　　　　　　　　　　　　 68 000

【例8-4】 2020年12月31日，某建筑施工企业确定一笔应付账款80 000元为无法支付的款项，应予转销。企业有关会计处理如下：
　　借：应付账款　　　　　　　　　　　　　 80 000
　　　贷：营业外收入——其他　　　　　　　　　　　　　　　　 80 000

二、应付票据

1. 应付票据概述

应付票据是指建筑施工企业购买材料、接受劳务或与分包单位办理工程结算而开出、承兑的商业汇票，包括商业承兑汇票和银行承兑汇票。企业应当设置"应付票据备查簿"，详细登记商业汇票的种类、号数和出票日期、到期日、票面金额、交易合同号和收款人姓名或单位名称以及付款日期和金额等资料。应付票据到期结清时，应当在备查簿内予以注销。

2. 应付票据的核算

企业应通过"应付票据"科目，核算应付票据的发生、偿付等情况。该科目属负债类科目，贷方登记企业开出、承兑汇票的面值及带息票据的预提利息，借方登记支付票据的金额，余额在贷方，表示企业尚未到期的商业汇票的票面金额。

建筑施工企业因购买材料、接受劳务或与分包单位办理工程结算而签发商业汇票时，应按其票面金额作为应付票据的入账金额，借记"材料采购""应交税费——应交增值税（进项税额）"等科目，贷记"应付票据"科目；支付的银行承兑汇票手续费应当计入当期财务费用，借记"财务费用"科目，贷记"银行存款"科目；到期支付票款时，应按账面余额予以结转，借记"应付票据"科目，贷记"银行存款"科目；汇票到期，企业无力支付票款，对签发的商业承兑汇票，借记"应付票据"科目，贷记"应付账款"科目，对签发的银行承兑汇票，借记"应付票据"科目，贷记"短期借款"科目。

【例8-5】 某建筑施工企业于2020年5月1日购买一批钢材，该批钢材买价为100 000元，增值税额为13 000元，企业开出一张面值为113 000元、期限为3个月的不带息商业承兑汇票。票据到期，企业如数支付全部票款。企业有关会计处理如下：
　(1) 签发票据时
　　借：材料采购　　　　　　　　　　　　　　100 000
　　　　应交税费——应交增值税（进项税额）　　13 000
　　　贷：应付票据——商业承兑汇票　　　　　　　　　　　　　113 000
　(2) 到期付款时
　　借：应付票据——商业承兑汇票　　　　　　113 000
　　　贷：银行存款　　　　　　　　　　　　　　　　　　　　　113 000
　(3) 若票据到期企业无力支付票款
　　借：应付票据——商业承兑汇票　　　　　　113 000

贷：应付账款　　　　　　　　　　　　　　　　　　　　　　　　　113 000

【例 8-6】 承【例 8-5】，假设上例中的商业汇票为银行承兑汇票，签发时支付银行承兑手续费 2 000 元。企业有关会计处理如下：

（1）签发票据时

借：材料采购　　　　　　　　　　　　　　　　　　　　　　　　　100 000
　　应交税费——应交增值税（进项税额）　　　　　　　　　　　　　13 000
　　贷：应付票据——银行承兑汇票　　　　　　　　　　　　　　　　113 000

（2）支付手续费时

借：财务费用　　　　　　　　　　　　　　　　　　　　　　　　　　2 000
　　贷：银行存款　　　　　　　　　　　　　　　　　　　　　　　　　2 000

（3）到期付款时

借：应付票据——银行承兑汇票　　　　　　　　　　　　　　　　　113 000
　　贷：银行存款　　　　　　　　　　　　　　　　　　　　　　　　113 000

（4）若票据到期企业无力支付票款

借：应付票据——银行承兑汇票　　　　　　　　　　　　　　　　　113 000
　　贷：短期借款　　　　　　　　　　　　　　　　　　　　　　　　113 000

任务 5　应付职工薪酬

1. 应付职工薪酬概述

应付职工薪酬是指企业根据有关规定应付给职工的各种薪酬，包括职工工资、奖金、津贴和补贴，职工福利费，医疗、养老、失业、工伤、生育等社会保险费，住房公积金，工会经费，职工教育经费，非货币性福利等因职工提供服务而产生的义务。从广义上讲，职工薪酬是企业必须付出的人力成本，是吸引和激励职工的重要手段，也就是说，职工薪酬既是职工对企业投入劳动获得的报酬，也是企业的成本费用。具体而言，职工薪酬主要包括以下几方面的内容：

1）职工工资、奖金、津贴和补贴是指按照国家统计局《关于职工工资总额组成的规定》，构成工资总额的计时工资、计件工资、支付给职工的超额劳动报酬和增收节支的劳动报酬，为了补偿职工特殊或额外的劳动消耗和因其他特殊原因支付给职工的津贴，以及为了保证职工工资水平不受物价影响支付给职工的物价补贴等。企业按规定支付给职工的加班加点工资以及根据国家法律、法规和政策规定，企业在职工因病、工伤、产假、计划生育假、婚丧假、事假、探亲假、定期休假、停工学习、执行国家或社会义务等特殊情况下，按照计时工资或计件工资标准的一定比例支付的工资，也属于职工工资范畴，在职工休假或缺勤时，不应当从工资总额中扣除。

2）职工福利费是指企业为职工集体提供的福利，如补助生活困难职工等。

3）医疗、养老、失业、工伤和生育等社会保险费是指企业按照国家规定的基准和比例计算，向社会保险经办机构缴纳的医疗保险金、基本养老保险金、失业保险金、工伤保险费和生育保险费，以及根据《企业年金试行办法》《企业年金基金管理试行办法》等相关规定，向有关单位（企业年金基金账户管理人）缴纳的补充养老保险费。此外，以商业保险形式提供给职工的各种保险待遇也属于企业提供的职工薪酬。

4)住房公积金是指企业按照国家《住房公积金管理条例》规定的基准和比例计算,向住房公积金管理机构缴存的住房公积金。

5)工会经费和职工教育经费是指企业为了改善职工文化生活、提高职工业务素质用于开展工会活动和职工教育及职业技能培训,根据国家规定的基准和比例,从成本费用中提取的金额。

6)非货币性福利包括企业以自己的产品或其他有形资产发放给职工作为福利、企业向职工提供无偿使用自己拥有的资产(如提供给企业高级管理人员的汽车、住房等)、企业为职工无偿提供商品或类似医疗保健的服务等。

7)其他职工薪酬,如因解除与职工的劳动关系给予的补偿(又称为辞退福利),即由于企业分离办社会职能、实施主辅分离辅业改制、分流安置富余人员、实施重组、改组计划、职工不能胜任等原因,企业在职工劳动合同到期之前解除与职工的劳动关系,或者为鼓励职工自愿接受裁减而提出补偿建议的计划中给予职工的经济补偿。

2. 应付职工薪酬的核算

企业应当通过"应付职工薪酬"科目,核算应付职工薪酬的提取、结算、使用等情况。该科目属于负债类科目,贷方登记已分配计入有关成本费用项目的职工薪酬的数额,借方登记实际发放职工薪酬的数额;该科目期末贷方余额,反映企业应付未付的职工薪酬。"应付职工薪酬"科目应当按照"工资""职工福利""社会保险费""住房公积金""工会经费""职工教育经费""非货币性福利"等应付职工薪酬项目设置明细科目,进行明细核算。外商投资企业规定从净利润中提取的职工奖励及福利基金,也在本科目核算。

(1)应付职工薪酬的确认 企业应当在职工为其提供服务的会计期间,根据职工提供服务的受益对象,将应确认的职工薪酬(包括货币性薪酬和非货币性福利)计入相关成本或当期损益,同时确认为应付职工薪酬。具体分别以下情况进行处理:

1)建安生产人员的职工薪酬记入"工程施工"科目。

2)企业所属独立核算的工业生产人员的职工薪酬记入"生产成本——工业生产"科目。

3)施工机械作业人员的职工薪酬记入"机械作业"科目。

4)辅助生产部门人员的职工薪酬记入"生产成本——辅助生产"科目。

5)材料采购管理部门人员的职工薪酬记入"采购保管费"科目。

6)行政管理部门人员的职工薪酬记入"管理费用"科目。

7)施工单位管理人员的职工薪酬记入"工程施工——间接费用"科目。

8)专项工程人员的职工薪酬记入"在建工程"科目。

建筑施工企业为了总括地反映工资的分配情况,企业财会部门在月末应根据"工资费用分配汇总表",进行工资分配的核算。"工资费用分配汇总表"的一般格式见表8-1。

【例8-7】 某建筑施工企业本月应付职工工资总额为173 980元,根据表8-1 "工资费用分配汇总表"中所列的项目。企业有关会计处理如下:

借:工程施工 115 000
　　机械作业 4 500

生产成本——辅助生产　　　　　　　　　　　　　　　　　5 650
　　在建工程　　　　　　　　　　　　　　　　　　　　　　67 900
　　管理费用　　　　　　　　　　　　　　　　　　　　　　55 000
　　采购保管费　　　　　　　　　　　　　　　　　　　　　10 300
　　贷：应付职工薪酬——工资　　　　　　　　　　　　　　258 350

表 8-1　工资费用分配汇总表
2020 年 12 月　　　　　　　　　　　　　　　　　　　　　　（单位：元）

受益对象	建安生产人员	机械作业人员	辅助生产人员	专项工程人员	行政管理人员	材料采购保管人员	合 计
工程施工	115 000						115 000
机械作业		4 500					4 500
生产成本—辅助生产			5 650				5 650
在建工程				67 900			67 900
管理费用					55 000		55 000
采购保管理费						10 300	10 300
合　　计	115 000	4 500	5 650	67 900	55 000	10 300	258 350

【例 8-8】　某建筑施工企业根据国家规定标准计算，应缴纳职工基本养老保险费共计 152 000 元，其中，应计入工程施工的金额为 87 000 元，应计入在建工程的金额为 35 000 元，应计入管理费用的金额为 30 000 元。企业有关会计处理如下：

　　借：工程施工　　　　　　　　　　　　　　　　　　　　87 000
　　　　在建工程　　　　　　　　　　　　　　　　　　　　35 000
　　　　管理费用　　　　　　　　　　　　　　　　　　　　30 000
　　　　贷：应付职工薪酬——社会保险费　　　　　　　　　152 000

（2）应付职工薪酬的发放　建筑施工企业支付职工薪酬时，借记"应付职工薪酬"科目，贷记"银行存款""库存现金"科目；企业从应付职工薪酬中扣还的各种款项（代垫的家属药费、个人所得税等），借记"应付职工薪酬"科目，贷记"银行存款""库存现金""其他应收款"等科目。"应付职工薪酬"科目按照"工资""职工福利""社会保险费""住房公积金""工会经费""职工教育经费""非货币性福利"等设置明细科目。

　　企业一般在每月发放工资前，根据"工资结算汇总表"中的"实发金额"栏的合计数向开户银行提取现金，借记"库存现金"科目，贷记"银行存款"科目；然后再向职工发放。

【例 8-9】　某建筑施工企业根据本月"工资结算汇总表"应付职工工资总额为 732 800 元，代扣职工王某家属的医药费 32 800 元，实发工资 700 000 元。企业有关会计处理如下：

　　（1）向银行提取现金时
　　借：库存现金　　　　　　　　　　　　　　　　　　　700 000
　　　　贷：银行存款　　　　　　　　　　　　　　　　　　700 000

(2) 以现金发放工资时
借：应付职工薪酬——工资　　　　　　　　　　　　　　　700 000
　　贷：库存现金　　　　　　　　　　　　　　　　　　　　　　　700 000
(3) 代扣款项时
借：应付职工薪酬——工资　　　　　　　　　　　　　　　 32 800
　　贷：其他应收款——代垫医药费　　　　　　　　　　　　　　 32 800

【例 8-10】 某建筑施工企业以银行存款缴纳职工医疗保险费 75 000 元。住房公积金 56 300 元，工会经费 19 000 元。企业有关会计处理如下：
借：应付职工薪酬——社会保险费　　　　　　　　　　　　 75 000
　　　　　　　　——住房公积金　　　　　　　　　　　　　 56 300
　　　　　　　　——工会经费　　　　　　　　　　　　　　 19 000
　　贷：银行存款　　　　　　　　　　　　　　　　　　　　　　　150 300

任务 6　应 交 税 费

一、应交税费概述

应交税费是指企业根据税法规定应向国家交纳的各种税金。建筑施工企业应交的税费主要包括增值税、城市维护建设税、教育费附加、地方教育附加、印花税、所得税等。

企业应通过"应交税费"科目，总括反映各种税费的交纳情况，并按照应交税费项目进行明细核算。该科目贷方登记应交纳的各种税费等，借方登记实际交纳的税费；期末余额一般在贷方，反映企业尚未交纳的税费，期末余额如在借方，反映企业多交或尚未抵扣的税费。

二、应交税费的核算

1. 增值税

增值税是对我国境内销售货物或者提供加工、修理修配劳务，以及进口货物的单位和个人，就其取得的货物或应税劳务销售额，以及进口货物的金额计算税款，并实行税款抵扣制的一种流转税。增值税是一种价外税。建筑施工企业生产对外销售产品，如结构件等，单独进行核算，应依法交纳增值税。

增值税纳税人分为一般纳税人和小规模纳税人。一般纳税人应纳增值税额，根据当期的销项税额减去当期进项税额计算确定，小规模纳税人应纳增值税额，按照销售额和规定的征收率计算确定。

【例 8-11】 某建筑施工企业为增值税一般纳税人。2020 年 7 月 20 日，开出工程价款结算单，向建设单位进行工程结算，价税合计为 872 000 元，按税法规定，企业应缴纳的增值税税率为 9%。企业有关会计处理如下：

2020 年 7 月 20 日，开出工程价款结算单时，作如下会计记录：

应缴纳的增值税 = 872 000 元/(1 + 9%) × 9% = 72 000 元

借：应收账款　　　　　　　　　　　　　　　　　　　　　 872 000

　　　　贷：工程结算　　　　　　　　　　　　　　　　　　　800 000
　　　　　　应交税费——应交增值税（销项税额）　　　　　　72 000

2. 城市维护建设税

城市维护建设税是国家为了加强城市公用事业和公用设施的维护建设，以企业交纳的增值税为计税依据征收的一种税。其纳税人为交纳增值税的单位和个人，税率因纳税人所在地不同，市区按7%，县城按5%，其他地区按1%的税率征收。公式为：

　　应纳税额＝应交增值税×适用税率

企业应交的城市维护建设税，借记"税金及附加"科目，贷记"应交税费——应交城市维护建设税"科目；实际交纳时，借记"应交税费——应交城市维护建设税"科目，贷记"银行存款"科目。

【例8-12】 某建筑施工企业本期实际上交增值税347 000元，该企业适用的城市维护建设税税率为7%。企业有关会计处理如下：

（1）计算城市维护建设税时

　　借：税金及附加　　　　　　　　　　　　　　　　　　24 290
　　　　贷：应交税费——应交城市维护建设税　　　　　　　24 290
　　　　应交城市维护建设税＝347 000元×7%＝24 290元

（2）缴纳城市维护建设税时

　　借：应交税费——应交城市维护建设税　　　　　　　　　24 290
　　　　贷：银行存款　　　　　　　　　　　　　　　　　　24 290

3. 教育费附加和地方教育附加

教育费附加是用于发展教育事业而向企业征收的一种附加税费，以缴纳人实际缴纳的增值税为计费依据，教育费附加的征收率为3%。其计算公式为：

　　教育费附加＝实际缴纳的增值税×3%

地方教育附加是指各省、自治区、直辖市根据国家有关规定，为实施"科教兴省"战略，增加地方教育的资金投入，促进各省、自治区、直辖市教育事业发展，开征的一项地方政府性基金。该收入主要用于各地方的教育经费的投入补充，各地统一征收。地方教育附加征收标准为单位和个人实际缴纳的增值税税额的2%。其计算公式为：

　　地方教育附加＝实际缴纳的增值税×2%

企业按规定计算出应缴纳的教育费附加和地方教育附加时，借记"税金及附加"科目，贷记"应交税费——应交教育费附加、应交税费——应交地方教育附加"科目；缴纳时，借记"应交税费——应交教育费附加、应交税费——应交地方教育附加"科目，贷记"银行存款"科目。

4. 印花税

印花税是指对经济活动和经济交往中书立、使用、领受具有法律效力的凭证的单位和个人征收的一种税。建筑施工企业涉及的总承包合同、劳务分包合同、材料采购合同、机械设备租赁合同等都需要缴纳印花税。

建筑施工企业交纳的印花税，不会发生应付未付税费的情况，不需预计应纳税费，因此，印花税的核算不通过"应交税费"科目，企业在支付印花税时，直接借记"管理费用——印花税"科目，贷记"银行存款"科目。

5. 所得税

企业的生产、经营所得和其他所得,依照所得税暂行条例及其细则的规定,需要交纳所得税。企业应交纳的所得税,在"应交税费——应交所得税"明细科目核算,当期应计入损益的所得税,作为一种费用,在净收益中扣除。企业按照一定方法计算,计入损益的所得税,借记"所得税费用"科目,贷记"应交税费——应交所得税"科目。

任务 7 其他流动负债

1. 应付股利（应付利润）

应付股利是指建筑施工企业根据股东大会或类似机构审议批准的利润分配方案确定分配给投资者的现金股利或利润。

企业应通过"应付股利"科目,核算企业确定或宣告支付但尚未实际支付的现金股利或利润。该科目属于负债类科目,贷方登记应支付的现金股利或利润,借方登记实际支付的现金股利或利润,期末贷方余额反映企业应付未付的现金股利或利润。该科目应按照投资者设置的明细科目进行明细核算。

建筑施工企业根据股东大会或类似机构审议批准的利润分配方案,确认应付给投资者的现金股利或利润时,借记"利润分配——应付现金股利或利润"科目,贷记"应付股利"科目;向投资者实际支付现金股利或利润时,借记"应付股利"科目,贷记"银行存款"等科目。

【例 8-13】 某建筑施工企业 2020 年度经董事会批准,决定分配给投资者股利 1 200 000 元,股利以银行存款支付。企业有关会计处理如下:

(1) 确认分配股利时

借：利润分配——应付现金股利或利润　　　　　　　　　　1 200 000
　　贷：应付股利　　　　　　　　　　　　　　　　　　　　　　　1 200 000

(2) 支付股利时

借：应付股利　　　　　　　　　　　　　　　　　　　　　1 200 000
　　贷：银行存款　　　　　　　　　　　　　　　　　　　　　　　1 200 000

2. 预收账款

预收账款是指建筑施工企业按照合同规定向发包单位预收的工程款和备料货,以及按销售合同规定向购货单位、接受劳务单位预收的销货款。与应付账款不同,预收账款所形成的负债不是以货币偿付,而是以货物或劳务偿付。企业在发货前或提供劳务前收取的货款,表明了企业承担了会在未来导致经济利益流出企业的应履行的义务,就成为企业的一项负债。

企业应通过"预收账款"科目,核算预收账款的取得、偿付等情况。该科目属于负债类科目,贷方登记发生的预收账款的数额和发包单位或购货单位补付账款的数额,借方登记从应收账款中扣还的预收工程款和备料款以及预收销货款;余额一般在贷方,反映尚未从应收账款中扣还的预收工程款、备料款和预收销货款。本科目应设置"预收工程款"和"预收销货款"两个明细科目,并分别按发包单位和购货单位设置明细账,进行明细分类核算。

企业按规定预收工程款和备料款时，借记"银行存款"科目，贷记"预收账款——预收工程款"科目；企业与发包单位结算已完工程价款时，应从应收工程款中扣还预收的工程款，借记"预收账款——预收工程款"科目，贷记"应收账款——应收工程款"科目。

企业按合同规定预收销货款时，借记"银行存款"科目，贷记"预收账款——预收销货款"科目；结算销货款时，借记"预收账款——预收销货款"科目，贷记"应收账款——应收销货款"科目。

【例8-14】 某建筑施工企业向发包单位预收工程款500 000元，款项存入银行。企业有关会计处理如下：

借：银行存款 500 000
　　贷：预收账款——预收工程款 500 000

【例8-15】 承【例8-13】建筑施工企业月末结算应收工程款，价税合计为1 090 000元，增值税税率为9%。企业有关会计处理如下：

(1) 结算工程款时
借：应收账款——应收工程款 1 090 000
　　贷：工程结算 1 000 000
　　　　应交税费——应交增值税（销项税额） 90 000

(2) 扣还预收账款时
借：预收账款——预收工程款 500 000
　　贷：应收账款——应收工程款 500 000

3. 其他应付款

其他应付款是指企业除了应付票据、应付账款、预收账款、应付职工薪酬、应交税费、应付股利等经营活动以外的其他各种应付、暂收的款项，如应付租入包装物租金、存入保证金等。

企业应通过"其他应付款"科目，核算其他应付款的增减变动及其结存情况，并按照其他应付款的项目和对方单位（或个人）设置明细科目。该科目属于负债类科目，贷方登记发生的各种应付、暂收款项，借方登记偿还或转销的各种应付、暂收款项；期末贷方余额，反映企业应付未付的其他应付款项。

建筑施工企业发生其他各种应付、暂收款项时，借记"工程施工"等科目，贷记"其他应付款"科目；支付或退回其他各种应付、暂收款项时，借记"其他应付款"科目，贷记"银行存款"等科目。

【例8-16】 某建筑施工企业向中海公司租赁塔式起重机2台，每月租金为9000元，取得增值税专用发票。企业有关会计处理如下：

(1) 企业计提租金时
借：工程施工——合同成本——机械使用费 9 000
　　应交税费——应交增值税（进项税额） 1 170
　　贷：其他应付款——应付租赁费 10 170

(2) 企业支付租金时
借：其他应付款 10 170
　　贷：银行存款 10 170

4. 预计负债

预计负债是指过去的交易或者事项形成的潜在义务,其存在须通过未来不确定事项的发生或不发生予以证实;或过去的交易或事项形成的现时义务,履行该义务不是很可能导致经济利益流出企业或该义务的金额不能可靠地计量。

预计负债的确认条件有三个:①该义务是企业承担的现时义务;②履行该义务很可能导致经济利益流出企业;③该义务的金额能够可靠地计量。例如,2020年9月15日,甲公司因与乙公司签订了互相担保协议(与取得收入有关),而成为一起诉讼的第二被告。截至2020年12月31日,诉讼尚未判决。但是,由于乙公司经营困难,甲公司很可能需要承担还款连带责任。根据公司法律顾问的职业判断,甲公司很可能需要承担100 000元的还款连带责任。根据会计准则的规定,甲公司因签订互相担保协议而成为诉讼的第二被告,符合"该义务是企业承担的现时义务,履行该义务很可能导致经济利益流出企业,该义务的金额能够可靠计量"条件。因此,2020年12月31日,甲公司应确认一项金额为100 000元的预计负债,则会计处理如下:

借:营业外支出　　　　　　　　　　　　　　　　　　　　　　100 000
　贷:预计负债——未决诉讼　　　　　　　　　　　　　　　　　　100 000

思政拓展　做正直有良知的财务人——感动中国人物刘姝威

作为一名财务人员,一名知识分子,应具有对社会关爱和坚持真理的风骨,这是做人的本分与良知。这种敢于直面的勇气,是中国经济前行发展的动力,也是财务人所应具备的品质。

刘姝威,女,北京大学经济学硕士,中央财经大学研究员,专攻信贷研究。2001年,在撰写《上市公司虚假会计报表识别技术》一书的过程中,对曾是中国股票市场上的一支"老牌绩优股"——蓝田股份公司公开的财务报告进行研究分析。通过对报告中财务偿债能力、农副水产品销售收入、现金流量、资产结构等相关数据分析得出,蓝田股份的偿债能力越来越恶化;扣除各项成本和费用后,蓝田股份没有净收入来源;蓝田股份不能创造足够的现金流量以便维持正常经营活动和保证按时偿还银行贷款的本金和利息;银行应该立即停止对蓝田股份发放贷款。同时,刘姝威写了一篇《应立即停止对蓝田股份发放贷款》的报告,传真到了《金融内参》(人民银行下属《金融时报》内部刊物)。此后不久,国家有关银行相继停止对蓝田股份发放新的贷款,并拉开了蓝田股份"老牌绩优"破灭序幕。

刘姝威用财务人所应具备的职业操守和良知,无意中捅破了专业人士都可一眼看穿的窗户纸,使她成为讲述"皇帝新装故事"的财务第一人,她不畏威胁和恐吓,坚守正义,也正是我国知识分子这种责任与担当,推动了我国股市的稳步发展。愿我们在前行的路上都有一份这样的职业情怀。

小　结

流动负债主要包括短期借款、应收票据、应收账款、预收账款、应付职工薪酬、应交税费、应付利息、应付股利、其他应付款等。各项流动负债应按其实际发生额入账。

短期借款科目核算的是短期借款的本金增减变动情况,企业的短期借款利息一般采用月末预提、按季支付的方式进行核算,短期借款利息属于筹资费用,应计入"财务费用"科目。

应付账款是建筑施工企业因购买材料、商品或接受劳务供应等经营活动应支付的款项，以及因分包工程应付给分包单位的工程价款。应付账款入账时间的确认，应在与所购买物资所有权相关的主要风险和报酬已经转移，或者所购买的劳务已经接受时确认。若为带现金折扣的应付账款，应按发票上记载的全部金额入账，获得现金折扣时冲减财务费用。

应付票据是指建筑施工企业购买材料、接受劳务或与分包单位办理工程结算而开出、承兑的商业汇票，包括商业承兑汇票和银行承兑汇票。若开出的是商业承兑汇票，到期不能支付的，应在票据到期时将"应付票据"账面余额转入"应付账款"科目；若开出的是银行承兑汇票，到期不能支付的，应在票据到期时将"应付票据"账面余额转入"短期借款"科目；应付职工薪酬是指企业根据有关规定应付给职工的各种薪酬，企业应当通过"应付职工薪酬"科目，核算应付职工薪酬的提取、结算、使用等情况。"应付职工薪酬"科目应当按照"工资""职工福利""社会保险费""住房公积金""工会经费""职工教育经费""非货币性福利"等应付职工薪酬项目设置明细科目，进行明细核算。

应交税费是指企业根据税法规定应向国家交纳的各种税金。建筑施工企业应交的税费主要包括增值税、城市维护建设税、教育费附加、地方教育附加、印花税、所得税等。

应付股利是指建筑施工企业根据股东大会或类似机构审议批准的利润分配方案确定分配给投资者的现金股利或利润。企业应通过"应付股利"科目，核算企业确定或宣告支付但尚未实际支付的现金股利或利润。

企业应通过"预收账款"科目，核算预收账款的取得、偿付等情况，应设置"预收工程款"和"预收销货款"两个明细科目。

其他应付款是应付、暂收其他单位或个人的款项。如应付租入固定资产和包装物的租金、存入保证金等。

预计负债的三个确认条件是：①该义务是企业承担的现时义务；②履行该义务很可能导致经济利益流出企业；③该义务的金额能够可靠地计量。

思 考 题

8-1 负债具有哪些特点？如何进行分类？
8-2 什么是流动负债？流动负债是如何计价的？
8-3 什么是短期借款？短期借款的利息如何处理？
8-4 应付账款入账价值的确定方法是什么？
8-5 应付职工薪酬包括的内容有哪些？如何进行账务处理？
8-6 "应交税费""其他应付款"的内容包括哪些？如何进行核算？

实训练习题

习题一

1. 目的

练习短期借款、应付账款、应付票据的核算。

2. 资料

某建筑施工企业 2020 年发生如下经济业务：

(1) 2020 年 3 月 1 日企业向商业银行借入 1 500 000 元，期限为 6 个月，年利率为 8%，该款项到期一次还本，利息分月计提，按季支付。

(2) 2020 年 4 月 5 日企业购入木材一批，增值税专用发票上列明，该批木材的价款为 700 000 元，增值税为 119 000 元，已预付 70 000 元货款，其余款项尚未支付。

(3) 2020 年 5 月 10 日企业购买一批钢材，该批钢材买价为 190 000 元，增值税额为 24 700 元，企业开出一张面值为 214 700 元、期限为 5 个月的不带息商业承兑汇票。①票据到期后，企业如数支付全部票款。②若企业到期无力偿还票款。

(4) 假设企业开出的是银行承兑汇票，银行承兑年续费为 2 500 元。票据到期后，企业无力支付票款。

3. 要求

根据上述经济业务，编制相关会计分录。

习题二

1. 目的

练习应付职工薪酬的核算。

2. 资料

某建筑施工企业 2020 年 11 月份职工薪酬分配情况如下：

(1) 本月份企业应付职工工资总额为 1 350 000 元，工资费用分配汇总表中列示的建安人员工资为 760 000 元，机械作业人员工资为 230 000 元，辅助生产人员工资为 190 000 元，行政管理人员工资为 170 000 元。

(2) 企业本月应缴纳职工住房公积金共 154 000 元，其中，应计入工程施工的金额为 81 000 元，应计入机械作业的金额为 47 000 元，应计入管理费用的金额为 26 000 元。

(3) 企业向银行提取现金，支付上述职工薪酬。

3. 要求

根据上述经济业务，编制应付职工薪酬的相关会计分录。

习题三

1. 目的

练习应交税费的核算。

2. 资料

某建筑施工企业下属某构件厂为一般纳税人。2020 年 1 月，发生如下经济业务：

(1) 购入一台机器设备，增值税专用发票上注明的价格为 2 800 000 元，增值税额为 364 000 元，款项已由银行存款支付。

(2) 购入原材料一批，增值税专用发票上注明的价格为 650 000 元，增值税额为 84 500 元，材料已验收入库，款项尚未支付。

3. 要求

根据上述经济业务，编制应交税费的相关会计分录。

项目 9

非流动负债

 学习目标

了解非流动负债的概念及分类；理解非流动负债的计价；掌握长期借款、应付债券、长期应付款的账务处理方法，包括长期借款费用的计算、应付债券利息的计算和债券利息调整的摊销。统筹推动文明培育、文明实践，弘扬科学家精神，涵养优良学风。

任务 1 非流动负债认知

1. 非流动负债概念

非流动负债是指偿还期在 1 年或者超过 1 年的一个营业周期以上的负债，包括长期借款、应付债券、长期应付款等。非流动负债作为企业一项义务，结算期较长，因而成为企业筹集（融通）资金的一种重要方式。非流动负债除具有负债的共同特征外，与流动负债相比，还具有债务金额大，偿还期限长，可以分期偿还等特点。

一般地，企业为了满足生产经营的需要，特别是为了拓展企业的经营规模，有必要购置大型机械设备、地产，增建或扩建厂房等。施工企业要实现这些目的，就需要大量资金，而这些资金决不是企业正常经营资金所能满足的，企业也不可能只靠内部增加的盈余来扩大经营规模，即使企业的经济效益较好，自身的奖金积累也是一个比较缓慢的过程。因此需要筹集长期资金。筹集长期资金的方式主要有两种：一是由投资者投入新的资本（或由股东追加投资，增发新股）；另一种是举借非流动负债，即通常所说的"举债经营"，主要有签发长期应付票据、发行企业债券以及向银行或其他金融机构举借长期借款。融资租入固定资产应付款也属于非流动负债。与增加投入资本（或股本）相比，举借非流动负债有以下几个优点：

1）举借非流动负债不影响企业原有的资本（或股本）结构，有利于保持原有投资者（或股东）控制企业的权力。作为股份公司，一般也不会影响股票价格。增发股票将会稀释每股收益额，从而导致股票价格的下跌。

2）举借非流动负债可以增加投资者（或股东）所得的盈余。长期债权人在企业的经营决策中通常没有表决权，不论企业经营状况如何，他们都将按固定的利率获取利息，不参与企业剩余利益的分配。所以，如果企业经营所获得的投资利润率高于非流动负债的固定利率，剩余利益将全部归投资者（或股东）所有。

3）在交纳所得税时，非流动负债上的利息支出除资本化以外的，可以作为正常的经营费用从利润总额中扣减。但股利则只能从税后利润中支付，不能作为纳税扣减项目。

2. 非流动负债的计价

根据筹资方式的不同，非流动负债主要分为长期借款、应付债券、长期应付款、专项应付款以及递延税款等。企业会计制度规定，各项非流动负债应当分别进行核算，并在资产负债表中分列项目反映，将于一年内到期偿还的非流动负债，在资产负债表中应当作为一项流动负债，单独反映。

非流动负债应当以实际发生额入账。同时，应当按照负债本金或债券面值，按照确定的利率按期计提利息，并按企业会计准则规定，分别计入工程成本或当期财务费用。

任务2 长 期 借 款

长期借款

一、长期借款概述

长期借款是指企业向银行或其他金融机构借入的期限在1年以上（不含1年）的各种借款。建筑施工企业的长期借款一般用于固定资产的购建、改扩建工程、大修理工程、对外投资以及为了保持长期经营能力等方面。它是企业非流动负债的重要组成部分，必须加强管理与核算。

由于长期借款的使用关系到企业的生产经营规模和效益，企业除了要遵守有关的贷款规定、编制借款计划并要有不同形式的担保外，还应监督借款的使用、按期支付长期借款的利息以及按规定的期限归还借款本金等。因此，长期借款会计处理的基本要求是反映和监督企业长期借款的借入、借款利息的结算和借款本息的归还情况，促使企业遵守信贷纪律、提高信用等级，同时也要确保长期借款发挥效益。

二、长期借款的核算

企业应通过"长期借款"科目，核算长期借款的借入、归还等情况。该科目可按照贷款单位和贷款种类设置明细科目进行明细核算，分别按"本金""利息调整"等进行明细核算。该科目的贷方登记长期借款本息的增加额，借方登记本息的减少额，贷方余额表示企业尚未偿还的长期借款。

1. 借入、归还长期借款的核算

企业借入长期借款时，应按实际收到的金额，借记"银行存款"科目，贷记"长期借款——本金"科目；如存在差额还应借记"长期借款——利息调整"科目。归还借款本息时，按归还的金额，借记"长期借款——本金"科目；按归还的利息，借记"应付利息"科目，贷记"银行存款"科目。

【例9-1】某建筑施工企业于年初向建设银行借入资金500万元，用于企业施工生产，借款年利率为10%，期限3年，每年年末付息，3年期满后一次偿还本金。根据上述资料，企业应作如下账务处理：

（1）企业借入资金时，作如下分录

借：银行存款　　　　　　　　　　　　　　　　　　　　　5 000 000
　　贷：长期借款——本金　　　　　　　　　　　　　　　　　　5 000 000

（2）企业到期偿还资金时，作如下分录

借：长期借款——本金　　　　　　　　　　　　　　　　　5 000 000

贷：银行存款　　　　　　　　　　　　　　　　　　　　　　　　　　5 000 000

2. 长期借款费用的核算

建筑施工企业由于借入长期借款而发生的借款费用，如长期借款利息、汇兑损益等的处理，可以采取两种方法：一是于发生时直接确认为当期费用；二是予以资本化。在我国的会计实务中，对长期借款费用采用了不同的处理方法：

1）用于企业生产经营正常周转而借入的长期借款所发生的借款费用，直接计入当期的财务费用。

2）筹建期间发生的长期借款费用（购建固定资产所借款项除外）计入管理费用。

3）在清算期间所发生的长期借款费用，计入清算损益。

4）为购建固定资产而发生的长期借款费用，在该项固定资产达到预定可使用状态前，按规定予以资本化，计入所建造的固定资产价值；在固定资产达到预定可使用状态后，直接计入当期的财务费用。

企业发生的长期借款利息，借记"财务费用""在建工程"等科目，贷记"应付利息"科目。

【例9-2】　按【例9-1】的资料，企业借款利息应作如下账务处理：

(1) 第一年年底计提利息500 000元（500万元×10%），作如下分录

借：财务费用　　　　　　　　　　　　　　　　　　　　　　　　　　500 000
　　贷：应付利息　　　　　　　　　　　　　　　　　　　　　　　　　　500 000

(2) 第一年年底支付利息，作如下分录

借：应付利息　　　　　　　　　　　　　　　　　　　　　　　　　　500 000
　　贷：银行存款　　　　　　　　　　　　　　　　　　　　　　　　　　500 000

第二、第三年底计息、付息的账务处理同第一年。

(3) 第三年底偿还本金，作如下分录

借：长期借款——本金　　　　　　　　　　　　　　　　　　　　　　5 000 000
　　贷：银行存款　　　　　　　　　　　　　　　　　　　　　　　　　　5 000 000

【例9-3】　某建筑施工企业年初向银行借款200万元，用于修建固定资产。借款期限为3年，年利率为8%，每年计息一次，复利计息，到期一次还本付息。第一年支付工程款120万元，第二年支付工程款80万元，该项固定资产于第二年末完工并办理竣工决算手续。（若该项固定资产完工前所支付的款项均符合资本化条件）。根据上述资料，企业应作如下账务处理：

(1) 企业取得借款时，作如下分录

借：银行存款　　　　　　　　　　　　　　　　　　　　　　　　　　2 000 000
　　贷：长期借款　　　　　　　　　　　　　　　　　　　　　　　　　　2 000 000

(2) 第一年支付工程款时，作如下分录

借：在建工程　　　　　　　　　　　　　　　　　　　　　　　　　　1 200 000
　　贷：银行存款　　　　　　　　　　　　　　　　　　　　　　　　　　1 200 000

(3) 第一年末计息时，作如下分录

应计利息 = 2 000 000元×8% = 160 000元

借：在建工程　　　　　　　　　　　　　　　　　　　　　　　　　　160 000
　　贷：长期借款　　　　　　　　　　　　　　　　　　　　　　　　　　160 000

(4) 第二年支付工程款时，作如下分录
借：在建工程　　　　　　　　　　　　　　　　　　800 000
　　贷：银行存款　　　　　　　　　　　　　　　　　　800 000
(5) 第二年末计息时，作如下分录
应计利息 =（2 000 000 + 160 000）元 × 8% = 172 800 元
借：在建工程　　　　　　　　　　　　　　　　　　172 800
　　贷：长期借款　　　　　　　　　　　　　　　　　　172 800
(6) 第二年末固定资产完工并办理竣工决算手续时，作如下分录
借：固定资产　　　　　　　　　　　　　　　　　　2 332 800
　　贷：在建工程　　　　　　　　　　　　　　　　　　2 332 800
(7) 第三年计息时，作如下分录
　　　　应计利息 =（2 000 000 + 160 000 + 172 800）元 × 8% = 186 624 元
借：财务费用　　　　　　　　　　　　　　　　　　186 624
　　贷：长期借款　　　　　　　　　　　　　　　　　　186 624
(8) 第三年末归还本息时，作如下分录
借：长期借款　　　　　　　　　　　　　　　　　　2 519 424
　　贷：银行存款　　　　　　　　　　　　　　　　　　2 519 424

任务 3　应 付 债 券

一、应付债券概述

应付债券是指企业为筹集长期使用资金而实际发行的一种书面凭证。这里的应付债券是指发行期限在 1 年以上（不含 1 年）的应付长期债券，从而构成了企业的一项非流动负债。

1. 债券的分类

企业发行的各种债券按不同的标准可作不同的分类：

1) 债券按其有无担保，分为抵押债券和信用债券。抵押债券以发行企业的特定财产为担保物，可以是动产、不动产或信用债券，如股票。信用债券是单凭企业的信用，凭信托契约发行的债券，而没有特定的抵押财产作为担保品，一般由信用较好、盈利水平较高的企业发行。

2) 债券按其偿还的方式不同，分为到期一次偿还债券和分期偿还债券。

3) 债券按是否记名，分为记名债券和无记名债券。记名债券将债权人的姓名登记在债券名册上，还本付息时，根据名册付款，债券转让须办理过户手续。无记名债券，债券附有息票，企业见票还本付息。

4) 债券按是否可转换为股票，分为可转换债券和不可转换债券。

5) 债券按发行价格不同，分为面值发行、溢价发行和折价发行。

2. 债券发行价格的计算

企业债券发行价格的高低一般取决于债券票面金额、债券票面利率、发行当时的市场利率以及债券期限的长短等因素。债券发行有面值（平价）发行、溢价发行和折价发行三种情况：面值（平价）发行是指当债券票面利率等于市场利率时，债券的发行价格应与债

面值相等,即平价发行债券;折价发行是指当债券票面利率低于市场利率时,债券应按低于票面价值的价格发行,即折价发行价格低于票面价值的差额称为债券折价;溢价发行是指当债券票面利率高于市场利率时,债券应按高于票面价值的价格发行,即溢价发行价格高于票面价值的差额称为债券溢价。

由于债券的票面利率与债券发行时的市场利率即同期银行利率不一定相等。如果票面利率低于实际利率,债权人获得的债权利息收益将会低于将资金存入银行所得到的利息,他们将不愿购买债券;如果票面利率高于实际利率,情况正好相反,但是,发行债券的企业将会增加利息支付的负担。因此,需要确定一个发行方和购买方都可接受的发行价格,即按发行当期市场利率确定债券的发行价格。

债券发行价格实际上由两部分组成:一部分是债券到期应偿还的本金(即债券面值)按债券发行时市场利率折算的复利现值;另一部分是债券各期支付的利息(即票面利息)按债券发行时的市场利率折算的现值之和,即债券各期利息的年金现值。其计算公式如下:

$$债券发行价值 = 债券面值的复利现值 + 债券各期利息的年金现值$$

$$债券面值的复利现值 = 债券面值 \times (1+i)^{-n}$$

$$债券各期利息的年金现值 = 债券票面利息 \times \frac{1-(1+i)^{-n}}{i}$$

式中 i——市场利率;

n——期限。

【例9-4】 某施工企业2018年1月1日发行面值1 000元,三年期的债券100张,票面利率为10%,每年末付息一次,到期偿还本金。

(1) 若债券发行时的市场利率为10%,则债券发行价格计算如下

债券面值的现值 = 1 000元 × $(1+10\%)^{-3}$ = 1 000元 × 0.751 3 = 751.3元

每年应付债券的利息 = 1 000元 × 10% = 100元

债券利息的现值 = 100元 × $\dfrac{1-(1+10\%)^{-3}}{10\%}$ = 100元 × 2.486 9 = 248.69元

债券的发行价格 = 751.3元 + 248.69元 = 1 000元

可见,当债券票面利率(10%)等于市场利率(10%)时,债券发行价格为1 000元,等于债券面值,债券平价发行。

(2) 若债券发行时的市场利率为12%,则债券发行价格计算如下

债券面值的现值 = 1 000元 × $(1+12\%)^{-3}$ = 1 000元 × 0.711 8 = 711.8元

每年应付债券的利息 = 1 000元 × 10% = 100元

债券利息的现值 = 100元 × $\dfrac{1-(1+12\%)^{-3}}{12\%}$ = 100元 × 2.401 8 = 240.18元

债券的发行价格 = 711.8元 + 240.18元 = 951.98元

可见,当债券票面利率(10%)低于市场利率(12%)时,债券发行价格为951.98元,低于债券面值,债券折价发行,折价金额为48.02元。

(3) 若债券发行时的市场利率为8%,则债券发行价格计算如下

债券面值的现值 = 1 000元 × $(1+8\%)^{-3}$ = 1 000元 × 0.793 8 = 793.8元

每年应付债券的利息 = 1 000元 × 10% = 100元

债券利息的现值 = 100 元 × $\frac{1-(1+8\%)^{-3}}{8\%}$ = 100 元 × 2.577 5 = 257.75 元

债券的发行价格 = 793.8 元 + 257.75 元 = 1 051.55 元

可见,当债券票面利率(10%)高于市场利率(8%)时,债券发行价格为 1 051.55 元,高于债券面值,债券溢价发行,溢价金额为 51.55 元。

无论是按面值(平价)发行,还是溢价发行或折价发行,均按债券面值记入"应付债券"科目的"面值"明细科目,实际收到的款项,借记"银行存款"等科目,按债券票面价值,贷记"应付债券——面值"科目,按实际收到的款项与票面价值之间的差额,贷记或借记"应付债券——利息调整"科目。

3. 债券利息调整的摊销

利息调整应在债券存续期间内采用实际利率法进行摊销。实际利率法是指按照应付债券的实际利率计算其摊余成本及各期利息费用的方法;实际利率是指将应付债券在债券存续期间的未来现金流量,折现为该债券当前账面价值所使用的利率。

对于一次还本付息的债券,应于资产负债表日按摊余成本和实际利率计算确定的债券利息费用,借记"在建工程""制造费用""财务费用"等科目,按票面利率计算确定的应付未付利息,贷记"应付债券——应计利息"科目,按其差额,借记或贷记"应付债券——利息调整"科目。

对于分期付息、一次还本的债券,企业应在资产负债表日按应付债券的摊余成本和实际利率计算确定的债券利息费用,借记"在建工程""制造费用""财务费用"等科目,按票面利率计算确定的应付未付利息,贷记"应付利息"科目,按其差额,借记或贷记"应付债券——利息调整"科目。

【例 9-5】 仍以【例 9-3】所举某企业溢价、折价发行的债券为例,编制在实际利率法下溢价、折价摊销表,见表 9-1、表 9-2。

表 9-1 利息费用一览表(溢价发行) (单位:元)

计算日期	应付利息 ① 面值×10%	利息费用 ② 账面价值×8%	摊销利息调整 ③ ①-②	应付债券摊余成本 ④ 摊余成本-③
2018 年 1 月 1 日				105 155
2018 年 12 月 31 日	10 000	8 412.4	1 587.6	103 567.4
2019 年 12 月 31 日	10 000	8 285.4	1 714.6	101 852.8
2020 年 12 月 31 日	10 000	8 147.2*	1 852.8	100 000

注:*—尾数调整

表 9-2 利息费用一览表(折价发行) (单位:元)

计算日期	应付利息 ① 面值×10%	利息费用 ② 账面价值×12%	摊销利息调整 ③ ②-①	应付债券摊余成本 ④ 摊余成本+③
2018 年 1 月 1 日				95 198
2018 年 12 月 31 日	10 000	11 423.76	1 423.76	96 621.76
2019 年 12 月 31 日	10 000	11 594.61	1 594.61	98 216.37
2020 年 12 月 31 日	10 000	11 783.63*	1 783.63	100 000

注:*—尾数调整

二、应付债券核算

为了核算和监督建筑施工企业为筹集长期资金而发行的债券的面值、溢价、折价及应付的利息,应设置"应付债券"科目,并在该科目下设置"面值""利息调整""应计利息"等明细科目,核算应付债券发行、计提利息、还本付息等情况。该科目贷方登记应付债券的本金和利息,借方登记归还的债券本金和利息,期末贷方余额表示企业尚未偿还的长期债券。

1. 按面值发行债券的核算

企业按面值发行债券时,按实际收到的款项,借记"银行存款""现金"等科目,按债券票面金额,贷记"应付债券——面值"科目;存在差额的,还应借记或贷记"应付债券——利息调整"科目。企业按期计提债券利息时,借记"在建工程""财务费用"等科目,贷记"应付债券——应计利息"科目;债券到期还本付息时,借记"应付债券——面值""应付债券——应计利息"科目,贷记"银行存款"科目。

发行债券支付的手续费、印刷费等,在用债券资金购建固定资产尚未完工交付使用,并办理竣工决算前,应计入固定资产购建成本,借记"在建工程"科目,在所购建的固定资产办理竣工决算手续后,或者债券资金用于生产经营的,记入财务费用,借记"财务费用"科目,贷记"银行存款"科目。

【例 9-6】 某建筑施工企业 2018 年 1 月 1 日发行面值 1 000 元,三年期的债券 100 张,票面利率为 10%,债券按面值发行,到期一次还本付息。在发行过程中,以银行存款支付手续费、印刷费等共计 2 000 元。

(1) 发行债券时,作如下分录

借:银行存款 100 000
　　贷:应付债券——面值 100 000

(2) 支付手续费、印刷费时,作如下分录

借:财务费用 2 000
　　贷:银行存款 2 000

(3) 按年计提利息(实际中应按月计提)时,作如下分录　应计提利息 = 100 000 元 × 10% = 10 000 元:

借:财务费用 10 000
　　贷:应付债券——应计利息 10 000

此笔分录在每年末作,期限三年共作三笔同样的分录。

(4) 到期归还本息时,作如下分录

借:应付债券——面值 100 000
　　　　　　——应计利息 30 000
　　贷:银行存款 130 000

2. 溢价发行债券的核算

企业溢价发行债券时,按实际收到的款项借记"银行存款"等科目,按债券的面值贷记"应付债券——面值"科目,按溢价金额贷记"应付债券——利息调整"科目;企业按期计提债券利息时,同时摊销利息调整,并将本期应计利息减本期的利息调整作为当期财务费用(或在建工程),借记"财务费用""应付债券——利息调整"等科目,贷记"应付债

券——应计利息"或"应付利息"科目;债券到期支付本息时,借记"应付债券——债券面值""应付债券——应计利息"科目,贷记"银行存款"科目。

【例9-7】 承【例9-6】,某建筑施工企业2018年1月1日发行面值1 000元,三年期的债券100张,票面利率为10%,市场利率为8%,债券按溢价发行,到期一次还本、每年末付息(利息调整摊销见表9-1)。

(1) 发行债券时,作如下分录

借:银行存款　　　　　　　　　　　　　　　　　　　　　105 155
　　贷:应付债券——面值　　　　　　　　　　　　　　　　　　100 000
　　　　　　　　——利息调整　　　　　　　　　　　　　　　　　5 155

(2) 2018年末计提利息和摊销利息调整时,作如下分录

借:财务费用　　　　　　　　　　　　　　　　　　　　　　8 412.4
　　应付债券——利息调整　　　　　　　　　　　　　　　　　1 587.6
　　贷:应付利息　　　　　　　　　　　　　　　　　　　　　10 000

2019年末计提的利息和摊销利息调整,账务处理同2018年末。

(3) 2018年末支付利息时,作如下分录

借:应付利息　　　　　　　　　　　　　　　　　　　　　　10 000
　　贷:银行存款　　　　　　　　　　　　　　　　　　　　　10 000

2019年末支付利息时的账务处理同2018年末。

(4) 2020年末到期归还本金及最后一期利息时,作如下分录

借:财务费用　　　　　　　　　　　　　　　　　　　　　　8 147.2
　　应付债券——面值　　　　　　　　　　　　　　　　　　100 000
　　　　　　——利息调整　　　　　　　　　　　　　　　　　1 852.8
　　贷:银行存款　　　　　　　　　　　　　　　　　　　　　110 000

3. 折价发行债券的核算

企业折价发行债券时,应按实际收到的款项,借记"银行存款""现金"等科目;按折价金额,借记"应付债券——利息调整"科目;按债券票面金额,贷记"应付债券——面值"科目;按期计提债券利息时,同时应摊销利息调整金额,并将本期计提的债券利息与本期利息调整的金额作为财务费用,借记"财务费用"科目,贷记"应付债券——利息调整""应付债券——应计利息"或"应付利息"科目;债券到期归还本息时,借记"应付债券——面值""应付债券——应计利息"科目,贷记"银行存款"科目。

【例9-8】 据前例,某建筑施工企业2018年1月1日发行面值1 000元,三年期的债券100张,票面利率为10%,市场利率为12%,债券按折价发行,到期一次还本、每年末付息(利息调整摊销见表9-2)。

(1) 发行债券时,作如下分录

借:银行存款　　　　　　　　　　　　　　　　　　　　　　95 198
　　应付债券——利息调整　　　　　　　　　　　　　　　　　4 802
　　贷:应付债券——面值　　　　　　　　　　　　　　　　　100 000

(2) 2018年末计提利息和摊销利息调整时,作如下分录

借:财务费用　　　　　　　　　　　　　　　　　　　　　　11 423.76

贷：应付利息		10 000
应付债券——利息调整		1 423.76

2019年末计提的利息和摊销的利息调整,账务处理同2013年末。

(3) 2018年末支付利息时,作如下分录

借：应付利息		10 000
贷：银行存款		10 000

2019年末支付利息时的账务处理同2018年末。

(4) 2020年末到期归还本金及最后一期利息时,作如下分录

借：财务费用		11 783.63
应付债券——面值		100 000
贷：银行存款		110 000
应付债券——利息调整		1 783.63

任务4　长期应付款

一、长期应付款概述

　　长期应付款是指企业除长期借款和应付债券以外的其他各种长期应付款,包括采用补偿贸易方式下引进国外设备价款、应付融资租入固定资产的租赁费等。

　　补偿贸易是指从国外引进设备,再用该设备生产的产品归还设备价款。国家为了鼓励企业开展补偿贸易,规定开展补偿贸易的企业,补偿期内免交引进设备所生产产品的流转税。事实上,补偿贸易是以生产的产品归还设备价款,在一般情况下,设备的引进和偿还设备价款是没有现金流入和流出的。在会计核算时,一方面,引进设备的资产价值以及相应的负债,作为本企业的一项资产和一项负债,在资产负债表中分别包括在"固定资产原价"和"长期应付款"项目中,另一方面,用产品归还设备款时,视同产品销售进行处理。

　　融资租入固定资产应付款是指企业采用融资租赁方式租入固定资产发生的租赁费。租赁在有效期内,虽然资产的所有权益尚未归租入方所有,但租赁资产上的所有权风险以及相应的融资作为一项资产和负债,纳入资产负债表。在"固定资产"科目下单独设置"融资租入固定资产"明细科目。

二、长期应付款核算

1. 长期应付款核算应设置的科目

　　企业为了核算长期应付款的发生和归还情况,应设置"长期应付款"科目。该科目的贷方登记应付款项的发生数,借方登记应付款项的归还数,期末余额在贷方,表示尚未支付的长期应付款。该科目按长期应付款的种类设置明细科目,进行明细核算。

2. 应付引进设备款的账务处理

　　企业按照补偿贸易方式引进设备时,应按设备、工具、零配件等的价款以及国外运杂费的外币金额和规定的汇率折合为人民币记账,借记"在建工程""库存材料"等科目,贷记"长期应付款——应付补偿贸易引进设备款"科目。

企业用人民币借款支付进口关税、国内运杂费和安装费时，借记"在建工程""库存材料"等科目，贷记"银行存款""长期借款"等科目。

按补偿贸易方式引进的国外设备交付验收使用时，应将其全部价值，借记"固定资产"科目，贷记"专项工程支出"科目；归还引进设备款时，借记"长期应付款——应付补偿贸易引进设备款"科目，贷记"银行存款""应收账款"等科目。

【例9-9】 某施工企业同外商签订了一项补偿贸易合同，引进设备一台，设备价款折合人民币200万元，偿还期为五年，年利率为8%，单利计息。另用人民币支付设备进口关税和国内运杂费100 000元，该项设备第二年初安装完毕，并交付使用，发生安装调试费30 000元。企业准备用所生产的产品销售款归还引进设备款（假设所生产的产品销售款足以偿还每年的设备款）。该项经济业务的账务下理如下：

(1) 引进设备时，作如下分录
借：在建工程　　　　　　　　　　　　　　　　　　　　　　2 000 000
　　贷：长期应付款——应付补偿贸易引进设备款　　　　　　　2 000 000
(2) 支付进口关税和国内运杂费时，作如下分录
借：在建工程　　　　　　　　　　　　　　　　　　　　　　100 000
　　贷：银行存款　　　　　　　　　　　　　　　　　　　　　100 000
(3) 支付安装调试费时，作如下分录
借：在建工程　　　　　　　　　　　　　　　　　　　　　　30 000
　　贷：银行存款　　　　　　　　　　　　　　　　　　　　　30 000
(4) 结转第一年应计利息时，作如下分录
借：在建工程　　　　　　　　　　　　　　　　　　　　　　160 000
　　贷：长期应付款——应付补偿贸易引进设备款　　　　　　　160 000
(5) 第一年末支付设备款及利息时，作如下分录
借：长期应付款——应付补偿贸易引进设备款　　　　　　　　560 000
　　贷：银行存款　　　　　　　　　　　　　　　　　　　　　560 000
(6) 设备交付使用时，作如下分录
借：固定资产　　　　　　　　　　　　　　　　　　　　　　2 290 000
　　贷：在建工程　　　　　　　　　　　　　　　　　　　　　2 290 000

思政拓展　中国会计的凤凰涅槃

随着经济的不断发展，会计在生活和工作中地位越来越重要。

我国的会计改革，在经济体制（计划经济、市场经济）改革的历史进程中，经历了国企改革和税制改革。会计与经济社会发展的联系越来越紧密，经济体制改革推动了会计改革，会计改革伴随着经济体制改革的深入而不断推进和升华。

我国《企业会计准则》经历了1992年、1998年、2001年、2006年至2014年四个阶段的改革和发展，与《国际会计准则》逐步接轨。从1992年到2006年正式发布《企业会计准则》，中国会计准则体系建立之路整整走了14年。这14年，是我国市场经济日趋发展成熟的14年；这14年，也是我国经济建设与世界经济接轨的14年。

由于国际经济发展的需要，管理上要求各国在制定会计政策和处理会计事务中逐步采用

国际通行的会计惯例，以达到国际会计行为的沟通、协调、规范和统一，即采用国际上公认的原则和方法来处理和报告本国的经济业务。2005年11月，我国与国际会计准则理事会签订了中国准则与国际财务报告准则趋同的联合声明，我国建成了与国际财务报告准则实质性趋同的企业会计准则体系，实现了新旧转换和平稳有效实施，并处于亚洲和新兴市场经济国家前列。2006年2月15日，我国财政部正式颁布了新的企业会计准则，并于2007年1月1日起正式在上市公司中开始实施，这标志着我国会计准则框架的基本建立。改革完成后的会计标准由1项基本准则、38项具体准则和会计准则应用指南三个部分组成，以国际会计准则为蓝本建立了较为完整的会计准则体系，是我国会计改革的第二次革命。

2014年，根据《会计改革与发展"十二五"规划纲要》，财政部发布《全面推进管理会计体系建设的指导意见》，标志着在政府推动下管理会计时代的到来，以管理会计人才建设为依托，统筹推进管理会计各项建设，为经济社会健康发展提供有力支撑。"建立与我国社会主义市场经济体制相适应的管理会计体系。争取用3~5年，在全国培养出一批管理会计人才；力争通过5~10年的努力，中国特色的管理会计理论体系基本形成……使我国管理会计接近或达到世界先进水平"成为中国会计改革进程中的又一伟大目标。

随着数字经济的不断发展，数据作为企业的一项重要资产，正受到企业越来越多的重视。"大智移云"时代的到来，为管理会计带来了新的机遇，会计工作进入了高度信息化的时代，业财融合、财务共享等使会计信息成为企业管理的大数据来源，为大力发展管理会计提供了技术支持。在这样的背景下，随着我国管理会计理论与指引体系的建立，围绕单位价值创造的核心能力培植与提升，管理会计将形成独特的、超越传统财务会计的全新综合体系，成为我国经济发展新的助力器。

小　　结

非流动负债是指偿还期在1年或者超过1年的一个营业周期以上的负债，包括长期借款、应付债券、长期应付款等。非流动负债以实际发生额入账。

长期借款是指企业向银行或其他金融机构借入的期限在1年以上（不含1年）的各种借款。施工企业的长期借款一般用于固定资产的购建、改扩建工程、大修理工程、对外投资以及为了保持长期经营能力等方面。企业借入长期借款时，应按实际收到的金额，借记"银行存款"科目，贷记"长期借款——本金"科目；归还借款本息时，按归还的金额，借记"长期借款——本金"科目，按归还的利息，借记"应付利息"科目，贷记"银行存款"科目。企业发生的长期借款利息，借记"财务费用""在建工程"等科目，贷记"应付利息"科目。

应付债券是指企业为筹集长期使用资金而实际发行的一种书面凭证。按债券发行方式分为记名债券和无记名债券；按有无担保分为有担保债券和信用债券；按偿还方式分为定期偿还、分期偿还和通知还本债券。债券发行价格有面值发行、溢价发行和折价发行三种情况：当债券票面利率等于市场利率时，债券的发行价格应与债券面值相等，即平价发行债券；当债券票面利率低于市场利率时，债券应按低于票面价值的价格发行，即折价发行；当债券票面利率高于市场利率时，债券应按高于票面价值的价格发行，即溢价发行。

企业按面值发行债券时，按实际收到的款项，借记"银行存款""现金"等科目，按债券票面金额，贷记"应付债券——面值"科目；存在差额的，还应借记或贷记"应付债券——利息调整"科目。

企业溢价发行债券时，按实际收到的款项借记"银行存款"等科目，按债券的面值贷记"应付债券——面值"科目，按溢价金额贷记"应付债券——利息调整"科目；企业按期计提债券利息时，同时摊销利息调整，并将本期应计利息减本期的利息调整作为当期财务费用（或在建工程），借记"财务费用""应付债券——利息调整"等科目，贷记"应付债券——应计利息"或"应付利息"科目；债券到期支付本息时，借记"应付债券——债券面值""应付债券——应计利息"科目，贷记"银行存款"科目。

企业折价发行债券时，应按实际收到的款项，借记"银行存款""现金"等科目，按折价金额，借记"应付债券——利息调整"科目，按债券票面金额，贷记"应付债券——面值"科目；按期计提债券利息时，同时应摊销利息调整金额，并将本期计提的债券利息与本期利息调整的金额作为财务费用，借记"财务费用"科目，贷记"应付债券——利息调整""应付债券——应计利息"或"应付利息"科目；债券到期归还本息时，借记"应付债券——面值""应付债券——应计利息"科目，贷记"银行存款"科目。

长期应付款是指企业除长期借款和应付债券以外的其他各种长期应付款。长期应付款包括采用补偿贸易方式下引进国外设备价款、应付融资租入固定资产的租赁费等。

思 考 题

9-1 什么是非流动负债，其包括哪些内容？
9-2 企业举借非流动负债的主要目的是什么？它对企业财务状况有哪些影响？
9-3 试述企业举借非流动负债与增发新股相比具有的优缺点。
9-4 债券发行价格是如何确定的？
9-5 长期应付款包括哪些内容？

实训练习题

习题一

1. 目的
练习长期借款的核算。

2. 资料
某建筑施工企业于2018年1月1日从银行借入期限为3年的人民币长期借款500 000元，款项已存入银行，年利率为8%，每年计息一次，复利计算。借款用于该企业一套设备的购建，该项工程预计两年完工，企业于借款期满一次归还借款及利息。

3. 要求
列示出与该企业此项长期借款有关的会计分录。

习题二

1. 目的
练习应付债券的核算。

2. 资料

某建筑施工企业 2018 年发生以下发行债券业务：

（1）企业于年初经批准自办发行企业债券 10 000 张，每张面值 1 000 元，按面值即 1 000元发行，票面利率 12%，3 年期，每年计息一次，到期一次还本付息，现已全部发行完毕，款项已存入银行。

（2）年末计算公司债券应计利息。

（3）3 年期满，用银行存款偿还应付债券本金和利息。

3. 要求

（1）根据上述经济业务，编制有关的会计分录；

（2）假设企业分别按每张 1050 元（市场利率为 10%）和 954 元（市场利率为 14%）发行债券，试编制有关的会计分录，并采用实际利率法进行利息调整。

习题三

1. 目的

练习长期应付款的核算。

2. 资料

某施工企业 2018 年发生如下应付引进设备款业务：

（1）企业采用补偿贸易方式从国外引进一批设备，按外币金额和当时的汇兑比率计算，设备价款为 500 000 元，合同规定企业在 5 年内还本付息，年利率为 10%，设备交付安装。

（2）企业以银行存款支付引进设备进口关税和国内运杂费合计 5 000 元。

（3）设备安装期间发生长期应付款利息折合人民币为 10 000 元，设备安装完毕交付使用。

3. 要求

根据上述经济业务，编制有关的会计分录。

项目 10

所有者权益

 学习目标

了解所有者权益的概念、分类；掌握所有者权益类各个会计科目所包含的内容及其核算。

任务 1　所有者权益认知

所有者权益是指企业资产扣除负债后由所有者享有的剩余权益，权益包括所有者权益和债权人权益（即负债）两部分，投资者和债权人都是企业资产的提供者，他们对企业资产都有要求权。因此，便形成了"资产＝负债＋所有者权益"这一会计等式。

一、所有者权益的内容

所有者权益包括三个方面，即所有者投入的资本、直接计入所有者权益的利得和损失以及留存收益。

1. 所有者投入的资本

所有者投入的资本是投资者投入资产而形成的法定资本，也叫实收资本或股本。

2. 直接计入所有者权益的利得和损失

直接计入所有者权益的利得和损失是指由企业非日常活动形成的经济利益的流入或流出。它们不应计入当期损益、会导致所有者权益发生增减变动的、与所有者投入资本或者向所有者分配利润无关。

3. 留存收益

留存收益是指企业实现的利润扣除交纳的所得税、分派利润（或股利）和提取公积金后的余额，留于以后年度分配的利润或者尚未分配的利润。

在我国的会计报表上，将所有者权益分为四个项目，即实收资本、资本公积、其他综合收益、盈余公积和未分配利润来报告。留存收益通常包括盈余公积和未分配利润。

二、所有者权益与负债的区别

在资产负债表中，企业的资产总额总是等于负债和所有者权益两者的总计金额。但是，所有者权益和负债又有显著的区别，主要表现在以下几个方面：

1）债权人对企业资产的要求权优先于所有者权益。当企业在进行清算时，资产在支付

了破产、清算费用后将优先用于偿还负债，还债后如有剩余资产，才能在投资者之间按出资比例进行分配。从这个意义上讲，所有者权益是企业的投资者对企业总资产扣除负债后的剩余资产的要求权。

2）企业的所有者可以凭借其对企业的所有权，参与该企业的经营管理，而债权人一般无权参与企业的经营管理。

3）对于企业的所有者来说，在企业持续经营的情况下，除按法律程序减资外，一般不能提前撤回投资。而负债一般都有规定的偿还期限，企业必须在一定的期限内偿还。

4）企业的所有者以获取股利或利润的形式参与企业的利润分配，而债权人不能参与企业的利润分配，只能按规定的条件得到偿付并获取利息收入。

任务2　实　收　资　本

一、实收资本概述

实收资本是指投资者按照企业章程或合同、协议的约定，实际投入企业的资本，它是企业注册登记的法定资本总额的来源，表明所有者对企业的基本产权关系。我国新修订的公司法规定，投资者设立企业应当认缴注册资本。

《中华人民共和国公司法》规定，投资者既可以用货币出资，也可以用实物、工业产权、非专利技术、土地使用权作价出资。对作为出资的实物、工业产权、非专利技术以及土地使用权，应当进行评估作价，核实财产，不得高估或低估作价。不论以何种方式出资，投资者如在投资过程中违反投资合约，不按规定如期缴足出资额，应当向其他投资者承担违约责任。

《中华人民共和国公司法》规定，资本金的缴纳采用认缴制，资本金可分期缴纳。

实收资本的构成比例即投资者的出资比例或股东的股份比例，是确定所有者在企业所有者权益中所占的份额和参与企业经营管理权限的基础，也是企业进行利润分配或股利分配的依据，同时还是企业清算时确定所有者对净资产的要求权的依据。企业必须按照国家统一的规定进行实收资本的核算，真实地反映所有者投入企业资本的状况，维护所有者各方在企业中的权益。

二、一般企业实收资本的核算

1. 有限责任公司实收资本的核算

有限责任公司是指有两个以上股东共同出资，每个股东以其所认缴的出资额对公司承担有限责任，公司以其全部资产对其债务承担责任的企业法人。

对于投资者投入的资金，企业一般应设置"实收资本"账户进行核算。"实收资本"账户贷方反映企业实际收到投资者的出资额，借方反映按规定减少注册资本时而减少投资者的出资额，期末贷方余额反映企业实际收到的投资者的出资额。本账户应按投资人设置明细账。

有限责任公司建立时，投资人按照合同、协议或公司章程缴付的出资额，作为实收资本入账。对于实际收到或存入企业开户银行的金额超过投资者在企业注册资本中所占份额的部分，应计入资本公积。

有限责任公司的原投资者若欲将其出资额转让给新的投资者，应先经原有其他投资者的同意。若其他投资者有异议，应将其出资额转让给其他投资者。如其他投资者无异议，方可转让给新的投资者。

有限责任公司的注册资本是偿付债务的保证，因而其注册资本一般不得减少。若公司因特殊情况必须减少注册资本时，应事先通知和公告债权人，债权人接到通知和公告后若干时间内未提出异议的，方可减少其注册资本。

【例 10-1】 企业与市东方公司联营，收到其投入的设备一批，经有关部门评估确认其价值为 200 000 元。会计分录如下：

借：固定资产　　　　　　　　　　　　　　　　　　　　　　　200 000
　　贷：实收资本　　　　　　　　　　　　　　　　　　　　　　200 000

2. 国有独资公司实收资本的核算

《中华人民共和国公司法》规定国家授权投资的机构或者国家授权的部门可以单独投资设立国有独资的有限责任公司。在会计核算上单独把国有独资公司作为一种类型，是因为这类企业组建时所有者投入的资本全部作为实收资本入账，而其他类型的企业，所有者投入的资本不一定全部作为实收资本。国有独资公司不发行股票，不会产生股票溢价发行收入，也不会在追加投资时为维持一定的投资比例而产生资本公积。

三、股份有限公司股本的核算

股份有限公司是指注册资本由等额股份构成，并通过发行股票筹集资本，股东以其所认购的股份对公司承担有限责任，公司以其全部资产对公司债务承担责任的企业法人。

股份有限公司应设置"股本"科目，核算公司在核定的股本总额及核定的股份总额范围内实际发行股票的面值总额。该科目贷方登记公司在核定的股份总额及股本总额范围内实际发行股票的面值总额，借方登记公司按照法定程序经批准减少的股本数额，期末贷方余额反映公司股本实有数额。

1. 股票发行的核算

股份公司创立时，其股份或由发起人认购或公开募集，如向社会公开募集，股东出资通常以现金形式。

【例 10-2】 某股份有限公司收到一股东缴付的股款 1 000 000 元，存入银行，会计分录如下：

借：银行存款　　　　　　　　　　　　　　　　　　　　　　1 000 000
　　贷：股本　　　　　　　　　　　　　　　　　　　　　　　1 000 000

股票发行时，往往同时要发生一系列必要的支出，如股票印制费、签证费以及支付券商的承销费或包销费等。这些支出可进行如下处理：

1）若为成立新公司而发行股票，则股票发行时有关支出可作为新公司的开办费。
2）若为增发新股而发生有关支出，则可从股票溢价中直接扣除。

若股票是按面值或溢价发行，但溢价金额低于发行支出，则发行支出或发行支出扣除溢价后的差额可作为长期待摊费用，在不超过 2 年的期限内平均摊销；若金额不大，也可列作当期费用。

2. 股份有限公司增资的核算

股份有限公司增资的方式主要有：接受投资者额外投入实现增资、资本公积转增资本、盈余公积转增资本、采用发放股票股利方式增资。

1）企业按规定接受投资者额外投入实现增资时，企业应按实际收到的款项或其他资产，借记"银行存款"等科目；按增加的股本金额，贷记"股本"；按两者之间的差额，贷记"资本公积——股本溢价"科目。

【例 10-3】 甲公司以生产的机器设备折股向乙公司投资，开出的增值税专用发票注明价款为 5 000 000 元，增值税为 650 000 元，所换取的股份为普通股 400 000 股，每股面值 10 元。作会计分录如下：

借：固定资产　　　　　　　　　　　　　　　　　　　5 000 000
　　应交税费——应交增值税（进项税额）　　　　　　　　650 000
　　贷：股本　　　　　　　　　　　　　　　　　　　　　4 000 000
　　　　资本公积——股本溢价　　　　　　　　　　　　　1 650 000

2）企业按规定用资本公积转增资本时，应按照转增的资本金额，借记"资本公积"科目，贷记"股本"科目。

【例 10-4】 某公司经股东会议同意和证券管理部门批准，在办理增资手续后，将资本公积中的股本溢价 1 000 000 元，转作每股面值 2 元的普通股 500 000 股。会计分录为：

借：资本公积——股本溢价　　　　　　　　　　　　　1 000 000
　　贷：股本——普通股　　　　　　　　　　　　　　　　1 000 000

3）企业按规定用盈余公积转增资本时，应按照转增的资本金额，借记"盈余公积"科目，贷记"股本"科目。

4）企业按规定采用发放股票股利方式增资时，公司应在实施该方案并办理完增资手续后，根据实际发放的股票股利数，借记"利润分配——转作股本的普通股股利"科目，贷记"股本"科目。

3. 股份有限公司减资的核算

股份有限公司在某些特殊的情况下，需要减少股本，如经营规模缩小、资本过剩、发生重大亏损在短期内无法弥补等。股份有限公司采用收购本企业股票方式减资的，应按注销股票的面值总额减少股本，回购股票支付的价款超过面值总额的部分，依次减少资本公积和留存收益，借记"股本"科目，以及"资本公积""留存收益""利润分配——未分配利润"科目，贷记"库存现金"或"银行存款"科目；回购股票支付的价款低于面值总额的，应按照股票面值，借记"股本"科目，按支付的价款，贷记"库存现金"或"银行存款"科目，按其差额，贷记"资本公积"。

任务 3　资 本 公 积

一、资本公积概述

1. 资本公积的概念和来源

资本公积是投资者或者他人投入到企业、所有权归于投资者、并且金额上超过法定资本部分的资金。从形成来源上看，资本公积不是由企业实现的利润转化而来的，从本质上讲，应属于投入资本范畴。

2. 资本公积的种类

资本公积包括企业收到投资者出资超出其在注册资本或股本中所占的份额以及直接计入所有者权益的利得和损失等。具体来说，形成资本公积的项目主要包括：

（1）资本溢价和股本溢价　资本溢价是指投资者缴付企业的出资额大于其在企业注册资本中所拥有份额的数额。在两个以上投资者合资经营的企业（不含股份有限公司）中，投资者通常依其出资额对企业承担有限责任。在企业创立时，如果投资者认缴的出资额与注册资本一致，不会产生资本公积。但在企业重组或有新的投资者加入时，为了维护原投资者的权益，新加入的投资者的出资额并不一定全部作为实收资本处理。这是因为在企业正常经营过程中投入的资金即使与企业创立时投入的资金在数量上一致，其获利能力却可能不一致。在企业进行正常生产经营后，其资本利润率通常要高于企业初创阶段。另外，企业可能有内部积累，如从净利润中提取的盈余公积、未分配利润等，新投资者加入企业后，对这些积累也要分享。所以新加入的投资者往往要付出大于原投资者的出资额，才能取得与原投资者相同的出资比例。投资者多缴的部分就形成了资本溢价。投资者投入的按其在注册资本中所占的份额计算的出资额，计入"实收资本"科目，大于部分应计入"资本公积"科目。

股本溢价是指股份有限公司溢价发行股票时实际收到的款项超过股票面值总额的数额，是股东缴付公司的出资额超出其在公司注册资本中所占有份额的数额。

股份有限公司是以发行股票的方式筹集股本的。与有限责任公司不同，股份有限公司在成立时可能会溢价发行股票，因而在成立之初，就可能会产生股本溢价。为了保证原有的股东在企业中对资本公积、留存收益等享有的权益不受侵犯，股份有限公司在增资扩股时，一般也会采取溢价发行。

在按股票面值发行股票的情况下，企业发行股票取得的收入，应全部记入"股本"科目，在溢价发行股票的情况下，企业发行股票取得的收入，等于股票面值部分记入"股本"科目，超出股票面值的溢价收入记入"资本公积"科目。

（2）其他资本公积　其他资本公积是指资本溢价（或股本溢价）以外的直接计入所有者权益的利得和损失。

二、资本公积的核算

为了核算企业资本公积的增减变动情况，企业应设置"资本公积"科目，该科目的贷方核算企业资本公积增加数额；借方核算企业资本公积减少数额；期末贷方余额为企业资本公积结余数额。该科目一般应设置"资本（或股本）溢价"和"其他资本公积"两个明细科目。

1. 资本（或股本）溢价

企业收到投资者投入的资金时，按实际收到的金额或确定的价值，借记"银行存款"、"固定资产"等科目，按其在注册资本中所占的份额，贷记"实收资本"或"股本"科目，按其差额，贷记"资本公积——资本溢价"科目。股份有限公司产生的股本溢价，应贷记"资本公积——股本溢价"科目。与发行证券直接相关的手续费、佣金等交易费用，借记

"资本公积——股本溢价"科目，贷记"银行存款"等科目。

【例10-5】 甲公司成立时由2位所有者投资组成，每人各投资100 000元，共计实收资本200 000元。一年后，又吸收另1位投资者加入，经协商企业将注册资本增加到300 000元，新投资者缴入110 000元后，3位投资者各拥有该企业三分之一的股份。甲公司收到110 000元投入资本时，应将100 000元作为实收资本入账，另外10 000元作为资本溢价，记入"资本公积"科目。作如下会计分录：

借：银行存款　　　　　　　　　　　　　　　　　　　　　110 000
　　贷：实收资本　　　　　　　　　　　　　　　　　　　　100 000
　　　　资本公积——资本溢价　　　　　　　　　　　　　　 10 000

【例10-6】 东方公司委托某证券公司代理发行普通股1 000万股，每股面值1元，每股发行价格为4元。东方公司与证券公司约定，按发行收入的3%收取手续费，从发行收入中扣除。公司已将收到的股款存入银行。东方公司应作如下会计处理：

公司收到证券公司代理发行股票募集的资金 = 1 000万股×4元/股×（1 − 3%）= 3 880万元

应计入"资本公积"科目的金额 = 3 880万元 − 1 000万元 = 2 880万元

借：银行存款　　　　　　　　　　　　　　　　　　　　　38 800 000
　　贷：股本　　　　　　　　　　　　　　　　　　　　　　10 000 000
　　　　资本公积——股本溢价　　　　　　　　　　　　　　28 800 000

2. 其他资本公积

其他资本公积是指资本溢价（或股本溢价）以外的直接计入所有者权益的利得和损失。如企业的长期股权投资采用权益法核算的，在持股比例不变的情况下，被投资单位除净损益、其他综合收益和利润分配以外所有者权益的其他变动，企业按持股比例计算应享有的份额，借记"长期股权投资——所有者权益其他变动"科目，贷记"资本公积——其他资本公积"科目。

任务4　留存收益

一、留存收益概述

1. 留存收益的概念

留存收益是指企业从历年实现的利润中提取或留存于企业的内部积累，它来源于企业生产经营活动所实现的净利润。企业在一定时期实现的利润总额扣除了所得税后就是税后利润，税后利润扣除已宣布分配的利润后就是留存利润。

2. 留存收益的目的

留存收益的目的是保证企业实现的净利润有一部分留存在企业，不全部分配给投资者。这样，一方面可以满足企业维持或扩大再生产经营活动的资金需要，保持或提高企业的获利能力；另一方面可以保证企业有足够的资金弥补以后年度可能出现的亏损，也保证企业有足够的资金用于偿还债务，保护债权人的权益。

3. 留存收益的内容

企业在每个会计期间结束后,要进行净收益的计算,以确定当年的盈亏。虽然公司赚取的净收益归属于股东,但并不代表赚取的收益全部分配给股东。企业在进行留存收益的分配时,被指定为其他用途、从当年税后利润中扣除、不得用于分配给投资者的利润,称为指定用途的留存收益。企业的税后利润在弥补以前年度亏损和指定用途后,剩下的才是可分配给股东的留存收益。根据是否指定用途,留存收益分为盈余公积和未分配利润两部分。

(1) 盈余公积　盈余公积是指企业按规定从净利润中提取的积累资金,包括法定盈余公积、任意盈余公积金。

法定盈余公积是指企业按照法律规定的比例从净利润中提取的盈余公积。公司制企业的法定盈余公积按照净利润(减弥补以前年度亏损)的10%提取(非公司制企业也可按照超过10%的比例提取),法定盈余公积累计额已达注册资本的50%时可以不再提取。

任意盈余公积主要是公司制企业按照股东大会的决议从净利润中提取的,其他企业也可以根据需要提取任意盈余公积。

法定盈余公积和任意盈余公积的区别在于其各自计提的依据不同。前者以国家的法律或法令为依据提取;后者由公司的权力机构自行决定提取。企业提取的法定盈余公积和任意盈余公积可用于弥补亏损、转增资本或股本,在特殊情况下,也可用于分配现金股利或利润。公司制企业经股东大会决议,可将盈余公积转增资本。企业在转增资本时,首先要办理增资手续,其次要按股东原有持股比例结转。盈余公积转增资本时,以转增后留存的盈余公积不得少于注册资本的25%为限。

(2) 未分配利润　未分配利润是企业实现的净利润经过弥补亏损、提取盈余公积和向投资者分配利润后留存在企业的、历年结存的利润。相对于所有者权益的其他部分来说,企业对于未分配利润的使用有较大的自主权。

二、盈余公积的核算

盈余公积

为了反映和监督企业盈余公积的提取和使用等增减变动情况,企业应设置"盈余公积"科目,并在"盈余公积"科目下设置"法定盈余公积""任意盈余公积""盈余公积补亏""盈余公积转入"等明细科目,分别核算各项盈余公积的提取和使用情况。该科目贷方登记企业按照规定提取的各项盈余公积的数额;借方登记企业将盈余公积用于弥补亏损、转增资本以及分配现金股利或利润而减少盈余公积的数额;期末贷方余额表示企业提取尚未转出的盈余公积结存数。

1. 提取盈余公积

企业按规定提取各项盈余公积时,借记"利润分配——提取法定盈余公积、提取任意盈余公积"科目,贷记"盈余公积——法定盈余公积、任意盈余公积"科目。

【例10-7】 A公司本年实现净利润为500 000元(假设无以前年度未弥补亏损),按10%的比例提取法定盈余公积50 000元。作如下会计分录:

借:利润分配——提取法定盈余公积　　　　　　　　　　　　50 000
　　贷:盈余公积——法定盈余公积　　　　　　　　　　　　　　　　50 000

2. 盈余公积补亏

企业用盈余公积弥补亏损，应按照当期弥补亏损的数额，借记"盈余公积"科目，贷记"利润分配——盈余公积补亏"科目。

【例10-8】 B公司经股东大会批准，用以前年度提取的盈余公积弥补当期亏损，当期弥补亏损的数额为600 000元。作如下会计分录：

借：盈余公积　　　　　　　　　　　　　　　　　　　　　　600 000
　　贷：利润分配——盈余公积补亏　　　　　　　　　　　　　　　600 000

3. 盈余公积转增资本

企业用提取的盈余公积转增资本，应按照批准的转增资本数额，借记"盈余公积"科目，贷记"实收资本"或"股本"科目。

【例10-9】 C公司经股东大会批准，在本期将盈余公积400 000元用于转增资本。作如下会计分录：

借：盈余公积　　　　　　　　　　　　　　　　　　　　　　400 000
　　贷：实收资本　　　　　　　　　　　　　　　　　　　　　　400 000

与资本公积转增资本相似，企业将盈余公积转增资本时，也应按照转增资本前的实收资本结构比例，将盈余公积转增资本的数额计入"实收资本"科目下各所有者的投资明细账，相应增加各所有者对企业的投资。

4. 盈余公积分配现金股利或利润

企业经股东大会或类似机构决议，用盈余公积分配现金股利或利润时，应当借记"盈余公积"科目，贷记"利润分配——盈余公积转入"科目，然后编制利润分配的会计分录。

【例10-10】 D股份有限公司经股东会决议，用盈余公积金分配股利400 000元。作如下会计分录：

借：盈余公积　　　　　　　　　　　　　　　　　　　　　　400 000
　　贷：利润分配——盈余公积转入　　　　　　　　　　　　　　400 000

同时：

借：利润分配——盈余公积转入　　　　　　　　　　　　　　　400 000
　　贷：应付股利　　　　　　　　　　　　　　　　　　　　　　400 000

三、未分配利润的核算

企业的未分配利润是个结余数字，一般在"利润分配"一级科目下，设置了"提取法定盈余公积""应付利润""盈余公积补亏""未分配利润"等明细科目。

未分配利润通过"利润分配"科目核算。年度终了，企业应将全年实现的净利润，自"本年利润"科目转入"利润分配——未分配利润"科目。如企业当年实现盈利，借记"本年利润"科目，贷记"利润分配——未分配利润"科目；如果企业发生亏损，借记"利润分配——未分配利润"科目，贷记"本年利润"科目。然后将"利润分配"科目下的其他有关明细科目（"提取法定盈余公积""应付利润""盈余公积补亏"等）的余额，转入"未分配利润"明细科目。结转后，"未分配利润"明细科目的贷方余额，就是累积未分配的利润数额。如出现借方余额，则表示累积未弥补的亏损数额。对于未弥补亏损可以用以后年度实现的税前利润进行弥补，但弥补期限不得超过5年。

【例10-11】 某股份有限公司年初未分配利润为100 000元，本年实现净利润2 000 000元，本年提取法定盈余公积200 000元，提取任意盈余公积300 000元，支付普通股股利800 000元，即"本年利润"科目年末贷方余额2 000 000元，"利润分配——提取法定盈余公积"科目借方余额200 000元，"利润分配——提取任意公益金"科目借方余额300 000元，"利润分配——应付普通股股利"科目借方余额为800 000元。公司年末将"本年利润"科目余额转入"利润分配——未分配利润"科目，用"利润分配——未分配利润"明细科目结平"利润分配"其他明细科目，作如下会计分录：

借：本年利润　　　　　　　　　　　　　　　　　2 000 000
　　贷：利润分配——未分配利润　　　　　　　　　　　　2 000 000
借：利润分配——提取法定盈余公积　　　　　　　　　200 000
　　　　　　——提取任意盈余公积　　　　　　　　　　300 000
　　　　　　——应付普通股股利　　　　　　　　　　　800 000
　　贷：盈余公积——法定盈余公积　　　　　　　　　　　200 000
　　　　　　　——任意盈余公积　　　　　　　　　　　　300 000
　　　　应付股利　　　　　　　　　　　　　　　　　　800 000
借：利润分配——未分配利润　　　　　　　　　　　1 300 000
　　贷：利润分配——提取法定盈余公积　　　　　　　　　200 000
　　　　　　　　——提取任意盈余公积　　　　　　　　　300 000
　　　　　　　　——应付普通股股利　　　　　　　　　　800 000

根据上述会计分录进行会计处理的结果，"利润分配——未分配利润"科目的贷方余额为800 000（100 000＋2 000 000－200 000－300 000－800 000）元，该项数额即为该企业本年年末的未分配利润。

思政拓展　会计名人葛家澍

葛家澍，中国著名的经济学家和会计学家，是推动我国制定会计准则的先锋之一。

青年时期的葛家澍就着力于科研与教学工作。新中国成立后不久，在当时学术界唯苏联学术观是瞻的情况下，他针对苏联大纲中关于会计对象的观点，于1956年发表了"试论会计核算这门科学的对象和方法"的论文，并在此基础上，不断地研究、探讨，在20世纪60年代初形成了系统、严密的"资金运动"理论。

葛家澍教授在会计学领域有较深的造诣，他的会计思想与观念，被会计学术界、也被国家教委誉为"独树一帜"。他的一系列理论为西方会计理论在中国的全面介绍和引进铺平了道路，中国建立了一个能与世界接轨的会计体系。

小　结

所有者权益是指企业资产扣除负债后由所有者享有的剩余权益，包括实收资本、资本公积、其他综合收益、盈余公积和未分配利润。

投资人对企业进行投资时，可以用货币资金、实物或无形资产等形式向企业投入。

企业收到投资人投入的资金，除股份有限公司通过"股本"账户核算外，其余企业一般应设置"实收资本"账户核算。

资本公积是投资者或者他人投入到企业、所有权归于投资者、并且金额上超过法定资本部分的资金，包括资本或股本溢价和其他资本公积等。

留存收益指企业从历年实现的利润中提取或留存于企业的内部积累，它来源于企业生产经营活动所实现的净利润，包括盈余公积和未分配利润两种。

企业筹集的资本金，在其生产经营期间，投资者除依法转让外，不得以任何形式抽走。企业增加或减少资本金时，均必须符合一定条件。

企业增资的方式主要有：①接受投资者额外投入实现增资；②资本公积转增资本；③盈余公积转增资本；④采用发放股票股利方式增资。

企业在某些特殊的情况下，需要减少股本。如经营规模缩小、资本过剩、发生重大亏损在短期内无法弥补等。

盈余公积是指企业按规定从净利润中提取的积累资金，包括法定盈余公积、任意盈余公积金。

未分配利润是企业实现的净利润经过弥补亏损、提取盈余公积和向投资者分配利润后留存在企业的、历年结存的利润。

思 考 题

10-1 企业所有者权益包括哪些内容？

10-2 所有者权益和企业负债有哪些明显区别？

10-3 股份有限公司可采用哪些设立方式？

10-4 企业在哪些特殊情况下，需要减少注册资本？

10-5 企业增加资本金有哪些方式？

10-6 资本公积是如何产生的？包括哪些内容？

10-7 盈余公积是如何形成的？包括哪些内容？

10-8 弥补亏损有哪些途径？

实训练习题

1. 目的

练习所有者权益的核算。

2. 资料

(1) 企业收到各建筑公司以银行存款出资 10 000 000 元。其中东方建筑公司出资 2 000 000 元，北方建筑公司出资 3 000 000 元，南方建筑公司出资 5 000 000 元。

(2) 在经营 1 年后，企业收到第一建筑公司投入现金 3 000 000 元，但在注册资本中应占的份额为 2 000 000 元。

(3) 接受工业工程公司以固定资产出资，其专用发票注明价值为 7 000 000 元，增值税 910 000 元，但在注册资本中应占的份额为 5 000 000 元。

(4) 接受园林建筑公司以某项专利权出资,其专用发票注明价值为 4 000 000 元,增值税 240 000 元,但在注册资本中应占的份额为 3 000 000 元。

(5) 企业经批准将资本公积 2 000 000 元转增资本,相应增加的投资人投资按各投资人的投资份额计算(资料见上述各题)。

3. 要求

根据上述资料编制会计分录。

项目 11

成本费用、收入和利润

 学习目标

掌握工程直接费用和间接费用的归集和分配方法，正确核算工程成本；掌握建造合同收入的确认及其核算方法；掌握利润结转的核算、所得税的核算、能够准确完整的得出利润的实现情况并对实现的利润按规定的程序进行分配。

任务1 工程成本

一、工程成本的概述

1. 费用与工程成本的概念

费用是指企业在日常活动中发生的、会导致所有者权益减少的、与向所有者分配利润无关的经济利益的总流出。它具有以下几个特点：①费用是企业在日常活动中发生的经济利益的总流出；②费用会导致企业所有者权益的减少；③费用与向所有者分配利润无关。将这些费用以所施工的工程为对象进行归集，就构成了各项工程的成本，即工程成本。因此工程成本是企业在工程施工过程中发生的，按一定的成本核算对象和成本项目归集的费用的总和。凡是不能归集到工程成本中的费用，计入当期损益，称为期间费用。

（1）费用与成本的关系 正确组织工程成本核算，首先要搞清费用与成本的关系。它们是两个不同的概念，既有一定的联系，又有一定的区别。

二者的联系：费用是计算成本的基础，没有费用的发生，也就不能形成工程成本。成本是将一定期间的费用归集到某一个具体的成本计算对象上，是对象化的费用。二者在经济内容上是一致的，都是施工过程中物化劳动和活劳动的货币表现，同时二者都要用企业在生产经营过程中实现的收入来补偿。

二者的区别：费用与一定的会计期间相联系，是按期来归集的，反映本期工程施工所发生的全部支出，但这些支出并不是由本期工程成本全部负担。成本则与某一具体的工程或劳务相联系，是按成本核算对象来归集的。一定会计期间发生的施工费用并不全部计入本期成本，本期成本也并不都是本期发生的费用，还可能包括以前会计期间支付而由本期成本负担的费用，也可能包括本期尚未支付，但应由本期成本负担的费用。

（2）施工费用的分类 企业在施工中发生的费用种类多、数额大，为了加强对施工费

用的管理与控制,考核施工费用构成的合理性,有必要对施工费用进行合理分类,这是正确组织工程成本核算的重要前提。

1)施工费用按经济性质分类。施工费用按经济性质分类,就是将施工过程中消耗的物化劳动和活劳动划分为若干费用要素,一般包括:

① 外购材料费,指施工过程中耗用的一切外购的主要材料、结构件、机械配件和其他材料的价值,以及低值易耗品和周转材料的摊销价值。

② 工资,指企业进行施工生产活动按规定支付给职工的工资、工资性津贴、补贴、奖金及社会保险费等职工薪酬。

③ 职工福利费,指按建安工人的应付工资总额的14%计提并计入费用的职工福利费。

④ 外购动力及燃料费,指企业为进行工程施工而从外部购入的各种燃料和动力费用。

⑤ 折旧费,指企业对所拥有或控制的固定资产按照使用情况计提的折旧费。

⑥ 修理费,指企业为保证固定资产正常运转而发生的修理费。

⑦ 利息支出,指应计入施工费用的各种负债的利息支出扣除存款利息收入的净额、未到期的商业汇票的贴现息净支出及有外币业务的企业发生的汇兑损失扣除汇兑收益的差额。

⑧ 税金,指企业发生的应计入成本费用的各种税金。

⑨ 租赁费,指企业为进行施工生产而从外部单位租赁机械设备等而发生的租赁费。

⑩ 其他支出,指不属于以上各费用要素的支出,如劳动保护费、保险费、邮电费等。

这种分类方法可以反映企业在一定时期内各种费用要素的支出水平,以便于分析企业各个时期各种费用占整个费用的比重,进而分析企业各个时间各种要素费用的支出水平,有利于成本计划的执行。

2)施工费用按经济用途分类。施工费用按经济用途分类,可分为计入工程成本的施工费用和不计入工程成本的期间费用。

计入工程成本的施工费用,按其用途,可以进一步划分为直接人工费、直接材料费、机械使用费、其他直接费、间接费用等五个成本项目,它们是企业组织工程成本核算的基础。具体内容如下:

① 直接人工费,指在施工过程中直接从事建筑安装工程施工的工人及在施工现场直接为工程制作构件或运料、配料等工人的工资、工资性质的津贴、奖金、社会保险费等职工薪酬及按规定比例提取的职工福利费。

② 直接材料费,指在施工过程中耗用的构成工程实体或有助于工程实体形成的原材料、辅助材料、构配件、零件、半成品的成本和周转材料的摊销额及租赁费用。

③ 机械使用费,指施工过程中使用自有施工机械所发生的机械使用费、租用外单位施工机械发生的租赁费和施工机械的安装、拆卸、进出场费。

④ 其他直接费,指施工过程中发生的除上述三项直接费用以外的其他可以直接计入成本核算对象的费用,如施工现场材料二次搬运费、生产工具和用具使用费、检验试验费、工程定位复测费、工程点交费、场地清理费用等。

⑤ 间接费用,指企业下属的施工单位(如项目部)为组织和管理施工生产活动,所发生的不易直接计入成本核算对象而应分配计入有关成本核算对象的各项费用支出。如发生的

管理人员工资、奖金、福利费、劳动保护费、固定资产折旧费及修理费、物料消耗、取暖费、水电费、办公费、差旅费、财产保险费、工程维修费、排污费等。

上述①~④项构成了工程的直接成本，第⑤项为工程的间接成本，直接成本和间接成本构成了工程实际成本。

期间费用指费用的发生与具体的工程没有直接联系，不应计入工程成本，而应直接计入当期损益的各项费用，包括管理费用、财务费用和销售费用。

这种分类方法能够明确反映直接用于施工生产中的各项费用支出，有利于企业了解费用计划的执行情况，加强成本管理，控制成本费用支出，提高经济效益。

2. 工程成本的分类

（1）工程实际成本　工程实际成本是企业按照确定的成本核算对象归集的实际发生的施工费用。它反映企业进行工程施工活动的个别耗费水平。

（2）工程预算成本　工程预算成本是根据施工图设计确定的建筑安装工程实物量和预算单价等资料计算确定的工程成本。它反映各地区进行工程施工活动的社会平均耗费水平，是施工企业投标报价的基础，也是施工企业与发包单位结算工程价款的主要依据。

（3）工程计划成本　工程计划成本是根据企业确定的一定时期内降低工程成本指标，结合工程的实际情况，在充分考虑各种可能采取的增产节约、内部挖潜等技术组织措施的前提下，通过编制工程成本计划所确定的工程成本。它反映了施工企业在计划期内应达到的工程成本水平，是成本支出的标准。

工程计划成本与工程实际成本相比较，可以考核企业工程成本计划的完成程度；而实际成本与预算成本相比较，可以确定工程成本的降低额或超支额，综合反映企业个别消费水平与社会平均耗费水平的差距，查明工程成本升降对于利润变动的影响。

3. 工程成本核算对象的确定

工程成本核算对象，是施工企业在工程成本核算过程中，为归集和分配施工费用而确定的费用承担者，即施工费用的归属目标。合理确定工程成本核算对象，是组织工程成本核算的重要前提。

一般情况下，施工企业应以与建设单位所签订的有独立施工图预算的单项合同作为成本核算对象，分别计量和确认各单项合同的收入、费用和利润。

1）如果一项建造合同包括建造数项资产，在同时具备下列条件时，每项资产应分立单项合同处理：

① 每项资产均有独立的建造计划。

② 建造承包商与客户就每项资产单独进行谈判，双方能够接受或拒绝与每项资产有关的合同条款。

③ 每项资产的收入和成本可单独辨认。

如果不同时具备上述3个条件，则不可将建造合同进行分立，而应将其作为一个合同进行核算。如某建筑公司与一客户签订一项建造合同，该合同规定，建筑公司为客户建造一幢办公楼和一座车库。在签订合同时，建筑公司与客户分别就所建办公楼和车库进行谈判，最后双方达成一致意见：办公楼的工程造价为320万元，车库的工程造价为80万元。办公楼和车库均有独立的施工图预算，办公楼的预算成本为300万元，车库的预算成本为65万元。则上述情况同时具备合同分立的三个条件，因此建筑公司应将办公楼和车库分立为两个单项合同进行会计核算。

2）如果为建造一项或数项资产而签订一组合同，无论对应单个客户还是几个客户，在同时具备下列条件的情况下，应合并为单项合同处理：

① 该组合同按一揽子交易签订。

② 该组合同密切相关，每项合同实际上已构成一项综合利润工程的组成部分。

③ 该组合同同时或依次履行。

如果不同时具备上述 3 个条件，则不能将该组合同进行合并，而应以各单项合同进行会计核算。如某建筑公司为承建一个商业中心而与客户一揽子签订了三项建造合同，这三项合同分别是建造一个大型商场、一个饮食商场和一个仓储中心。根据合同规定，这三个工程将由该建筑公司同时施工，并根据整个项目的施工进度办理价款结算。则上述情况反映出三项建造合同完全符合合同合并的三个条件，该建筑公司可以将该组合同合并为一个合同进行会计核算。

3）追加资产的建造，满足下列条件之一的，应当作为单项合同。

① 该追加资产在设计、技术或功能上与原合同包括的（一项或数项）资产存在重大差异。

② 议定该追加资产的造价时，不需要考虑原合同价款。

二、工程成本的核算

1. 工程成本核算的程序

工程成本核算的程序是指施工企业及其所属各施工单位在进行工程成本核算时应采取的步骤和顺序。企业对施工过程中发生的各项施工费用，应按其用途和发生地点进行归集，对能够分清受益对象的费用，直接计入各受益对象，对不能分清受益对象的费用，要采用合理的方法分配计入各受益对象。

（1）设置的会计科目 为了核算和监督各项施工费用的发生和分配情况，正确计算工程成本，企业应设置如下会计科目：

1）"工程施工"科目。本科目属于成本类科目，用来核算施工企业实际发生的合同成本和合同毛利。实际发生的合同成本和确认的合同毛利记入本科目的借方，确认的合同亏损记入本科目的贷方，期末借方余额反映未完工程的合同成本和合同毛利。当合同完工后，本科目与"工程结算"科目对冲后结平。本科目应设置"合同成本""合同毛利"明细科目进行明细核算。

"合同成本"明细科目核算的是各项工程施工发生的实际成本，一般包括人工费、材料费、机械使用费、其他直接费、间接费用等，其中前四项直接成本可以在费用发生时直接计入有关的工程成本，间接费用发生时，可先在"工程施工——合同成本"科目下设置"间接费用"明细科目进行核算，月终，再按一定的方法分配计入有关工程成本。"工程施工——合同毛利"明细科目，核算的是各项施工合同确认的合同毛利，或合同亏损。

企业在施工过程中发生的各项费用，借记"工程施工——合同成本"，贷记"原材料""应付职工薪酬"等科目。按规定确认合同收入、费用时，借记"主营业务成本"科目，贷记"主营业务收入"科目；按其差额，借记或贷记"工程施工——合同毛利"科目。合同完工后，"工程施工"和"工程结算"科目对冲结清，借记"工程结算"科目，贷记"工程施工"科目。本科目期末借方余额，反映尚未完工工程的合同成本和合同毛利。

2）"生产成本——辅助生产成本"科目。本科目属于成本类科目，用来核算企业所属的非独立核算的辅助生产部门为工程施工生产材料和提供劳务所发生的费用。其借方登记实际发生的费用，贷方登记生产完工验收入库的产品成本或者按受益对象分配结转的费用，期末借方余额表示在产品的成本。本科目应按各辅助生产部门设置明细账进行明细核算。

3)"机械作业"科目。本科目核算企业及其内部独立核算的施工单位、机械站和运输队使用自有施工机械和运输设备进行机械化施工和运输作业等所发生的各项费用。借方登记企业的内部施工单位使用自有机械发生的机械作业支出，贷方登记期末按受益对象结转或分配的机械作业费用，本科目一般无余额。本科目按"承包工程"和"机械出租"设置明细科目，并以施工机械或运输设备的种类作为成本核算对象设置明细账，按规定的成本项目分设专栏，进行明细核算。

企业及其内部独立核算的施工单位，从外单位或本企业其他内部独立核算的机械站租入施工机械发生的机械租赁费，不通过本科目核算，在"工程施工"科目核算。

4)"工程结算"科目。本科目核算建造承包商根据建造合同约定向业主办理结算的累计金额。贷方登记的是已向客户开出工程价款结算账单办理工程结算的款项，合同完工后，本科目与"工程施工"科目对冲结平，期末贷方余额，反映企业尚未完工的建造合同已办理结算的累计金额。本科目应按工程施工合同设置明细账进行明细核算。

工程成本核算，就是将施工过程中所发生的各费用要素，以经审核无误的有关原始凭证为依据，通过一定的处理程序，按照经济用途归集和分配到各成本核算对象的成本中去。

(2) 工程成本核算的基本程序　工程成本核算应按以下步骤进行核算：

1) 为建造合同直接发生的施工费用，直接计入该成本核算对象中，即计入"工程施工——合同成本"总分类账及明细分类账。

2) 为建造合同服务所发生的间接费用，按其发生的地点和用途进行归集汇总，即计入"生产成本——辅助生产成本""机械作业""工程施工——合同成本——间接费用"账户的借方。

3) 月末，将"生产成本——辅助生产成本"账户归集的费用，按其用途分配计入各受益对象。

4) 月末，将"机械作业"账户归集的费用，按其用途分配计入各受益对象。

5) 月末，将"工程施工——合同成本——间接费用"账户所归集的间接费用，按一定分配标准，分配计入有关工程成本，计入"工程施工——合同成本"账户。

6) 计算和结转工程成本。期末，计算本期已完工程或竣工工程的实际成本，并将竣工工程的实际成本从"工程施工"账户转出，与"工程结算"账户的余额对冲。尚未竣工工程的实际成本仍然保留在"工程施工"账户，不予结转。

通过上述程序，将应计入各成本核算对象的施工费用，都已集中登记在"工程施工"及其所属的各成本核算对象的明细账中。月中按建造合同的完工进度结转当期合同成本及合同收入，工程竣工后，将"工程施工"账户与"工程结算"账户对冲结平。工程成本核算程序如图 11-1 所示。

2. 生产成本——辅助生产成本的核算

(1) 辅助生产的概念　辅助生产是指企业的辅助生产部门为工程施工服务而进行的产品生产和劳务供应等生产活动。辅助生产部门是指为工程施工、机械作业、产品生产等活动生产产品或提供劳务，直接或间接服务的非独立核算的生产单位，如机修车间、供电站、供

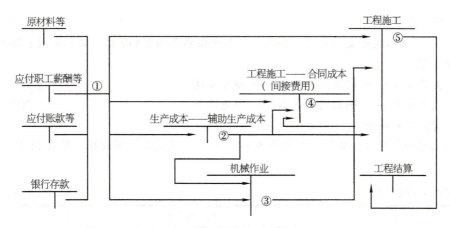

图 11-1　工程成本核算程序图

注：① 将本期发生的各生产费用归集计入各受益对象账户；② 分配辅助生产费用；③ 分配机械作业费用；④ 分配施工间接费用；⑤ 结转完工工程成本。

水站、运输队、蒸汽站等。

(2) 辅助生产费用的归集和分配　辅助生产费用是指企业的非独立核算的辅助生产部门在为工程施工、产品生产、机械作业、运输作业等提供产品生产或劳务供应活动而发生的各项费用。该费用按其经济内容可以分为人工费、材料费、机械使用费、其他直接费和间接费用五个成本项目。辅助生产的成本核算对象，一般可以按产品或劳务的类别来确定。

1) 辅助生产费用的归集。当辅助生产部门发生辅助生产费用时，按成本核算对象和成本项目，归集到"生产成本—辅助生产成本"科目的借方。

【例 11-1】　企业有 2 个辅助生产部门，即供水车间和供电车间，供水车间本月领用燃料的计划成本为 6 000 元，应负担的材料成本差异为 120 元；供电车间本月领用燃料的计划成本为 2 000 元，应负担的材料成本差异为 40 元。根据有关原始凭证作会计分录如下：

借：生产成本——辅助生产成本——供水车间　　　　　　　　　　6 120
　　生产成本——辅助生产成本——供电车间　　　　　　　　　　2 040
　　贷：原材料——其他材料　　　　　　　　　　　　　　　　　8 000
　　　　材料成本差异——其他材料　　　　　　　　　　　　　　　160

【例 11-2】　分配本月辅助生产工人的工资，其中供水车间 6 000 元，供电车间 5 000 元，并按规定的比例提取职工福利费。作会计分录如下：

借：生产成本——辅助生产成本——供水车间　　　　　　　　　　6 000
　　生产成本——辅助生产成本——供电车间　　　　　　　　　　5 000
　　贷：应付职工薪酬——应付工资　　　　　　　　　　　　　11 000
借：生产成本——辅助生产——供水车间　　　　　　　　　　　　840
　　生产成本——辅助生产——供电车间　　　　　　　　　　　　700
　　贷：应付职工薪酬——应付福利费　　　　　　　　　　　　1 540

【例 11-3】　计提本月辅助生产部门的固定资产折旧，其中供水车间 600 元，供电车间 500 元。作会计分录如下：

借：生产成本——辅助生产成本——供水车间　　　　　　　　　　600
　　生产成本——辅助生产成本——供电车间　　　　　　　　　　500

贷：累计折旧 1 100

【例11-4】 以现金支付本月办公费等，其中供水车间2 440元，供电车间1 760元。作会计分录如下：

借：生产成本——辅助生产成本——供水车间 2 440
　　生产成本——辅助生产成本——供电车间 1 760
　　贷：库存现金 4 200

根据上述会计分录，登记"生产成本——辅助生产成本"明细账，见表11-1。

表11-1 生产成本——辅助生产成本明细账

生产部门：供水车间　　　　　　　　　　　　　　　　　　　　　　　　（单位：元）

年		凭证号数	摘要	借方发生额						贷方	余额
月	日			人工费	材料费	机械使用费	其他直接费	间接费用	小计		
略	略	略	领用燃料		6 120				6 120		
			分配工资	6 000					6 000		
			提福利费	840					840		
			计提折旧			600			600		
			付办公费用					2 440	2 440		16 000
			结转本月费用							16 000	0
			月　计	6 840	6 120	600		2 440	16 000	16 000	

2）辅助生产费用的分配。对于辅助生产部门归集的辅助生产费用，月末按受益对象进行分配，分配的方法主要有直接分配法和一次交互分配法。

① 直接分配法。直接分配法是指在不考虑各个辅助生产部门之间相互提供产品或劳务的前提下，将实际发生的辅助生产费用，直接在辅助生产部门之外的各个受益对象中进行分配的方法。其计算公式如下：

$$\text{某辅助生产产品或劳务的单位成本} = \frac{\text{该辅助生产实际费用}}{\text{该辅助生产提供产品或劳务量合计} - \text{其他辅助生产部门的耗用量}}$$

$$\text{某受益对象分配的辅助生产费用} = \text{辅助生产产品或劳务的单位成本} \times \text{该受益对象实际耗用的劳务量}$$

【例11-5】 某施工企业有供水和供电两个辅助生产部门，本月供水车间发生的费用为16 000元，供电车间发生的费用为10 000元。两个辅助生产部门提供的劳务量见表11-2。

表11-2 辅助生产部门提供劳务数量表

受益对象	供水量/m³	供电量/kW
供水车间	—	50 000
供电车间	20 000	—
工程施工-A项目	50 000	60 000
机械作业	10 000	10 000
管理部门	20 000	10 000
合　计	100 000	130 000

$$\text{供水车间供水的实际单位成本} = \frac{16\,000}{100\,000 - 20\,000} \text{元}/m^3 = 0.20 \text{元}/m^3$$

$$\text{供电车间供电的实际单位成本} = \frac{10\,000}{130\,000 - 50\,000} \text{元}/kW = 0.125 \text{元}/kW$$

根据上述资料及计算结果,编制辅助生产费用分配表,见表11-3。

表11-3 辅助生产费用分配表（直接分配法） （单位：元）

辅助生产部门	供水车间		供电车间		金额合计
辅助生产费用	16 000		10 000		
分配数量	80 000/m³		80 000/kW		
分配率	0.20 元/m³		0.125 元/kW		
受益对象	数量/m³	金 额	数量/kW	金 额	
工程施工－A项目	50 000	10 000	60 000	7 500	17 500
机械作业	10 000	2 000	10 000	1 250	3 250
管理费用	20 000	4 000	10 000	1 250	5 250
合　计	80 000	16 000	80 000	10 000	26 000

根据"辅助生产费用分配表",作会计分录如下：

借：工程施工——合同成本（A项目）　　　　　　　　　　　10 000
　　机械作业　　　　　　　　　　　　　　　　　　　　　　2 000
　　管理费用　　　　　　　　　　　　　　　　　　　　　　4 000
　　贷：生产成本——辅助生产成本——供水车间　　　　　　　　　16 000
借：工程施工——合同成本（A项目）　　　　　　　　　　　7 500
　　机械作业　　　　　　　　　　　　　　　　　　　　　　1 250
　　管理费用　　　　　　　　　　　　　　　　　　　　　　1 250
　　贷：生产成本——辅助生产成本——供电车间　　　　　　　　　10 000

根据上述会计分录,登记"生产成本——辅助生产成本"明细账,见表11-1。

采用直接分配法分配辅助生产费用,由于各辅助生产部门所发生的辅助生产费用只对辅助生产部门以外的受益对象进行分配,计算手续简便。但由于它没考虑各辅助生产部门之间相互提供劳务作业的情况,导致各辅助生产部门生产成本的计算不完整,辅助生产费用的分配结果准确程度较差。因此,直接分配法一般只适用于各辅助生产部门相互提供劳务、作业的数量不多以及不进行交互分配对辅助生产成本影响不大的情况。

② 一次交互分配法。一次交互分配法是指将各辅助生产部门直接发生的生产费用,先在辅助生产部门之间根据相互提供劳务、作业的数量进行交互分配,然后将各辅助生产部门在交互分配前直接发生的辅助生产费用加上交互分配后转入的费用,减去交互分配后转出的费用,在辅助生产部门以外的各受益对象之间进行分配。其具体方法如下：

首先,根据各辅助生产部门直接发生的生产费用总额和提供劳务、作业总量（包括向其他辅助生产部门提供劳务、作业的数量）计算出其提供劳务、作业的实际单位成本。然后根据各辅助生产部门相互提供劳务、作业的数量和实际单位成本,计算出其应分配的其他辅助生产部门的生产费用。其次,再根据交互分配后各辅助生产部门的实际生产费用和为辅助生产部门以外的各受益对象提供劳务、作业的总量，计算出其提供劳务、作业的实际单位成本，并根据各受益对象实际耗用劳务、作业的数量，计算出其应分配的辅助生产费用。

交互分配的计算如下：

$$某辅助生产产品或劳务的单位成本 = \frac{该辅助生产的实际费用}{该辅助生产部门提供的劳务总量}$$

某辅助生产部门分配额 = 辅助生产的单位成本 × 该辅助生产部门耗用的产品或劳务量

对外分配的计算如下：

$$某辅助生产产品或劳务的单位成本 = \frac{该辅助生产总费用 + 分配转入费用 - 分配转出费用}{该部门为辅助生产部门以外提供的劳务数量}$$

某受益对象分配的辅助生产费用 = 辅助生产的单位成本 × 该受益对象实际耗用的产品或劳务量

【例 11-6】 沿用【例 11-5】的资料，采用一次交互分配法分配辅助生产费用，编制"辅助生产费用分配表"，见表 11-4。

表 11-4 辅助生产费用分配表（一次交互分配法）

项目	交互分配		对外分配		合计
	供水车间	供电车间	供水车间	供电车间	
分配金额/元	16 000	10 000	16 646	9 354	
分配数量	100 000m³	130 000kW	80 000m³	80 000kW	
分配率	0.16 元/m³	0.076 92 元/kW	0.208 075 元/m³	0.116 925 元/kW	

分配对象	数量/m³	金额/元	数量/kW	金额/元	数量/m³	金额/元	数量/kW	金额/元	金额/元
供水车间			50 000	3 846					3 846.00
供电车间	20 000	3 200							3 200.00
工程施工					50 000	10 403.75	60 000	7 015.50	17 419.25
机械作业					10 000	2 080.75	10 000	1 169.25	3 250.00
管理费用					20 000	4 161.50	10 000	1 169.25	5 330.75
合计					80 000	16 646.00	80 000	9 354.00	26 000.00

根据上述分配表，作会计分录如下：

交互分配时：

$$水的单价 = \frac{16\ 000\ 元}{100\ 000 m^3} = 0.16\ 元/m^3$$

供电车间应负担的水费 = 0.16 元/m³ × 20 000m³ = 3 200 元

$$电的单价 = \frac{10\ 000\ 元}{130\ 000 kW} = 0.07\ 692\ 元/kW$$

供水车间应负担的电费 = 0.076 92 元/kW × 50 000kW = 3 846 元

借：生产成本——辅助生产成本——供水车间　　　　　　　　　　3 846
　　贷：生产成本——辅助生产成本——供电车间　　　　　　　　　　3 846

借：生产成本——辅助生产成本——供电车间　　　　　　　　　　　　　3 200
　　贷：生产成本——辅助生产成本——供水车间　　　　　　　　　　　3 200

对外分配：

$$供水车间水的单价 = \frac{16\,000 + 3\,846 - 3\,200}{100\,000 - 20\,000}元/m^3 = 0.208\,075\,元/m^3$$

$$供电车间电的单价 = \frac{10\,000 + 3\,200 - 3\,846}{130\,000 - 50\,000}元/kW = 0.116\,925\,元/kW$$

借：工程施工——合同成本（A 项目）　　　　　　　　　　　　　　10 403.75
　　　机械作业　　　　　　　　　　　　　　　　　　　　　　　　　2 080.75
　　　管理费用　　　　　　　　　　　　　　　　　　　　　　　　　4 161.50
　　贷：生产成本——辅助生产成本——供水车间　　　　　　　　　　16 646.00
借：工程施工——合同成本（A 项目）　　　　　　　　　　　　　　　7 015.50
　　　机械作业　　　　　　　　　　　　　　　　　　　　　　　　　1 169.25
　　　管理费用　　　　　　　　　　　　　　　　　　　　　　　　　1 169.25
　　贷：生产成本——辅助生产成本——供电车间　　　　　　　　　　 9 354.00

采用一次交互分配法分配辅助生产费用，由于各辅助生产部门之间相互提供劳务、作业，互相负担对方的费用，保证了各辅助生产部门生产成本计算的完整性，提高了辅助生产费用分配结果的准确性。但由于各辅助生产部门都要计算两次提供劳务、作业的实际单位成本，对辅助生产费用进行两次分配，其核算手续比较复杂，核算工作量较大。因此，它只适用于各辅助生产部门之间相互提供劳务作业的数量较多以及不进行交互分配对辅助生产成本影响较大的情况。

3. 工程成本核算方法

（1）材料费的核算　材料费是指施工过程中耗用的构成工程实体的原材料、结构件、辅助材料、机械配件、半成品的费用、周转材料的摊销额及租赁费用。材料费的归集是以领料单、定额领料单、大堆材料耗用计算单、退料单、已领未用材料清单等为依据，或通过编制发出材料汇总表，反映各工程成本核算对象领用的材料的实际成本，并据以入账。

施工现场耗用的材料品种繁多，数量较大，材料费在工程成本中占的比重最大，因此材料费的核算应区别不同的情况，采用不同的方法进行归集和分配，具体方法如下：

1）对于能够分清受益对象、领用材料数量清楚的，可根据领料单等领料凭证直接计入各受益对象成本的"材料费"项目。

2）对于若干个受益对象领用同一种材料的，则按照一定的方法编制用料分配表，分配计入有关受益对象的"材料费"成本项目。如施工现场难以分清用料对象的大堆材料，应结合材料消耗定额，编制"大堆材料耗用计算单"，并据以分配计入各受益对象的"材料费"成本项目。集中配料或统一下料的材料，应根据用料情况，结合材料消耗定额编制"集中配料耗用计算单"，并据以分配计入各受益对象的"材料费"成本项目。

3）对于施工现场所用的自有的模板和架料等周转材料，因其能够用于多个施工生产周期，因此期末应编制"周转材料摊销计算表"，采用一定的摊销方法将其价值分次或分期摊入各受益对象的"材料费"成本项目。租用的周转材料，则应将租赁合同上双方确认的租赁费按其受益对象直接计入或分配计入各受益对象的"材料费"成本项目。年末或工程竣工时,应对在用的周转材料进行清查盘点,根据实际消耗情况补提摊销额。

4)对于已领未用材料,应根据实际盘点情况,办理假退料手续,并冲减当期各受益对象的"材料费"成本项目。

5)对工程竣工后的剩余材料,应及时填写退料单或用红字填写领料单,并据以办理退库手续,以冲减各受益对象成本的"材料费"项目。

月末,应根据领料单、大堆材料耗用计算单、集中配料耗料单、退料单等领料原始凭证,编制"材料费分配表",以确定当月各受益对象所发生的材料费。

【例 11-7】 某施工企业第一项目部材料部门月末将领料单等各种领料凭证进行汇总,编制"材料费分配表",见表 11-5,据此表,作会计分录如下:

```
借:工程施工——甲工程——合同成本(材料费)         163 017
    工程施工——乙工程——合同成本(材料费)         138 985
    贷:原材料——主要材料——钢材                  100 000
        原材料——主要材料——木材                   77 000
        原材料——结构件                          110 000
        原材料——其他材料                           6 800
        材料成本差异                               3 802
        周转材料——周转材料摊销                     4 400
```

表 11-5 材料费分配表 (单位:元)

材料类别		甲合同项目	乙合同项目	合 计
钢 材	计划成本	60 000	40 000	100 000
	成本差异(2%)	1 200	800	2 000
木 材	计划成本	45 000	32 000	77 000
	成本差异(1%)	450	320	770
结构件	计划成本	50 000	60 000	110 000
	成本差异(1%)	500	600	1 100
其他材料	计划成本	3 300	3 500	6 800
	成本差异(-1%)	-33	-35	-68
小 计	计划成本	158 300	135 500	293 800
	成本差异	2 117	1 685	3 802
	周转材料摊销	2 600	1 800	4 400
	合 计	163 017	138 985	302 002

根据此表及所作的会计分录，登记表11-14~表11-16。

（2）人工费的核算　人工费是指支付给直接从事工程施工的建安工人和在施工现场运料、配料等辅助工人的工资、工资性贴津、奖金、计提的职工福利费、发生的劳动保护费及社会保险费等。人工费核算的总原则是当人工费的受益对象明确，直接计入各受益对象"人工费"成本项目；如果人工费的受益对象不明确，则需要通过一定的方法分配计入各受益对象"人工费"成本项目。

1）计件工资。计件工资一般都能分清受益对象，应直接计入各成本核算对象。

2）计时工资。根据用工记录能够明确受益对象的，将计时工资直接计入各成本核算对象的"人工费"成本项目，如不能明确各受益对象的，则根据用工记录以计时工日为标准分配计入各成本核算对象的"人工费"成本项目。计算公式如下：

$$日平均计时工资 = \frac{建安工人计时工资总额}{建安工人计时工日合计}$$

$$某成本核算对象应分配的计时工资 = 该成本核算对象实际耗用的计时工日数 \times 日平均计时工资$$

3）工资性津贴、奖金等其他工资。应比照计时工资的分配方法，按照用工记录，以实际用工数为标准，分配计入各成本核算对象的"人工费"成本项目，实际用工数是指建安工人的计时工日与计件工日之和。其计算公式如下：

$$日平均其他工资 = \frac{建安工人其他工资总额}{建安工人的实际用工数}$$

$$某成本核算对象应分配的其他工资 = 日平均其他工资 \times 该成本核算对象实际用工数$$

4）职工福利费。按照规定的比例计提，并随同建安工人的工资一并计入各成本核算对象的"人工费"项目。

5）劳动保护费。凡能分清受益对象的，可直接计入各成本核算对象的"人工费"成本项目，如果不能分清受益对象的，应比照其他工资的分配方法，分配计入各成本核算对象的"人工费"成本项目。

6）社会保险费。社会保险费包括养老保险、失业保险、工伤保险等，按照规定的比例计提，并随同建安工人的工资一并计入各成本核算对象的"人工费"成本项目。

由于建筑施工企业是露天作业，施工过程中受气候等原因的影响较大，因气候影响停电或停工待料而发生的停工又无法及时安排其他工作时，应由班组长在当天下班前填写停工单，经施工员签字后，交考勤员保管，以便核算停工期间的工资。

人工费的核算所依据的原始凭证主要有施工现场的考勤单、工程任务单、工资结算单、工资结算汇总表、工资分配表等。月末，根据工资结算汇总表编制工资分配表，将人工费计入各成本核算对象的"人工费"成本项目。

【例11-8】　某施工企业第一项目部本月发生计件工资为50 000元，其中甲项目30 000元，乙项目20 000元，建筑安装工人的计时工资70 000元，本月甲项目共耗用计时工日2 000个，计件工日1 000个，乙项目耗用计时工日1 500个，计件工日500个，本月发生工资性津贴、奖金及社会保险费共计20 000元。根据上述资料编制本月建筑安装工人工资分配表，见表11-6。

表 11-6 建筑安装工人工资分配表

工程成本核算对象	甲合同项目	乙合同项目	合　计
计时工日/个	2 000	1 500	3 500
计件工日/个	1 000	500	1 500
用工数/个	3 000	2 000	5 000
计件工资/元	30 000	20 000	50 000
日平均计时工资/(元/工日)	70 000/3 500 = 20		
计时工资/元	40 000	30 000	70 000
日平均其他工资/(元/工日)	20 000/5 000 = 40		
其他工资/元	12 000	8 000	20 000
工资合计/元	82 000	58 000	140 000

根据表 11-6 作会计分录如下：

借：工程施工——甲工程——合同成本（人工费）　　82 000
　　工程施工——乙工程——合同成本（人工费）　　58 000
　贷：应付职工薪酬——应付工资　　　　　　　　　　　140 000

另外，企业应以工资分配表为依据，编制职工福利费计提表，计提职工福利费，见表 11-7。

表 11-7 职工福利费计提表　　　　　　　　　（单位：元）

工程成本核算对象	甲合同项目	乙合同项目	合　计
应付工资	82 000	58 000	140 000
计提比例	14%	14%	—
计提的职工福利费	11 480	8 120	19 600

根据表 11-7 作会计分录如下：

借：工程施工——甲工程——合同成本（人工费）　　11 480
　　工程施工——乙工程——合同成本（人工费）　　8 120
　贷：应付职工薪酬——应付福利费　　　　　　　　　　19 600

根据表 11-6、表 11-7 及所作的会计分录，登记表 11-14 ~ 表 11-16。

企业在核算人工费时，要严格区别人员类别，对于从事专项工程的非工程施工人员，其工资一律不得计入工程成本。

(3) 机械使用的核算　机械使用费是指施工过程中使用自有施工机械和运输设备进行机械化施工和运输作业所发生的机械使用费、租用外单位施工机械和运输设备发生的机械租赁费、施工机械安装拆卸费和进出场费等。

1) 自有机械使用费的核算。

① 自有机械使用费的归集。使用自有施工机械和运输设备为承包工程进行机械作业和运输作业所发生的费用，应以机械设备的种类、单机或机组为核算对象设置机械作业明细账，同时按人工费、燃料及动力费、折旧及修理费、其他直接费、间接费用这五个成本项目

设专栏分别归集，计入"机械作业——承包工程"科目的借方。

【例11-9】 某施工企业第一项目部使用自有塔式起重机进行机械作业，本月发生的机械费用为27 040元，其中应付职工工资5 000元，计提的福利费700元，领用其他材料1 200元，领用机械配件2 340元，计提折旧14 600元，用银行存款支付其他费用3 200元，根据有关原始凭证编制会计分录如下：

```
借：机械作业——承包工程——塔吊                27 040
    贷：应付职工薪酬——应付工资                  5 000
        应付职工薪酬——应付福利费                  700
        原材料——其他材料                        1 200
        原材料——机械配件                        2 340
        累计折旧                                14 600
        银行存款                                 3 200
```

根据上述会计分录登记机械作业明细账，见表11-8。

表11-8 机械作业明细账（塔式起重机） （单位：元）

年		凭证号数	摘要	借方发生额						贷方	余额
月	日			人工费	材料费	折旧及修理费	其他直接费	间接费	小计		
略	略	略	分配工资	5 000					5 000		5 000
			计提福利费	700					700		5 700
			领用其他材料		1 200				1 200		6 900
			计提折旧			14 600			14 600		21 500
			支付修理费				3 200		3 200		24 700
			领用机械配件		2 340				2 340		27 040
			结转成本							27 040	0
			月　计	5 700	3 540	14 600	3 200		27 040		

【例11-10】 某施工企业第一项目部使用自有的搅拌机进行机械作业，本月发生的机械费用为17 760元，其中应付职工工资4 000元，计提的福利费560元，领用其他材料800元，领用机械配件1 200元，计提折旧8 600元，用银行存款支付其他费用2 600元，根据有关原始凭证编制会计分录如下：

```
借：机械作业——承包工程——搅拌机              17 760
    贷：应付职工薪酬——应付工资                  4 000
        应付职工薪酬——应付福利费                  560
        原材料——其他材料                          800
        原材料——机械配件                        1 200
        累计折旧                                 8 600
        银行存款                                 2 600
```

根据上述会计分录登记机械作业明细账，见表11-9。

表 11-9　机械作业明细账（搅拌机）　　　　　　　　　　（单位：元）

年		凭证号数	摘要	借方发生额					贷方	余额
月	日			人工费	材料费	折旧及修理费	其他直接费	间接费	小计		
略	略	略	分配工资	4 000					4 000		4 000
			计提福利费	560					560		4 560
			领用其他材料		800				800		5 360
			计提折旧			8 600			8 600		13 960
			支付修理费			2 600			2 600		16 560
			领用机械配件		1 200				1 200		17 760
			结转成本							17 760	0
			月　计	4 560	2 000	8 600	2 600		17 760		

② 自有机械使用费的分配。企业每月发生的自有机械使用费，应于月份终了，按一定的方法分配到各受益的成本核算对象的"机械使用费"成本项目中。其中，大中型机械设备和运输设备，按台班分配法或作业量分配法分配机械作业费用，小型施工机械根据具体情况可以采用计划成本法或工料成本法进行分配。

使用台班分配法是指按各工程成本核算对象实际使用施工机械的台班数和台班单位成本分配机械使用费的方法，该种方法一般情况下适用于按单机或机组为成本核算对象归集机械使用费的分配。

$$某种机械的台班实际成本 = \frac{该种机械本月实际发生的费用总额}{该种机械本月实际工作的台班总数}$$

$$某工程成本核算对象应分配的某种机械使用费 = 该工程成本核算对象实际使用台班数 \times 该种机械的台班实际成本$$

【例 11-11】　承【例 11-9】，塔式起重机本月发生的机械使用费为 27 040 元，本月实际工作台班数为 80 个，其中甲工程使用 45 个台班，乙工程使用 35 个台班。分配方法如下：

塔吊的台班实际成本 = 27 040 元/80 台班 = 338 元/台班

甲工程应分配的机械使用费 = 338 元/台班 × 45 台班 = 15 210 元

乙工程应分配的机械使用费 = 338 元/台班 × 35 台班 = 11 830 元

作业量分配法是按照各成本核算对象使用施工机械所完成的工程量和施工机械单位工程量实际成本分配机械使用费的方法，该种方法适用于能够计算完成工程量的施工机械及运输设备。

$$某种机械的单位工程量实际成本 = \frac{该种机械实际发生的机械费用总额}{该种机械实际完成的工程量}$$

$$某工程成本核算对象应分配的某种机械使用费 = 该种机械为该工程成本核算对象提供的工程量 \times 该种机械的单位工程量实际成本$$

【例 11-12】　承【例 11-10】，搅拌机本月发生的机械使用费为 17 760 元，其中为甲工程提供的混凝土搅拌量为 120m³，为乙工程提供的混凝土搅拌量为 80m³。分配方法如下：

搅拌机的单位工作量实际成本 = 17 760 元/200m³ = 88.80 元/m³

甲工程应分配的机械使用费 = 88.80 元/m³ × 120m³ = 10 656 元

乙工程应分配的机械使用费 = 88.80 元/m³ × 80m³ = 7 104 元

在实际工作中，对自有机械使用费的分配是通过编制"自有机械使用费分配表"进行的，其格式见表 11-10。

表 11-10　自有机械使用费分配表

成本核算对象	塔吊（338 元/台班）		搅拌机（88.80 元/m³）		机械使用费总计/元
	台班数/个	金额/元	工程量/m³	金额/元	
甲工程	45	15 210	120	10 656	25 866
乙工程	35	11 830	80	7 104	18 934
合　计	80	27 040	200	17 760	44 800

根据表 11-10 作会计分录如下：

借：工程施工——甲工程——合同成本（机械使用费）　　25 866
　　工程施工——乙工程——合同成本（机械使用费）　　18 934
　　贷：机械作业——承包工程——塔式起重机　　　　　　　27 040
　　　　机械作业——承包工程——搅拌机　　　　　　　　　17 760

将机械使用费的分配结果登记表 11-8、表 11-9 并登记表 11-14 ~ 表 11-16。

如果在施工过程中发生的自有机械使用费金额较小，且受益对象清楚，也可以直接计入各受益对象的"机械使用费"成本项目。

2）从外单位或本企业其他内部独立核算的机械站租入的施工机械，发生的机械租赁费直接计入各受益对象的"机械使用费"成本项目，如果几个成本核算对象共同负担租赁费，则应以实际使用的台班数或定额使用量为标准，分配计入各成本核算对象的"机械使用费"成本项目。

【例 11-13】　某项目部甲工程租用挖土机一台，该机械台班单价为 600 元/台班，本月共租用 12 个台班，以银行存款支付租赁费 7 200 元。作会计分录如下：

借：工程施工——甲工程——合同成本（机械使用费）　　7 200
　　贷：银行存款　　　　　　　　　　　　　　　　　　　　7 200

根据上述会计分录，登记表 11-14 ~ 表 11-16。

3）企业在施工期间按规定支付的施工机械安装、拆卸和进出场费，可在该项费用发生时，直接计入各成本核算对象的"机械使用费"成本项目。

（4）其他直接费的核算　　其他直接费是指施工过程中发生的除上述三项直接费用以外的其他可以直接计入成本核算对象的费用，主要包括有关的设计和技术援助费用、施工现场材料二次搬运费、生产工具用具使用费、检验试验费、工程定位复测费、工程点交费、场地清理费用、冬雨季施工增加费、夜间施工增加费等。

凡是其他直接费发生时受益对象明确的，可直接计入各受益对象的"其他直接费"成本项目；凡不能明确受益对象，需要在几个受益对象之间分配的，可以根据具体情况采用生产工日法、工料机实际消耗法、预算成本法等分配计入各受益对象的"其他直接费"成本项目。

在实际工作中，冬雨季施工增加费、夜间施工增加费等其他直接费，很难同工程成本中的人工费、材料费、机械使用费等区分开来，因此，为了简化核算手续，可以根据各地区的实际情况,将这些其他直接费列入"人工费""材料费""机械使用费"项目,以简化核算手续,但在期末进行成本分析时,应将预算成本中的有关费用按一定的方法从"其他直接费"项目调整到"人工费""材料费""机械使用费"等项目,便于成本分析和考核。

【例 11-14】 某项目部本月以现金支付甲工程定位复测费 3 500 元,乙工程的定位复测费 2 400 元。作会计分录如下:

借:工程施工—— 甲工程—— 合同成本(其他直接费)　　　　　3 500
　　工程施工—— 乙工程—— 合同成本(其他直接费)　　　　　2 400
　　贷:库存现金　　　　　　　　　　　　　　　　　　　　　　5 900

【例 11-15】 某项目部本月以银行存款支付材料检验费计 2 845.08 元。作会计分录如下:

借:工程施工—— 其他直接费　　　　　　　　　　　　　　　2 845.08
　　贷:银行存款　　　　　　　　　　　　　　　　　　　　　2 845.08

【例 11-16】 某项目部本月以现金支付本月施工生产工具用具使用费 2 290.94 元。

借:工程施工—— 其他直接费　　　　　　　　　　　　　　　2 290.94
　　贷:库存现金　　　　　　　　　　　　　　　　　　　　　2 290.94

【例 11-17】 将本月发生的其他直接费按甲乙两个工程的工料机实际成本进行分配,编制其他直接费分配表,见表 11-11。

表 11-11　其他直接费分配表　　　　　　　　　　　(单位:元)

成本核算对象	工料机成本	分配率	分配金额
甲工程	289 563	1%	2 895.63
乙工程	224 039	1%	2 240.39
合计	513 602	1%	5 136.02

根据上述计算结果作会计分录如下:

借:工程施工—— 甲工程—— 合同成本(其他直接费)　　　　　2 895.63
　　工程施工—— 乙工程—— 合同成本(其他直接费)　　　　　2 240.39
　　贷:工程施工—— 其他直接费　　　　　　　　　　　　　　5 136.02

根据上述会计分录,分别登记表 11-14 ~ 表 11-16。

(5) 间接费用的核算　间接费用是指施工企业所属的直接组织生产活动的施工管理机构(如项目部)所发生的施工管理费。间接费用的内容包括施工单位管理人员工资、奖金、职工福利费、劳动保护费、社会保险费、固定资产折旧及修理费、物料消耗、低值易耗品摊销、取暖费、办公费、差旅费、财产保险费、工程保修费、排污费等。

1) 间接费用的归集。间接费用是各施工单位为组织和管理施工生产所发生的共同性费用,在承建的工程项目不是唯一的时候,难以分清具体的受益对象,因此在费用发生时,应首先通过"工程施工—— 合同成本—— 间接费用"科目进行归集,月末采用合理的、科学的方法分配计入各成本核算对象的"间接费用"项目。该科目属于成本类科目,其借方登记实际发生的各项间接费用,贷方登记按受益对象分配结转的间接费用,本科目期末结转后无余额。

【例 11-18】 某公司所属的项目部发生间接费用的情况如下:

① 以银行存款支付办公费 5 511.90 元,作会计分录如下:

借：工程施工——合同成本——间接费用（办公费）　　　　　　5 511.90
　　贷：银行存款　　　　　　　　　　　　　　　　　　　　　　　　5 511.90

② 以银行存款支付本工程的意外伤害保险费3 000元，作会计分录如下：
借：工程施工——合同成本——间接费用（意外伤害保险费）　　3 000
　　贷：银行存款　　　　　　　　　　　　　　　　　　　　　　　　3 000

③ 根据工资分配表分配本月施工管理人员的工资13 000元，作会计分录如下：
借：工程施工——合同成本——间接费用（工资）　　　　　　　13 000
　　贷：应付职工薪酬——应付工资　　　　　　　　　　　　　　　　13 000

④ 根据职工福利费计提表计提施工管理人员福利费1 820，作会计分录如下：
借：工程施工——合同成本——间接费用（职工福利费）　　　　1 820
　　贷：应付职工薪酬——应付职工福利费　　　　　　　　　　　　　1 820

⑤ 计提本月行政管理部门使用的固定资产折旧1 600元，作会计分录如下：
借：工程施工——合同成本——间接费用（折旧费）　　　　　　1 600
　　贷：累计折旧　　　　　　　　　　　　　　　　　　　　　　　　1 600

⑥ 领用一次摊销的管理工具1 300元，作会计分录如下：
借：工程施工——合同成本——间接费用（工具用具使用费）　　1 300
　　贷：周转材料——低值易耗品——低值易耗品摊销　　　　　　　　1 300

将上述各会计分录登记到间接费用明细账，见表11-12。

表11-12　工程施工—合同成本—间接费用明细账　　　　　　　（单位：元）

年		凭证号数	摘要	借方发生额						贷方	余额
月	日			工资和福利费	办公费差旅费	折旧及修理费	意外伤害保险费	物料消耗	小计		
略	略	①	支付办公差旅排污等费		5 511.90				5 511.90		5 511.90
		②	分摊财产保险费				3 000		3 000		8 511.90
		③	分配管理人员工资	13 000					13 000		21 511.90
		④	计提福利费	1 820					1 820		23 331.90
		⑤	计提折旧			1 600			1 600		24 931.90
		⑥	领用管理工具低值易耗品					1 300	1 300		26 231.90
		22	分配间接成本							26 231.90	0
			月　计	14 820	5 511.90	1 600	3 000	1 300	26 231.90	26 231.90	

2）间接费用的分配。间接费用按照谁受益谁负担的原则进行分配，一般情况下，建筑工程发生的间接费用以直接费用为分配基础，安装工程因其人工费占的比重较大，所以发生的间接费用以人工费为分配基础。具体的分配方法如下：

① 按相关工程的人工费为标准进行分配，公式如下：

$$间接费用分配率 = \frac{本月发生的间接费用}{本月各受益对象（各工程）人工费之和}$$

$$\text{某受益对象应负担的间接费用} = \text{间接费用分配率} \times \text{该受益对象本月实际发生的人工费}$$

② 按相关工程的直接费用为标准进行分配，公式如下：

$$\text{间接费用分配率} = \frac{\text{本月发生的间接费用}}{\text{本月各受益对象（各工程）直接费用之和}}$$

$$\text{某受益对象应负担的间接费用} = \text{间接费用分配率} \times \text{该受益对象本月实际发生的直接费用}$$

如果在一个项目中既有建筑工程又有安装工程，则先以人工费为分配基础，将间接费用在各类型工程或劳务之间进行分配，然后再在同一类型工程之间选择合理的分配基础进行间接费用的再分配。

【例 11-19】 某公司项目部本月发生的间接费用合计 26 231.90 元，以人工费为基础在甲乙两个工程之间进行分配，见表 11-13。

表 11-13 工程施工——间接费用分配表 （单位：元）

受益对象	分配基础（直接费用）	分配率	分配额
甲工程	295 958.63	5%	14 797.93
乙工程	228 679.39	5%	11 433.97
合 计	524 638.02	5%	26 231.90

根据上表作如下会计分录：

借：工程施工——甲工程——合同成本（间接费用）　　14 797.93
借：工程施工——甲工程——合同成本（间接费用）　　11 433.97
　　贷：工程施工——合同成本——间接费用　　　　　　26 231.90

将上述会计分录登记表 11-12、表 11-14～表 11-16。

表 11-14 工程成本明细卡——甲合同项目 （单位：元）

年		凭证编号	摘 要	借 方						贷方	余 额
月	日			人工费	材料费	机械使用费	其他直接费	间接费用	小计		
			月初余额	78 000	263 260	30 000	5 800.91	31 200.60	408 261.51		408 261.5
		11-10	领用材料的计划成本		158 300				158 300		
		11-10	分配材料成本差异		2 117				2 117		
		11-10	摊销周转材料		2 600				2 600		
		11-11	分配工资	82 000					82 000		
		11-11	计提职工福利费	11 480					11 480		
		11-15	自有机械使用费			25 866			25 866		
		11-16	支付机械租赁费			7 200			7 200		
		11-17	支付定位复测费				3 500		3 500		
		11-20	支付检验试验费等				2 895.63		2 895.63		
		11-22	分配间接费用					14 797.93	14 797.93		719 018.07
		11-25	结转竣工工程成本							719 018.07	0
			月 计	93 480	163 017	33 066	6 395.63	14 797.93	310 756.56	719 018.07	
			累 计	171 480	426 277	63 066	12 196.54	45 998.53	719 018.07	719 018.07	

表 11-15 工程成本明细卡——乙合同项目 （单位：元）

年		凭证编号	摘 要	借 方						贷 方	余 额
月	日			人工费	材料费	机械使用费	其他直接费	间接费用	小计		
		11-10	领用材料的计划成本		135 500				135 500		
		11-10	分配材料成本差异		1 685				1 685		
		11-10	摊销周转材料		1 800				1 800		
		11-11	分配工资	58 000					58 000		
		11-11	计提职工福利费	8 120					8 120		
		11-15	自有机械使用费			18 934			18 934		
		11-17	支付定位复测费				2 400		2 400		
		11-20	支付检验试验费等				2 240.39		2 240.39		
		11-22	分配间接费用					11 433.97	11 433.97		240 113.36
			月 计	66 120	138 985	18 934	4 640.39	11 433.97	240 113.36		
			累 计	66 120	138 985	18 934	4 640.39	11 433.97	240 113.36		

表 11-16 工程成本明细账 （单位：元）

年		凭证号数	摘 要	借 方						贷 方	余 额
月	日			人工费	材料费	机械使用费	其他直接费	间接费用	小计		
			月初余额	78 000	263 260	30 000	5 800.91	31 200.60	408 261.51		408 261.51
		11-10	领用材料的计划成本		293 800				293 800		
		11-10	分配材料成本差异		3 802				3 802		
		11-10	摊销周转材料		4 400				4 400		
		11-11	分配工资	140 000					140 000		
		11-11	计提职工福利费	19 600					19 600		
		11-15	自有机械使用费			44 800			44 800		
		11-16	支付机械租赁费			7 200			7 200		
		11-17	支付定位复测费				5 900		5 900		
		11-20	支付检验试验费等				5 136.02		5 136.02		
		11-22	分配间接费用					26 231.90	26 231.90		240 113.36
		11-25	结转本月竣工工程成本							719 018.07	240 113.36
			月 计	159 600	302 002	52 000	11 036.02	26 231.90	550 869.92	719 018.07	
			累 计	237 600	565 262	82 000	16 836.93	57 432.50	959 131.43	719 018.07	

任务2 期间费用

期间费用是指本期发生的、不能计入某项工程成本的、应直接计入当期损益的各项费用，包括管理费用、财务费用和销售费用。

一、管理费用

1. 管理费用的内容

管理费用是指企业行政管理部门为组织和管理企业生产经营活动而发生的各项费用，主要包括以下各项：

（1）公司经费　公司经费包括企业行政管理部门职工的工资及福利费等薪酬、物料消耗、办公费和差旅费等。

（2）工会经费　工会经费指按工资总额的2%计提并拨交工会的经费。

（3）董事会费　董事会费指企业最高权力机构董事会及其成员发生的津贴、会议费和差旅费等。

（4）聘请中介机构费　聘请中介机构费指企业聘请中介机构如会计师事务所、资产评估事务所来企业进行验资、审计、评估等支付给中介机构的费用。

（5）咨询费　咨询费指企业向有关咨询机构进行科学技术、经营管理咨询时所支付的费用，包括聘请技术顾问、经济顾问、法律顾问等支付的费用。

（6）诉讼费　诉讼费指企业因向法院起诉或应诉而发生的各项费用。

（7）业务招待费　业务招待费指企业为业务经营的合理需要而支付的招待费用。该费用在下列限额内据实列入管理费用：全年营业收入在1 500万元以下的，不超过年营业收入的5‰。全年营业收入超1 500万元（含1 500万元）不超过该部分营业收入的3‰。

（8）技术转让费　技术转让费指企业按照非专利技术转让合同的约定，使用非专利技术所支付的费用。

（9）研究与开发费　研究与开发费指企业研究开发新产品、新技术、新工艺所发生的新产品设计费、工艺规程制定费、设备调试费、原材料及半成品试验费、技术图书资料费、未纳入国家计划的中间试验费、研究人员的工资、研究设备的折旧、与新产品试制和技术研究有关的其他费用、试制失败发生的损失等。

（10）排污费　排污费指企业按环保部门的规定交纳的排污费用。

（11）企业在筹建期间内发生的开办费　企业在筹建期间内发生的开办费指企业在筹建期间发生的工资、办公费、培训费、差旅费、印刷费、注册登记费及不计入固定资产成本的借款费用等。

（12）其他管理费用　其他管理费用指企业发生的除以上各项费用之外应列入管理费用内的其他各项支出。

2. 管理费用的核算

为了核算企业组织和管理生产经营所发生的管理费用，应设置"管理费用"科目核算，它属于损益类科目，借方登记发生的各项管理费用，贷方登记期末转入"本年利润"科目的管理费用。期末结转后，本科目无余额。本账户按管理费用包括的各费用项目设置明细账，进行明细核算。

【例11-20】　公司财务部门购买办公用品300元，以现金支付。（假设本题及以下各题不考虑增值税）作会计分录如下：

借：管理费用——公司经费　　　　　　　　　　　　　　　　　300
　　贷：库存现金　　　　　　　　　　　　　　　　　　　　　　　300

【例11-21】　公司预算员张宁出差归来，报销差旅费3 200元，并退回多余现金300元。作会计分录如下：

借：管理费用——公司经费　　　　　　　　　　　　　　　　3 200
　　库存现金　　　　　　　　　　　　　　　　　　　　　　　300
　　贷：备用金——张宁　　　　　　　　　　　　　　　　　　　3 500

【例11-22】　支付公司聘请法律顾问费2 000元，现金支付。作会计分录如下：

借：管理费用——咨询费　　　　　　　　　　　　　　　　　2 000
　　贷：库存现金　　　　　　　　　　　　　　　　　　　　　2 000

【例11-23】　支付公司接待客人发生的餐饮费2 800元，现金付讫。作会计分录如下：

借：管理费用——招待费　　　　　　　　　　　　　　　　　2 800
　　贷：库存现金　　　　　　　　　　　　　　　　　　　　　2 800

【例11-24】　月末分配公司行政管理人员的工资15 000元。作会计分录如下：

借：管理费用——公司经费　　　　　　　　　　　　　　　　15 000
　　贷：应付职工薪酬——应付工资　　　　　　　　　　　　　15 000

【例11-25】　月末按本月行政管理人员应付工资的2%计提工会经费300元，同时按1.5%计提职工教育经费225元。作会计分录如下：

借：管理费用——工会经费　　　　　　　　　　　　　　　　　300
　　管理费用——职工教育经费　　　　　　　　　　　　　　　225
　　贷：其他应付款——应付工会经费　　　　　　　　　　　　　300
　　　　其他应付款——应付职工教育经费　　　　　　　　　　　225

【例11-26】　月末将本月管理费用全部结转计入"本年利润"科目。作会计分录如下：

借：本年利润　　　　　　　　　　　　　　　　　　　　　　23 825
　　贷：管理费用　　　　　　　　　　　　　　　　　　　　　23 825

将上述各例题所作的会计分录分别登记管理费用明细账，见表11-17。

表11-17　管理费用明细账　　　　　　　　　　　　　（单位：元）

年		凭证号数	摘要	借方								贷方	余额
月	日			公司经费	招待费	工会经费	职工教育经费	咨询费	排污费	其他	合计		
		略	购办公用品	300							300		
			报销差旅费	3 200							3 200		
			付咨询费							2 000	2 000		
			付招待费		2 800						2 800		
			分配工资	15 000							15 000		
			提工会经费			300					300		
			提教育费				225				225		23 825
			结转管理费									23 825	
			月　计	18 500	2 800	300	225			2 000	23 825	23 825	

二、财务费用

1. 财务费用的内容

财务费用指企业为筹集生产经营资金而发生的筹资费用,主要包括以下几项:

(1) 利息支出　利息支出是指企业在生产经营过程中向银行及金融机构借款或发行债券等所发生的利息支出(资本化的利息除外)减去银行存款利息收入后的净额,包括长短期借款利息、票据贴现利息、应付票据利息、应付债券利息等。

(2) 汇兑损失　汇兑损失是指企业因向银行结售或购入外汇而产生的银行买入、卖出价与记账所采用的汇率之间的差额,以及月度(季度、年度)终了,各种外币账户的外币期末余额按照期末规定汇率折合的记账人民币金额与原账面人民币金额之间的差额等。

(3) 相关手续费　相关手续费是指发行债券所需支付的手续费(需资本化的手续费除外)、开出汇票的手续费、调剂外汇手续费等,但不包括发行股票所支付的手续费等。

(4) 企业发生的现金折扣或收到的现金折扣　企业发生的现金折扣或收到的现金折扣是指企业购销业务活动由于采用折扣政策而发生的现金折扣。

(5) 其他财务费用

2. 财务费用的核算

为了组织和核算企业为筹资生产经营资金所发生的筹资费用,应设置"财务费用"科目核算,它属于损益类科目,借方登记发生的各项财务费用,贷方登记期末转入"本年利润"科目的财务费用。期末结转后,本科目无余额。本科目按财务费用包括的各费用项目设置明细账,进行明细核算。

【例 11-27】收到银行转来的存款利息收入通知单,取得存款利息收入 480 元。作会计分录如下:

借:银行存款　　　　　　　　　　　　　　　　　480
　　贷:财务费用——利息支出　　　　　　　　　　　480

【例 11-28】以转账方式支付银行短期借款利息 3 000 元。

借:财务费用——利息支出　　　　　　　　　　　3 000
　　贷:银行存款　　　　　　　　　　　　　　　　3 000

【例 11-29】办理银行汇票一张,转账支付银行汇票手续费 20 元。

借:财务费用——银行手续费　　　　　　　　　　20
　　贷:银行存款　　　　　　　　　　　　　　　　20

【例 11-30】购买转账支票和现金支付各一本,转账支付 40 元。

借:财务费用——手续费　　　　　　　　　　　　40
　　贷:银行存款　　　　　　　　　　　　　　　　40

【例 11-31】月末结转本月财务费用 2 580 元。

借:本年利润　　　　　　　　　　　　　　　　　2 580
　　贷:财务费用　　　　　　　　　　　　　　　　2 580

将上述各例题所作的会计分录分别登记财务费用明细账,见表 11-18。

表 11-18　财务费用明细账　　　　　　　　　　（单位：元）

年		凭证号数	摘要	借方					贷方	余额
月	日			利息支出	手续费	汇兑损失	其他费用	合计		
		略	收存款利息 付贷款利息 支付手续费 购支票 结转财务费用	−480 3 000	20 40			−480 3 000 20 40	2 580	2 580 0
			月　计	2 520	60			2 580	2 580	

三、销售费用

销售费用是指企业在销售产品或者提供劳务等过程中发生的各项费用，以及专设销售机构的各项费用。施工企业主要从事建筑安装工程的施工活动，一般是先有买主，后有产品，因签订建造合同而发生的费用可以记入销售费用。

施工企业一般不单独设置销售机构，发生的销售费用数额一般较少，因此，可以不单独设置"销售费用"科目，实际发生的销售费用可以用"管理费用"科目核算。

任务 3　收　　入

收入是企业在日常活动中形成的、会导致所有者权益增加的、与所有者投入资本无关的经济利益的总流入。其中的"日常活动"是指企业为完成其经营目标所从事的经常性活动以及与之相关的活动。收入具有以下特点：①收入是企业在日常活动中形成的经济利益的总流入；②收入会导致企业所有者权益的增加；③收入与所有者投入资本无关。收入主要包括主营业务收入和其他业务收入。

建筑施工企业的日常活动是从事房屋建筑工程的施工，所以其主营业务收入是建造合同收入，除此之外的产品销售、材料销售、提供机械作业和运输作业及让渡资产使用权等活动与其经常性活动相关，由此而引起的经济利益的总流入作为其他业务收入。

一、建造合同收入的核算

1. 建造合同的概念及特征

建造合同是指为建造一项资产或者在设计、技术、功能、最终用途等方面密切相关的数项资产而订立的合同。这里所说的资产是指房屋、道路、桥梁、水坝等建筑物及船舶、飞机、大型机械设备等。建造合同的特征主要有：

1）先有买方（即客户），后有标底（即资产），建造资产的造价在签订合同时已经确定。

2）资产的建设期长，一般都要跨越一个会计年度，有的甚至长达数年。

3）所建造的资产体积庞大，造价高。

4）建造合同一般为不可取消的合同。

2. 建造合同的类型

建造合同按照合同价款确定方法的不同，分为固定造价合同和成本加成合同两类。

（1）固定造价合同　固定造价合同是指按照固定的合同价或固定单价确定工程价款的建造合同。例如：某施工企业与建造商签订一项建造写字楼的合同，合同规定建造写字楼的总造价为1 500万元。该合同即为固定造价合同。

（2）成本加成合同　成本加成合同是指以合同约定或其他方式议定的成本为基础，加上该成本的一定比例或定额费用确定工程价款的建造合同。例如：某施工企业与建造商签订一项建造办公楼的合同，合同中规定合同总价款以建设该办公楼的实际成本加上实际成本的2%计取。该合同即为成本加成合同。

3. 建造合同收入的构成

建造合同收入包括两部分，即合同中规定的初始收入及因合同变更、索赔、奖励等形成的收入。

（1）初始收入　初始收入是指承包商与建设单位双方签订的建造合同的总金额，它是构成工程合同收入的基本内容。

（2）因合同变更、索赔、奖励等形成的收入　因合同变更、索赔、奖励等形成的收入是指承包商与建设单位双方在执行合同过程中由于合同变更、索赔、奖励等原因而形成的追加收入，该收入数额在双方签订的合同金额之外，施工单位不能随意确认该项收入，而必须经过建设单位和监理单位的签证同意后，才能作为建造合同收入。

1）合同变更。合同变更是指建设单位为改变合同规定的作业内容而提出的调整。合同变更收入应当在同时满足下列条件下才能构成合同收入：①建设单位能够认可因变更而增加的收入；②该收入能够可靠计量。如：某施工企业为建设单位建造一综合楼，该合同在执行到一半时，建设单位提出改变原设计方案，由原地面铺设地砖改为粘贴大理石，并同意增加变更收入30万元。这30万元即为合同变更收入。

2）索赔款收入。索赔款是指因建设单位或第三方的原因造成的，由建造承包商向建设单位或第三方收取的、用以补偿不包括在合同造价中的成本的款项。索赔款收入应当在同时满足下列条件时才能构成合同收入：①根据谈判情况，预计对方能够同意该项索赔；②对方同意接受的金额能够可靠计量。如：某施工企业与一建造商签订了建造办公楼的合同，合同中规定，某重要设备由建造商采购，合同在执行过程中客户未能在规定的时间内交付给施工单位，导致工期延误，施工单位要求建造商支付工期延误款10万元，且建造商已同意支付，该10万元即为索赔收入。

3）奖励收入。奖励款是指工程达到或超过规定的标准时，客户同意支付给建造承包商的额外款项。因奖励而形成的收入应在同时具备下列条件时予以确认：①根据目前合同完成情况，足以判断工程进度和工程质量能够达到或超过既定的标准；②奖励金额能够可靠地计量。

4. 建造合同收入和合同费用的确认

确认合同收入及合同费用总的原则是：首先应判断建造合同的结果能否可靠估计，其次，如果建造合同的结果能够可靠估计的，应当根据完工百分比法在资产负债表日确认合同收入和合同费用；如果建造合同的结果不能可靠估计的，要区别不同情况进行相应的处理。

(1) 建造合同的结果能够可靠估计

1) 建造合同的结果能够可靠估计的判断标准，因建造合同的类型不同，标准不同。

固定造价合同的结果能够可靠地估计，是指同时满足下列条件：①合同总收入能够可靠计量；②与合同相关的经济利益很可能流入企业；③实际发生的合同成本能够清楚区分和可靠计量；④合同完工进度和为完成合同尚需发生的成本能够可靠确定。凡同时具备上述四个条件的，则固定造价合同的结果能够可靠地估计。

成本加成合同的结果能够可靠估计，是指同时满足下列条件：①与合同相关的经济利益很可能流入企业；②实际发生的合同成本能够清楚区分和可靠计量。凡同时具备上述两个条件的，则成本加成合同的结果能够可靠地估计。

2) 完工百分比法。完工百分比法是根据合同完工进度确认合同收入和合同费用的方法。完工进度的确认方法有三种：

① 按累计实际发生的合同成本占合同预计总成本的比例确定。其计算公式如下：

$$合同完工进度 = \frac{累计实际发生的合同成本}{合同预计总成本} \times 100\%$$

采用此法确定完工进度时，公式中的"累计实际发生的合同成本"不包括与合同未来相关的合同成本，如施工中尚未安装或使用的材料及在分包工程的工作量完成之前预付给分包单位的款项。公式中的"合同预计总成本"是根据累计实际发生的合同成本和预计完成合同尚需发生的成本计算确定的，因此，各年确定的"合同预计总成本"不一定相同。该方法是确定合同完工进度较常用的方法，也称为投入衡量法。

【例 11-32】 A 公司签订了一项合同总金额为 1 500 万元（不含税）的建造合同，合同规定的建设期为三年，第一年，实际发生合同成本为 400 万元，年末预计为完成合同尚需发生成本 850 万元，第二年，实际发生合同成本为 650 万元，年末预计为完成合同尚需发生成本 200 万元。则：

$$第一年合同完工进度 = \frac{400}{400+850} \times 100\% = 32\%$$

$$第二年合同完工进度 = \frac{400+650}{400+650+200} \times 100\% = 84\%$$

② 按已经完成的合同工作量占合同预计总工作量的比例确定。其计算公式如下：

$$合同完工进度 = \frac{已经完成的合同工作量}{合同预计总工作量} \times 100\%$$

该方法适用于合同工作量容易确定的建造合同，如土石方工程、砌筑工程、道路工程等，也称为产出衡量法。

【例 11-33】 某路桥公司签订了修建一条 100km 的一项建造合同，合同规定的总金额为 6 000 万元，工期为三年。该公司第一年修建了 35km，第二年修建了 40km，则：

$$第一年合同完工进度 = \frac{35}{100} \times 100\% = 35\%$$

$$第二年合同完工进度 = \frac{35+40}{100} \times 100\% = 75\%$$

③ 按实际测定的完工进度确定。该方法是在无法根据上述两种方法确定合同完工进度

时,通过施工现场专业技术人员进行现场科学测定,所采用的一种特殊的技术测量方法。该方法适用较特殊的建造合同,某建筑公司承建一项水下施工项目,在资产负债表日,经专业技术人员现场测定,已完工作量已经达到合同总工作量的70%,则该合同的完工进度为70%。

3) 确认合同收入与合同费用的方法。在确认建造合同的完工进度后,在资产负债表日,企业应根据完工进度确认各期的合同收入和合同费用。计算方法如下:

当期确认的合同收入 = 合同总收入 × 完工进度 – 以前会计期间累计确认的合同收入

当期确认的合同毛利 = (合同总收入 – 合同预计总成本) × 完工进度 – 以前会计期间累计确认的合同毛利

当期确认的合同费用 = 当期确认的合同收入 – 当期确认的合同毛利

【例11-34】 承【例11-32】,A公司第三年工程全部完工,累计实际发生的合同成本为1 250万元,计算各期确认的合同收入和合同费用。计算过程如下:

第一年确认的合同收入 = 1 500 万元 × 32% = 480 万元

第一年确认的合同毛利 = (1 500 – 1 250) 万元 × 32% = 80 万元

第一年确认的合同费用 = 480 万元 – 80 万元 = 400 万元

第二年确认的合同收入 = 1 500 万元 × 84% – 480 万元 = 780 万元

第二年确认的合同毛利 = (1 500 – 1 250) 万元 × 84% – 80 万元 = 130 万元

第二年确认的合同费用 = 780 万元 – 130 万元 = 650 万元

第三年确认的合同收入 = (1 500 – 480 – 780) 万元 = 240 万元

第三年确认的合同毛利 = (1 500 – 1 250) 万元 – 80 万元 – 130 万元 = 40 万元

第三年确认的合同费用 = 240 万元 – 40 万元 = 200 万元

(2) 建造合同的结果不能够可靠估计 当建造合同的结果不能够可靠估计,合同收入与合同费用的确认应区别不同的情况处理:

1) 合同成本能够收回的,合同收入根据能够收回的实际合同成本予以确认,合同成本在其发生的当期确认为合同费用。

2) 合同成本不可能收回的,在发生时立即确认为合同费用,不确认收入。

(3) 合同预计成本超过合同总收入 合同预计总成本超过合同总收入的,应当将预计损失确认为当期费用。

5. 工程价款结算的核算

工程价款结算是指施工企业按照合同的规定,向建设单位(发包单位)点交已完工程,收取工程价款的结算行为。通过结算,可以用取得的主营业务收入及时补偿企业在施工生产活动中发生的资金耗费,保证企业的再生产活动顺利进行。

(1) 工程价款结算的方式

1) 竣工后一次结算。即在单项工程或建筑项目全部竣工后结算工程价款。这种结算方式适用于建设期在12个月之内,或者建造合同价款在100万元以下的工程项目。

2) 按月结算。即旬末或月中预支工程款,月终按已完的分部分项工程结算工程价款。跨年度施工的工程,年终可以进行工程的盘点,办理年度结算,竣工后办理工程价款的清算。

3) 分段结算。即按工程形象进度划分的不同阶段(部位)结算工程价款。

4) 结算双方约定的其他结算方法。

（2）工程价款结算办理的凭证手续　施工企业于月终完成合同规定的工程进度或工程竣工办理工程价款结算时，应根据实际完成的工程量，计算已完工程价值，编制"已完工程列报"和"工程价款结算账单"，经发包单位审查签证后，办理工程价款结算。"已完工程列报"和"工程价款结算账单"的格式见表11-19、表11-20。

表11-19　已完工程列报

发包单位名称：　　　　　　　　　　　　　　　　　　　　　　　　　年　月　日

单项工程项目名称	合同造价	建筑面积	开竣工日期		实际完成数		备注
			开工日期	竣工日期	至上月止已完工程累计	本月份已完工程	
A工程							

表11-20　工程价款结算账单

发包单位名称：　　　　　　　　　　　　　　　　　　　　　　　　　年　月　日

单项工程项目名称	合同造价	本期应收工程款	应收款项			本期实收工程款	备料款余额	本期止已收工程价款累计	备注
			预收工程款	预收备料款	小计				
A工程									

（3）工程价款结算的核算方法　为了总括地核算和监督企业办理工程价款结算的情况，应设置"工程结算"科目。此外还应设置"应收账款""预收账款"等科目。

【例11-35】　某建筑公司承建的某项工程，在工程开工前，收到建设单位通过银行转来的工程备料款300 000元。作会计分录如下：

借：银行存款　　　　　　　　　　　　　　　　　　　　　　　300 000
　　贷：预收账款——预收备料款　　　　　　　　　　　　　　　　300 000

【例11-36】　月中，建设单位通过银行预支上半月工程进度款100 000元。作会计分录如下：

借：银行存款　　　　　　　　　　　　　　　　　　　　　　　100 000
　　贷：预收账款——预收工程款　　　　　　　　　　　　　　　　100 000

【例11-37】　月末，企业提出"工程价款结算账单"，与建设单位办理工程价款结算，已经发包单位签证。本月已完工程价款350 000元，按规定应扣还预收工程款100 000元，应扣回预收备料款50 000元。作会计分录如下：

借：应收账款——应收工程款　　　　　　　　　　　　　　　　381 500
　　贷：工程结算　　　　　　　　　　　　　　　　　　　　　　　350 000
　　　　应交税费——应交增值税（销项税项）　　　　　　　　　　　31 500
借：预收账款——预收工程款　　　　　　　　　　　　　　　　100 000
　　预收账款——预收备料款　　　　　　　　　　　　　　　　　50 000
　　贷：应收账款——应收工程款　　　　　　　　　　　　　　　　150 000

【例11-38】　次月初，收到建设单位支付的工程价款231 500元，已存入银行。作会计分录如下：

借：银行存款　　　　　　　　　　　　　　　　　　　　　　　　231 500
　　贷：应收账款——应收工程款　　　　　　　　　　　　　　　　231 500

6. 建造合同收入的核算

(1) 设置的会计科目

1) "主营业务收入"科目。本科目用来核算施工企业当期确认的建造合同收入。它属于损益类科目，其贷方登记企业当期确认的建造合同收入，借方登记期末转入"本年利润"科目的建造合同收入，结转后，本科目应无余额。

2) "主营业务成本"科目。本科目用来核算企业当期确认的建造合同费用。它属于损益类科目，其借方登记企业当期确认的合同费用，贷方登记期末转入"本年利润"科目的建造合同费用，结转后，本科目应无余额。

3) "税金及附加"科目。本科目用来核算企业经营活动发生的城市维护建设税和教育费附加等相关税费。它属于损益类科目，其借方登记月份终了按规定计提的城市维护建设税和教育费附加等，贷方登记期末转入"本年利润"科目的税金及附加，结转后，本科目无余额。

4) "工程施工——合同毛利"科目。本科目用来核算企业当期确认的合同毛利或损失。借方登记确认的毛利，贷方登记确认的损失，期末借方余额反映累计确认的毛利，期末贷方余额反映累计确认的亏损，工程竣工后，本科目和"工程施工——合同成本"科目一起与"工程结算"科目对冲结平。

(2) 建造合同收入的核算实例

【例11-39】 某建筑公司与建设单位签订了一项标价为1 000万元的建造合同，该合同建设期为三年，该建造合同的结果能够可靠估计，在资产负债表日，按完工百分比法确认合同收入与合同费用，有关资料见表11-21。

表11-21　建造合同的相关资料　　　　　　　　　　　　　　　　　（单位：万元）

项　目	第一年	第二年	第三年
至目前为止已发生的成本	200	583.20	810
完成合同尚需发生成本	600	226.80	
已结算合同价款	180	530	290
实际收到价款	150	400	450

根据所给的建造合同资料，为该企业三年建设期进行相应的账务处理如下：

第一年：

1) 登记发生的合同成本：

借：工程施工——合同成本　　　　　　　　　　　　　　　　　2 000 000
　　贷：原材料、应付职工薪酬、累计折旧等　　　　　　　　　　 2 000 000

2) 登记已结算的合同价款：

借：应收账款　　　　　　　　　　　　　　　　　　　　　　　1 962 000
　　贷：工程结算　　　　　　　　　　　　　　　　　　　　　　1 800 000
　　　　应交税费——应交增值税（销项税额）　　　　　　　　　　162 000

3）登记实际收到的合同价款：

借：银行存款   1 500 000
    贷：应收账款   1 500 000

4）确认和计量当年的合同收入和合同费用：

$$第一年的完工进度 = \frac{2\,000\,000}{2\,000\,000 + 6\,000\,000} \times 100\% = 25\%$$

第一年末应确认的合同收入 = 1 000 万元 × 25% − 0 = 250 万元

第一年末应确认的合同毛利 =（1 000 − 800）万元 × 25% − 0 = 50 万元

第一年末应确认的合同成本 =（250 − 50）万元 = 200 万元

借：工程施工—— 合同毛利   500 000
    主营业务成本   2 000 000
    贷：主营业务收入   2 500 000

第二年：

1）登记发生的合同成本：

借：工程施工—— 合同成本   3 832 000
    贷：原材料、应付职工薪酬、累计折旧等   3 832 000

2）登记已结算的合同价款：

借：应收账款   5 777 000
    贷：工程结算   5 300 000
        应交税费——应交增值税（销项税额）   477 000

3）登记实际收到的合同价款：

借：银行存款   4 000 000
    贷：应收账款   4 000 000

4）确认和计量当年的收入和费用：

$$第二年的完工进度 = \frac{583.20}{583.20 + 226.80} \times 100\% = 72\%$$

第二年末应确认的合同收入 = 1 000 万元 × 72% − 250 万元 = 470 万元

第二年末应确认的合同毛利 =（1 000 − 810）万元 × 72% − 50 万元 = 86.8 万元

第二年末应确认的合同成本 = 470 万元 − 86.8 万元 = 383.2 万元

借：工程施工—— 合同毛利   868 000
    主营业务成本   3 832 000
    贷：主营业务收入   4 700 000

第三年：

1）登记发生的合同成本：

借：工程施工—— 合同成本   2 268 000
    贷：原材料、应付职工薪酬、累计折旧等   2 268 000

2）登记已结算的合同价款：

借：应收账款   3 161 000
    贷：工程结算   2 900 000

应交税费——应交增值税（销项税额） 261 000

3）登记实际收到的合同价款：

借：银行存款 4 500 000
　　贷：应收账款 4 500 000

4）确认和计量当年的收入和费用：

第三年度的完工进度=100%

第三年末应确认的合同收入=（1 000-250-470）万元=280万元

第三年末应确认的合同毛利=（1 000-810）万元×100%-50万元-86.8万元=53.2万元

第三年末应确认的合同成本=280万元-53.2万元=226.8万元

借：工程施工——合同毛利 532 000
　　主营业务成本 2 268 000
　　贷：主营业务收入 2 800 000

5）完工时结转"工程施工"和"工程结算"科目：

借：工程结算 10 000 000
　　贷：工程施工——合同毛利 1 900 000
　　贷：工程施工——合同成本 8 100 000

(3) 建造合同预计损失的确认与核算　如果合同预计总成本超过合同预计总收入的，应当将预计损失予以确认，记入"存货跌价准备"账户。将其差额借记"资产减值损失"科目，贷记"存货跌价准备"。合同完工时，借记"存货跌价准备"科目，贷记"主营业务成本"科目。

7. 与分包单位结算工程价款的核算

企业作为总承包单位中标并与建设单位签订施工合同后，有可能因为工程的专业性或其他原因，将其中的一部分工程分包给其他的施工单位或专业队施工，并与之签订分包合同。于是建设单位、施工单位、分包单位就形成了如下的关系：分包单位对总包单位负责，总包单位对发包单位负责，分包单位所完成的工程应通过总包单位向发包单位办理工程价款结算。

对分包单位完成的工作量一方面作为总包单位自行完成的工作量，以分包单位提出的并经建设单位和总包单位签证的工程价款结算账单及分包单位提供的工程款发票为依据，记入总包单位的合同成本，另一方面，作为与分包单位结算确认的应付工程款。

为了核算和监督企业与分包单位工程价款的结算情况，应设置的会计科目有"预付账款——预付分包单位款"和"应付账款——应付分包工程款"。

【例11-40】　企业向分包单位证达建筑公司预付上半月的工程进度款80 000元，以银行存款支付。作会计分录如下：

借：预付账款——预付分包单位款 80 000
　　贷：银行存款 80 000

【例11-41】　企业与发包单位办妥手续，由发包单位拨给分包单位正达建筑公司主要材料一批，价款20 000元，三方商定，各自抵作备料款。作会计分录如下：

借：预付账款——预付分包单位款 20 000

  贷：预收账款—— 预收工程款   20 000

【例 11-42】 月终，企业根据分包单位正达建筑公司提出的"工程价款结算账单"，经审核应付分包单位已完工程价款 200 000 元。作会计分录如下：

  借：工程施工—— 合同成本   183 486.24
    应交税费——应交增值税（进项税额）   16 513.76
   贷：应付账款—— 应付分包工程款   200 000

【例 11-43】 企业按合同规定，从应付分包单位工程款中扣回预付备料款 20 000 元、预付工程款 80 000 元，作会计分录如下：

  借：应付账款—— 应付分包工程款   100 000
   贷：预付账款—— 预付分包单位款   100 000

【例 11-44】 次月初，企业以银行存款支付分包单位已完工程价款 100 000 元。作会计分录如下：

  借：应付账款—— 应付分包工程款   100 000
   贷：银行存款   100 000

二、其他业务收入的核算

1. 其他业务收入的确认

施工企业除从事建筑安装工程施工这一经常性活动之外，往往还从事销售产品、材料、提供机械作业、运输作业等与经常性活动相关的其他业务活动，由此而实现的收入属于企业的其他业务收入。从其性质来看，主要有销售商品收入、提供劳务收入和让渡资产使用权的收入等。

（1）商品销售收入

1）商品销售收入的确认。销售商品收入的确认比较复杂，企业销售商品时，必须同时符合以下 5 个条件，才能确认为收入。

① 合同双方已批准该合同并承诺将履行各自义务。
② 该合同明确了合同双方与所转让商品相关的权利和义务。
③ 该合同有明确的与所转让商品相关的支付条款。
④ 该合同具有商业实质，即履行该合同将改变未来现金流量的风险、时间分布或金额。
⑤ 企业因向客户转让商品而有权取得的对价很可能收回。

2）商业折扣、现金折扣、销售折让、销货退回的处理。商业折扣是指企业为促进商品销售而在商品标价的基础上给予的价格扣除。商业折扣在销售时即已发生，并不构成最终成交价格的一部分，销售商品涉及商业折扣的，应当按照扣除商业折扣后的净额来确认销售商品收入金额。

现金折扣指债权人为鼓励债务人在规定的期限内付款，而向债务人提供的债务扣除。销售商品涉及折扣的，应当按照扣除现金折扣前的金额确定销售商品收入金额，现金折扣实际上是企业为了尽快回笼资金而发生的理财费用，在实际发生时应计入当期财务费用。

销售退回指企业售出的商品由于质量、品种不符合要求等原因而发生的退货。销售退回若发生在企业确认收入之前的，应当将发出商品的成本转回。销售退回发生在企业确认收入之后的，一般应冲减退回当月的销售收入和增值税销项税额，同时冲减退回当月的销售成本。如该项销售已经发生现金折扣或销售折让的，应在退回当月一并调整。

(2) 提供劳务收入　企业提供劳务收入的确认原则因劳务完成时间的不同而不同，对于一次就能完成的劳务，或在同一会计期间内开始并完成的劳务，应在提供劳务交易完成时确认收入及其相关成本。对于持续一段时间但在同一会计期间内开始并完成的劳务，企业应在为提供发生相关支出时确认劳务成本，劳务完成时再确认收入，并结转相关劳务成本。若劳务的开始和完成分属不同的会计期间，则提供劳务收入的确认原则主要有以下几方面：

1) 收入的金额能够可靠计量。
2) 相关的经济利益很可能流入企业。
3) 交易的完工进度能够可靠地确定。
4) 交易中已发生的和将发生的成本能够可靠地计量。

企业应当按照从接受劳务方已收或应收的合同或协议价款确定提供劳务收入总额，已收或应收的合同或协议价款显失公允的除外。

企业在资产负债表日提供劳务交易的结果能够可靠估计，应当按照完工百分比法确认提供劳务收入。其计算公式如下：

本期确认的收入 = 劳务总收入 × 本期末止劳务的完成程度 − 以前会计期间累计已确认的收入

本期确认的费用 = 劳务总成本 × 本期末止劳务的完成程度 − 以前会计期间累计已确认的费用

在劳务总收入和总成本能够可靠计量的情况下，关键是确定劳务的完成程度。企业应根据所提供的劳务的特点，选用下列方法之一：

1) 已完工作的测量。
2) 已经提供的劳务占应提供的劳务总量的比例。
3) 已发生的成本占估计总成本的比例。

当企业在资产负债表日提供劳务交易结果不能够可靠估计的，应当分别下列情况处理：

1) 已发生的劳务成本预计能够得到补偿，应按已经发生的劳务成本金额提供劳务收入，并按相同金额结转劳务成本。
2) 已发生的劳务成本预计不能够得到补偿，应当将已经发生的劳务成本计入当期损益，不确认提供劳务收入。

(3) 让渡资产使用权收入的确认

让渡资产使用权收入主要包括利息收入、使用费收入和现金股利收入，其确认的原则如下：

1) 相关的经济利益很可能流入企业。企业应根据对方的信誉情况、当年的效益情况以及双方就结算方式、付款期限等达成的协议等方面进行判断。如果企业估计收入收回的可能性不大，就不应确认收入。
2) 收入的金额能够可靠计量。让渡资产使用权的收入金额，应按照有关合同或协议约定的收费时间和方法计算确定，利息收入根据合同或协议规定的存、贷款利率确定；使用费收入按与其资产使用者签订的合同或协议确定。现金股利收入，按被投资单位宣告的现金股利分配方案和持股比例确定。当收入的金额能够可靠地计量时，企业才能进行确认。

2. 其他业务收入的核算

为了核算和监督企业所取得的其他业务收入，应设置以下的科目：

(1) "其他业务收入"科目 本科目属于损益类科目，用来核算企业除主营业务活动之外的其他经营活动实现的收入。其贷方登记企业取得的各项其他业务收入，借方登记期末转入"本年利润"科目的其他业务收入，期末结转后，本科目无余额。本科目按其他业务收入的种类进行明细核算。

(2) "其他业务成本"科目 本科目属于损益类科目，用来核算企业确认的除主营业务活动以外的其他经营活动所发生的支出。其借方登记企业实际发生的各项其他业务成本，贷方登记期末转入"本年利润"科目的其他业务成本，期末结转后，本科目无余额。本科目按其他业务成本的种类进行明细核算。

其他经营活动发生的相关税费，也在"营业税金及附加"科目核算。

【例 11-45】 企业对外销售主要材料一批，价款 30 000 元，增值税税率为 13% 货物已发出，发票也已开给对方，款项已收存银行，作会计分录如下：

借：银行存款 33 900
　　贷：其他业务收入 30 000
　　　　应交税费——应交增值税（销项税额） 3 900

【例 11-46】 结转【例 11-50】中的销售材料的计划成本 20 000 元，材料成本差异率为 2%。作会计分录如下：

借：其他业务成本 20 400
　　贷：原材料——主要材料 20 000
　　　　材料成本差异——主要材料 400

任务4　政 府 补 助

一、政府补助的概念和特征

政府补助是指企业从政府无偿取得货币性资产或非货币性资产，但不包括政府作为企业所有者投入的资本。其中，"政府"包括各级人民政府以及政府组成部门、政府直属机构等。政府补助具有以下特征：①政府补助是无偿的。②政府补助通常附有条件。③政府补助不包括政府的资本性投入。④政府补助可以是货币形式，也可以是非货币形式。

二、政府补助的主要形式

政府补助通常为货币性资产形式，最常见的就是通过银行转账的方式，但由于历史原因也存在无偿划拨非货币性资产的情况。

1. 财政拨款

财政拨款是政府为了支持企业而无偿拨付的款项。该拨款具有严格的政策条件，只有符合申报条件的企业才能申请拨款，同时附有明确的使用条件，政府在批准拨款时就规定了具体的用途。

2. 财政贴息

财政贴息是指政府为支持特定领域或区域发展、根据国家宏观经济形势和政策目标，对承贷企业的银行贷款利息给予的补贴。财政贴息主要有两种方式，一是财政将贴息资金直接拨付给受益企业；二是财政将贴息资金拨付给贷款银行，由贷款银行以政策性优惠向企业提供贷款，受益企业按照实际发生的利率计算和确认利息费用。

3. 税收返还

税收返还是政府向企业返还的税款，属于以税收优惠形式给予的一种政府补助。税收返还主要包括先征后返的所得税和先征后退、即征即退的流转税。

三、政府补助的会计处理

1. 与资产相关的政府补助

与资产相关的政府补助是指企业取得的、用于购建或以其他方式形成长期资产的政府补助。这类补助一般以银行转账的方式拨付，应在实际收到款项时按照到账的实际金额确认和计量。根据配比原则，与资产相关的政府补助不能全额确认为当期收益，应当随着相关资产的使用逐渐计入以后各期的收益。即与资产相关的政府补助应当确认为递延收益，然后自相关资产可供使用时起，在该项资产使用寿命内平均分配，计入"其他收益"或"营业外收入"。"相关资产可供使用时"即为递延收益分配的起点，对于应计提折旧或摊销的长期资产，即为资产开始折旧或摊销的时点；"资产使用寿命结束时或资产被处置时（二者中较短的年限）"即为递延收益分配的终点。相关资产在使用寿命结束前被出售、转让、报废或发生毁损的，应将尚未分配的递延收益余额一次性转入资产处置当期的损益，不再予以递延。

2. 与收益相关的政府补助

与收益相关的政府补助是指除与资产相关的政府补助之外的政府补助。这类补助通常以银行转账的方式拨付，应当在实际收到款项时按照到账的实际金额确认和计量。这类政府补助应当分别按下列情况处理：用于补偿企业以后期间费用或损失的，在取得时先确认为递延收益，然后在确认相关费用的期间计入当期损益或冲减相关成本；用于补偿企业已发生费用或损失的，取得时直接计入当期损益或冲减相关成本。

任务 5　所　得　税

所得税是根据企业应纳税所得额的一定比例上交的一种税金。企业在计算确定当期所得税以及递延所得税费用（或收益）的基础上，应将两者之和确认为利润表中的所得税费用（或收益）。计算公式如下：

所得税费用（或收益）＝当期应交所得税＋递延所得税费用（－递延所得税收益）

递延所得税费用＝递延所得税负债增加额＋递延所得税资产减少额

递延所得税收益＝递延所得税负债减少额＋递延所得税资产增加额

一、当期所得税的计算与会计处理

1. 当期所得税的计算

施工企业的生产经营所得，在会计上表现为企业的利润总额，称为会计利润。但并不能直接根据利润总额计算应交所得税,而是应该按照税法的规定,将利润总额调整为应纳税所得额,以应纳税所得来计算应交所得税。

应交所得税 = 应纳税所得额 × 所得税税率

应纳税所得额 = 税前会计利润 + 纳税调整增加额 − 纳税调整减少额

上式的"纳税调整增加额"主要包括税法规定允许扣除项目中,企业已计入当期费用但超过税法规定扣除标准的金额,以及企业已计入当期损失但税法规定不允许扣除项目的金额。上式的"纳税调整减少额"主要包括按税法规定允许弥补的亏损和准予免税的项目,如国债利息收入等。

2. 当期所得税的会计处理

为了核算从当期利润总额中扣除的当期所得税费用,企业应设置"所得税费用"科目,并在该科目下按"当期所得税费用""递延所得税费用"进行明细核算。在资产负债表日,企业按照税法规定计算确定的当期应交所得税,借记"所得税费用 – 当期所得税费用",贷记"应交税费 – 应交所得税"科目。期末将本科目的余额转入"本年利润"科目,结转后本科目无余额。

【例 11-47】 甲公司某年度税前会计利润为 5 000 000 元,所得税税率为 33%。当年按税法核定的全年计税工资为 1 000 000 元,全年实际发生的工资总额为 800 000 元,假设甲公司全年无其他纳税调整项目。则甲公司当年所得税的计算及相应的会计处理如下:

应纳税所得额 = 税前会计利润 + 纳税调整项目

= 5 000 000 元

应交所得税 = 应纳税所得额 × 所得税税率

= 5 000 000 元 × 33%

= 1 650 000 元

借:所得税费用—— 当期所得税费用　　　　　　　　　　　　　1 650 000
　　贷:应交税费—— 应交所得税　　　　　　　　　　　　　　　1 650 000

【例 11-48】 乙公司某年度税前会计利润为 2 000 000 元,其中包括本年收到的国库券利息收入 50 000 元,所得税税率为 33%,当年按税法核定的全年计税工资为 400 000 元,全年实际发生的工资总额为 500 000 元,另外该公司当年营业外支出中有 10 000 元为税金滞纳罚款,除此之外无其他调整项目。则乙公司当年所得税的计算及相应的会计处理如下:

应纳税所得额 = 2 000 000 元 − 50 000 元 + (500 000 − 400 000) 元 + 10 000 元

= 2 060 000 元

应交所得税 = 2 060 000 元 × 33%

= 679 800 元

借:所得税费用—— 当期所得税费用　　　　　　　　　　　　　679 800
　　贷:应交税费—— 应交所得税　　　　　　　　　　　　　　　679 800

二、递延的所得税资产与递延所得税负债的确认与会计处理

1. 资产的计税基础

资产的计税基础是指企业收回资产账面价值过程中,计算应纳税所得额时按照税法规定可以自应税经济利益中抵扣的金额。通常情况下资产在取得时其入账价值与计税基础是相同

的，后续计量过程中因企业会计准则规定与税法规定不同，可能产生资产的账面价值与其计税基础的差异。如某企业持有一项交易性金融资产，取得成本为 200 万元，期末公允价值变为 180 万元，该交易性金融资产的计税基础是 200 万元，则该计税基础与其账面价值之间的差额为 20 万元。

2. 负债的计税基础

负债的计税基础是指负债的账面价值减去未来期间计算应纳税所得额时按照税法规定可予抵扣的金额。短期借款、应付票据、应付账款等负债的确认和偿还，通常不会对当期损益和应纳税所得额产生影响，其计税基础即为账面价值，但在某些情况下，负债的确认可能会影响损益，并影响不同期间的应纳税所得额，使其计税基础与账面价值之间产生差额。如某公司流动负债中包括应支付的罚款 20 万元。根据税法规定，支付的罚款不允许在税前列支。因此，该应付罚款的计税基础为 20 万元。

3. 暂时性差异

暂时性差异是指资产或负债的账面价值与其计税基础之间的差额；未作为资产和负债确认的项目，按照税法规定可以确定其计税基础的，该计税基础与其账面价值之间的差额也属于暂时性差异。按照暂时性差异对未来期间应税金额的影响，分为应纳税暂时性差异和可抵扣暂时性差异。

（1）应纳税暂时性差异　应纳税暂时性差异是指在确定未来收回资产或清偿负债期间的应纳税所得额时，将导致产生应税金额的暂时性差异。资产的账面价值大于其计税基础或是负债的账面价值小于其计税基础时，会产生应纳税暂性差异。如某公司年初购入一项固定资产，原价为 400 万元，预计使用年限为 8 年，税法规定折旧年限为 5 年，预计净残值为零，采用直线法计提折旧。年末，该固定资产的账面价值为 350 元，计税基础为 320 万元。从当年年末看，该公司在未来自该项资产至少可以取得 350 万元的经济利益流入，但其中只有 320 万元按照税法规定可以自未来应纳税所得额中扣除，两者之间的差额即为未来期间的应税金额 30 万元，为应纳税暂时性差异。

（2）可抵扣暂时性差异　可抵扣暂时性差异是指在确定未来收回资产或清偿负债期间的应纳税所得额时，将导致产生可抵扣金额的暂时性差异。资产的账面价值小于其计税基础或负债的账面价值大于其计税基础时，会产生可抵扣暂时性差异。如某公司持有的一项交易性金融资产，按照会计规定以公允价值计量，如果该项交易性金融资产当期期末的公允价值为 100 万元，而税法规定对于类似的资产应以其成本计量，即其计税基础为取得时的成本 120 万元，该公司在未来期间自该项资产可以取得的经济利益为 100 万元，但可以税前扣除的金额为 120 万元，则意味着两者之间的差额 20 万元可以减少未来期间的应税金额，从而形成可抵扣暂时性差异。

对于暂时性差异，所得税会计准则要求采用资产负债表法进行所得税的相关账务处理，其具体的账务处理程序主要分为以下几个步骤：第一，确定产生暂时性差异的项目；第二，确定各年的暂时性差异；第三，确定该差异对纳税的影响，即确定各年度递延所得税资产或负债在会计期末的账面价值；第四，根据各年度会计期末递延所得税资产或负债的账面价值确定各年度应提取的递延所得税资产或负债的金额，相应地也就确定了各年度该暂时性差异对所得税的影响；第五，用暂时性差异对所得税的影响来调整无差别计价基数下的账务处理，最终得出综合的账务处理程序。

4. 递延所得税资产的确认与会计处理

递延所得税资产是指根据以下各项计算的未来期间可收回的所得税金额。企业对于可抵扣暂时性差异可能产生的未来经济利益，应以很可能取得利用可抵扣暂时性差异的应税金额为限，确认相应的递延所得税资产，并减少所得税费用。在估计未来期间可能取得的应税金额时，应当考虑企业的正常经营所得、将于未来期间转回的应纳税暂时性差异导致的应税金额等因素。

企业应设置"递延所得税资产"科目核算企业确认的可抵扣暂时性差异产生的递延所得税资产。在资产负债表日，企业确认的递延所得税资产，借记本科目，贷记"所得税费用-递延所得税费用"科目。资产负债表日递延所得税资产的应有余额大于其账面余额的，应按其差额确认，借记本科目，贷记"所得税费用-递延所得税费用"科目。反之，则作相反的会计分录。

5. 递延所得税负债的确认与会计处理

递延所得税负债是指除明确规定不应确认递延所得税的情况以外，企业应当确认所有应纳税暂时性差异产生的递延所得税负债，并计入所得税费用。但按照购买法核算的企业合并中，按照会计规定确定的合并中取得各项可辨认资产、负债的公允价值与其计税基础之间形成应纳税暂时性差异的，应确认相应的递延所得税负债，同时调整合并应予确认的商誉；与直接计入所有者权益的交易或事项相关的应纳税暂时性差异，相应的递延所得税负债应计入所有者权益，如因持有待售金融资产公允价值上升而应确认的递延所得税负债。

企业应设置"递延所得税负债"科目核算企业确认的应纳税暂时性差异产生的所得税负债。在资产负债表日，企业确认的递延所得税负债，借记"所得税费用-递延所得税费用"科目，贷记本科目。资产负债表日递延所得税负债的应有余额大于其账面余额的，应按其差额确认，借记"所得税费用-递延所得税费用"科目，贷记本科目。反之，则作相反的会计分录。

【例 11-49】 某企业年末资产负债表中有关项目账面价值及其计税基础见表 11-22，除表中两项外其他各项均不存在差异，且递延所得税资产与递延所得税负债无期初余额，所得税的适用税率为 33%。假定当期按照税法规定计算确定的应交所得税为 50 万元。该企业计算确认的递延所得税负债、递延所得税资产、递延所得税费用以及所得税费用如下：

表 11-22　年末资产负债表产生的差异的项目　　　　　　　　（单位：万元）

项　目	账面价值	计税基础	暂时性差异	
			应纳税暂时性差异	可抵扣暂时性差异
交易性金融资产	150	110	40	
预计负债	10	0		10
合　计			40	10

递延所得税负债 = 40 万元 × 33% = 13.2 万元

递延所得税资产 = 10 万元 × 33% = 3.3 万元

递延所得税费用 = 13.2 万元 - 3.3 万元 = 9.9 万元

当期所得税费用 = 50 万元

所得税费用 = 50 万元 + 9.9 万元 = 59.9 万元

根据上面的计算结果，作会计分录如下：

借：所得税费用　　　　　　　　　　　　　　　　　　　　 599 000
　　递延所得税资产　　　　　　　　　　　　　　　　　　　 33 000
　　贷：应交税费 — 应交企业所得税　　　　　　　　　　　 500 000
　　　　递延所得税负债　　　　　　　　　　　　　　　　　 132 000

任务 6　利润及利润分配

一、利润概述

利润是企业在一定会计期间的经营成果。它包括收入减去费用后的净额和直接计入当期利润的利得或损失。直接计入当期利润的利得主要包括公允价值变动收益和固定资产盘盈、罚款收入等各项营业外收入。直接计入当期利润的损失主要包括公允价值变动损失、资产减值损失和固定资产盘亏、非常损失等各项营业外支出。企业生产经营活动的主要目的就是要不断提高企业的盈利水平，增强企业的获利能力。因此利润指标可以反映企业在一定会计期间的经营业绩和获利能力，有助于企业投资者和债权人据此进行盈利预测，评价企业经营绩效，做出正确的决策。该指标是评价企业经营业绩的一项重要指标。

企业在一定会计期间实现的利润称为利润总额，它由营业利润、营业外收入、营业外支出组成。其计算公式如下：

利润总额 = 营业利润 + 营业外收入 − 营业外支出

1. 营业利润

营业利润是指施工企业在一定时期内从事生产经营活动实现的利润，是企业利润的主要来源，其计算公式如下：

营业利润 = 营业收入 − 营业成本 − 税金及附加 − 销售费用 − 管理费用 − 财务费用 − 研发费用 + 其他收益 + 投资收益（−投资损失）+ 净敞口套期收益（−净敞口套期损失）+ 公允价值变动收益（−公允价值变动损失）− 信用减值损失 − 资产减值损失 + 资产处置收益（−资产处置损失）

其中，营业收入是指企业经营业务所确认的收入总额，包括主营业务收入和其他业务收入。

营业成本是指企业经营业务所发生的实际成本总额，包括主营业务成本和其他业务成本。

研发费用是指企业进行研究与开发过程中发生的费用支出，以及计入管理费用的自行开发无形资产的摊销。

其他收益主要是指与企业日常活动相关，除冲减相关成本费用以外的政府补助。

资产处置收益（或损失）反映企业出售划分为持有待售的非流动资产（金融工具、长期股权投资和投资性房地产除外）或处置组（子公司和业务除外）对确认的处置利得或损失，以及处置未划分持有待售的固定资产、在建工程、生产性生物资产及无形资产而产生的处置利得或损失，还包括非货币性资产交换中换出非流动资产产生的利得或损失。

资产减值损失是指企业计提各项资产减值准备所形成的损失。

公允价值变动收益（或损失）是指企业交易性金融资产等公允价值变动形成的应计入当期损益的利得（或损失）。

投资收益（或损失）是指企业以各种方式对外投资所取得的收益（或发生的损失）。

2. 营业外收入与营业外支出

营业外收入是指企业发生的与其日常活动无直接关系的各项利得，营业外支出是指企业发生的与其日常活动无直接关系的各项损失，营业外收支净额是指营业外收入与营业外支出的差额。

营业外收入并不是企业经营资金耗费所产生的，一般不需企业付出代价，是一种纯收入，不可能也不需要与有关费用进行配比，是直接计入利润的利得。营业外收入主要包括以下各项：处置非流动资产利得、非货币性资产交换利得、债务重组利得、罚没利得、政府补助利得、盘盈利得、捐赠利得、确实无法支付而按规定程序经批准后转作营业外收入的应付款项等。营业外支出主要包括以下各项：处置非流动资产损失、非货币性资产交换损失、债务重组损失、公益性捐赠支出、非常损失、盘亏损失等。

3. 净利润

企业的利润总额减去企业的所得税费用后的差额即为净利润，所得税费用是指企业确认的应从当期利润总额中扣除的所得税费用。其计算公式如下：

净利润 = 利润总额 − 所得税费用

二、利润形成的核算

施工企业利润形成的核算是将所有损益类账户的期末余额结转到"本年利润"科目。因大部分损益类的科目在前面的有关项目介绍过，因此此处着重介绍"营业外收入""营业外支出""本年利润"科目的核算。

1. 营业外收支的核算

为了总括的核算和监督营业外收入和营业外支出的发生和结转情况，应设置"营业外收入"和"营业外支出"科目。

"营业外收入"科目属于损益类科目，其贷方登记企业取得的各项营业外收入，借方登记期末转入"本年利润"科目的营业外收入总额，期末结转后，本科目无余额。本科目应按营业外收入项目进行明细核算。

"营业外支出"科目属于损益类科目，其借方登记企业发生的各项营业外支出，贷方登记期末转入"本年利润"科目的营业外支出总额，期末结转后，本科目无余额。本科目应按支出项目进行明细核算。

【例 11-50】 公司通过银行转账，向希望工程捐款 200 000 元。作会计分录如下：

借：营业外支出——捐赠支出　　　　　　　　　　　　　　200 000
　　贷：银行存款　　　　　　　　　　　　　　　　　　　　　　200 000

【例 11-51】 企业由于自然灾害，遭受严重损失，扣除残值和保险公司赔款外净损失为 5 000 元，经主管部门批准转作非常损失。作会计分录如下：

借：营业外支出——非常损失　　　　　　　　　　　　　　　5 000

贷：待处理财产损溢　　　　　　　　　　　　　　　　　　　　　　　5 000

【例11-52】　期末，将发生的营业外支出205 000元转入"本年利润"科目。作会计分录如下：

借：本年利润　　　　　　　　　　　　　　　　　　　　　　　　205 000
　　贷：营业外支出　　　　　　　　　　　　　　　　　　　　　　205 000

【例11-53】　经主管部门批复，结转账外机械设备的净值36 000元。作会计分录如下：

借：待处理财产损溢　　　　　　　　　　　　　　　　　　　　　36 000
　　贷：营业外收入——固定资产盘盈利得　　　　　　　　　　　　36 000

【例11-54】　收到某供货单位因未按合同规定交付材料而支付的赔偿金8 000元现金。作会计分录如下：

借：库存现金　　　　　　　　　　　　　　　　　　　　　　　　8 000
　　贷：营业外收入——罚没利得　　　　　　　　　　　　　　　　8 000

【例11-55】　期末将企业所发生的营业外收入44 000元转入"本年利润"科目。作会计分录如下：

借：营业外收入　　　　　　　　　　　　　　　　　　　　　　　44 000
　　贷：本年利润　　　　　　　　　　　　　　　　　　　　　　　44 000

2. 本年利润的核算

为了核算和监督企业利润（或亏损）的形成情况，企业应设置"本年利润"科目，该科目是所有者权益类科目，用来核算企业当年度实现的净利润或发生的净亏损。贷方反映期末从各损益类账户的借方转入的各项收入，借方反映期末从各损益类账户的贷方转入的各项支出和费用。结转后，"本年利润"科目如为贷方余额，反映本年度自年初开始累计形成的净利润，如为借方余额，反映本年度自年初开始累计形成的净亏损。年度终了，应将本年收入和支出相抵后结出的本年实现的净利润，转入"利润分配"科目，借记本科目，贷记"利润分配——未分配利润"科目，如为亏损，做相反的会计分录，结转后本科目应无余额。

在实际工作中，利润的核算通常有两种方法可以采用。

（1）账结法　账结法是指期末应将各损益类科目的余额转入"本年利润"科目，通过"本年利润"科目结出本期利润或亏损总额以及本年累计利润或亏损总额的方法。采用账结法时，"本年利润"科目的余额在年末一次转入"利润分配——未分配利润"科目。

（2）表结法　表结法是指期末结账时，不需要将各损益类科目的余额结转到"本年利润"科目，只需结出各损益类科目的本年累计余额，计算出从年初起至本月末止的累计利润额，然后减去截止上期末的累计利润额，求得该月的利润额，年末进行决算时，再利用账结法将各损益类科目的全年累计余额转入"本年利润"科目，计算出本年的利润额或亏损总额。采用表结法时，平时1~11月"本年利润"科目不发生记录，只在年终将各损益类科目的余额转入时才使用该科目。各损益类科目平时有余额，年末才结清。"本年利润"科目的余额在年度终了时同账结法一样需一次转入"利润分配——未分配利润"科目。

【例11-56】　某公司某年12月末，各损益类账户的余额情况见表11-23。

表 11-23　某公司 12 月末各损益类账户的余额情况表　　　　　　　（单位：元）

会计科目	借方余额	贷方余额
主营业务收入		1 500 000
主营业务成本	1 180 000	
营业税金及附加	49 500	
其他业务收入		250 000
其他业务成本	200 000	
管理费用	80 000	
财务费用	2 000	
投资收益		90 000
营业外收入		15 000
营业外支出	20 000	
所得税费用	106 755	

假设企业采用账结法核算本年利润，其账务处理如下：

(1) 月末，将各损益类科目的贷方余额转入"本年利润"科目的贷方

借：主营业务收入　　　　　　　　　　　　　　　　　　　　1 500 000
　　其他业务收入　　　　　　　　　　　　　　　　　　　　　250 000
　　投资收益　　　　　　　　　　　　　　　　　　　　　　　　90 000
　　营业外收入　　　　　　　　　　　　　　　　　　　　　　　15 000
　贷：本年利润　　　　　　　　　　　　　　　　　　　　　1 855 000

(2) 将各损益类科目的借方余额转入"本年利润"科目借方

借：本年利润　　　　　　　　　　　　　　　　　　　　　　1 638 255
　贷：主营业务成本　　　　　　　　　　　　　　　　　　　1 180 000
　　　营业税金及附加　　　　　　　　　　　　　　　　　　　　49 500
　　　其他业务成本　　　　　　　　　　　　　　　　　　　　200 000
　　　管理费用　　　　　　　　　　　　　　　　　　　　　　　80 000
　　　财务费用　　　　　　　　　　　　　　　　　　　　　　　 2 000
　　　营业外支出　　　　　　　　　　　　　　　　　　　　　　20 000
　　　所得税费用　　　　　　　　　　　　　　　　　　　　　 106 755

(3) 年末，将"本年利润"账户借贷方本期发生额加以比较，计算出 12 月份的净利润额为 216 745（1 855 000 – 1 638 255）元。年终，假设该企业"本年利润"账户的贷方余额为 2 000 000 元，则作会计分录如下

借：本年利润　　　　　　　　　　　　　　　　　　　　　　2 000 000
　贷：利润分配——未分配利润　　　　　　　　　　　　　　2 000 000

三、利润分配的核算

投资者投资于企业，旨在谋取收益，因此，企业通常要依照各种章程的规定定期分派一定的数额的利润给投资者。此处着重介绍股份有限公司的股利分配。

1. 利润分配的程序

利润分配是指对企业实现的净利润，按规定在国家、企业和投资者之间的分配。企业实现的利润总额，按照国家规定作相应调整后，依法缴纳企业所得税，缴纳所得税后的净利润，除国家另有规定者外，按照下列顺序分配。

（1）弥补企业以前年度亏损　企业发生的年度亏损，可以用下一年度的税前利润弥补，下一年度税前利润不足弥补的，可以在5年内延续弥补。5年内弥补不足的，用税后利润弥补。按先亏损的先弥补，后亏损的后弥补的原则进行弥补。这里需要特别指出的是各年度发生的亏损额，是指按税法规定调整后的企业会计报表中的亏损额。

（2）提取法定盈余公积金　法定盈余公积按照税后利润扣除补亏后的余额的10%提取，当法定盈余公积达到注册资本的50%时，可以不再提取。

（3）向投资者分配利润或股利　企业实现的利润在扣除上述项目后，再加上以前年度未分配的利润，即为可供投资者分配的利润，对于股份有限公司而言，可供投资者分配的利润还应按下列顺序进行分配：

1）应付优先股股利。即企业按照利润分配方案分配给优先股股东的现金股利。

2）应付普通股股利。即企业按照利润分配方案分配给普通股股东的现金股利。

3）转作资本（或股本）的普通股股利。即企业按照利润分配方案以分派股票股利的形式转作的资本（或股本）。

（4）未分配利润　可供投资者分配的利润在经过上述分配后的余额，即为未分配利润（或未弥补亏损）。未分配利润可留待以后年度进行分配。企业如发生亏损，可以按规定由以后年度利润进行弥补。企业的未分配利润（或未弥补的亏损）应当在资产负债表的所有者权益项目中单独反映。

2. 利润分配的核算

为了核算和监督企业利润的分配情况，应设置"利润分配"科目。本科目用来核算企业利润的分配（或亏损的弥补）和历年分配（或弥补）后的积存余额。其贷方登记转入的本年利润数额和用盈余公积弥补的亏损数，其借方登记分配的利润数额和转入的本年亏损额，年末余额，反映企业历年积存的未分配利润（或未弥补亏损）。

本科目应设置以下明细账户：提取法定盈余公积、提取任意盈余公积、应付现金股利或利润、转作股本的股利、盈余公积补亏和未分配利润等进行明细核算。

当企业按规定提取的盈余公积，借记本科目（提取法定盈余公积、提取任意盈余公积），贷记"盈余公积——法定盈余公积、任意盈余公积"科目。

经股东大会决议，分配给股东或投资者现金股利或利润，借记本科目（应付现金股利或利润），贷记"应付股利"科目。

经股东大会决议，分配给股东的股票股利，应在办理增资手续后，借记本科目（转作股本的股利），贷记"股本"科目。如有差额，贷记"资本公积——股本溢价"科目。

企业用盈余公积弥补亏损，借记"盈余公积——盈余公积补亏"科目，贷记本科目（盈余公积补亏）。

年度终了，企业应将全年实现的净利润，自"本年利润"科目转入本科目，借记"本年利润"科目，贷记本科目（"未分配利润"明细科目），为净亏损的，做相反的会计分录；同时，将"利润分配"科目所属其他明细科目的余额转入本科目的"未分配利润"明细科目。结转后,本科目除"未分配利润"明细科目外,其他明细科目应无余额。

【例11-57】 某企业年初"利润分配——未分配利润"账户的借方余额为100 000元,年终"本年利润"账户的贷方余额为2 100 000元,法定盈余公积按税后利润的10%提取,剩余利润的80%为应分配给普通股股东的现金股利。有关会计处理如下:

提取盈余公积金数额 = (2 100 000 – 100 000) 元 × 10% = 200 000 元

借:利润分配——提取法定盈余公积　　　　　　　　　　　　200 000
　　贷:盈余公积——提取盈余公积　　　　　　　　　　　　　　200 000

应付给普通股股东现金股利 = (2 100 000 – 100 000 – 200 000) 元 × 80% = 1 440 000 元

借:利润分配——应付股利　　　　　　　　　　　　　　　　1 440 000
　　贷:应付股利　　　　　　　　　　　　　　　　　　　　　　1 440 000

年终,结转"本年利润"账户的余额

借:本年利润　　　　　　　　　　　　　　　　　　　　　　2 100 000
　　贷:利润分配——未分配利润　　　　　　　　　　　　　　　2 100 000

年终,结转"利润分配"账户的余额

借:利润分配——未分配利润　　　　　　　　　　　　　　　1 640 000
　　贷:利润分配——提取盈余公积　　　　　　　　　　　　　　200 000
　　　　　　　　——应付普通股股利　　　　　　　　　　　　　1 440 000

3. 弥补亏损的核算

由于各种原因,企业在生产经营过程中也可能发生亏损,导致企业净资产减少。发生的亏损在"利润分配——未分配利润"账户的借方反映。弥补亏损的途径可以是用税前利润弥补、用税后利润弥补及用盈余公积弥补。不管是以税前利润还是税后利润弥补亏损,都不需要进行专门的账务处理,只要将企业当年实现的利润自"本年利润"账户的借方转入"利润分配——未分配利润"账户的贷方即可。但在计算所得税费用时,如以税前利润弥补亏损,其弥补亏损的数额可以抵减企业应纳税所得额,而以税后利润弥补亏损的数额则不能作为应纳税所得额扣除。

4. 以前年度损益调整

以前年度损益调整是指企业本年度发生的调整以前年度损益的事项、本年度发现的重要前期差错更正涉及调整以前年度损益的事项。企业在年度内发生的以前年度损益调整事项,应设置"以前年度损益调整"科目进行核算。该科目属于损益类,企业调整增加以前年度利润或减少以前年度亏损时,借记有关科目,贷记本科目;调整减少以前年度利润或增加以前年度亏损做相反的会计分录。由于以前年度损益调整增加的所得税费用,借记本科目,贷记"应交税费——应交所得税"等科目;由于以前年度损益调整减少的所得税费用做相反的会计分录。经上述调整后,应将本科目的余额转入"利润分配——未分配利润"科目。本科目如为贷方余额,借记本科目,贷记"利润分配——未分配利润"科目;如为借方余额做相反分录,本科目结转后无余额。

【例11-58】 某建筑企业某年4月发现将上年年末购入的一台价值为60 000元的复印机误作管理费用处理,该企业的所得税率为33%,发现后作调整如下:

1) 作调整增加固定资产的会计分录如下:

借:固定资产　　　　　　　　　　　　　　　　　　　　　　60 000

贷：以前年度损益调整   60 000

2）因调整损益而调增应交所得税 15 000（60 000×25%）元。作如下会计分录：

借：以前年度损益调整   15 000

  贷：应交税费——应交所得税   15 000

3）将"以前年度损益调整"账户的贷方余额 45 000 元，结转到"利润分配——未分配利润"账户，作会计分录如下：

借：以前年度损益调整   45 000

  贷：利润分配——未分配利润   45 000

思政拓展　会计名人杨纪琬

  杨纪琬教授是我国会计制度的奠基人，著名会计理论家、教育家，注册会计师制度重建和恢复的创始人。

  在党的十一届三中全会以后开始的会计改革中，杨纪琬教授积极倡导与参与，本着实事求是、科学实用的精神，借鉴西方会计方法和理论，提出了中国会计改革国际化之路，系统阐述了财务与会计的关系。

  在 20 世纪 80 年代初与阎达五教授一道，杨纪琬教授提出并完善了会计管理论，改变以传统的会计本质的"工具论、方法论"和在这一理论影响下的事后记账、报账的被动的会计工作的状况，在学术界和实务界产生了强烈的共鸣，成为 20 世纪 80 年代会计工作转轨变型的主要理论依据。

  杨纪琬教授在总结几十年会计制度建设经验教训的基础之上，于 1984 年提出会计制度的建设应妥善处理十个方面的关系，即：统一与分级的关系；理论与实践的关系；科学化与大众化的关系；微观与宏观的关系；细与粗的关系；立与破的关系；条条与块块的关系；发展变化与相对稳定的关系；原则性和灵活性的关系；会计制度与其他经济制度的关系。从 1980 年起杨纪琬教授反复研究会计与法律的结合问题，先后二十多次易稿，主持起草了新中国成立以来的第一部《会计法》。1985 年 1 月 21 日，经第六届人大九次会议审议通过并于同年 5 月 1 日起正式实施的《会计法》，标志着中华人民共和国第一部关于会计工作基本法律性文件的诞生。

  中华优秀传统文化源远流长、博大精深，是中华文明的智慧结晶，其中蕴含的自强不息、厚德载物、讲信修睦，在杨纪琬教授治学方法上有所体现，他常用三句古训来教导学生："学，然后知不足；教，然后知困。""业精于勤，荒于嬉；行成于思，毁于随。""天行健，君子以自强不息。"他坚持理论联系实际，不唯上，不唯书，勤于思考，勇于坚持，敢于放弃，充分体现了"知不足""知困""知难""业精于勤""自强不息"的精神。

  杨纪琬教授创建的会计理论，他的治学精神，他为中国会计事业所做出的不朽业绩将永留史册。

小　　结

  生产费用和成本是企业生产经营过程中发生的支出，生产费用是形成产品成本的基础，二者的经济内容是一致的，都需要用企业在生产经营过程中实现的收入来补偿。但二者也有一定的区别，生产费用是按一定期间归集的，成本则是按一定的核算对象归集计算的。

  工程实际成本是在施工过程中为完成建筑安装工程而实际发生的施工费用。工程施工过程中发生的各项施工费用应按确定的成本核算对象和规定的成本项目进行归集和分配,成本项目是施工费用按经济用途进行的分类,包括人工费、材料费、机械使用费、其他直接费和间接费用,各成本项目核算应本着一个原则进行,即凡能够分清受益对象的费用,直接计入有关的受益对象的成本,不能分清受益对象的费用,要采用一定的方法分配计入各受益对象的成本。为了正确计算工程实际成本,企业应设置"工程施工"账户来归集施工生产费用,并开设"工程成本明细账"和"工程成本卡"组织工程成本核算。

期间费用包括管理费用、财务费用和销售费用,它们是本期发生的、不能计入某项工程成本的、应直接计入损益的各项费用。

所得税会计是研究会计利润和应税所得之间的差异进行会计处理的理论和方法。暂时性差异是指资产或负债的账面价值与其计税基础之间的差额,分为应纳税暂时性差异和可抵扣暂时性差异。企业应当将当期和以前期间应交未交的所得税确认为负债,将已支付的所得税超过应支付的部分确认为资产。

施工企业的收入分为主营业务收入和其他业务收入。主营业务收入是指建造合同收入,该收入包括合同中规定的初始收入和因合同变更、索赔、奖励等形成的追加收入,当建造合同的结果能够可靠估计时,企业应采用完工百分比法确认合同收入和合同费用,完工百分比的计算方法有投入衡量法、产出衡量法和实地测量法。其他业务收入主要包括商品销售收入、提供劳务收入和让渡资产使用权收入。

施工企业工程价款结算方法有按月结算、分段结算、竣工后一次结算和其他结算等方式,企业应根据所施工的工程的具体情况,采用适当的方法,及时与建设单位办理工程价款的结算。

利润是企业在一定会计期间的经营成果。它包括收入减去费用后的净额和直接计入当期损益会导致所有者权益发生增减变动的、与所有者投入资本或者向投资者分配利润无关的利得或损失。净利润是企业的利润总额减去企业所得税费用后的余额。

利润分配是指施工企业对其实现的净利润,按规定在国家、投资者和企业之间的分配,必须兼顾各关的利益,按规定的分配程序进行分配。

思 考 题

11-1　什么是费用?什么是成本?两者的区别与联系是什么?

11-2　什么是成本核算对象?如何确定工程成本核算对象?

11-3　什么是成本项目?包括哪些内容?

11-4　什么是直接费用?包括哪些费用?如何组织各项直接费用的核算?

11-5　什么是间接费用?如何组织间接费用的核算?

11-6　什么是已完施工和未完施工?如何计算期末未完施工成本?

11-7　施工企业的管理费用和财务费用的内容如何?

11-8　什么是建造合同?有何特征?

11-9　建造合同收入包括哪些内容?如何确认?

11-10　如何用完工百分比法确认建造合同收入与合同费用?

11-11　施工企业利润总额由哪几部分内容构成?

11-12　什么是暂时性差异?

11-13 用账结法和表结法核算利润的区别是什么？
11-14 税后利润按什么顺序分配？

实训练习题

习题一

1. 目的

练习辅助生产费用的分配。

2. 资料

某施工企业有供水和供电两个辅助生产单位，某年8月份，供水单位发生的生产费用为120 000元，供电单位发生的生产费用为200 000元。两个辅助生产单位为其他受益对象提供劳务量统计表见表11-24。

表11-24 辅助生产部门提供劳务数量表

受益对象	供水量/m³	供电量/kW
供水车间	—	40 000
供电车间	20 000	—
工程施工——甲项目	40 000	80 000
工程施工——乙项目	30 000	40 000
机械作业	20 000	30 000
管理部门	10 000	10 000
合　计	120 000	200 000

3. 要求

分别采用直接分配法和一次交互分配法分配供水、供电两个单位的辅助生产费用，并进行相应的账务处理。

习题二

1. 目的

练习工程实际成本的核算（不考虑增值税因素）。

2. 资料

某建筑公司第一项目部本期新承建甲乙两个工程，本月发生的经济业务如下：

（1）以现金支付项目部职工探亲路费1 200元。

（2）甲工程领用木材20m³，乙工程领用木材10 m³。木材的计划成本为650元/ m³。

（3）甲工程领用大堆材料计划成本10 000元，乙工程领用大堆材料计划成本20 000元。

（4）甲、乙工程各领用红砖20 000块。红砖的计划成本为180元/千块。

（5）以银行存款支付塔式起重机的租赁费28 000元，其中甲工程使用30个台班，乙工程20个台班。

（6）以银行存款支付施工现场材料二次搬运费2 000元，其中甲工程应负担1 500元，乙工程应负担 500 元。

（7）按月折旧率 0.8% 计提本月固定资产折旧，其中项目部行政管理用固定资产原值为 200 000 元，公司管理部门固定资产原值为 50 000 元，残值率为 5%，使用年限为 10 年。

（8）该项目部管理部门购买冬季取暖用煤 2 000 元，以现金支付。

（9）本月项目部人员的工资分配情况见表 11-25。

表 11-25　工资分配表　　　　　　　　　　　　　　　　（单位：元）

项目	甲工程	乙工程	行政管理人员	合计
工资总额	30 000	20 000	8 000	58 000

（10）按工资总额的 14% 计提职工福利费。
（11）按材料成本差异率 2%，分配本月发出材料应负担的材料成本差异。
（12）按各工程实际发生的直接费成本分配间接费用。
（13）月末盘点，甲乙工程未完工程成本见表 11-26。

表 11-26　未完工程成本表　　　　　　　　　　　　　　（单位：元）

工程项目	人工费	材料费	机械使用费	其他直接费	间接费用	合计
甲工程	400	950	250	280	120	2 000
乙工程	240	560	200	150	50	1 200
合计	640	1 510	450	430	170	3 200

3. 要求

（1）计算甲乙两个工程本月发生的实际成本。
（2）为各项经济业务编制会计分录。

习题三

1. 目的

练习建造合同收入和合同费用的确认。

2. 资料

正达建筑公司签订了一项总额为 1 500 万元的建造合同，增值税税率为 9% 该工程于当年的六月开工，预计工期为 3 年，预计总成本为 1 250 万元。该建造合同的其他资料见表 11-27。

表 11-27　建造合同相关资料表　　　　　　　　　　　　（单位：万元）

项目	第一年	第二年	第三年
至目前为止已发生的成本	600	900	1 250
完成合同尚需发生成本	650	350	
已结算合同价款	500	800	200
实际收到价款	400	600	500

3. 要求

根据所给的资料，采用完工百分比法，为该公司连续三年的建设期作相应的会计处理。

习题四

1. 目的
练习利润的计算与结转。

2. 资料
某企业年末的各损益类账户的期末余额见表11-28,假设没有税前调整项目,企业所得税税率为25%。

表11-28 年末各损益类账户的期末余额情况表 （单位:元）

会计科目	借方余额	贷方余额
主营业务收入		6 000 000
主营业务成本	4 200 000	
税金及附加	198 000	
其他业务收入		200 000
其他业务成本	80 000	
管理费用	100 000	
财务费用	2 000	
销售费用	30 000	
投资收益		200 000
营业外收入		20 000
营业外支出	60 000	
公允价值变动损益		15 000

3. 要求
根据所给的资料计算营业利润、利润总额、净利润、所得税,并结转各损益类账户。

习题五

1. 目的
练习利润及利润分配的结转与核算。

2. 资料
沿用习题三的资料,假设该企业"利润分配——未分配利润"账户有借方余额200 000元,年末利润分配的方案如下:提取法定盈余公积金的比例为10%,按照可供股东分配利润的60%向股东分派现金股利。

3. 要求
(1) 结转"本年利润"及"利润分配"账户。
(2) 编制与利润分配有关的会计分录。

项目 12

财务会计报表

学习目标

了解财务报表的概念及组成内容、作用；掌握资产负债表、利润表、现金流量表、所有者权益（股东权益）变动表及报表附注的编制方法，能独立编制财务报表。

任务 1　财务报表认知

一、财务报表的概念及组成

财务报表是对企业财务状况、经营成果和现金流量的结构性表述。其编制的目标是向财务报表使用者提供与企业财务状况、经营成果和现金流量等有关的会计信息，反映企业管理层受托责任的履行情况，有助于报表使用者作出经济决策。财务报表使用者包括投资者、债权人、政府及其有关部门和社会公众等。由此可见，财务会计报表是向信息使用者提供信息的重要手段，及时、准确地编制财务会计报表，对满足信息使用者的需要，提高企业管理水平，具有十分重要意义。

财务报表至少包括资产负债表、利润表、现金流量表、所有者权益（股东权益）变动表以及附注。

二、财务报表的分类

1. 按照报表反映的内容分类

按照报表反映的内容，可以分为动态报表和静态报表。动态报表是反映一定时期内资金耗费和资金回收的财务报表。静态报表是指综合反映资产、负债和所有者权益的财务报表。

2. 按照报表的编报期间分类

按照报表的编报期间，可以分为中期财务报表和年度财务报表。中期财务报表是以短于一个完整会计年度的报告期间为基础编制的财务报表，包括月报、季报和半年报。中期财务报表至少包括资产负债表、利润表、现金流量表和附注。中期财务报表的内容和格式与年度财务报表相一致，但年度财务报表附注的披露可适当简略。年度财务报表要求的种类和揭示的信息最为完整齐全，以便能全面地反映全年的经营活动。

3. 按报表的服务对象分类

按照报表的服务对象，可以分为内部报表和外部报表。内部报表是指为适应企业内部经营管理需要而编制的不对外公开的会计报表，如成本报表。外部报表是指企业向外提供的，供外部信息使用者使用的会计报表，如资产负债表。

4. 按报表的编报主体分类

按报表编报主体的不同，可以分为个别财务报表和合并财务报表。个别财务报表是由企业在自身会计核算基础上对账簿记录进行加工而编制的财务报表，它主要反映企业自身的财务状况、经营成果和现金流量情况。合并财务报表是以母公司和子公司组成的企业集团为会计主体，根据母公司和所属子公司的财务报表，由母公司编制的综合反映企业集团财务状况、经营成果及现金流量的财务报表。

任务 2　资产负债表

资产负债表

一、资产负债表概述

1. 资产负债表的概念

资产负债表是指反映企业在某一特定日期的财务状况的会计报表。它以"资产＝负债＋所有者权益"这一会计平衡等式为理论依据，把企业特定日期的资产、负债和所有者权益各项目按一定的分类标准及分类顺序适当排列，反映的是企业资产、负债、所有者权益的总体规模及其结构。资产负债表中的数据均为时点数，反映的内容是资金循环相对静止状态下的表现形式，属于静态报表。

2. 资产负债表的作用

资产负债表是企业重要的财务报表之一，它所提供的信息对于不同的使用者都具有很重要的作用，主要表现在以下几个方面：

1）可以了解企业的资产总额及其构成，了解企业资金来源及其构成，便于了解企业的经营规模，分析和评价企业的财务状况和资本结构。

2）可以了解企业资产和负债的数量关系及其流动性，便于分析和评价企业的偿债能力。

3）通过表中前后两期或更多期相同项目的比较，了解企业的财务状况，预测企业未来财务状况的发展趋势。

3. 资产负债表的结构

资产负债表一般包括表首、正表两部分。表首概括地说明报表名称、编制单位、编制日期、报表编号、货币名称、计量单位等。正表是资产负债表的主体，列示企业资产、负债和所有者权益各个项目的名称及其年初数和年末数。正表的格式一般有两种：报告式资产负债表和账户式资产负债表。报告式资产负债表是上下结构，上半部列示资产，下半部列示负债及所有者权益。账户式资产负债表分左右两部分，左方列示资产项目，主要是按资产流动性的大小排列，流动性大的排列在前，流动性小的排列在后；右方列示负债和所有者权益项目，一般按要求清偿时间的先后顺序排列，不需要偿还的所有者权益项目排列在后。资产各项目的合计等于负债和所有者权益各项目的合计，即资产负债表的左方和右方平衡。我国现行的资产负债表采用账户式结构，其结构和内容见表12-1。

表 12-1 资产负债表

编制单位： 年 月 日 （单位：元）

资产	期末余额	年初余额	负债和所有者权益（或股东权益）	期末余额	年初余额
流动资产：			流动负债：		
货币资金			短期借款		
交易性金融资产			交易性金融负债		
衍生金融资产			衍生金融负债		
应收票据			应付票据		
应收账款			应付账款		
应收款项融资			预收款项		
预付款项			合同负债		
其他应收款			应付职工薪酬		
存货			应交税费		
合同资产			其他应付款		
持有待售资产			持有待售负债		
1年内到期的非流动资产			1年内到期的非流动负债		
其他流动资产			其他流动负债		
流动资产合计			流动负债合计		
非流动资产：			非流动负债：		
债权投资			长期借款		
其他债权投资			应付债券		
长期应收款			其中：优先股		
长期股权投资			永续股		
其他权益工具投资			租赁负债		
其他非流动金融资产			长期应付款		
投资性房地产			预计负债		
固定资产			递延收益		
在建工程			递延所得税负债		
生产性生物资产			其他非流动负债		
油气资产			非流动负债合计		
使用权资产			负债合计		
无形资产			所有者权益（或股东权益）：		
开发支出			实收资本（或股本）		
商誉			其他权益工具		
长期待摊费用			其中：优先股		
递延所得税资产			永续股		
其他非流动资产			资本公积		
非流动资产合计			减：库存股		
			其他综合收益		
			专项储备		
			盈余公积		
			未分配利润		
			所有者权益（或股东权益）合计		
资产总计			负债和所有者权益（或股东权益）合计		

二、资产负债表的编制

1. 年初余额的填列方法

表 12-1 中"年初余额"栏内各项数字，应根据上年末资产负债表"期末余额"栏内各项数字填列。如果上年度资产负债表规定的各个项目的名称和内容同本年度不相一致，应对上年末资产负债表各项目的名称和数字按照本年度的规定进行调整，填入表 12-1"年初余额"栏内。

2. 期末余额的填列方法

表 12-1 中期末余额栏内各项数据的来源主要通过以下几种方式取得：

1）根据总账科目余额直接填列。如"短期借款""资本公积"等项目都是根据其总账科目的期末余额直接填列。

2）根据明细科目余额计算填列。如"应付账款"项目需要根据"应付账款""预付账款"科目所属相关明细科目期末贷方余额计算填列。

3）根据总账科目和明细科目余额分析计算填列。如"长期借款"项目需要根据"长期借款"总账科目期末余额，扣除"长期借款"科目所属明细科目中反映的将于 1 年内（含 1 年）到期长期借款部分分析计算填列。

4）根据有关科目余额减去其备抵科目余额后的净额填列。如"固定资产"项目需要根据"固定资产""投资性房地产"总账科目的期末余额，减去"累计折旧""固定资产减值准备""投资性房地产累计折旧""投资性房地产减值准备"等备抵科目期末，以及"固定资产清理"科目期末余额后的净额填列。

5）综合运用上述填列方法分析填列。如"存货"项目，需要根据"原材料""库存商品""委托加工物资""周转材料""材料采购""在途物资""材料成本差异""发出商品"等总账科目期末余额的分析汇总数，再减去"存货跌价准备"科目余额后的净额填列。

3. 资产负债表期末余额栏各项目数据的具体填列方法

1）"货币资金"项目，反映企业期末持有的库存现金、银行存款和其他货币资金等总额。应根据"库存现金""银行存款""其他货币资金"总账科目的期末余额合计数填列。

2）"交易性金融资产"项目，反映资产负债表日企业分类为以公允价值计量且其变动计入当期损益的金融资产，以及企业持有的指定为以公允价值计量且其变动计入当期损益的金融资产的期末账面价值。本项目应根据"交易性金融资产"科目的相关明细科目期末余额分析填列。自资产负债表日起超过 1 年到期且预期持有超过 1 年的以公允价值计量且其变动计入当期损益的流动金融资产的期末账面价值，在"其他非流动金融资产"项目反映。

3）"应收票据"项目，反映因销售商品、提供劳务等收到的未到期收款、也未向银行贴现的应收票据，包括商业承兑汇票和银行承兑汇票。本项目应根据"应收票据"科目的期末余额，减去"坏账准备"科目中相关坏账准备期末余额后的金额填列。

4）"应收账款"项目，反映资产负债表日以摊余成本计量的企业因销售商品和提供劳务等经营活动而应向购买单位收取的各种款项。本项目应根据"应收账款"科目的期末借方余额，减去"坏账准备"科目中相关坏账准备期末余额后的金额填列。

5）"应收款项融资"项目，反映资产负债表日以公允价值计量且其变动计入其他综合收益的应收票据和应收账款等。

6)"预付款项"项目,反映企业按合同规定预付给供应单位的款项。本项目应根据"预付账款"和"应付账款"科目所属各明细科目的期末借方余额合计数,减去"坏账准备"科目中有关预付账款计提的坏账准备期末余额后的净额填列。"预付账款"科目所属明细科目期末贷方有余额的,应在"应付账款"项目内填列。

7)"其他应收款"项目,反映企业除应收票据、应收账款、预付账款等经营活动以外的其他各种应收、暂付的款项。本项目应根据"应收利息""应收股利""其他应收款"科目的期末余额合计数,减去"坏账准备"科目中相关坏账准备期末余额后的金额填列。其中的"应收利息"仅反映相关金融工具已到期可收取但于资产负债表日尚未收到的利息。期末实际利率法计提的金融工具的利息应包括在相应金融工具的账面余额中。

8)"存货"项目,反映企业期末在库、在途和在加工中的各项存货的可变现净值或成本(成本与可变现净值孰低)。包括各种材料、在产品、半成品、产成品、商品、委托加工物资、发出商品等。本项目应根据"材料采购""原材料""库存商品""委托加工物资""周转材料""材料成本差异""在途物资""发出商品""生产成本""受托代销商品"等科目的期末余额之和,扣减"存货跌价准备""受托代销商品款"科目期末余额后的净额填列。"工程施工"科目的期末余额减去"工程结算"科目期末余额的金额填列,如"工程施工"期末余额小于"工程结算"期末余额,其差额应在"预收账款"项目反映。

9)"合同资产"项目,反映企业按照《企业会计准则第14号——收入》的相关规定,根据本企业履行履约义务与客户付款之间的关系在资产负债表中列示的合同资产。"合同资产"项目应根据"合同资产"科目的相关明细科目期末余额分析填列,同一合同下的合同资产和合同负债应当以净额列示,其中净额为借方余额的,应当根据其流动性在"合同资产"或"其他非流动资产"项目中填列,已计提减值准备的,还应以减去"合同资产减值准备"科目中相关的期末余额后的金额填列;其中净额为贷方余额的,应当根据其流动性在"合同负债"或"其他非流动负债"项目中填列。

10)"持有待售资产"项目,反映资产负债表日划分为持有待售类别的非流动资产及划分为持有待售类别的处置组中的流动资产和非流动资产的期末账面价值。本项目应根据"持有待售资产"科目的期末余额,减去"持有待售资产减值准备"科目的期末余额后的金额填列。

11)"1年内到期的非流动资产"项目,反映企业预计自资产负债表日起1年内变动的非流动资产。本项目应根据有关科目的期末余额分析计算填列。

12)"债权投资"项目,反映资产负债表日企业以摊余成本计量的长期债权投资的期末账面价值。本项目应根据"债权投资"科目的相关明细科目期末余额,减去"债权投资减值准备"科目中相关减值准备的期末余额后的金额分析填列。自资产负债表日起1年内到期的长期债权投资的期末账面价值,在"1年内到期的非流动资产"项目反映。企业购入的以摊余成本计量的1年内到期的债权投资的期末账面价值,在"其他流动资产"项目反映。

13)"其他债权投资"项目,反映资产负债表日企业分类为以公允价值计量且其变动计入其他综合收益的长期债权投资的期末账面价值。本项目应根据"其他债权投资"科目的相关明细科目期末余额分析填列。自资产负债表日起1年内到期的长期债权投资的期末账面价值,在"1年内到期的非流动资产"项目反映,企业购入的以公允价值计量且其变动计入其他综合收益的1年内到期的债权投资的期末账面价值,在"其他流动资产"项目反映。

14)"长期应收款"项目,反映企业租赁产生的应收款项和采用递延方式分期收款、实质上具有融资性质的销售商品和提供劳务等经营活动产生的应收款项。本项目应根据"长期应收款"科目的期末余额,减去相应的"未实现融资收益"科目和"坏账准备"科目所属相关明细科目期末余额后的金额填列。

15)"长期股权投资"项目,反映投资方对被投资单位实施控制、重大影响的权益性投资,以及对其合营企业的权益性投资。本项目应根据"长期股权投资"科目的期末余额,减去"长期股权投资减值准备"科目期末余额后的净额填列。

16)"其他权益工具投资"项目,反映资产负债表日企业指定为以公允价值计量且其变动计入其他综合收益的非交易性权益工具投资的期末账面价值。该项目应根据"其他权益工具投资"科目的期末余额填列。

17)"固定资产"项目,反映资产负债表日企业固定资产的期末账面价值和企业尚未清理完毕的固定资产清理净损益。本项目应根据"固定资产"科目的期末余额,减去"累计折旧""固定资产减值准备"科目期末余额后的金额,以及"固定资产清理"科目的期末余额填列。

18)"在建工程"项目,反映资产负债表日企业尚未达到预定可使用状态的在建工程的期末账面价值和企业为在建工程准备的各种物资的期末账面价值。本项目应根据"在建工程"科目的期末余额减去"在建工程减值准备"科目的期末余额后的金额填列。

19)"使用权资产"项目,反映资产负债表日承租人企业持有的使用权资产的期末账面价值。本项目应根据"使用权资产"科目的期末余额,减去"使用权资产累计折旧"和"使用权资产减值准备"科目的期末余额后的金额填列。

20)"无形资产"项目,反映企业持有的各项无形资产的成本减去累计摊销和减值准备后的净值。本项目应根据"无形资产"科目的期末余额,减去"累计摊销""无形资产减值准备"等科目期末余额后的净额填列。

21)"开发支出"项目,反映企业开发无形资产过程中能够资本化形成无形资产成本的支出部分。本项目根据"研发支出"科目所属的"资本化支出"明细科目期末余额填列。

22)"长期待摊费用"项目,反映企业已经发生但应由本期和以后各期负担的分摊期限在1年以上(不含1年)的各种费用。本项目应根据"长期待摊费用"科目的期末余额,减去1年内(含1年)摊销的数额后的金额分析填列。但长期待摊费用的摊销年限只剩1年或不足1年,或预计在1年内(含1年)进行摊销的部分,不得归类为流动资产,仍在各该非流动资产项目中填列,不转入"1年内到期的非流动资产"项目。

23)"递延所得税资产"项目,反映企业根据所得税确认的可抵扣暂时性差异产生的所得税资产。本项目应根据"递延所得税资产"科目期末余额填列。

24)"其他非流动资产"项目,反映企业除以上非流动资产以外的其他非流动资产。本项目应根据有关科目的期末余额填列。

25)"短期借款"项目,反映企业向银行或其他金融机构借入的期限在1年期以下(含1年)的借款。本项目应根据"短期借款"科目的期末余额填列。

26)"交易性金融负债"科目,反映企业资产负债表日承担的交易性金融负债,以及企业持有的直接指定为以公允价值计量且其变动计入当期损益的金融负债的期末账面价值。本项目应根据"交易性金融负债"等科目的相关明细科目期末余额填列。

27)"应付票据"科目,反映资产负债表日以摊余成本计量的、企业因购买原材料、商品和接受劳务等开出、承兑的商业汇票,包括银行承兑汇票和商业承兑汇票。本项目应根据"应付票据"科目的期末余额填列。

28)"应付账款"项目,反映资产负债表日以摊余成本计量的、企业购买原材料、商品和接受劳务供应等经营活动应支付的款项。本项目应根据"应付账款"科目和"预付账款"科目所属相关明细科目的期末贷方余额合计填列。

29)"预收款项"科目,反映企业按合同规定预收购买单位的款项。本项目应根据"预收账款"科目和"应收账款"科目所属各有关明细科目的期末贷方余额合计填列。"预收账款"科目所属有关明细科目有借方余额的,应在本表"应收账款"项目内填列。

30)"合同负债"科目,反映企业按照《企业会计准则第14号——收入》的相关规定,根据本企业履行履约义务与客户付款之间的关系在资产负债表中列示的合同负债,"合同负债"项目应根据"合同负债"的相关明细科目期末余额分析填列。

31)"应付职工薪酬"项目,反映企业为获得职工提供的服务或解除劳动关系而给予的各种形式的报酬或补偿。本项目应根据"应付职工薪酬"科目所属各明细科目的期末贷方余额填列。外商投资企业按规定从净利润中提取的职工奖励及福利基金,也在本项目列示。

32)"应交税费"项目,反映企业按税法规定计算应交纳的各种税费。企业代扣代缴的个人所得税也通过本项目列示,企业所交纳的税金不需要预计应交数的,如印花税、耕地占用税等,不在本项目列示。本项目应根据"应交税费"科目下的期末贷方余额填列。

33)"其他应付款"项目,反映企业除应付票据、应付账款、预收账款、应付职工薪酬、应交税费等经营活动以外的其他各种应付、暂收的款项。本项目应根据"应付利息""应付股利""其他应付款"科目的期末余额合计数填列。

34)"持有待售负债"项目,反映资产负债表日处置级中与划分为持有待售类别的资产直接相关的负债的期末账面价值。本项目应根据"持有待售负债"科目的期末余额填列。

35)"1年内到期的非流动负债"项目,反映企业非流动负债中将于资产负债表日后的1年内到期部分的金额,如将于1年内偿还的长期借款。本项目应根据有关科目的期末余额分析填列。

36)"长期借款"项目,反映企业向银行或其他金融机构借入尚未归还的1年期以上(不含1年)的各种借款。本项目应根据"长期借款"科目的期末余额,扣除"长期借款"科目所属的明细科目中将在资产负债表日起1年内到期且企业不能自主地将清偿义务展期的长期借款后的金额计算填列。

37)"应付债券"项目,反映企业为筹集长期资金而发行的债券本金及应付的利息。本项目应根据"应付债券"科目的期末余额分析填列。

38)"租赁负债"项目,反映资产负债表日承租人企业尚未支付的租赁付款额的期末账面价值。本项目应根据"租赁负债"科目的期末余额填列。自资产负债表日起1年内到期应予以清偿的租赁负债的期末账面价值,在"1年内到期的非流动负债"项目反映。

39)"长期应付款"项目,应根据"长期应付款"科目的期末余额,减去"未确认融资费用"科目期末余额后的金额以及"专项应付款"科目的期末余额填列。

40)"预计负债"项目,反映企业对外提供担保、未决诉讼等预计负债的期末余额。本项目应根据"预计负债"科目的期末余额填列。

41)"递延收益"项目,反映尚待确认的收入或收益。本项目核算包括企业根据政府补助准则确认的应在以后期间计入当期损益的政府补助金额、售后租回形成融资租赁的售价与资产账面价值差额等其他递延性收入。本项目应根据"递延收益"科目的期末余额填列。本项目中摊销期限只剩 1 年或不足 1 年的,或预计在 1 年内(含 1 年)进行摊销的部分,不得归类为流动负债,仍在本项目中填列,不转入"1 年内到期的非流动负债"项目。

42)"递延所得税负债"项目,反映企业根据所得税准则确认的应纳税暂时性差异产生的所得税负债。本项目应根据"递延所得税负债"科目期末余额填列。

43)"其他非流动负债"项目,反映企业除以上非流动负债项目以外的其他非流动负债。本项目应根据有关科目的期末余额减去将于 1 年内(含 1 年)到期偿还后的余额分析填列。非流动负债各项目中将于 1 年内(含 1 年)到期的非流动负债,应在"1 年内到期的非流动负债"项目内反映。

44)"实收资本(或股本)"项目,反映企业各投资者实际投入的资本(或股本)总额。本项目应根据"实收资本(或股本)"科目的期末余额填列。

45)"其他权益工具"项目,反映资产负债表日企业发行在外的除普通股以外分类为权益工具的金融工具的期末账面价值,其下设"优先股"和"永续债"两个项目,分别反映企业发行的分类为权益工具的优先股和永续债的账面价值。

46)"资本公积"项目,反映企业收到投资者出资超出其在注册资本或股本中所占的份额以及直接计入所有者权益的利得和损失等。本项目应根据"资本公积"科目的期末余额填列。

47)"其他综合收益"项目,反映企业其他综合收益的期末余额。本项目应根据"其他综合收益"科目的期末余额填列。

48)"专项储备"项目,反映高危行业企业按国家规定提取的安全生产费的期末账面价值。本项目根据"专项储备"科目期末余额填列。

49)"盈余公积"项目,反映企业盈余公积的期末余额。本项目应根据"盈余公积"科目的期末余额填列。

50)"未分配利润"项目,反映企业尚未分配的利润。本项目应根据"本年利润"科目和"利润分配"科目的余额计算填列。未弥补的亏损,在本项目内以"-"号填列。

任务 3 利 润 表

一、利润表概述

1. 利润表的概念

利润表是指反映企业在一定会计期间的经营成果的会计报表。它把一定期间的营业收入与其同一会计期间相关的费用进行配比,以计算出企业一定时期的净利润或亏损,反映的是企业盈利(或亏损)的实现情况。利润表是企业对外编报的主要会计报表之一,表中的数据属于时期数据,反映的内容是经营资金循环的动态表现,因此利润表是动态报表。

2. 利润表的作用

1）利润表主要提供有关企业经营成果方面的信息，通过利润表可以反映企业在一定会计期间的收入实现情况、费用耗费情况，可以反映企业生产经营活动的成果，即利润的实现情况，使报表使用人从总体上评价和考核企业的经营业绩，了解企业的获利能力及未来发展趋势，也有助于管理层进行经济决策。

2）通过比较分析同一企业不同时期、不同企业同一时期的利润数据和获利能力，了解企业利润增长或减少的规模和趋势，预测企业未来现金流量及其不确定性程度，进而作出合理的经济决策。

3. 利润表的结构

利润表一般包括表首和正表两部分。其中，表首概括说明报表名称、编制单位、编制日期、报表编号、货币名称、计量单位；正表是利润表的主体，反映形成经营成果的各个项目和计算过程。正表的格式一般有两种：单步式和多步式。单步式利润表是将当期所有的收入列在一起，然后将所有的费用列在一起，两者相减得出当期净损益。多步式利润表是采用上下加减的报告式结构，在这种结构下，净利润的计算分解为多个步骤，通过多个步骤完成中间性利润指标，如营业利润、利润总额、净利润，分步计算当期净损益。在我国，利润表一般采用多步式，其格式和内容见表12-2。

表12-2 利润表

编制单位： 　　　　　　　　　年　月　　　　　　　　　　（单位：元）

项　目	本期金额	上期金额
一、营业收入		
减：营业成本		
税金及附加		
销售费用		
管理费用		
研发费用		
财务费用		
其中：利息费用		
利息收入		
加：其他收益		
投资收益（损失以"-"号填列）		
其中：对联营企业和合营企业的投资收益		
以摊余成本计量的金融资产终止确认收益（损失以"-"号填列）		
公允价值变动收益（损失以"-"号填列）		
信用减值损失（损失以"-"号填列）		
资产减值损失（损失以"-"号填列）		
资产处置收益（损失以"-"号填列）		
二、营业利润（亏损以"-"号填列）		
加：营业外收入		

(续)

项 目	本期金额	上期金额
减：营业外支出		
三、利润总额（亏损总额以"－"号填列）		
减：所得税费用		
四、净利润（净亏损以"－"号填列）		
（一）持续经营净利润（净亏损以"－"号填列）		
（二）终止经营净利润（净亏损以"－"号填列）		
五、其他综合收益的税后净额		
六、综合收益总额		
七、每股收益		
（一）基本每股收益		
（二）稀释每股收益		

二、利润表的编制

利润表中"本期金额"栏反映各项目的本期实际发生数，在编制年度财务会计报告时，应将"上期金额"改为"上年金额"。如果上年度利润表与本年度利润表的项目名称和内容不相一致，则按编报当年的口径对上年度利润表项目的名称和数字进行调整，填入利润表"上年金额"栏。利润表"本期金额"栏反映各项目自年初起至报告期末止的累计实际发生数，其各项目数据的具体填列方法如下：

1）"营业收入"项目，反映企业经营活动所取得的收入的总额。本项目应根据"主营业务收入"和"其他业务收入"等科目的发生额分析填列。

2）"营业成本"项目，反映企业经营活动发生的实际成本总额。本项目应根据"主营业务成本"和"其他业务成本"等科目的发生额分析填列。

3）"税金及附加"项目，反映企业经营活动应负担的消费税、城市维护建设税、教育费附加、资源税、土地增值税、房产税、车船税、城镇土地使用税。本项目应根据"税金及附加"科目的发生额分析填列。

4）"销售费用"项目，反映企业在销售产品、材料或提供劳务等过程中发生以及专设销售机构发生的各项经营费用，如职工薪酬、业务费等。本项目应根据"销售费用"科目的发生额分析填列。

5）"管理费用"项目，反映企业为组织和管理生产经营发生的管理费用。本项目应根据"管理费用"科目的发生额分析填列。

6）"研发费用"项目，反映企业进行研究与开发过程中发生的费用支出以及计入管理费用的自行开发无形资产的摊销。本项目应根据"管理费用"科目下的"研发费用"明细科目的发生额及"无形资产摊销"明细科目的发生额分析填列，

7）"财务费用"项目，反映企业筹集生产经营所需资金等而发生的筹资费用。本项目应根据"财务费用"科目的发生额分析填列。

8)"其他收益"项目,反映计入其他收益的政府补助,以及其他与日常活动相关且计入其他收益的项目。本项目根据"其他收益"科目的发生额分析填列。

9)"投资收益"项目,反映企业以各种方式对外投资所取得的收益。本项目应根据"投资收益"科目发生额分析填列。如为投资损失,以"-"号填列。

10)"公允价值变动收益"项目,反映企业按照相关准则规定确认的交易性金融资产或交易性金融负债的变动额。如为净损失,以"-"号填列。本项目应根据"公允价值变动损益"科目的发生额分析填列。

11)"信用减值损失"项目,反映企业按要求计提的各项金融工具信用减值准备所确认的信用损失。本项目根据"信用减值损失"科目的发生额分析填列。

12)"资产减值损失"项目,反映企业各项资产发生的减值损失。本项目应根据"资产减值损失"科目的发生额分析填列。

13)"资产处置收益"项目,本项目应根据"资产处置损益"科目的发生额分析填列,如为损失,以"-"号填列。

14)"营业利润"项目,反映企业实现的营业利润,如为亏损,以"-"号填列。

15)"营业外收入"项目,反映企业发生的与其经营活动无直接关系的各项收入。本项目应根据"营业外收入"的发生额分析填列。

16)"营业外支出"项目,反映企业发生的与其经营活动无直接关系的各项支出。本项目应分别根据"营业外支出"科目的发生额分析填列。其中,处置非流动资产净损失,应当单独列示。

17)"利润总额"项目,反映企业实现的利润总额,如为亏损总额,以"-"号填列。

18)"所得税费用"项目,反映企业确认的应从当期利润总额中扣除的所得税费用。应根据"所得税费用"科目的发生额分析填列。

19)"净利润"项目,反映企业在一定会计期间实现的净利润,如为亏损,以"-"号填列。

20)"其他综合收益的税后净额"项目,反映企业根据企业会计准则规定未在损益中确认的各项利得和损失扣除所得税影响后的净额。

21)"综合收益总额"项目,反映企业净利润与其他综合收益(税后净额)的合计金额。

22)"每股收益"项目,包括基本每股收益和稀释每股收益两项指标,反映普通股或潜在普通股已公开交易的企业,以及正处在公开发行普通股或潜在普通股过程中的企业的每股收益信息。

任务4 现金流量表

一、现金流量表概述

1. 现金流量表的概念

现金流量表是指反映企业在一定会计期间的现金及现金等价物流入和流出的会计报表。它是以现金为基础编制的反映企业财务状况变动情况的一张动态报表。这里的现金是指企业库存现金以及可以随时用于支付的存款,主要包括库存现金、银行存款、其他货币资金、现金等价物。不能随时用于支取的存款不属于现金。现金等价物是指企业持有的期限短、流动性强、易于转换为已知金额现金、价值变动风险很小的投资,通常包括三个月内到期的短期债券投资。权益性投资变现的金额通常不确定,因而不属于现金等价物。

2. 现金流量的分类

现金流量是某一时期内企业现金及现金等价物流入和流出的数量。现金流入量和流出量的差额,称为现金净流量。现金流量按照企业经营业务的性质分为三类。

(1) 经营活动产生的现金流量　经营活动是指投资活动和筹资活动以外的所有交易和事项。经营活动产生的现金流量主要包括销售商品或提供劳务、购买货物或接受劳务、支付工资和交纳税款等现金流入和流出。

(2) 投资活动产生的现金流量　投资活动是指企业长期资产的购建和不包括在现金等价物范围内的投资及其处置活动。投资活动产生的现金流量主要包括实物资产投资和金融资产投资等现金流入和流出。

(3) 筹资活动产生的现金流量　筹资活动是指导致企业资本及债务的规模和构成发生变化的活动。筹资活动产生的现金流量主要包括吸收投资、发行股票、发行债券、分配利润、偿还债务等现金流入和流出。

3. 现金流量表的作用

现金流量表主要提供有关企业现金流量方面的信息,编制的主要目的是为会计报表使用者提供企业一定会计期间内现金及现金等价物流入和流出的信息,使其了解和评价企业获取现金的能力,并据以预测企业未来的现金流量。其作用概括为以下几个方面:

1) 现金流量表能够提供企业现金流量的信息,便于报表使用者对企业的财务状况作出客观评价。

2) 现金流量表所提供的信息有助于报表使用者预测企业未来现金流量。

3) 现金流量表能弥补资产负债表和利润表的不足。

二、现金流量表的编制

1. 现金流量表的编制方法

现金流量表主要由正表(表12-3)和现金流量表附注组成。其编制方法有直接法和间接法两种。直接法是指按现金收入和现金支出的总括分类直接反映企业经营活动产生的现金流量。采用直接法时,有关经营活动现金流量的信息可以通过企业的会计记录直接取得。间接法是指以净利润为起点,调整不涉及现金收入、费用、营业外收支等有关项目,剔除投资活动、筹资活动对现金流量的影响,据此计算出经营活动产生的现金流量。

表 12-3　现金流量表

编制单位:　　　　　　　　　　　　年　月　　　　　　　　　　　　(单位:元)

项　目	本期金额	上期金额
一、经营活动产生的现金流量		
销售商品、提供劳务收到的现金		
收到的税费返还		

（续）

项　目	本期金额	上期金额
收到其他与经营活动有关的现金		
经营活动现金流入小计		
购买商品、接受劳务支付的现金		
支付给职工以及为职工支付的现金		
支付的各项税费		
支付其他与经营活动有关的现金		
经营活动现金流出小计		
经营活动产生的现金流量净额		
二、投资活动产生的现金流量		
收回投资收到的现金		
取得投资收益收到的现金		
处置固定资产、无形资产和其他长期资产收回的现金净额		
处置子公司及其他营业单位收到的现金净额		
收到其他与投资活动有关的现金		
投资活动现金流入小计		
购建固定资产、无形资产和其他长期资产支付的现金		
投资支付的现金		
取得子公司及其他营业单位支付的现金净额		
支付其他与投资活动有关的现金		
投资活动现金流出小计		
投资活动产生的现金流量净额		
三、筹资活动产生的现金流量		
吸收投资收到的现金		
取得借款收到的现金		
收到其他与筹资活动有关的现金		
筹资活动现金流入小计		
偿还债务支付的现金		
分配股利、利润或偿付利息支付的现金		
支付其他与筹资活动有关的现金		
筹资活动现金流出小计		
筹资活动产生的现金流量净额		
四、汇率变动对现金及现金等价物的影响		
五、现金及现金等价物净增加额		
加：期初现金及现金等价物余额		
六、期末现金及现金等价物余额		

2. 现金流量表中各项目的填列方法

1）"销售商品、提供劳务收到的现金"项目，反映企业销售商品、提供劳务收到的现金（包括销售收入和应向购买者收取的增值税销项税额），即无论何时销售，只要在本期收现，均计入本项目，包括本期销售商品提供劳务收到的现金，前期销售商品、提供劳务本期收到的现金和本期的预收账款，减去本期退回的商品支付的现金，加上当期收回前期核销坏账损失的现金。企业销售材料和代购代销业务收到的现金，也在本项目反映。本项目可以根据"库存现金""银行存款""应收账款""应收票据""预收账款""主营业务收入""其他业务收入"等科目的记录分析填列。

2）"收到的税费返还"项目，反映企业收到返还的各种税费，即企业上交后而由税务机关或政府其他部门返还的增值税、企业所得税、消费税、关税及教育费附加等。本项目可根据"库存现金""银行存款""营业税金及附加"等科目的记录分析填列。

3）"收到其他与经营活动有关的现金"项目，反映企业收到的其他与经营活动有关的现金流入，包括罚款收入、流动资产损失中由个人赔偿的现金收入等。本项目可根据"营业外收入""库存现金""银行存款"等科目的记录分析填列。

4）"购买商品、接受劳务支付的现金"项目，反映企业购买商品、接受劳务支付的现金（包括增值税进项税额），包括本期购买商品、接受劳务支付的现金、本期支付的前期购买商品、接受劳务的应付款及为购买商品而预付的现金，本期发生的购货退回收到的现金应从本项目中扣除。本项目可以根据"库存现金""银行存款""应付账款""应付票据""预付账款"等科目的记录分析填列。

5）"支付给职工以及为职工支付的现金"项目，反映企业本期实际支付给职工的工资、奖金、各种津贴和补贴等薪酬，由在建工程、无形资产负担的职工薪酬以及支付的离退休人员的薪酬除外。本项目可以根据"应付职工薪酬""库存现金""银行存款"等科目的记录分析填列。

6）"支付的各项税费"项目，反映企业当期发生上缴税务机关的各种税费，包括企业本期发生并支付的、本期支付以前各期发生的以及预交的教育费附加、矿产资源补偿费、印花税、房产税、土地使用税、车船使用税等税费，不包括计入固定资产价值、实际支付的耕地占用税、本期退回的增值税、所得税。本科目可以根据"库存现金""银行存款""应交税费"等科目的记录分析填列。

7）"支付的其他与经营活动有关的现金"项目，反映企业其他与经营活动有关的现金流出，包括支付的罚款支出、支付的差旅费、业务招待费、保险费等现金支出等。本项目可以根据有关账户的记录分析填列。

8）"收回投资收到的现金"项目，反映企业出售、转让或到期收回除现金等价物以外的交易性金融资产、长期股权投资而收到的现金，以及收回长期债权投资本金而收到的现金，但长期债权投资收回的利息及收回的非现金资产不包括在本项目。本项目可以根据"库存现金""银行存款""交易性金融资产""长期股权投资""持有至到期投资"等科目的记录分析填列。

9）"取得投资收益收到的现金"项目，反映企业因股权性投资而分得的现金股利，从子公司、联营企业或合营企业分回利润而收到的现金，以及因债权性投资而取得的现金利息收入，不包括股票股利。本项目可以根据"投资收益""库存现金""银行存款"等科目的记录分析填列。

10)"处置固定资产、无形资产和其他长期资产收回的现金净额"项目,反映企业出售、报废固定资产、无形资产和其他长期资产所取得的现金(包括因资产毁损而收到的保险赔偿收入),减去为处置这些资产而支付的有关费用后的净额,但现金净额为负数的除外。本项目可以根据"固定资产清理""固定资产""无形资产""库存现金""银行存款"等科目的记录分析填列。

11)"处置子公司及其他营业单位收到的现金净额"项目,反映企业处置子公司及其他营业单位所取得的现金减去相关处置费用后的净额。

12)"收到其他与投资活动有关的现金"项目,反映企业除上述8)~11)各项目外收到的其他与投资活动有关的现金流入。本项目可以根据有关科目的记录分析填列。

13)"购建固定资产、无形资产和其他长期资产支付的现金"项目,反映企业购买、建造固定资产、取得无形资产和其他长期资产所支付的现金及增值税款、支付的应由在建工程和无形资产负担的职工薪酬现金支出,不包括为购建固定资产而发生的借款利息资本化的部分、融资租入固定资产支付的租赁费。本科目可以根据"固定资产""无形资产""在建工程""库存现金""银行存款""其他货币资金"等科目的记录分析填列。

14)"投资支付的现金"项目,反映企业取得的除现金等价物以外的权益性投资和债权性投资所支付的现金以及支付的佣金、手续费等附加费用。本项目可以根据"交易性金融资产""长期股权投资""持有至到期投资""库存现金""银行存款"等科目的记录分析填列。

15)"取得子公司及其他营业单位支付的现金净额"项目,反映企业购买子公司及其他营业单位购买出价中以现金支付的部分,减去子公司或其他营业单位持有的现金和现金等价物后的净额。

16)"支付其他与投资活动有关的现金"项目,反映企业除上述13)~15)各项目外支付的其他与投资活动有关的现金流出。本项目可以根据有关科目的记录分析填列。

17)"吸收投资收到的现金"项目,反映企业以发行股票、债券等方式筹集资金实际收到的款项,减去直接支付给金融企业的佣金、手续费、宣传费、咨询费、印刷费等发行费用后的净额。本项目可以根据"实收资本""库存现金""银行存款"等科目的记录分析填列。

18)"取得借款收到的现金"项目,反映企业举借各种短期、长期借款而收到的现金。本项目可以根据"短期借款""长期借款""库存现金""银行存款"等科目的记录分析填列。

19)"收到其他与筹资活动有关的现金"项目,反映企业除上述17)、18)项目外,收到的其他与筹资活动有关的现金流入。本项目可以根据有关科目的记录分析填列。

20)"偿还债务支付的现金"项目,反映企业以现金偿还债务的本金,包括偿还的借款本金和债券本金。本项目可以根据"短期借款""长期借款""库存现金""银行存款"等科目的记录分析填列。

21)"分配股利、利润或偿付利息支付的现金"项目,反映企业实际支付的现金股利、支付给其他投资单位的利润或用现金支付的借款利息、债券利息。本项目可以根据"应付股利""财务费用""长期借款""库存现金""银行存款"等科目的记录分析填列。

22)"支付其他与筹资活动有关的现金"项目，反映企业除上述20)、21)项目外，支付的其他与筹资活动有关的现金流出，本项目可以根据有关科目的记录分析填列。

23)"汇率变动对现金及现金等价物的影响"项目，反映企业外币现金流量及境外子公司的现金流量折算为记账本位币时，所采用的现金流量发生日的汇率或平均汇率折算为人民币金额与"现金及现金等价物净增加额"中外币现金净增加额按期末汇率折算为人民币金额之间的差额。可以通过会计报表附注中"现金及现金等价物净增加额"数额与报表中"经营活动产生的现金流量净额""投资活动产生的现金流量净额""筹资活动产生的现金流量净额"三项之和比较，其差额即为"汇率变动对现金的影响"。

24)"现金及现金等价物净增加额"项目，是期末现金及现金等价物余额与期初现金及现金等价物余额的差额，它与经营活动产生的现金流量净额、投资活动产生的现金流量净额、筹资活动产生的现金流量净额、汇率变动对现金的影响之和相等。

3. 现金流量表附注披露

企业应当在现金流量表附注中披露以下内容：

1)将净利润调节为经营活动现金流量的信息。如资产减值准备，固定资产折旧，无形资产摊销，长期待摊费用摊销，处置固定资产、无形资产和其他长期资产的损益，固定资产报废损失，公允价值变动损益，财务费用，投资收益，递延所得税资产和递延所得税负债，存货，经营性应收项目，经营性应付项目。

2)当期取得或处置子公司及其他营业单位的总额信息。如取得或处置的价格，取得或处置价格中以现金支付的部分，取得或处置子公司及其他营业单位收到的现金，取得或处置子公司及其他营业单位按照主要类别分类的非现金资产和负债。

3)不涉及当期现金收支但影响企业财务状况或在未来可能影响企业现金流量的重大投资和筹资活动。

4)与现金和现金等价物有关的信息。如现金及现金等价物的构成及其在资产负债表中的相应金额，企业持有但不能由母公司或集团内其他子公司使用的大额现金和现金等价物金额。

三、所有者权益变动表

所有者权益变动表是反映企业构成所有者权益各组成部分当期的增减变动情况的会计报表，属于年度报表。其格式与内容见表12-4。

表中单独列报的项目有综合收益、会计政策变更和差错更正的累积影响金额、所有者投入资本和向所有者分配利润，按照规定提取的盈余公积、实收资本（或股本）、其他权益、资本公积、盈余公积、其他综合收益、专项储备、未分配利润的期初和期末余额及其调节情况。

所有者权益变动表中各项目应当根据"实收资本（或股本）""其他权益工具""资本公积""其他综合收益""专项储备""盈余公积""未分配利润"科目总账及明细账的发生额分析填列。

表 12-4　所有者权益变动表

编制单位：　　　　　　　　　　　　　　　　年　度　　　　　　　　　　　　　　　　　　　　　　　（单位：元）

项　目	本年金额											上年金额										
	实收资本（或股本）	其他权益工具			资本公积	减:库存股	其他综合收益	专项储备	盈余公积	未分配利润	所有者权益合计	实收资本（或股本）	其他权益工具			资本公积	减:库存股	其他综合收益	专项储备	盈余公积	未分配利润	所有者权益合计
		优先股	永续债	其他									优先股	永续债	其他							
一、上年年末余额																						
加：会计政策变更																						
前期差错更正																						
其他																						
二、本年年初余额																						
三、本年增减变动金额（减少以"－"号填列）																						
（一）综合收益总额																						
（二）所有者投入和减少普通股																						
1. 所有者投入的普通股																						
2. 其他权益工具持有者投入资本																						
3. 股份支付计入所有者权益的金额																						
4. 其他																						
（三）利润分配																						
1. 提取盈余公积																						
2. 对所有者（或股东）的分配																						
3. 其他																						
（四）所有者权益内部结转																						
1. 资本公积转增资本（或股本）																						
2. 盈余公积转增资本（或股本）																						
3. 盈余公积弥补亏损																						
4. 设定受益计划变动额结转留存收益																						
5. 其他综合收益结转留存收益																						
6. 其他																						
四、本年年末余额																						

任务 5　财务报表附注

1. 会计报表附注概述

会计报表附注是对在会计报表中列示项目所作的进一步说明，以及对未能在这些报表中列示项目的说明等。

会计报表附注是财务报表的重要组成部分，是对会计报表的补充说明，它主要对资产负债表、利润表、现金流量表和所有者权益变动表等报表不能包括的内容，或者披露不详尽的内容，作进一步的解释和说明，从而有助于企业财务会计报告使用者的理解和使用会计信息。

2. 会计报表附注应当披露的内容

会计报表附注应当披露财务报表的编制基础，相关信息应当与资产负债表、利润表、现金流量表和所有者权益变动表等报表中列示的项目相互参照。报表附注至少应当包括下列内容：

1）企业的一般信息。
2）财务报表的编制基础。
3）遵循企业会计准则的声明。
4）会计报表会计估计的说明。
5）会计政策和会计估计变更以及差错更正的说明。
6）对报表重要项目的说明。
7）或有和承诺事项、资产负债表日后非调整事项、关联方关系及其交易等需要说明的事项。
8）提议或宣布发放的股利总额和每股股利金额（或向投资者分配的利润总额）。

思政拓展　会计名人阎达五

阎达五，中国人民大学会计系教授，"管理活动论"会计学派的奠基人之一。他对我国会计理论与实务的发展做出了重要贡献。

早在 20 世纪 50 年代，阎达五教授率先编写第一本中国化会计教材。1980 年，在中国会计学会成立大会上他与杨纪琬教授合作发表了题为《开展我国会计理论研究的几点意见——兼论会计学的科学属性》的学术论文，首次提出了"会计管理"概念，视会计为一种管理活动，认为会计这种社会现象是伴随着人们对经济活动的管理而产生和发展的。从实践来看，会计工作的内容是伴随着经济活动的不断发展而日益丰富起来的，是与经济工作的管理是分不开的。会计工作中属于信息处理的内容，也是伴随着对会计信息反映的经济业务进行不同程度的管理活动而进行的。即使从现代的信息论、控制论、系统论中，也可以找到足够的依据证明会计是一种管理活动。因此，把会计这种社会现象看作一种管理工作或管理行为，比把它看作是一种独立于管理活动之外的处理信息的技术方法更符合会计实践。

会计管理活动论提出后，对中国会计理论和会计工作均产生了重大影响，并引起国外会计学者的注意，阎达五教授"管理活动论"的专著《会计理论专题》在日本翻译出版。

阎达五教授关于会计准则的研究是对学术界的另一重大贡献。在 1981 年，阎达五教授就提出要制定一套会计核算标准以规范会计核算行为,并对此做过专门论述;1985 年,在《经济效果专题》一书提出中国的会计准则既存在概括性会计准则,也存在具体会计准则,这一观点已被我国进行的会计改革所证实;后来,阎达五教授相继发表了一系列关于制定中国会计准则的文章,如《制定我国会计原则若干问题的研究》等。

小　　结

施工企业的财务报表由资产负债表、利润表、现金流量表、所有者权益变动表、附注及应当在财务报告中披露的相关信息和资料组成。

资产负债表是反映企业某一特定日期全部资产、负债和所有者权益情况的会计报表。根据"资产＝负债＋所有者权益"这一会计平衡等式编制,左方列示资产各项目,右方列示负债及所有者权益各项目,表中的期初数根据上期该表的期末数填列,表中的期末数一般根据有关账户的期末余额直接填列或分析计算填列。

利润表是反映企业一定期间经营成果的报表,它把一定期间的收入与其相关的费用进行配比,计算企业的净利润(或亏损)。

现金流量表是反映企业在一定会计期间现金和现金等价物流入和流出的报表。按照经济业务的性质,企业一定期间内产生的现金流量包括经营活动产生的现金流量、投资活动产生的现金流量、筹资活动产生的现金流量三部分。

所有者权益变动表是反映企业年末所有者权益各组成部分当期的增减变动情况的会计报表,属于年度报表。在一定程度上体现企业综合收益的特点,除列示直接计入所有者权益的利得和损失外,同时包含最终属于所有者权益变动的净利润,从而构成企业的综合收益。

会计报表附注是财务报表的重要组成部分,是对会计报表的补充说明,它主要对资产负债表、利润表、现金流量表和所有者权益变动表等不能反映的内容,或者披露不详尽的内容,作进一步的解释和说明,从而有助于企业财务会计报告使用者理解和使用。

思　考　题

12-1　什么是财务报表?施工企业的财务报表由哪些部分构成?
12-2　企业编制的财务报表主要为谁提供会计信息?
12-3　财务报表有哪几种分类方法?
12-4　什么是资产负债表?其编制的理论依据是什么?结构如何?如何编制?
12-5　什么是利润表?我国的利润表是多步式还是单步式?如何编制?
12-6　什么是现金流量表?为何要编制现金流量表?有几种编制方法?
12-7　现金流量表中应包括哪几部分内容?如何编制?

实训练习题

习题一

1. 目的

练习资产负债表各项目的填列方法。

2. 资料

某公司 2020 年末结账后有关科目余额见下表：

科 目 名 称	借方余额/万元	贷方余额/万元
应收账款	280	20
坏账准备——应收账款		30
预付账款	80	50
预收账款	60	180
应付账款	15	240

3. 要求

根据上述资料，计算该企业该年末资产负债表中下列项目的金额：(1) 应收账款；(2) 预付款项；(3) 预收款项；(4) 应付账款。

习题二

1. 目的

练习利润表的编制

2. 资料

某公司 2020 年 12 月末有关科目发生额见下表：

科 目 名 称	借方发生额/万元	贷方发生额/万元
主营业务收入	50	2 500
主营业务成本	1 100	40
其他业务收入		150
其他业务成本	100	
营业税金及附加	85	
销售费用	20	
管理费用	160	
财务费用	10	
资产减值损失	70	5
公允价值变动损益	30	60
投资收益	50	80
营业外收入		70
营业外支出	30	
所得税费用	200	

3. 要求

根据上述资料，为该企业编制当年利润表。

参 考 文 献

[1] 财政部会计资格评价中心. 初级会计实务 [M]. 北京：中国财政经济出版社，2020.
[2] 中国注册会计师协会. 税法 [M]. 北京：中国财政经济出版社，2020.
[3] 中国注册会计师协会. 会计 [M]. 北京：中国财政经济出版社，2020.
[4] 中华人民共和国财政部. 企业会计准则应用指南 [M]. 上海：立信会计出版社，2020.
[5] 财政部会计资格评价中心. 中级会计实务 [M]. 北京：中国财政经济出版社，2020.
[6] 赵丽生. 中国会计文化 [M]. 北京：高等教育出版社，2017.
[7] 李天民. 管理会计的引进与前瞻 [J]. 财会通讯，1990 (05)：18－21.
[8] 徐永祚. 改良中式簿记概说 [M]. 上海：立信会计出版社，2009.
[9] 李守武. 管理会计实践案例 [M]. 北京：中国财政经济出版社，2015.
[10] 傅元略，余绪缨. 企业创新与管理会计创新的相关问题研究 [M]. 北京：中国财政经济出版社，2007.